zu Klampen

Germaine Tillion

Frauen-
konzentrationslager
Ravensbrück

Aus dem Französischen von Barbara Glaßmann

mit einem Anhang
»Die Massentötungen durch Gas in Ravensbrück«
von Anise Postel-Vinay

zu Klampen

Die in der französischen Originalausgabe enthaltenen
Anhänge 2 bis 6, die nicht Ravensbrück betreffen,
sind in der vorliegenden Ausgabe ausgelassen worden.

Die Anhänge 2 und 3 der vorliegenden Ausgabe sind Übertragungen
der Anhänge 7 und 8 der französischen Originalausgabe.

Erste Auflage 1998
Dietrich zu Klampen GbR
Postfach 1963, 21309 Lüneburg
Tel: 04131/73 30 30; Fax: 04131/73 30 33
© für die deutsche Ausgabe by zu Klampen Verlag
© für die französischen Ausgaben 1973, 1988, 1997
by Editions du Seuil, Paris
Umschlag: Groothuis & Malsy, Bremen
Druck: Claussen & Bosse, Leck

Die Deutsche Biliothek – CIP-Einheitsaufnahme

Tillion, Germaine:
Frauenkonzentrationslager Ravensbrück / Germaine Tillion.
Aus dem Franz. von Barbara Glaßmann. Mit einem Anh. "Die Massentötungen
durch Gas in Ravensbrück" / von Anise Postel-Vinay.
1. Aufl. - Lüneburg : zu Klampen, 1998

ISBN 3-924245-72-X

Dieses Buch widme ich all den Männern und Frauen, die wir durch den Tod verloren haben, insbesondere jedoch meiner Mutter, Frau Lucien Tillion, geborene Emilie Cussac. Sie wurde wegen ihrer Teilnahme am Widerstandskampf am 13. August 1942 in Saint-Maur verhaftet und ist am 2. März 1945 in Ravensbrück ermordet worden – weil sie neunundsechzig Jahre alt war.

Inhalt

III. Das Personal von Ravensbrück 124

IV. Ravensbrück am 31. Oktober 1943 159

V. Block 32, ein Block für besondere Fälle: »Kaninchen«, Nacht-und-Nebel-Häftlinge, sowjetische Kriegsgefangene 180

VI. Überleben in Ravensbrück 201

VII. Profit und Vernichtung — 233

VIII. Die Verwaltung des Todes: Schwarze Transporte, rosa Karten und Krematorium — 258

XII. Die Geschichte des »27.000er«-Transports – rekonstruiert auf der Basis eines amtlichen Beweisstücks 332

Anhang 355

Anhang 3
SS-Dienstgrade und rangentsprechende militärische

Das erste *Ravensbrück* aus dem Jahre 1946 enthielt hauptsächlich Ereignisse und Fakten, die die Häftlinge selbst erlebt oder beobachtet hatten.

Das zweite *Ravensbrück* von 1972 stellte unsere Beobachtungen dem gegenüber, was die Angehörigen der SS, insbesondere die beiden Lagerkommandanten, schriftlich vorgelegt oder eingestanden hatten.

Zwischen 1972 und 1987 wurden die Archive des zweiten Weltkrieges zugänglich. Durch sie kann vieles überprüft werden, insbesondere die Chronologie einer Politik, die Himmler ohne Wissen von Hitler betrieb, die Synchronie der Anordnungen, die Himmler persönlich an die verschiedenen Konzentrationslager erteilte, und die Existenz eines zweifachen Stabes von Vernichtungsfunktionären, von denen einer zu Hitlers innerem Führungsbereich gehörte und der andere ausschließlich von Himmler angestellt und bezahlt wurde...

Das, was die Häftlinge von Mauthausen und Ravensbrück bereits 1945 über die Gaskammern in diesen beiden Lagern wußten, ist durch deutsche, englische und tschechische Archive, in denen Pierre Serge Choumoff (zu Mauthausen) und Anise Postel-Vinay (zu Ravensbrück) seit zehn Jahren forschen, bestätigt und klargelegt worden. Mein Dank geht auch an Jean Gavard.

Meine Ravensbrücker Kameradinnen Denise Jacob (heute Frau Alain Vernay) und Anise Girard (heute Frau André Postel-Vinay) waren mir die ganze Zeit über dabei behilflich, die zahlreichen in der vorliegenden Arbeit enthaltenen Angaben zu überprüfen, und sie haben mit mir auch die daraus ableitbaren Hypothesen diskutiert. Gleichzeitig konsultierte ich meine Freundinnen Geneviève de Gaulle (heute Frau Bernard Anthonioz), Ariane Kohn (heute Frau Le Douaron) und Marie-Elisa Nordmann (heute Frau Francis Cohen) sowie unsere tschechischen, polnischen und deutschen Kameradinnen und Freundinnen, vor allem Nina Iwanska, Zdenka Nedvedova und Grete Buber-Neumann.

Einführung zu den drei *Ravensbrück*

Als Graf Bernadotte und das schwedische Rote Kreuz unter Aufbietung aller Kräfte die Befreiung von mehreren Tausend weiblichen Häftlingen aus dem Lager Ravensbrück erwirkten, war der Krieg noch nicht zu Ende, befand sich die Ravensbrücker Gaskammer noch in Betrieb, und es war – ohne Wissen von Hitler – ein geheimes Handelsgeschäft im Gange, bei dem unsere Leben genau gewichtet als Anzahlungsrate in der Waagschale lagen. Natürlich wußten wir davon nichts, aber wir wußten, wir ahnten, daß wir wohl mit knapper Not überleben würden.

Dank der klugen Fürsorge der schwedischen Retter hatten die von ihnen aus dem Lager herausgeholten Häftlinge nach dem 23. April 1945 eine der niedrigsten Sterblichkeitsraten von all denen, die ein Konzentrationslager überlebt hatten, aber um dieses Resultat zu erreichen, behielten sie uns mehrere Wochen unter Aufsicht in einem Erholungszentrum. Ich war selbst in tiefer Trauer, und so nutzte ich die Tatsache, daß hier so viele Frauen mit unüberlagertem Erinnerungsvermögen beisammen waren, um zusammenzutragen, was sie von all den Häftlingen noch wußten, die wir durch den Tod verloren hatten. Wenigstens ihre Namen und wo sie begraben waren...

Jede meiner dreihundert Kameradinnen kannte auf jeden Fall ihre eigene Häftlingsnummer, die Daten der Abfahrt und der Ankunft des Zuges, mit dem sie ins Lager gekommen war, und oftmals auch die exakte Anzahl der anderen, mit ihr zusammen deportierten Häftlinge und einen großen Teil ihrer Namen. Mit ihrer aller Hilfe konnte ich so eine nahezu vollständige Aufstellung aller Züge anfertigen, die von Frankreich nach Ravensbrück gegangen waren.

Eine zweite, ganz gewiß weniger komplette Liste umfaßte die von Ravensbrück abgegangenen Transporte, natürlich nicht diejenigen, die wir »Schwarze Transporte« oder »Transporte ohne Wiederkehr« genannt hatten, aber die anderen oder wenigstens einen Teil der anderen. Und für diese kamen so viele Informationen zusammen, daß wir die Namen fast aller Französinnen wieder zusammenbekamen, die bei diesen Transporten dabeiwaren.

Das erste Ravensbrück

Nach meiner Rückkehr nach Paris (also ab Juli 1945) und auf Bitte von Albert Béguin schrieb ich ein erstes Ravensbrück[1]. Es behandelte das ganze Lager und enthielt das, was ich selbst gesehen und erfahren hatte, unter Verwendung von zwischen 1942 und 1945 aufgeschriebenen Stichpunkten, dürftigen Notizen, die ich zu Beginn einfach nur festhielt, um die Zeit sinnvoll zu nutzen und auf diese Weise denkfähig zu bleiben, wach zu sein und mich um etwas außerhalb der eigenen Person zu kümmern. Das Buch bot das, was es bringen konnte – unzusammenhängende Informationen, die noch stark gezeichnet waren vom erst jüngst Erlebten, aber peinlich genau und befreit von allem, was mir subjektiv erschien. Ich gab ihm den Titel »Auf der Suche nach der Wahrheit«, denn diese Suche beherrschte mich als Gefangene, und sie beherrscht mich noch heute.

Nach der Veröffentlichung dieses ersten *Ravensbrück*, genauer gesagt, von Januar 1947 ab, begann vor einem internationalen Gericht unter britischer Kontrolle in Hamburg der Prozeß gegen die Hauptverbrecher von Ravensbrück, und eine einzige ehemalige Deportierte erhielt die Erlaubnis, den Verhandlungen beizuwohnen. Meine Kameradinnen von zwei Verbänden (von der Vereinigung ehemaliger Ravensbrück-Häftlinge und vom Verband ehemals deportierter und internierter weiblicher Résistance-Angehöriger) bestimmten mich dazu, und es war für mich die erste Projizierung dieser Welt des Wahnsinns in die nicht-reale Dimension des Historischen. Ein Aspekt dieses Dimensionen-Sprungs verkörperte sich in

1 Die Arbeit wurde 1946 zusammen mit anderen, kürzeren Zeugenaussagen unter dem Gesamttitel *Ravensbrück* in der von Albert Béguin herausgegebenen Reihe *Cahiers du Rhône* im Verlag La Baconnière veröffentlicht.

der Undurchschaubarkeit, Unbegreifbarkeit von Wörtern. Und dabei meine ich nicht nur die Sprache, die man als »hölzern«[2] bezeichnet...

Die Angeklagten hier – wie danach Tausende anderer auch – berichteten in allen Einzelheiten Fakten, die sie nicht direkt belasteten (eine Menge erschreckender Dinge, denen im übrigen bis heute nicht erschöpfend nachgegangen worden ist), also hauptsächlich über alle in Ravensbrück praktizierten Vernichtungsmethoden und ganz besonders über die Gaskammer... Zu alldem wollten die ehemaligen Häftlinge dieses Lagers natürlich ganz detaillierte Auskünfte haben, und sie besaßen wohl auch ein Recht darauf. Und dies war um so wichtiger, als in Ravensbrück – noch gründlicher als in anderen Lagern – das gesamte Archiv verbrannt worden war.

Von den wenigen Dokumenten, die der Vernichtung entgangen waren, kannte ich drei.

Das erste davon, das die Überschrift trägt »Häftlingsüberstellung nach Mittwerda«, ist eine Liste mit Verurteilten, die die SS sich jeden Abend herauspickte und auf den Lastwagen warf, der zwischen dem Nebenlager Uckermark und dem abgezäunten Gelände pendelte, auf dem sich das Krematorium befand. Diese Aufstellung, datiert vom 6. April 1945, ist die einzige, die ein Häftling unter Lebensgefahr beiseitebringen konnte. Sie enthält 496 Namen, und auf der letzten Seite hat der Ravensbrücker Lagerkommandant Fritz Suhren unterschrieben mit »Suhren, SS-Sturmbannführer u. Lagerkommandant«.

Hinsichtlich dessen, was ihn belastete und nicht so leicht zu beweisen war, log Suhren während seines Prozesses auf intelligente Art. Er gestand die Gaskammer ein und beschrieb sie (aber deren Existenz konnte weder seitens der Aufseher noch der Häftlinge ignoriert werden), bestritt jedoch seine eigene Anwesenheit im Lager während der Zeit, in der sie in Betrieb war. Als man ihm das Dokument vor die Augen hielt, gab er klein bei.

---

2 Zu der »hölzernen Sprache« siehe auch das Kapitel »Eine codierte Sprache« aus dem Buch von E. Kogon, H. Langbein, A. Rückerl: *Die Gaskammern – ein Staatsgeheimnis*, S. 13-22, sowie *Totalitäre Sprachen* von Jean-Pierre Faye.

Die beiden anderen Dokumente, gleichfalls Listen,[3] sind eine vollständige Aufstellung der Personenangaben und der Häftlingsnummern von Französinnen, die zu zwei der umfangreichsten, von Compiègne ausgegangenen Transporte gehörten. Es handelt sich hierbei um die Transporte vom 31. Januar 1944 und vom 15. August 1944, den Häftlingsnummern nach also um den »27.000er«- und den »57.000er«-Transport. Die Personenangaben, die ich in Schweden zusammengetragen hatte, und die Angaben aus den drei Listen wurden im Nationalen Institut für Statistik[4] sehr schnell maschinell ausgewertet, und zwar nach Namen, nach Außenkommandos und nach Häftlingsnummern, und so konnte ich ab Jahresende 1947 diese Angaben der standesamtlichen Beurkundungsstelle des Ministeriums der ehemaligen Frontkämpfer übergeben. Dort dienten sie außer dem Zweck, für die standesamtliche Beurkundung und für die Interessenverbände der Deportierten nützlich zu sein, als Ausgangspunkt für geboten erscheinende Überprüfungsverfahren, denn es gab in der Tat »falsche« Deportierte und auch »echte« Deportierte, die falsche Aussagen gemacht hatten.[5]

Bedingt durch die Identitätskontrolle beim Gebrauch und sichtbarlich auch nach dem Beiseitebringen der Listen waren diese mit Buchstaben und Zeichen übersät, die alle eine Bedeutung hatten. Es mußte also mit Hilfe der Häftlinge, die diese Listen geborgen hatten, möglich sein, das Ganze Zeile für Zeile zu deuten und auf diese Weise Schritt für Schritt den weiteren Schicksalsweg der aufgeführ-

3 Es ist nicht klar, ob sich nicht noch weitere Dokumente auffinden lassen, denn es gab in Ravensbrück deutsche, österreichische, polnische, tschechische, slowakische, holländische, dänische, norwegische, luxemburgische, belgische, französische, russische, jugoslawische, ungarische und italienische, vielleicht auch griechische Häftlinge. Somit besteht theoretisch die Möglichkeit, daß Dokumente oder Teile von Dokumenten, die durch Häftlinge beiseite gebracht worden sein können, über mehr als 15 Länder verstreut sind. Die englischen, amerikanischen und französischen Armeen waren gleichfalls darauf bedacht, Dokumente sicherzustellen, und möglicherweise haben es die russischen Armeen genauso gehandhabt.
4 Dank der Hilfe meines Freundes Jean Cadouin, Direktor dieses Instituts.
5 Im Februar 1950 fuhren Geneviève de Gaulle-Anthonioz und ich nach Rastatt, um als Entlastungszeuginnen für zwei deutsche Aufseherinnen aufzutreten. Die eine war uns unbekannt und die andere eine gewalttätige Frau, aber beide wurden durch zwei echte ehemalige Häftlinge erfundener Verbrechen beschuldigt.

ten Personen zu rekonstruieren. Ich war in dieser Sache schon zu sehr engagiert, als daß ich den Gedanken hätte beiseiteschieben können, es selbst zu versuchen, zumal alle meine Manuskripte über Afrika verschollen waren. Ich arbeitete seit dessen Gründung im Nationalen Forschungszentrum, und dieses erteilte mir problemlos die Erlaubnis, die Beschäftigung mit afrikanischen Kulturen (die ich liebte) vorübergehend aufzugeben zugunsten der Geschichte der Ent-Zivilisierung Europas (die mir Horror verursachte). Der bedachte Lucien Febvre bestärkte mich darin, diese Arbeit anzugehen.

Wie die meisten der SS-Dokumente waren auch die beiden Listen, deren Kern ich da entschlüsseln wollte, in fünf Exemplaren auf der Maschine geschrieben und wurden von den als Sekretärinnen tätigen Häftlingen in den Sekretariaten von vier Bereichen geführt: in der Kommandantur, in der Politischen Abteilung, im Bereich Arbeit und im Revier. Das fünfte Exemplar, das Totenbuch, wurde von Männern geführt und hatte seinen Platz in einem Gebäude neben dem Krematorium. Meine Listen stammten aus dem Revier, und Zdenka Nedvedova hatte sie seinerzeit versteckt.

Um einen Anfang zu machen, recherchierte ich alles, was sich über die 959 Personen aus dem früheren Transport an Angaben auffinden ließ, und als ich zwischenzeitlich an die Geständnisse der Hauptverbrecher von Ravensbrück herankam, wurde es mir aufgrund dieser Angaben, die uns auch ohne ihr Zutun bekannt waren, aber eben nicht so gut wie ihnen, möglich, einen Teil der Unterlagen zu veröffentlichen.[6]

Danach machte ich mich daran, die zweite Liste mit den am 15. August 1944 deportierten Französinnen zu entschlüsseln.

Seit unserer Befreiung waren neun Jahre ins Land gegangen, und 1954 waren die Archive des zweiten Weltkrieges noch immer wenig

6   Diese Arbeit erschien in *Revue d'histoire de la Deuxième Guerre mondiale* (Zeitschrift zur Geschichte des zweiten Weltkrieges), Nr. 15-16, Juli-September 1954, S. 3-38. Etwa zur selben Zeit (zwischen 1952 und 1954) schrieb ich eine Studie über die französische Résistance in den Jahren 1940, 1941 und 1942. Sie wurde in der gleichen Zeitschrift (Heft 30/1958, S. 6-22) unter dem Titel *Erster Widerstand in der besetzten Zone. Über die Widerstandsgruppe Musée de l'Homme Hauet-Vildé* veröffentlicht.

oder nicht zugänglich. Je mehr Zeit verfloß, um so absurder erschien es mir, auf diese Archive nicht zurückgreifen zu können. Durch meine Kameradinnen aus der Résistance wußte ich, daß General Bradley während der militärischen Aktionen in Frankreich sich alle wo auch immer aufgefundenen Dokumente, die die Gestapo aus Zeitgründen nicht mehr vernichten konnte, hatte aushändigen lassen. Ich mußte mich also an die Vereinigten Staaten wenden, um an die Unterlagen heranzukommen. So beschloß ich im August 1954, meine Semesterferien an der Universität zu nutzen und dorthin zu fahren, um zu sehen, was daraus geworden war. Mein Aufenthalt dauerte viel länger als vorgesehen, weil ich gerade in die Periode amerikanischer Geschichte hineingeriet, die später »die Zeit der Hexenjagden« genannt worden ist, und weil das State Department von Ausländern verlangte, sich gebührend auszuweisen, bevor sie mit amerikanischen Beamten zusammentrafen. Nun, diese Voraussetzung konnte ich erfüllen, und zudem hatte ich einen langjährigen Freund, der als Berater an unserer Botschaft tätig war. So erhielt ich die Genehmigung, den Archivaren der Neuen Welt einen Besuch abzustatten, aber nicht ohne zuvor noch eine Menge Zeit verloren zu haben, bevor ich in den Genuß dieser Gunst kam.

Sie waren weit weniger verklemmt als ihre Diplomaten. Gleich zu Anfang brachten sie mir freundlich bei, daß vor einem Kriegseinsatz jeder amerikanischen Division ein Historiker an die Seite gegeben wurde, der die Aufgabe hatte, jedes zeitgeschichtlich relevante Dokument an sich zu nehmen, und das tat er dann auch. Im Ergebnis dessen stapelten sich auf den nur noch nach Kilometern meßbaren Regalbrettern maschinenschriftliche Durchschläge, Manuskripte, Rundschreiben, Notizbücher, Gerichtsakten, Werksrechnungen, Drucksachen verschiedener Art und private Korrespondenzen in Deutsch, Französisch, Holländisch, Dänisch, Norwegisch, Polnisch, Tschechisch, Italienisch, Rumänisch, Griechisch, Türkisch, Arabisch, Persisch, Chinesisch, Annamitisch, Japanisch und anderen Sprachen, die mir entfallen sind. Aus diesem ungeordneten Fundus förderten die Archivare oftmals erstaunliche Fundstücke zutage – das neueste davon waren Liebesbriefe von Friedrich II. gewesen.

Nach diesem lustigen Intermezzo gestanden sie mir dann traurig dreinblickend ein, daß sie Order erhalten hatten, alle Archivmaterialien deutscher Sprache an Deutschland zurückzugeben. Da blieb mir zunächst die Luft weg, denn 1954 kannte ich keine deutschen Historiker-Kollegen, und Deutschland war für mich noch der »Große Satan«. Ich protestierte: »Das, was auf französischem Boden beschlagnahmt worden ist, gehört nach Frankreich...!« – »Dagegen ist nichts einzuwenden«, entgegeneten die Archivare froh und erleichtert, »dann nehmen Sie es doch mit, und wenn Sie noch ein bißchen warten, können wir Ihnen sogar sagen, wieviel Akten-Kilometer es sind...« Ich hatte eine offizielle Bescheinigung der Historiker-Kommission mitgebracht, die damals dem Präsidium des Rates zugeordnet war, verfügte aber über keine anderen Mittel als meine Ersparnisse. So lehnte ich das Angebot ab. Im übrigen dachte ich daran, daß Frankreich, so großartig und riesig es in meiner Vorstellung auch war, ja doch nicht gerade in nur einem Kilometer Entfernung lag...

Bei meiner Rückkehr nach Paris im November 1954 erwarteten mich ein Telegramm, ein Brief und ein Rohrpostbrief von Professor Louis Massignon. Zusammen mit Marcel Mauss hatte er mir bei meinen ersten Arbeiten beratend zur Seite gestanden, und ich wußte, daß er zu den wachsamen Geistern jener Zeit zählte. So kam es, daß ich auf seine Bitte (die übrigens mehr ein Befehl war) einging, nämlich wieder drei Monate nach Algerien zu fahren. Am Ende dieser drei Monate stellte mich der CNRS, das Nationale Forschungszentrum, Jacques Soustelle zur Verfügung, dem Minister, den Pierre Mendès France soeben in Algier ernannt hatte, um in Algerien ein Netz von Volksbildungseinrichtungen aufzubauen, die Soziale Zentren genannt wurden. Danach ging der Krieg acht Jahre lang seinen Gang – ein Krieg, der den Interessen und Wünschen beider Länder und ihrer Menschen zuwiderlief, ein Krieg, der hätte vermieden werden können, vorausgesetzt, die Wahlen wären nicht gefälscht worden.

Bevor ich wieder nach Algerien ging, hatte ich meinen Kameradinnen von beiden (Ravensbrück)-Verbänden alles wieder übergeben, was ihnen aus meiner Dokumentationsarbeit von Nutzen sein konnte. Einige Zeit später veröffentlichten sie Teile davon in einem Buch, das sie gemeinsam geschrieben hatten[7].

Was mich und Ravensbrück anbelangte, so meinte ich, dieses Kapitel abgeschlossen zu haben.

Das zweite Ravensbrück

Vierzehn Jahre lang, von 1940 bis 1954, hatte mich die schmerzvolle Gegenwart, die mein Land durchlebte, gewaltsam die reiche und lebendige Vergangenheit des Maghreb, Gegenstand meiner Forschungen und meiner nie wieder aufgetauchten Manuskripte, vergessen lassen. Danach, zwischen 1954 und 1962, belegte mich eine andere dringlich notwendige Arbeit, die in Algerien, voll mit Beschlag.[8] Nach 1962 konnte ich mich endlich wieder der Tätigkeit widmen, die ich zum Beruf gewählt hatte und die ich liebte. Und so schrieb ich dann Le Harem et les Cousins.[9]

1970 gaben mir zwei Überlebende von Mauthausen, Pierre Serge Choumoff und Jean Gavard, einen kurzen Bericht zu lesen, in dem zum ersten Male die Gaskammer von Ravensbrück und die Gaskammern von Mauthausen als frei erfunden dargestellt wurden, während alle Deportierten, Männer und Frauen, die von der Ermordung durch Gas gesprochen hatten (und was Ravensbrück anbelangte, so waren dies alle Häftlinge, die sich 1945 in diesem Lager befunden hatten) mitgeteilt bekamen, sie seien en bloc Fälle für den Psychologen oder den Psychiater. Einige Zeit später wurde dann auch die

7   Les Françaises à Ravensbrück (»Französische Frauen in Ravensbrück«), Paris, Gallimard, 1965, S. 339-344.
8   In dieser Zeit veröffentlichte ich bei Editions de Minuit L'Algérie en 1957 (»Algerien im Jahre 1957«), eine Arbeit, die 1956 geschrieben wurde, 1957 erschien und die Hintergründe der großen Armut beschreibt. Die Studie wurde im Jahr darauf zusammen mit anderen Texten unter dem Titel »Afrika auf der Schwelle in die Zukunft« neu herausgegeben; Feinde, die sich gegenseitig ergänzen – über Terrorismus und Folter und ihre Verbindung zueinander (vergriffen).
9   Die Arbeit trug zuerst den Titel Die Republik der Vettern: über die ›strukturalistischen‹ Beziehungen zwischen nichtnomadischer Landwirtschaft, Endogamie und eingesperrten Frauen; mehrmals neu aufgelegt und derzeit erhältlich bei Editions du Seuil, Reihe »Points«, 1982.

Existenz der gigantischen Menschenschlachthäuser von Auschwitz, Chelmno, Belzec, Sobibor, Treblinka und Lublin-Maidanek bestritten.

Daß es angesichts derartiger und zumal so überraschend aufgetauchter Erfindungen Reaktionen und Widerspruch gegeben hat, ist wohl verständlich, denn man muß wissen, daß wir ziemlich viele Männer und Frauen waren, die nicht eben geringe Risiken auf sich genommen hatten,[10] um die Wahrheit ans Licht zu holen aus den Abgründen, in denen alles so sorgfältig präpariert worden war, um sie ewig im Dunkel zu lassen. Wir gingen sogar so weit zu denken, daß unser eigenes kleines Leben keinen Wert hätte verglichen mit dem Schrei nach Wahrheit, der aus der Tiefe des Abgrunds Gott wachrütteln muß.

Noch heute, wo seitdem so viele Jahre vergangen sind, kommt es vor, daß diese Wahrheit wieder tragisch gegenwärtig ist.

Ich hatte diese Gefühle auch, und ich gestehe, daß ich selbst äußerst empört war, als ich Kenntnis von dieser abseitigen Negierung der Fakten erhielt. Empört genug auf jeden Fall, um mir Zeile für Zeile alle unveröffentlichten Dokumente wieder vorzunehmen, die ich früher zusammengetragen hatte, sie neu zu ordnen, zu überprüfen und zu veröffentlichen[11] (aber die Tatsache, daß alle SS-Leute von Ravensbrück die Gaskammer und die darin durchgeführte Ermordung von Menschen beschrieben hatten, konnte einfach nicht mehr hinwegdiskutiert werden).

Das dritte Ravensbrück

Die Geschichte hat keine Eile, und so mußten wir einige Jahrzehnte warten, bevor die Archive des zweiten Weltkrieges geordnet waren

---

10 Mehrere Kameradinnen boten den »Versuchskaninchen« an, sich an ihrer Stelle erschießen zu lassen, »damit ein Beweis bleibe«... Siehe Kapitel 5.
11 Das zweite Buch *Ravensbrück* erschien 1973 bei Editions du Seuil in der Sammlung »Histoire immédiate« (»Neueste Geschichte«), herausgegeben von Jean Lacouture.

und zugänglich wurden. Und dann muß man, um sie sich heute er-schließen zu können, vier oder fünf Sprachen beherrschen.

Inzwischen fuhren deutsche Gerichte fort, in Naziverbrechen verwickelte Personen anzuklagen. Verurteilt wurden nur wenige von ihnen, angeklagt aber 91.160.[12] Wie viele Zeugen sind in jedem dieser Prozesse gehört worden? Weniger als sechs je Prozeß oder mehr? Einige Hunderttausend auf jeden Fall.

Unterdessen stapeln sich in den Geschäftsstellen der Gerichte im anderen Deutschland Akten und Schriftstücke aus dem zweiten Welt-krieg und über den Faschismus. Sind es ein paar Dutzend oder Zehn-tausende? Ab wann sind diese Akten für Wissenschaftler zugänglich? Sind sie schon registriert und geordnet, stehen Mikrofilme und Foto-kopien von ihnen zur Verfügung? Ich weiß es nicht, aber ich weiß, daß es, wenn es nicht schon geschehen ist, getan werden wird, denn das ist der Welten Lauf... Die beiden nebeneinander her fließenden Flüsse könnten dann in zwei breite Ströme einmünden, nämlich in den der großen internationalen Gerichtsverfahren von Nürnberg, Hamburg und Rastatt, und in jenen anderen, den Fundus an Original-dokumenten, den die Nazis aus Zeitgründen nicht mehr hatten ver-nichten können. Vier verschiedene Quellen also, die aber zusammen ein Ganzes ausmachen, das auf unsere Zeugenaussagen gar nicht mehr angewiesen wäre.

Es gibt sie jedoch, diese Zeugenaussagen. Sie wurden in einem Dutzend Länder akribisch aufgezeichnet und sind in den meisten Fällen in den ersten Wochen oder Monaten nach der Befreiung zusammengetragen worden.

In diesem dritten *Ravensbrück* (das, so hoffe ich, inhaltlich auf dem neuesten Stand ist) wird der Leser Informationen zur Geschich-te des Lagers finden, die in ganz Europa zusammengetragen wurden,

---

12 Diese 91.160 Anklagen führten zu 6.481 Verurteilungen, darunter 160 zu lebenslanger Haft (»Le Monde«, 1. Januar 1988). Am Dienstag, dem 29. Dezember 1987, übergab die UNO auf diplomatischem Wege eine Liste mit 30.000 Namen von Opfern, Zeugen und Naziverbrechern an das westdeutsche Amt zur Unter-suchung von Naziverbrechen in Ludwigsburg. Diese Liste könnte noch gerichtliche Folgen für 4.500 Verdächtige haben.

vor allem in Westdeutschland, Österreich, in Polen und sogar in England,[13] wo sich die Archive der Hamburger Prozesse befinden. Anise Postel-Vinay arbeitet in diesen Archiven seit rund zehn Jahren, und wir werden in ihrer Studie zu lesen bekommen, daß es in Ravensbrück zwei Gaskammern gegeben hat und nicht, wie wir geglaubt hatten, nur eine.

In unserer Ravensbrück-Zeit wußten wir, daß mehrmals im Monat ein Lkw kam und nachts mit einer bestimmten Kategorie von Kranken, die als geistesgestört eingestuft waren, abfuhr und sie nach Oberösterreich brachte, wo sie, hauptsächlich durch Gas, ermordet wurden. Was wir nicht wußten, war, daß das Fahrtziel das düstere Schloß Hartheim gewesen ist, über das Pierre Serge Choumoff seit achtzehn Jahren Originaldokumente erforscht, und zwar gleichzeitig mit Dokumenten zu Mauthausen und Gusen.[14]

Eine aktualisierte Fassung von *Ravensbrück* war also sicher angebracht, aber ich hatte auch noch andere Gründe dafür, eine vollständige Überarbeitung des Buches von 1973 vorzunehmen.

Erster Grund ist natürlich die Zeit, die unter den Händen vergeht.

Jahrzehnte hindurch hatten vor allem wir, die am unmittelbarsten Betroffenen, vor allem das Schicksal derer im Sinn, die wir durch den Tod verloren haben, aber künftig werden wir selbst, die letzten Zeugen also, auch nicht mehr dasein. Das, was aktuell bleibt, aktueller denn je, ist, daß es da vor einem halben Jahrhundert ein Ereignis gab, das über ein großes Volk kam, über Menschen wie dich und mich, daß es Versuchungen gab, denen dieses Volk erlegen ist. Diese Versuchungen waren immer größer geworden und sie sprießen noch heute... Menschen töten, die »überflüssig« sind? Es gibt heute auf allen Kontinenten bestimmte Leute, deren Wunschtraum so etwas ist.

13 Die ostdeutschen und die UdSSR-Archive sind noch nicht inventarisiert worden. Siehe Anhang 1.
14 Siehe Anhang 3 im französischen Original. Pierre Serge Choumoff gehörte eigentlich einer internationalen Untersuchungskommission an, die in Paris initiiert und durch die österreichischen Historiker Eugen Kogon und Hermann Langbein sowie den westdeutschen Juristen Adalbert Rückerl geleitet wurde. Die Arbeit wurde 1983 in Frankfurt und 1984 in Paris in der hervorragenden Übersetzung von Henry Rollet veröffentlicht und trägt den Titel *Les Chambres à gaz, secret d'Etat* (»Die Gaskammern, ein Staatsgeheimnis«).

Es gibt kein Patentrezept dafür, gegen kriminelles Tun gefeit zu sein, außer vielleicht die gute Gewohnheit, sich jedweder Geheimniskrämerei entgegenzustellen und nach der Maßgabe zu handeln, daß alles, was wahr ist, nachgeprüft und ausgesprochen werden kann.

Das wahre Gesicht des Faschismus war sein verborgenes. Durch das geheime Tun, das es implizierte, und durch das darauf abgerichtete Personal, das dazu nötig war, drang es nicht an die Öffentlichkeit, aber es stellte in der Tat die Grundlage des Staats und später der Nation dar, die beide nicht mehr auf diese untergründige Machtbasis verzichten konnten. Als dann aus dem Geheimen – wie aus allen Geheimnissen – eine öffentliche Tatsache geworden war, blieb für Staat und Nation nur noch, das schweigend mitzutragen und später den Preis dafür zu zahlen.

Der innere Zusammenhalt des heimlichen Hitler-Imperiums erklärt sich nach meinem Dafürhalten aus der Einheit seiner Führung – einer Einheit, die mehrere erstaunliche Kurswechsel ermöglichte, von denen in der vorliegenden Arbeit die Rede sein wird.

Die generelle Kursbestimmung für das »System« ging, zumindest offiziell, von Hitler aus, aber alle Anordnungen und Befehle liefen über einen anderen Mann. Und dieser andere, nämlich Himmler, organisierte nicht nur das System der Konzentrationslager, sondern auch das größte, das herausragendste Verbrechen des Nazismus, den Völkermord. Er setzte für Auschwitz, Mauthausen, Bergen-Belsen, Lublin-Maidanek oder Ravensbrück dieselben Männer[15] ein, die er persönlich anwarb, ideologisch abrichtete, bezahlte und genau kontrollierte.

Von Anfang an hieß das Korps, in dem sie dienten, Totenkopf-Verband – ein Name unverhüllter Symbolträchtigkeit. Die Männer in diesem Verband machten – mitunter über mehr als zehn Jahre – Karriere mit Mord und Totschlag. Monat für Monat, Jahr für Jahr wechselten sie von einem Konzentrationslager ins andere, von einem »Lager zur langsamen Menschenvernichtung«, so eines war bei-

---

15 Es wird im weiteren Verlauf der Arbeit deutlich werden, daß die Morde in Belzec, Treblinka, Sobibor und Chelmno auf das Konto einer anderen Gruppe gehen, die ursprünglich von Hitler zusammengestellt, aber danach durch Himmler kontrolliert wurde.

spielsweise Ravensbrück im Jahre 1940, in ein »Lager zur schnellen Menschenvernichtung«, wie Auschwitz, Lublin, Mauthausen oder das Ravensbrück des Jahres 1945. Und mit ihnen fuhr ihr Vokabular, in dem die Häftlinge »Stück« hießen, der Tod als »Sonderbehandlung«, »14 f 13« oder »Mittwerda« bezeichnet wurde und die menschlichen Wracks, deren Leben als »lebensunwert« galt, »Muselmänner«[16] genannt wurden. Von daher ist es nicht verwunderlich, in einem Lager wie im anderen die gleichen Tötungsmethoden anzutreffen, die keineswegs von Lager zu Lager unterschiedlich waren, wie einige Leute meinten, sondern sich vermutlich nach der Anzahl von Menschen richtete, die jeden Tag getötet werden sollten. Wenn sich die Zahl der täglichen Hinrichtungen auf ein paar Dutzend (bis zu hundert) belief, befand es die SS für ökonomisch, das mit einer Maschinenpistole zu besorgen oder die Kosten für einen oder zwei Lkw nach Hartheim aufzuwenden. Für über hundert zu tötende Personen am Tag wurde dann eine Gaskammer gebaut – so jedenfalls war es in Ravensbrück ab Januar 1945, dem Zeitpunkt, an dem die methodische Ausrottung voll einsetzte, die jedoch schon im Oktober 1944 begonnen hatte.

Die Vernichtung von Menschen, die in allen Nazi-Konzentrationslagern anzutreffen war (und deren grundlegende Zweckbestimmung sie ja darstellte) änderte sich mehrere Male schlagartig in ihrer Intensität, und dies nicht einzig und allein aus Effizienzgründen. Diese abrupten Kursänderungen lassen sich nur aus dem Verfall oder der Schwerfälligkeit des Systems heraus erklären, denn sie verunsicherten bei mehrmaliger Wiederholung die mit der Durchführung der Aktionen Beauftragten. Dies war in Ravensbrück in besonderem Maße bei Suhren der Fall, als er am 23. April 1945 den Befehl erhielt, Frauen, die er nach der vorherigen Order eigentlich liquidieren sollte (siehe Kapitel 2), dem schwedischen Roten Kreuz zu übergeben, und gleiches galt dessen eigenen Aussagen zufolge auch für den Kommandanten von Auschwitz.

---

16 Dies hätte den arabischen Nazi-Sympathisanten doch wohl zu denken geben sollen...

Neben der augenscheinlichen Inkohärenz der Grausamkeit gab es jedoch auch eine perfekte Koordination, von der man selbst in Ravensbrück etwas mitbekommen konnte (und Männer wie Eugen Kogon oder David Rousset haben gleichfalls darauf hingewiesen). Wenn man aber mehr als nur das »System« erkennen will, durfte und darf man sich noch heute nicht nur auf die gewichtige Menge an Informationen beschränken, die zweifelsohne über ein einzelnes Konzentrationslager zusammengetragen wurde, um nicht die Ähnlichkeiten zwischen den verschiedenen Lagern (die nie Gleichartigkeiten waren) herauszuarbeiten, sondern ihre Parallelitäten.

Wenn die Tötungs-Intensität von einem zum anderen Lager unterschiedlich war (und sie war unterschiedlich), wenn sie in allen Lagern von Tag zu Tag schwankte (und auch das geschah überall), so hatte dies nichts mit einer zeitlich oder räumlich bedingten, improvisiert vor Ort getroffenen Entscheidung oder mit Organisationsschwächen seitens der Untergebenen zu tun, sondern erfolgte vielmehr aufgrund genauer Instruktionen, die von oben kamen und peinlich genau befolgt wurden. Und wenn es irgendwo ein Durcheinander gab, dann im Kopfe desjenigen, der die Befehle erteilte.

Einführung zum *Ravensbrück* von 1972

Im ersten *Ravensbrück* waren Dinge, die mich persönlich betrafen, ausgespart. Ich fühlte mich noch nicht in der Lage dazu, darüber zu sprechen. Zu meiner Entschuldigung möchte ich sagen, daß das, was ich in diesem Buch aufzeigen wollte, das Schicksal aller Kameradinnen war, und ich glaubte, dies ohne persönlichen Bezug tun zu können.

Inzwischen weiß ich, wie wenig nachvollziehbar eine schwerwiegende Zeugenaussage ist, die keine erklärenden Worte über denjenigen enthält, der diese Aussage gemacht hat, und ich weiß, in welchem Maße unser Denken und Handeln und die besonderen Ereignisse unseres Lebens mit unserer verborgenen Sicht der Welt verbunden sind. Noch heute quälen mich die Erinnerungen, aber davon wird in diesem Abschnitt noch die Rede sein.

Am 13. August 1942 wurde ich auf dem Gare de Lyon zusammen mit einem französischen Ingenieur, der Mitglied einer IS-Widerstandsgruppe (SMH Gloria) war, verhaftet, und zwar bei einem Treffen mit einem Spitzel, der uns ans Messer geliefert hatte. Dieser Verräter, der zuerst von der Gestapo und später von der Abwehr bezahlt wurde, war ein Priester – der Kaplan der Pfarrgemeinde La Varenne, unserer Nachbargemeinde. Er nannte sich Robert Alesch.

Beim Prozeß gegen Alesch im Mai 1948 erschien sein deutscher Chef, Kommandant Schaffer, ehemals Adjutant von Oberst Reile von der Abwehr, um auszusagen. Wir wissen durch ihn, daß Alesch (auf seinen eigenen Wunsch hin und ab 1941) in den Dienst der Gestapo trat und ab 1942 von der Abwehr eingesetzt wurde. Er schickte Dutzende von Menschen in den Tod, darunter sehr junge Leute aus seiner Jugendgruppe, die er dazu veranlaßte, in den Widerstand zu gehen, um sie danach ans Messer zu liefern. Dafür erhielt er – neben bestimmten Kopfprämien für jeden Verratenen – ein festes Gehalt von 12.000 Francs, dazu noch 3.000 Francs für seine Mätresse und 2.000 Francs für eine weibliche Person namens Claude. Das entspricht zusammen mit den Spesen ungefähr einem Monatseinkommen von 25.000 Francs.

Nach meiner Verhaftung wurde ich in die Santé (erste Abteilung, Zelle 96) eingeliefert, dann am 13. Oktober 1942 zusammen mit der ganzen von den Deutschen kontrollierten Abteilung nach Fresnes (dritte Abteilung, Zelle 326) verlegt. Ich wurde siebenmal verhört (am 13., 14., 17., und 25. August und am 9., 21. und 23. Oktober). Da ich noch nicht wußte, wer uns verraten hatte, und aus Angst, unseren Feinden Erkenntnisse zuzuspielen, leugnete ich en bloc alles.

Am Freitag, dem 23. Oktober 1942, in der rue des Saussaies.[17] Raum 429, diktierte ein Hauptmann in Uniform in meiner Gegenwart meine Anklageschrift. Der Kommissar, der mich sonst verhört hatte – er hieß Weinberger –, übersetzte Satz für Satz. Am Ende eines jeden Abschnittes durfte ich sogar Korrekturen äußern, was ich auch tat. Sie hörten mich mit ironischem Gesichtsausdruck an, nahmen meine Bemerkungen aber zu Protokoll. Ich hörte ihnen aufmerksam zu, höflich und bedrückt... Die Sache zog sich hin und lief ab wie ein letztes Verhör in Gegenwart eines »echten« Untersuchungsrichters, außer daß kein Anwalt dabei war. Von Zeit zu Zeit hielt der Hauptmann, der den Text auf Deutsch diktierte, einen Augenblick inne, sah mich nachdenklich an und suchte nach Worten. Als er mit der Abfassung seiner Anklagepunkte fertig war, setzte er ein gewinnendes Lächeln auf und sagte:»Wir, wir sind nicht so wie die französische Polizei oder wie die Engländer. Wir sind nachsichtig mit Frauen, sehr nachsichtig. Und wenn man uns ein wenig entgegenkommt, können wir sogar eine Frau, die Spionage betrieben hat, auf freien Fuß setzen...« Er hielt inne, unschlüssig und wenig überzeugend, während Weinberger übersetzte. Ich hatte mir Mühe gegeben, schlagartig höchst interessiert auszusehen, und ihnen stockte buchstäblich der Atem. Dann fragte ich:»Und die Frauen, die keine Spionage betrieben haben – was machen Sie mit denen?« Die beiden Männer lachten, fast herzlich, ohne sich weiter zu äußern.

17 Der Text meines Briefes an das deutsche Militärgericht steht am Ende dieses Kapitels.

Meine Anklageschrift enthielt fünf »Gründe« für eine Verurteilung zum Tode, wovon einer (er lautete »Beherbergung englischer Agenten«) meine Mutter direkt belastete. Ich bekam die Anklageschrift zu lesen und konnte dabei in etwa rekonstruieren, was die Deutschen wußten. Und siehe da – sie wußten vieles, aber nicht, wie sie glaubten, alles. Trotzdem hatte ich nach wie vor keine Ahnung davon, wie sie es erfahren hatten, ich wußte noch nicht, daß Alesch ein Verräter war, und auch nicht, daß mehrere seiner Anschuldigungen von dem armen Menschen, der mit mir zusammen verhaftet worden war, bestätigt worden waren. (Er saß allein in seiner Zelle, befand sich in einem Zustand totaler Panik und hatte alle Leute denunziert, die er kannte. Und aufgrund seiner Geständnisse wurde meine Mutter in Haft behalten. So wie ich auch, hatte sie alles abgestritten.)

Nachdem ich Stunde für Stunde den Fortgang des Prozesses gegen meine Mitstreiter vom Musée de l'Homme verfolgt hatte (sie waren im Februar 1941 verhaftet worden und wurden am 23. Februar 1942 erschossen), dachte ich, daß meine Anklageschrift an ein Gericht übergeben werden würde, also an eine andere Behörde. Um sicher zu sein, daß meine Unterlagen wirklich in andere Hände kommen würden, hatte ich zwei Monate abgewartet, bevor ich mir das Vergnügen gönnte, einige Seiten zu schreiben. Eine Kopie meiner Gegendarstellung, mit einem Stift auf angefeuchteten Stoff geschrieben, gelangte im Futter meiner Skihose aus Fresnes heraus, als ich nicht mehr in Einzelhaft saß. (Der Text steht am Ende dieses Vorworts.)

Sichere Kenntnis von der Verhaftung meiner Mutter erhielt ich erst am 12. Januar 1943, und zwar durch den deutschen Anstaltspfarrer von Fresnes, denselben, der mir später ein kleines Buch mit dem Titel *Die Nachfolge Jesu Christi* schenkte, das ich heute noch besitze. In dieses Buch übertrug ich meinen »Kalender«, den ich bis dahin mit einem Nagel in die Wände meiner Zelle geritzt hatte. Ich wußte also noch nicht, daß sie verhaftet worden war, als ich um »Papier und Tinte für einen Brief an das Gericht« anfragte, welches mir denn auch dienstbeflissen ausgehändigt wurde. Ich war so glücklich, nach fünf Monaten strenger Einzelhaft mit einem Federhalter schreiben zu können, daß mir beim Schreiben vor Freude die Hand zitterte.

Meine Mutter war in der ersten Etage, an der Hofseite, eingesperrt, und ich saß auf der gegenüberliegenden Seite im 4. Stock ein. Jeden Tag, wenn bei mir die Tür aufging, weil die Suppe ausgeteilt wurde, versuchte ich, sie zu Gesicht zu bekommen. Am 11. April wurden beide Türen zur selben Zeit geöffnet, und da sah ich sie zum ersten Male. Sie winkte mir zu und versuchte ein Lächeln, und ich winkte ihr auch zu und versuchte gleichfalls zu lächeln. Die deutsche Aufseherin stieß mich nicht beiseite und ließ uns einen sehr langen Augenblick Zeit. Sie sah uns an und weinte. Wir waren noch weit weg von Ravensbrück.

In Fresnes durften Häftlinge, die nicht in Einzelhaft saßen, jeden Monat zwei Pakete erhalten, deren Verpackung jedesmal wieder zurückgeschickt wurde. Manchmal war es möglich, darin eine kurze Mitteilung zu verstecken, beispielsweise zwischen zwei Kartonscheiben, die den Boden eines Pappbechers bildeten. Wir bekamen auch Antwortbriefchen, die notwendigerweise hinterher zerrissen wurden, aber eine couragierte Freundin, die uns mit Essen versorgte, hat die Mitteilungen von meiner Mutter und mir den Anweisungen zum Trotz aufbewahrt.

In ihrem Brief von Sonntag, dem 4. Juli 1943, schreibt sie:

Ich hatte so viele Hoffnungen auf die Monate Mai und Juni gesetzt. (...) Wenn der Juli zuende geht, ohne daß etwas Entscheidendes geschieht, dann müssen wir uns, so glaube ich, auf noch ein weiteres Jahr einrichten, denn es dürfte so ziemlich feststehen, daß eine Invasion zu Lande auf feindlichem Territorium nicht zustande kommt. Bleibt noch die Hoffnung auf die Russen, aber die haben noch nicht einmal den Dnjepr überschritten...

Seid versichert, daß ich kein bißchen entmutigt bin, aber ich bin innerlich auch noch nicht auf noch ein weiteres Jahr eingerichtet und mit mir noch etwas im unreinen...

Die grausamste Prüfung für mich ist die, daß keiner da ist: ihr seid alle weg, meine Mutter auch und Germaine und vor allem Françoise. Ab und zu ist das für mich so unerträglich, daß ich denke, es wäre auch nicht schlimmer, wenn ich im Gefängnis wäre. Aber man darf sich nicht selbst bemitleiden, also: bleiben wir hart. Das einzige Mittel durchzuhalten ist, sich nicht aufzugeben. Und jetzt lasse ich innerlich nur einen Moment los, um euch alle ganz lieb zu umarmen.

Einen Monat später, am 18. August 1943, wußte ich, daß sie nicht mehr in Fresnes war, und vier Tage lang hoffte ich wie wahnsinnig darauf, daß sie freigekommen war. Am 22. August erfuhr ich von dem deutschen Feldwebel auf meiner Etage, daß sie in Romainville war. Zu diesem Zeitpunkt war ich nicht mehr in Einzelhaft und durfte auch Pakete erhalten. Im Saum von Kleidungsstücken, die man nach draußen zum Waschen schicken konnte, beförderte ich Briefe hinaus, die ich auf Fetzen von Taschentüchern geschrieben hatte.

Für Irène[18]

Heute ist Donnerstag, der 16. September, meine Liebe. Ich denke immerzu an Dich, und ich habe so sehr gehofft, daß du hier weggekommen und freigelassen worden bist. Ein solches Gerücht ging hier nämlich um (...), was zur Folge hatte, daß ich mich fragte, ob der Rechtsanwalt nicht alles ein bißchen dramatisiert hat, um sich wichtig zu machen. Ich hoffe unentwegt, daß Du, wenn nicht gestern, so doch heute freikommen mögest und daß nach den zwei Briefen, die du bekommen wirst, wenn du draußen bist, dieser dritte Brief, den ich dir in die Zelle schreibe, dich bei dir zuhause erreicht. Das wünsche ich mir so sehr. (...) Neuigkeiten von draußen brauche ich dir nicht zu erzählen, denn du kennst sie wie ich. Sie sind so, wie sie sein müssen. (...) Seit es nicht mehr so warm ist, arbeite ich wieder mehr, und es sind schon etliche Teile von meinem Buch[19] da, die ich als druckfertig abzeichnen könnte. Liebe Mama, ich umarme dich ganz zärtlich, und ich habe so Angst um Dich und Deine Gesundheit. Schreib

18 Damit wir uns durchs Fenster Mitteilungen zuspielen konnten, hatte sich meine Mutter einen Decknamen zugelegt. Sie wählte den Vornamen Irène, weil ihre Haare innerhalb einer Nacht weiß geworden waren, so wie bei der Heldin eines Gedichtes von François Coppée, die uns früher immer Anlaß zu Spötteleien gegeben hatte.
19 Seit dem 2. März hatte ich das Recht, in meiner Zelle an meiner Habilitationsschrift zu arbeiten, ein Privileg, das auch meinen Ethnologenkollegen Boris Vildé und Anatole Lewitzky zugestanden wurde, die beide am 23. Februar 1942 erschossen wurden. Alle meine Manuskripte sind wie ich nach Deutschland gebracht worden und nie wieder aufgetaucht.

33

mir bitte ganz genau, wie es damit steht, ich bin hart wie Stein und kann alles verkraften.

Am 21. Oktober 1943, dem Tag, an dem ich deportiert wurde, war meine Mutter nicht unter den rund zwanzig in den Zug verladenen NN-Kandidaten,[20] unter denen sich auch Frauen befanden, die in der gleichen Sache angeklagt waren wie ich. Eine Woche später wurde unser Transport im Aachener Gefängnis mit einem zweiten, der gleichfalls NN-Kandidaten enthielt, zusammengelegt und gemeinsam nach Ravensbrück befördert... Noch einmal gab ich mich der Hoffnung hin, meine Mutter sei freigelassen worden, und diese Hoffnung machte mir die Deportation leichter.

Nach der Ankunft wurde der Transport in Quarantäne geschickt, und fast alle von uns wurden schwer krank. Ich bekam nacheinander Diphterie, eine doppelseitige Ohrenentzündung und eine schwere Bronchitis, die sich durch das Auftreten von Skorbut noch verschlimmerte. Gerettet haben mich zwei tschechische Häftlinge, die mich gar nicht kannten, Zdenka und Hilda. Wie lange ich im Revier gelegen habe, weiß ich nicht. Ich habe es nicht notiert, und für die ersten drei Monate in Ravensbrück fehlt mir jedes kalendermäßig erfaßbare Zeitempfinden.

Am 3. Februar 1944 war meine Mutter unter den 958 an diesem Tag eintreffenden Frauen, also in dem sogenannten »27.000er«-Transport, von dem in diesem Buch noch die Rede sein wird.

Fast unmittelbar danach, während des Appells, erfuhr ich, daß sie im Lager war. Die Mitteilung ging nach dem Prinzip der stillen Post unter den 18.000 oder 19.000 Frauen, die da unbeweglich im Scheinwerferlicht standen, von Mund zu Mund. Ich glaube, es war beim Morgenappell, aber ich weiß es nicht mehr genau. Ich war starr vor Schmerz, und alles um mich herum wurde Nacht.

Sie hingegen, als ich sie endlich sehen und in die Arme nehmen konnte, war außer sich vor Freude. Ihr Transport war in Block 15 untergebracht, wohin ich mich, wenn ich nicht eine NN-Kandidatin gewesen wäre, zweifelsohne hätte einmogeln können, denn niemand

---

20 In Kapitel 5 sind einige nähere Erläuterungen zu den beiden Buchstaben NN zu finden, die »Nacht und Nebel« bedeuten. 1943 wußte noch keine von uns, daß die zwei Buchstaben NN auf unseren Akten etwas Besonderes zu bedeuten hatten.

hat mich je verraten, wenn ich dort war. Die Blockowa aber, die den NN-Block unter sich hatte, Käte Knoll, ein deutscher Häftling, war eine bösartige und gefährliche Frau, und ich eben NN. Trotz unzähliger Schwierigkeiten gelang es mir dennoch, meine Mutter jeden Tag einige Augenblicke lang zu sehen und zu umsorgen.

Die NN-Häftlinge hatten nicht das Recht, in einem Arbeitskommando weiter außerhalb des Lagers zu arbeiten, und wurden aus diesem Grunde in recht großer Zahl in die Bekleidungs-Kolonne geschickt, wo sie Waggons zu entladen hatten, die wild vollgestopft waren mit einem Teil des verschiedenartigsten Raubgutes, das sich die deutsche Polizei überall in Europa angeeignet hatte. Dank der Bekleidungs-Kolonne und trotz der Durchsuchungen gelangte eine Menge nützlicher Dinge ins Lager, vor allen Dingen Medikamente. Was meine eigenen Aktivitäten in dieser Hinsicht anbelangt, so gelang es mir hauptsächlich, Stoffstücke beiseitezubringen und danach handvollweise Federn, um für meine Mutter ein kleines Kissen zu fertigen, und sie hatte auch Wäsche und warme Unterkleidung.

Mit der Zeit bekamen wir zu wissen, was die bestinformierten Häftlinge über das in Erfahrung bringen konnten, was hinter den düsteren Kulissen von Ravensbrück wirklich geschah. Zuerst die Tatsache, daß während des ganzen Jahres 1944 Hinrichtungen stattfanden und »Schwarze Transporte« abgingen, dann, ab Januar 1945, daß eine Art Außenniederlassung von Ravensbrück geschaffen wurde, wo Häftlinge in Massen zu Tode gebracht wurden. Diese Außenniederlassung war das kleine Lager Uckermark, das meistens Jugendlager genannt wurde...

Während der gesamten Monate Januar und Februar wurde der Terror von Tag zu Tag offensichtlicher: nicht nur im Jugendlager wurden Menschen zu Tode gebracht, sondern auch auf der Krankenstation des Hauptlagers, im sogenannten Revier.

Die methodische und öffentlich durchgeführte Massentötung begann am 1. März. Als ich erfuhr, daß meine Mutter abgeholt und mitgenommen worden war, begann ich, mir mit Datum versehene Stichpunkte zu machen, um zu versuchen, in Erfahrung zu bringen, wo sie war. Diese Notizen befinden sich im Kapitel »Die letzten Tage« der vorliegenden Arbeit...

Zu allererst wurde am Nachmittag des 1. März der NN-Block abgeriegelt und die dort befindlichen Häftlinge in den Strafblock gebracht. Dort hielt ich mich – ich war sehr krank – zusammen mit meiner Mutter und unserer Freundin Anise Postel-Vinay in der Nacht vom 1. auf den 2. März auf.

Am Morgen des 2. März gelang es Anička, einer tschechischen Freundin, mich ins Revier zu bringen, denn seit mehreren Tagen konnte ich wegen einer mit starkem Fieber einhergehenden Kieferentzündung weder sprechen noch essen. Ich befand mich noch im Revier, als gegen 1 Uhr im ganzen Lager bekanntgemacht wurde, daß am Nachmittag ein Generalappell stattfinden sollte, was absolut unüblich war und nichts Gutes verhieß. Ich war illegal ins Revier gekommen und zu krank, um mir über mein weiteres Schicksal Gedanken machen zu können. Es ist vermutlich Anička gewesen, die unsere gemeinsame Freundin Grete Buber-Neumann alarmierte, die, selbst krank, aufgrund ihres Status als sehr langjähriger Häftling und als Schreiberin eine Ecke im Revier für sich allein hatte. Sie versteckte mich am Fußende ihres Lagers unter der Bettdecke. Die SS-Leute kannten sie alle von Angesicht, und als der SS-Mann Pflaum zum Appell eintrat, erkannte er Grete, sagte kein Wort und machte die Tür wieder zu.

Um 17 Uhr war es wieder möglich, sich innerhalb des Lagers zu bewegen, und meine Freundin Anise kam durchs Fenster herein und brachte Grete auf Deutsch bei, daß während des Appells meine Mutter abgeholt worden war.

Wie ich wieder in meinen Block gekommen bin und eine Kameradin nach der anderen traf, die vielleicht irgendwelche Informationen haben konnte, weiß ich nicht mehr. Ich weiß nur, daß die österreichischen Schreiberinnen, die an anderen Tagen zwischen dem Hauptlager Ravensbrück und dem Jugendlager hin und her pendelten, dies an dem bewußten Tag nicht tun durften.

In den folgenden Stunden war ich dermaßen durcheinander, daß ich – um die einzelnen aus dem Kontext gerissenen von mir zusammengetragenen Informationen zu ordnen und zu verstehen – anfing, mir mit Datum versehene stichpunktartige Notizen aufzuschreiben, denn jegliche Informationen, die aus dem Lager Uckermark zu uns drangen (und das Lager war voll davon), erwiesen sich von einer Stunde auf die andere als total falsch...

In den darauffolgenden Tagen dann forschte ich weiter, und so vermischten sich die mich betreffenden Notizen automatisch mit solchen, die uns alle angingen.

Am Montag, dem 5. März, operierte ein mir unbekannter Häftling, eine zarte, ganz junge Frau, die kein Französisch verstand und offensichtlich selbst Angst vor dem Skalpell hatte, das sie in der Hand hielt, den Abszeß an meinem Kiefer. Während sie noch zögerte, das Geschwür zu öffnen, durchquerte der SS-Zahnarzt Hellinger den Raum, was sie endgültig in Panik versetzte, denn ich war natürlich illegal hier und hatte weder die Erlaubnis meiner Blockowa noch die des für die Revier-Einweisung zuständigen SS-Arztes, und zudem bestand die einzige bekannte Aktivität von Hellinger darin, toten Frauen die Goldzähne herauszureißen, so daß alle einen Abstand zu ihm wie gegenüber Hyänen und Geiern wahrten. Er blieb stehen, kam zu mir heran und beugte sich vor, um besser sehen zu können. Ich erinnere mich, daß ich dabei völlig gleichgültig blieb, was zweifelsohne dazu beitrug, seine Aufmerksamkeit nicht noch zusätzlich auf mich zu lenken... An den Tagen darauf machte mir eine Krankenschwester ein paarmal unter der Hand einen Verband, denn das Revier war einer der gefährlichsten Orte im Lager. Am Donnerstag, dem 15. März, wollte ich aufstehen, aber die Beine versagten mir den Dienst. Die Kameradinnen ließen mich Fieber messen: das Thermometer zeigte 41 Grad an. Meine körperlichen Schmerzen waren noch immer stark, aber sie erschienen mir dadurch, daß sie mich in zunehmendem Maße am Denken und Grübeln hinderten, geradezu wie eine Erlösung.

Zwei Wochen später, am 2. April 1945, wurden 299 Französinnen durch Vermittlung des internationalen Roten Kreuzes in Genf freigelassen, aber die NN-Häftlinge waren davon ausgenommen; sie wurden am 23. April in die vom schwedischen Roten Kreuz organisierten Befreiungsaktionen einbezogen, die dank den Unterhandlungen von Graf Bernadotte vonstatten gingen.

Bei dieser letzten Aktion verließen die Häftlinge das Lager in den Kleidungsstücken, die sie auf dem Leib trugen. Vor der Abfahrt fanden natürlich massenweise Durchsuchungen statt, aber die wurden schlampig durchgeführt, denn es gelang den Frauen, die gerade gefilzt worden waren, Dinge an sich zu nehmen, die Häftlinge, welche gerade zur Durchsuchung gingen, gern behalten wollten. Zwei verbotene »Objekte«, die wichtiger waren als alles andere, entgingen auf diese Weise der Kontrolle – zwei französische Babys, die einzigen, die überlebt haben.[21] Meine Freundinnen verteilten untereinander einige meiner Papiere: mein kleines Buch *Die Nachfolge Jesu Christi*,[22] vollgeschrieben mit Tagebuchnotizen, überstand die Filzung in der Tasche von Danielle (Anise Postel-Vinay); eine Operette mit dem Titel »Der Verfügbare in der Unterwelt«, die ich im Herbst des Vorjahres geschrieben hatte und die in einer Kiste des Bekleidungs-Kommandos versteckt war, wurde von Jacqueline d'Alincourt übernommen... Ich selbst hatte vor allem meine Notizen von den Geschehnissen der letzten Tage bei mir, ferner Personenangaben zu den wichtigsten SS-Leuten des Lagers (notdürftig als Kochrezepte getarnt) und schließlich eine Spule mit noch nicht entwickeltem Filmmaterial, das Aufnahmen von den Beinen der jungen Oberschülerinnen enthielt, an denen Dr. Gebhardt Vivisektionsversuche gemacht hatte. Diese Filmspule bewahrte ich seit dem 21. Januar 1944 in meiner Tasche auf, hatte sie aber, um bei einer Durchsuchung nicht aufzufallen, ganz mit unauffälligen, schmutzigen Wollresten zugewickelt (siehe auch Kapitel 5, das sich mit den »Versuchskaninchen« beschäftigt).

Wenn ich überlebt habe, so verdanke ich dies ganz sicher in erster Linie dem Zufall, des weiteren meiner Wut sowie dem Willen, alle diese Verbrechen aufzudecken, und schließlich einer Koalition der

---

21 Es gab auch noch zwei andere Babys – einen kleinen Franzosen und einen kleinen Polen –, die in einem Außenkommando überlebt haben.
22 Das Buch ist 390 Seiten stark. Zuerst hielt ich auf jeder Seite stichpunktartige Notizen über die ersten 390 Tage meiner Gefangenschaft fest, indem ich neben die Seitenzahlen das Datum (die Anfangsbuchstaben von Tag und Monat sowie eine Zahl) schrieb. In den folgenden Jahren benutzte ich den unteren Teil der Buchseite für die entsprechenden Monatsangaben, fügte aber noch einen Buchstaben hinzu, der den Anfangsbuchstaben des Wochentages bezeichnete.

Freundschaft, denn den kreatürlichen Lebenswillen hatte ich verloren.

Es hatte oft den Anschein, als seien die festen Bande der Freundschaft durch rohen, nackten Egoismus zugeschüttet worden, aber es wurde an ihnen überall im Lager unsichtbar weitergewebt. Sie vereinten »Familien«, die meistens nur wenige Mitglieder umfaßten – zwei, drei, vier Frauen aus demselben Dorf oder in denselben »Fall« verwickelt, auch Frauen, die sich durch Zufall in derselben Gefängniszelle oder bei der Abfahrt im selben Eisenbahnwaggon fanden und die dann aneinander Halt suchten, um nicht unterzugehen. Das größte Hemmnis beim Schließen von Freundschaften, noch viel gravierender als Unterschiede in der Nationalität, der Zugehörigkeit zu politischen Parteien oder Religionen, war die Sprachbarriere. Trotzdem gab es über Nationalitätenunterschiede hinweg Schienen gegenseitiger Unterstützung, in denen Beobachtungen und daraus ableitbare Schlußfolgerungen ausgetauscht und ganz einfach Freundschaften geschlossen wurden.

Aber diesen unsichtbaren Banden wechselseitiger Hilfe gegenüber stand die organisierte Bande der Mörder.

Töten am Fließband ist nicht so einfach, wenn man nicht eine extra für diesen Zweck gebaute Anlage zur Verfügung hat oder regelrechte »Mordfabriken« wie Auschwitz oder Lublin-Maidanek. Aber während in Ravensbrück die massenweise Vernichtung von Menschen vorbereitet wurde (und wir wissen heute, daß die ersten Maßnahmen dazu schon im Oktober 1944 eingeleitet worden sind), waren die Werkstätten weiter in vollem Betrieb. Sie wurden gespeist von Arbeitskräften, die durch den chronischen Hunger schon ausreichend geschwächt waren, von der panischen Angst gar nicht zu reden...

Heute wissen wir durch die gerichtlichen Aussagen der SS-Leute, daß an dem Standort, wo Tag und Nacht die beiden Verbrennungsöfen des Krematoriums brannten, Ende 1944 eine Gaskammer für reichlich 150 Opfer eingerichtet worden ist. Warum für 150 und nicht für 50 oder für 300? Wurde die Größe der Gaskammer auf die Kapazität der Verbrennungsöfen abgestimmt?

Auf jeden Fall steht fest, daß die Gaskammer von dem Augenblick an, in dem sie in Betrieb gesetzt wurde, auch ununterbrochen in Funktion war, während gleichzeitig auf andere Weise weitergemordet wurde, Tötungen »am Fließband« erfolgten und grauenvolle Vieraugen-Begegnungen der Mörder und ihrer Opfer stattfanden, denn Ausdrücke wie »sauberer Mord« und »saubere Folter« können nur Hirngespinste eines Wahnsinnigen sein.

Für einen einzigen dieser Kreuzwege habe ich zu jeder Station die entsprechenden Zeugen rekonstruieren können, aber dieser einzelne Leidensweg – vom Anfang bis zu seinem Ende, dem barmherzigen Tod – möge dazu beitragen, eine Vorstellung von dem zu bekommen, was sich hinter diesen Worten verbirgt.

Claire war eine junge Frau, zart und ängstlich. Sie wurde geschätzt und geliebt von ihren Kameradinnen, weil sie Gedichte auswendig konnte, und war, glaube ich, Gymnasiallehrerin mit einer Lehramtsbefähigung in Geisteswissenschaften. Meine Mutter mochte sie sehr und erzählte mir manchmal von ihr. Zu dem, was ich über die Umstände ihres Todes wußte, habe ich im März 1947 den Kameradinnen, die sie kannten, folgendes berichtet:

> Erinnert ihr euch an Claire? Zuerst wurde sie furchtbar von einem Hund gebissen. Wer hat den Hund auf sie gehetzt? Wir wissen es nicht, aber es war Claires erster Mörder. Danach war sie im Revier, wo man es ablehnte, sie zu behandeln. Wer hat es abgelehnt, sie dort aufzunehmen? Wir wissen es nicht – vielleicht war es die Oberschwester Marschall. Es war ihr zweiter Mörder. Die Bißwunden verheilten nicht, und deretwegen wurde sie ins Jugendlager geschickt. Wer schickte sie ins Jugendlager? Wir wissen es nicht – vielleicht Pflaum oder Winkelmann. Es war ihr dritter Mörder. Als sie in den Reihen der Todeskolonne stand, wer hat sie daran gehindert zu fliehen? Eine Aufseherin, eine Lagerpolizistin? Vielleicht alle beide. Vielleicht von Skene, vielleicht Boesel. Der vierte Mord. Im Jugendlager weigerte sie sich, das Gift zu schlucken, das ihr die Salveguart reichte. Die Salveguart schlug sie dann unter Hilfe von Rapp und Köhler mit dem Stock grün und blau und tötete sie damit endgültig.

Claire war in Lyon verhaftet worden, als Barbie dort das Sagen hatte. Ihr Fall ist nur einer von 123.000 Frauen, ein einziger Todeskampf von vielen. Fünf Mörderbanden für eine einzige Frau. Und für jedes der anderen Opfer dieselben Mörder oder andere, die nicht anders waren. Jede tote Frau ist aber- und abermals umgebracht worden. Eine jede von uns war eingebunden in eine Kette, bei der am Ende jedes Gliedes ein Mörder stand.

Brief an das deutsche Gericht

Während meines letzten Verhörs am Freitag, dem 23. Oktober 1942, sagte der Offizier, der meine Anklageschrift diktierte, zu dem Kommissar, der mich verhört hatte. »Wir können die Akten jetzt dem Gericht übergeben.«

Um sicher zu sein, daß die Akten nun wirklich in Händen einer anderen Behörde waren, wartete ich zwei volle Monate damit, eine Erwiderung auf meine Anklagepunkte zu verfassen, und so schrieben wir schon den 2. Januar 1943, als ich um Papier und Tinte bat, »um an das Gericht zu schreiben«. Beides wurde mir dienstbeflissen von meiner Etagenaufseherin gebracht, und als ich fertig war, fertigte ich von dem Brief auf dem Fetzen eines Hemdes vom Roten Kreuz sofort eine Kopie. Als ich nicht mehr in Einzelhaft saß, gelangte diese Kopie – wie ich es weiter vorn beschrieben habe – im Futter eines Kleidungsstückes aus Fresnes heraus und ist von der Freundin,[23] die sich um unsere Pakete kümmerte, aufbewahrt worden.

Fresnes, den 3. Januar 1943

Sehr geehrte Herren,

wie Ihnen bekannt ist, bin ich am 13. August 1942 verhaftet worden, weil ich mich in einem Arrestbereich befand. Da man noch nicht genau wußte, wessen man mich beschuldigen sollte, und wohl in der Hoffnung darauf, ich würde mir schon selbst einen Grund dafür liefern, unterwarf man mich rund drei Monate lang Sonderhaftbedingungen, um meine Erfindungsgabe zu stimulie-

---

23 Es handelt sich um Marcelle Monmarché, die, nachdem sie in der Widerstandsgruppe Musée de l'Homme aktive Arbeit geleistet hatte, »Briefkasten« der Gruppe Manipule und der von Jacques Lecompte-Boinet gegründeten Organisation CDLR wurde, die einer der Mitbegründer des CNR (Conseil national de de Résistance – Nationalrat der Widerstandsbewegung) war.

ren. Leider wurde mir durch diese Behandlung auch noch das letzte bißchen Einfallsreichtum geraubt, sodaß mein Kommissar auf seinen eigenen Genius zurückgreifen mußte, um die fünf nachfolgend aufgeführten Anklagepunkte hervorzubringen, von denen vier schwerwiegend sind und einer wahr:

1. *Sozialer Beistand*. – Ich habe in der Tat eine Einrichtung gegründet und selbst ein Jahr lang geleitet, deren Ziel darin bestand, allen unmittelbar nach dem Waffenstillstand freigelassenen Häftlingen unserer Kolonien Hilfe angedeihen zu lassen. Es wurde dafür staatliche Unterstützung gewährt, und meine Organisation hatte schließlich einen solchen Umfang angenommen, daß ich aufhören mußte, sie zu leiten. Anderenfalls hätte ich meine wissenschaftliche Arbeit aufgeben müssen, und dies war unmöglich. Ich hatte das Glück, meine Teams, die Krankenhausbesuche machten und Pakete packten, im Juli 1941 in sehr gute Hände geben zu können (an einen Major der Kolonialarmee). Von dieser Zeit ab widmete ich mich auschließlich wieder meiner ethnologischen Arbeit über die Berber, ohne jedoch darauf zu verzichten, bedürftigen Menschen, die der Zufall zu mir geführt hatte, zu Hilfe zu kommen (dies jedoch auf strikt privater und persönlicher Basis).

Nun frage ich Sie: Verstößt so etwas gegen die Besatzungsgesetze oder gegen irgendein anderes Gesetz?

2. *Spionage*. – Ich weise ganz klar von mir, jemals etwas getan zu haben, was man als Spionage auslegen könnte. Seit meiner Rückkehr nach Paris im Jahre 1940 habe ich kein einziges Mal die Grenzen des Départements Seine verlassen, und dies bestreitet auch die deutsche Polizei nicht. Darüberhinaus habe ich keinerlei Ahnung von militärischen Dingen, und wenn ich Wißbegier oder Neugier in dieser Richtung gehabt hätte, dann hätten Sie sicher auf Auswirkungen dieser meiner Neigung bei mir zuhause stoßen müssen, wo Sie anhand der Unmengen herumliegender Papiere einen Einblick in all das gewinnen konnten, was mich sehr interessiert. Zum anderen hat die deutschen Polizei den Fakt nachgeprüft, daß ich einige Monate vor meiner Verhaftung zufällig in einem Café Herrn G., einen Geologen, traf, den ich sechs Jahre zuvor flüchtig kennengelernt hatte und danach aus den Augen verlor.[24] Ich freute mich, daß er noch so freundlich und zuvor-

---

24 All das entsprach nicht den Tatsachen, aber der arme G. hatte in seiner panischen Angst Falsches und Richtiges zusammen ausgesagt, und (um mir Angst einzujagen) hatte mir mein Kommissar beim Verhör diese (falsche) Aussage mitgeteilt.

kommend war wie vor sechs Jahren, und so lud ich ihn herzlich ein, mit zu mir nach Hause zu kommen. Ich habe ihn dann noch drei- oder viermal wiedergesehen, ohne dem irgendeine Bedeutung beizumessen, denn ich kenne viele Leute in Paris, und außerdem gehen bei mir aufgrund meiner sozialen und wissenschaftlichen Aktivitäten viele Menschen aus und ein. Bitte bedenken Sie dabei auch, daß ich über zwei Jahre nahezu die einzige Spezialistin für Berbervölker diesseits des Mittelmeeres war – die anderen wohnen in Algerien oder Marokko.

Ich habe meinen Kommissar gefragt, ob er, wenn er Chef einer Spionage-Organisation wäre, wohl eine Frau ins Vertrauen gezogen hätte, die er in einem Café kennengelernt und zwei-, dreimal gesehen hat. (Es wären mir dann nämlich gerade mal eine oder zwei Wochen Zeit geblieben, um zu »spionieren«, – und was sollte ich überhaupt ausspionieren?) Noch eines: wenn dieser Herr, den ich in einem Café traf und zwei-, dreimal gesehen habe, mir wirklich solch geheime Dinge anvertraut hätte, dann hätte mir dies doch höchstens sehr suspekt vorkommen müssen, denn 1942 konnte man in einem Menschen, der unklug genug war, eine derartige Leichtfertigkeit zu begehen, nur einen Verrückten oder einen bezahlten Provokateur sehen.

Herr G. hingegen machte auf mich den allerbesten Eindruck – außerordentlich zuvorkommend, gutherzig, aufrichtig und selbstlos. Und sein Freund Jacques Legrand schien mir ein gebildeter Mann zu sein, aus vorzüglichem Hause zu stammen und maßvoll und sicher in seinem Urteil zu sein (aus diesem Stoff sind im übrigen – aber das habe ich erst durch Sie erfahren, sehr geehrte Herren – patriotische und mutige Männer gemacht).

Ein wenig besser kenne ich Herrn Pfarrer Alesch, denn er hat mir seit einiger Zeit Nachhilfestunden in Englisch gegeben.[25] Ich schätze ihn als exzellenten Prediger, intelligent und von christlicher Gesinnung, aber er ist ein Dichter und Phantast – einer, der sein Leben träumt (und solange er seine Träume nicht lebt, ist das ja nicht weiter schlimm).

In Wahrheit begegnete ich G. durch Vermittlung seines Chefs Jacques Legrand und diesem wiederum durch die Widerstandsgruppe Valmy.
25 Falsch! Aber so lautete die Aussage, wie sie mit Alesch abgesprochen war, und Alesch hielt ich zu diesem Zeitpunkt zwar für einen Schwätzer, einen Feigling oder einen Spinner, aber nicht für einen bezahlten Verräter. In Wirklichkeit hatte ich ihn durch Pierre-Maurice Dessinges kennengelernt, der sich darum kümmerte, unsere Entflohenen über die Demarkationslinie zu bringen. Und Dessinges war durch Oberst Paul Hauet zu mir geschickt worden.

Nun frage ich Sie: *Welche Art von Spionage soll ich eigentlich betrieben haben? Und für wen?* Stellt ein Glas Bier, das ich auf der Terrasse eines Cafés getrunken habe, in Ihren Augen schon einen ausreichenden Beweis dar?

3. *Fluchthilfe.* – Ich soll, wenn man meiner Anklageschrift Glauben schenkt, zusammen mit Leuten, die ich kaum kenne, Leuten, die ich überhaupt nicht kenne, zur Flucht verholfen haben. »Und wie soll ich das eigentlich gemacht haben?« habe ich angefragt. Eine Antwort auf diese Frage erhielt ich nicht. Daraus kann ich nur schließen, daß mein Kommissar, der (und das nicht ohne Grund) vermutete, daß ich keine Ahnung hatte, es vorzog, mich unaufgeklärt darüber zu lassen. Einverstanden.

Nun frage ich Sie: Legt man mir das nun zur Last oder nicht? Und: wenn ich beschuldigt werde, wie kann ich mich dann verteidigen, wenn ich gar nicht genau weiß, wessen man mich beschuldigt?

4. *Fallschirmspringer.* – Ich würde mich bestimmt furchtbar aufregen, wenn ein Fallschirmspringer in meinem Garten landen würde. Ich habe nämlich absolut keine Möglichkeit, irgend jemanden bei mir übernachten zu lassen, ohne daß es das ganze Viertel erfährt, denn meine 93jährige Großmutter geht noch bei den Händlern, die bei uns ganz in der Nähe sind, einkaufen und schwätzt gern mit denen. Darüber hinaus haben wir seit 25 Jahren eine vorzügliche Haushaltshilfe, aber die Frau ist das größte Klatschmaul und der größte Angsthase im ganzen Département. Ich wage nicht einmal mir vorzustellen, wie die beiden auf die Anwesenheit der besagten Fallschirmspringer reagieren würden. Das einzige, was ich sicher weiß, ist, daß ich niemals die Kühnheit aufbringen würde, diese Reaktionen über mich ergehen zu lassen. Übrigens: wenn man die beiden freundlich und geschickt ausfragen würde, dann würden sie Ihnen bestätigen, daß seit dem Waffenstillstand nicht eine einzige Person männlichen Geschlechts bei mir als Logierbesuch gewesen ist.

So frage ich Sie also: Wo kamen die besagten Fallschirmspringer her? Wo habe ich sie empfangen? Wo habe ich sie hingebracht? Ich habe sie nämlich wirklich nicht in irgendeiner Windung meines Gehirns vergraben (wenn man denn unterstellt, daß mein Oberstübchen solche Windungen hat).

5. *Handlungen gegen die deutsche Polizei.* – Ich wäre wirklich sehr schmerzlich berührt, wenn man mich der Ironie beschuldigen würde, und aus diesem Grunde mache ich mir die Mühe, hier detailliert Wort für Wort das wiederzugeben, was mir

zum Gegenstand dieses letzten und außerordentlichen Anklagepunktes mitgeteilt wurde.

Nachdem mein Kommissar einen (allzu schnellen) Blick ins Wörterbuch getan hatte, sagte er zu mir:»Ihnen wird zur Last gelegt, Sie hätten die deutsche Polizei und die französischen Verräter naturalisieren wollen.« Es wurde mir klar, daß dies wohl so nicht ganz stimmen konnte, denn er suchte schon wieder in seinem Wörterbuch herum. Ein simpler Lapsus. Immerhin: eine elegante und unblutige Problemlösung. Wenn Sie zum Beispiel die Pahuins, einen afrikanischen Volksstamm, naturalisieren und die Sinocks, ein anderer Stamm, Ihre Feinde naturalisiert, dann wäre dies das Ende aller unserer Schwierigkeiten, denn diese beiden Völker leben friedlich nebeneinander, solange sie sich nicht begegnen (es stimmt zwar, glaube ich, daß sie ein bißchen kannibalisch veranlagt sind, aber gemessen an unserem Problem fällt das nicht weiter ins Gewicht).

Während ich noch über dieses Thema nachdachte, tauchte mein Kommissar endlich wieder aus seinem Wörterbuch auf und sagte zu mir:»Jetzt hab ich's aber. Ihnen wird zur Last gelegt, den Angehörigen der deutschen Polizei ihre Unschuld wiedergegeben zu haben.«

Da war wohl (sicherlich) wieder etwas danebengegangen, aber ich war ob dieser grandiosen Vorstellung derart perplex (und erheitert), daß mir in dem Moment nicht einfiel, um eine nähere Erklärung zu bitten. Ich bin es nämlich gewöhnt, daß an mich die sonderbarsten Ansinnen herangetragen werden, denn ich habe, wie Sie wissen, jahrelang allein in Afrika mit sogenannten wilden Völkerstämmen zusammengelebt. Da baten mich Frauen, die mit Dämonen vermählt waren, darum, ihnen zu einer Scheidung zu verhelfen; ein alter Mann, der (schlimmer noch als Ritter Blaubart), wie er mir erzählt hatte, seine ersten acht Ehefrauen aufgegessen hatte, bat mich um ein Rezept dafür, daß er nicht die neunte auch noch verspeiste; miteinander im Krieg liegende Stämme beauftragten mich in gegenseitigem Einvernehmen, eine Grenze zwischen ihnen festzulegen; ich habe miterlebt, wie Blutzölle entrichtet wurden, und geheime »Jemaas« gesehen, Hexer, die einmal im Jahr im Mondschein auf einem heiligen Berg tanzten, usw.... Von Leuten, die in Trance glühende Kohlen schlucken und mit giftigen Schlangen spielen, will ich gar nicht erst reden, denn das ist ja nichts Besonderes. Und obgleich ich mich also in verschiedenartigen Dingen auskenne, erkläre ich in aller Form, daß ich, wenn die Herren von der deutschen Polizei wirklich ihre Unschuld verloren haben, mich außerstande sehe, sie ihnen wiederzugeben. Wenn sie jedoch gesteigerten Wert darauf legen, sie wiederzubekommen, dann sollen sie nicht verzweifeln, denn altes französisches Liedgut besagt, daß dergleichen möglich ist. Ich will hier nur ein Beispiel zitieren:

Was hast du, mein Mädchen, warum weinst du so sehr?
Ich wein', weil ein Matros' mir gestohlen die Ehr'.
Weine nicht, meine Schöne, du bekommst sie zurück,
an den Ufern der Loire wird zuteil dir dies Glück.

So kann ich meinem Kommissar nur raten, eine Pilgerfahrt zu den Ufern dieses berühmten Flusses zu unternehmen, von wo er – hoffentlich – umgeben mit Parzivals Grazien auch zu uns zurückkehren wird, aber ich wünsche mir doch sehr, daß Sie nicht dieses freudige Ereignis abwarten, bis Sie mir mitteilen, was diese Geschichte eigentlich zu bedeuten hat und was sie mit mir zu tun hat.

Das, sehr geehrte Herren, ist alles, was ich zu meinen Anklagepunkten weiß. Sie sehen selbst, daß dies nicht sehr viel und allem Anschein nach auch nicht eben schwerwiegend ist. Bitte halten Sie fest, daß ich hier nicht gegen meine Inhaftierung protestiere, denn ich begreife vollkommen, daß die derzeitigen Verhaftungsaktionen notwendigerweise zu sehr im Schnellverfahren durchgeführt werden, als daß es dabei nicht eine große Anzahl von Personen geben könnte, die ohne Grund in Haft genommen wurden. (Dies wird möglicherweise durch eine noch größere Zahl von Personen kompensiert, die nicht verhaftet werden, obgleich Gründe dafür vorhanden sind. Aber wie sagt La Fontaine:»Wenn es nicht dich trifft, so trifft es doch deinen Bruder.«) So versichere ich Ihnen denn in aller Freimütigkeit, daß ich all dem, was nur mich (be)trifft, ohne Angst und schlechte Stimmung entgegensehe, allenfalls mit ein wenig Neugier, aber dies werden Sie weder als ungerechtfertigt noch als zu voreilig empfinden, denn immerhin sitze ich nun schon an die sechs Monate in Haft. In dieser Hoffnung, sehr geehrte Herren, schließe ich mit vorzüglicher Hochachtung.

I

Informationen unter der Hand

Zwischen 1940 und 1942 in Paris kursierende Gerüchte über die Tötung deutscher Behinderter

Zum Zeitpunkt meiner Verhaftung im August 1942 besaß ich über die Verbrechen des Hitler-Regimes alle die Informationen, über die jeder andere Mensch in Europa auch verfügen konnte, wenn er sich neben der Sorge um das tägliche Brot noch für etwas anderes interessierte. Und dies traf auf viele Menschen zu.

Als erstes war mir zu Ohren gelangt, daß die Nazis geistesschwache Personen, Irre, als unheilbar eingestufte Kranke und pflegebedürftige alte Menschen ermordeten, und zwar durch Gas oder mit Spritzen. Es wurde auch erzählt, daß sie ihre eigenen Verwundeten töteten (und zwar nur die einfachen Soldaten, nicht die Offiziere), wenn die Gefahr bestand, daß ihre Verwundung zu einer dauernden Invalidität führen würde...

Über die Konzentrationslager hatte die Gerüchteküche nur dürftige Informationen, und mehr wußte ich auch nicht. 1942 jedoch begannen wir uns darüber klar zu werden, wie groß die Gefahr war, in der die Juden schwebten. Um diese Zeit hörte man sogar schon von ganzen Gruppen von Menschen, die vergast worden sein sollten...

Wie konnten nun diese Informationen kursieren im besetzten Paris, einer Stadt, in der es keine Zeitungen gab? Woher kamen die Gerüchte? Es lohnt sich heute, dieser Frage nachzugehen, und dies um so mehr, als wir heute eine Antwort darauf geben können.

Bevor diese Gerüchte nach Frankreich gelangten und dort in großem Umfang verbreitet wurden, hatten sie seit Juni 1940 in

Deutschland überall kursiert. Darüber, wo diese Gerüchte herkamen und wie sie verbreitet wurden, besitzen wir heute einige Arbeiten, deren Quellen Pierre Serge Choumoff in seiner Studie präzisiert (siehe Anhang 2 in der französischen Originalausgabe). Er ist dieser Frage in Zusammenhang mit den Vergasungen im Gesamtkomplex Hartheim, Mauthausen und Gusen nachgegangen. Zunächst jedoch sollten wir klären, wann Hitler eigentlich angefangen hat, davon zu träumen, die deutsche Rasse zu veredeln. In einer seiner Reden, veröffentlicht am 7. August 1929, also drei Jahre vor seiner sogenannten »Machtergreifung«, sagt er dazu folgendes: »Wenn in Deutschland jedes Jahr eine Millionen Kinder auf die Welt kommen und man davon 700.000 oder 800.000 der schwächsten eliminiert, dann würde dies im Endeffekt sicherlich zu einer Steigerung unserer nationalen Widerstandsfähigkeit und Stärke führen.« Acht von zehn deutschen Babys sollten also getötet werden – das müssen wir uns einmal vorstellen! Ich glaubte wirklich meinen Augen nicht zu trauen, aber dann sah ich es schwarz auf weiß: diese Rede steht wirklich im »Völkischen Beobachter« vom 7. August 1929 (zitiert nach Dr. Yves Ternon und Dr. Socrate Helman, S. 41, und Ernst Klee, 1983, S. 31).

Nachdem Hitler zum Reichskanzler ernannt worden war, wurde die Propagierung der Vernichtung »unwerten Lebens« inhärenter Bestandteil der großen Pläne des Nazi-Regimes. Bis zur konkreten Realisierung dieser Idee dauerte es jedoch noch bis zum Oktober 1939, wo auf polnischem Boden eine Verfügung unterzeichnet wurde, die die massenhafte Tötung geistig Kranker für zulässig erklärte. Diese Verfügung wurde durch das Regime dann noch um fünf oder sechs Wochen zurückdatiert, um ihr Inkrafttreten auf den 1. September 1939 zu legen, den Tag, an dem die deutschen Truppen in Polen einmarschiert waren und mit dem ein Krieg begann, der 40 bis 50 Millionen Menschen das Leben kosten sollte.

Von Oktober 1939 an – es waren also alle Vorbereitungen bereits getroffen – erhielten die Irrenanstalten Fragebögen, die sie für jeden ihrer Insassen auszufüllen hatten. In die erste Zeile war die »Rassenzugehörigkeit« einzutragen, und dabei stand folgender erklärender Hinweis: »Deutschblütig oder der deutschen Rasse verwandt;

Jude, Judenabkömmling ersten oder zweiten Grades; Neger, Neger-
mischling; Zigeuner, Zigeunermischling.«

Dann liefen sehr rasch die Vernichtungsaktionen an, und die
Kranken wurden – hauptsächlich durch Gas oder durch Kohlenmonoxid – in Gruppen von 40 oder 50 Personen gleichzeitig getötet.
Allein in den Jahren 1940 und 1941 wurden 71.188 solcher Tötungen registriert.

Am 12. Juni 1940 bat Pastor Braune um eine Audienz beim
Justizminister Gürtner und brachte ihm gegenüber seine Entrüstung
über diese Maßnahmen zum Ausdruck. Am 8. Juli übersandte der
Untersuchungsrichter von Brandenburg/Havel dem Justizminister ein
Memorandum, in dem er unter anderem schrieb:

> Was dabei am schwersten wiegt und eine unbeschreibliche mora-
> lische Belastung darstellt, ist die Tatsache, daß (...) damit in
> rechtswidriger Weise Gewalt und Willkür Tür und Tor geöffnet
> werden können. (...) Die Anstalt Hartheim nennt in jedem Bericht
> eine natürliche Todesursache. (...) Aber jeder weiß so gut wie
> ich, daß die Tatsache, daß hier jeden Tag gemordet wird, bald
> ebenso bekannt sein wird wie die Existenz von Konzentrations-
> lagern. (...)

Von Juni 1940 bis August 1941 stieg die Anzahl der an die Reichskanzlei, an den Justizminister oder an den Innenminister gerichteten
Proteste immer weiter an. Ich möchte mich hier darauf beschränken,
die öffentlichkeitswirksamsten zu nennen, nämlich die von Kirchen-
männern:
- am 9. Juli 1940 Pastor Paul Gerhard Braune (an Hitler übergebe-
  nes Memorandum);
- am 1. August 1940 Monsignore Konrad Grüber, Erzbischof von
  Freiburg;
- am 11. und 16. August 1940 Kardinal Adolf Bertram, Erzbischof
  von Breslau;
- am 23. August 1940 der protestantische Bischof von Württem-
  berg, Wurm;
- am 6. September Pastor Schlaich;
- am 9. November 1940 Kardinal Faulhaber, Erzbischof von München.

Im folgenden Jahr, am 28. Juli 1941, stellte der Münsteraner Bischof Clemens August Graf von Galen Strafantrag gegen Unbekannt wegen Mordes. Nachdem darauf keine Reaktion erfolgt war, protestierte er öffentlich in einem Hirtenbrief, der von den Kanzeln verlesen, dann vervielfältigt und am 3. August 1941 in sehr großem Umfang verbreitet wurde. Bormann riet, ihn zu hängen, aber Goebbels war dagegen. Die öffentliche Wirkung dieses Hirtenbriefes war so groß, daß Hitler zwanzig Tage später, am 21. August 1941, Befehl gab, die Tötungsaktionen an deutschen Kranken auszusetzen – *aber einige von den technischen Einrichtungen zum Töten blieben bestehen, und das gesamte Personal wurde in gleichem Rahmen weiterbeschäftigt...* Beide waren zu diesem Zeitpunkt Hitler – nicht Himmler – direkt unterstellt, und die Leitung der zuständigen Dienststelle hatte ihren Sitz in einer Villa in Berlin-Charlottenburg, Tiergartenstraße 4 – daher auch der vereinbarte Name der Aktion, nämlich »T.4«, der von der Kanzlei des Führers übernommen wurde.

(Informationen über die Tätigkeit, die die Mitarbeiter dieser Dienststelle nach der offiziellen Aussetzung der Tötungsaktionen vom 21. August 1941 ausübten, findet der Leser im Anhang dieses Buches in der Studie von Anise Postel-Vinay über die Gaskammer in Ravensbrück und in den Arbeiten von Pierre Serge Choumoff [Anhänge 2 und 3 der französischen Originalausgabe].)

Papst Pius XII. enthielt sich bedauerlicherweise jeder Stellungnahme, aber innerhalb der riesigen Organisation der katholischen Internationale kursierten diese Informationen mit der Diskretion und Effizienz von zweitausendjährigen Informationskanälen. Die wenigen neutralen Länder Europas, die Schweiz und Schweden, haben sie, soweit ich weiß in ihrer Presse zurückhaltend kommentiert, aber unter der Hand waren sie weniger zurückhaltend, und was die BBC anging, so nahm sie kein Blatt vor den Mund. Ob ich meine Informationen über die groben Umrisse der Aktion »T.4« durch die BBC, durch Schweizer Zeitungen oder durch die katholische Internationale bezogen habe, kann ich nicht mehr genau sagen.

Fakt ist jedenfalls, daß ich diese Kenntnisse hatte, und zwar sehr frühzeitig, in jedem Fall schon vor 1942.

Was konnten wir 1942 in Paris über die Judenvernichtung wissen?

Niemand konnte in Paris 1940 so tun, als wisse er nichts vom hitler-deutschen Antisemitismus, aber zu diesem Zeitpunkt hatten wir noch wenig Vorstellungen von Art und Ausmaß der Gefahr, die er für die Juden wirklich bedeutete.

Was mich selbst betrifft, so bin ich vor dem Krieg zweimal in Deutschland gewesen. Das erste Mal 1933 (im Jahr vor Beginn meiner ersten Reihe wissenschaftlicher Forschungsreisen nach Afrika) drei Monate lang in Ostpreußen mit dem Ziel, ein wenig Deutsch zu lernen, und das zweite Mal in der Zeit zwischen meiner zweiten und dritten Forschungsreise nur für wenige Tage in Bayern. 1933 waren in Ostpreußen alle Studenten, denen ich begegnete, keine Nazis, und ich konnte mich ziemlich unverblümt über Leute, die Nazis waren, lustig machen. 1938 in Bayern war es ganz anders: wenn es dort überhaupt noch Hitlergegner gab, so hatten sie sich gut getarnt.

Im Jahre 1940 betrachtete ich trotz dieser beiden selbsterlebten Erfahrungen und auch einiger Bücher, die ich gelesen hatte, den Antisemitismus noch als ein grausames Relikt aus der Vorzeit, das irgendwo zwischen der Aufhebung des Edikts von Nantes und dem Kreuzzug gegen die Albigenser anzusiedeln war. Trotzdem und eher zufällig hatten meine Mutter und ich gleich nach Pétains Rede vom 17. Juni 1940, in der er die Bitte um einen Waffenstillstand ankündigte, die Idee, unsere Ausweispapiere zusammenzusuchen und an eine befreundete Familie namens Lévy zu geben. Wir meinten damals, wir könnten den Lévys auf diese Weise Schikanen oder sogar eine Internierung ersparen. Daran, daß wir mit diesen Papieren das Leben aller Mitglieder dieser Familie retten würden, dachten wir nicht, aber genau das ist eingetroffen.

Von 1941 ab wußte in Frankreich jedermann, daß es genügte, Jude zu sein, um eingesperrt zu werden, denn den Razzien vom 14. Mai und vom 20. August 1941 waren zahlreiche absolut willkürliche Verhaftungen von Einzelpersonen vorausgegangen. Im Dezember 1941 erschien eine Bekanntmachung der Wehrmacht, in der – als Vergeltungsmaßnahme für erfolgte Attentate – 93 Hinrichtungen und die Deportierung von 1.000 Juden angekündigt wurden, die freien

Berufen angehörten. Die Juden wurden dann im März 1942 tatsächlich deportiert. Etwas später erfuhren wir dann auch, daß vom Bahnhof in Compiègne Züge abgegangen waren, in denen sich ausschließlich unbescholtene jüdische Geiseln befanden: ein solcher Zug im März, elf weitere im Juni und acht im Juli[26] – am 16. Juli 1942 hatte nämlich eine Großrazzia stattgefunden...

Neben diesen leicht nachprüfbaren Fakten fingen 1942 an Gerüchte zu kursieren, die noch viel beunruhigender waren – da war von Tötungen die Rede und sogar von Gas... Ich hatte diese Gerüchte 1942 gehört, wußte damals aber nicht, wo sie herkamen. Heute wissen wir, daß der deutsche Schriftsteller Thomas Mann im Januar 1942 persönlich in der BBC von jungen holländischen Juden gesprochen hat, die vergast wurden,[27] und heute wissen wir auch, daß dies die erste öffentliche Erwähnung des Verbrechens war.

Mit großer Wahrscheinlichkeit rührten die umlaufenden Gerüchte von dieser Radiosendung her, von der ich selbst nur reden gehört habe. Absolut sicher ist diese Vermutung jedoch nicht, denn in den unterjochten Ländern verwandten die Menschen durchgehend große Aufmerksamkeit darauf, Nachrichten zu sammeln und weiterzuverbreiten, und auch viele Deutsche verfügten schon über Informationen darüber, was Hitler wirklich vorhatte. Sie redeten darüber auch untereinander, machten Anspielungen darauf. Darüberhinaus konnten die Holländer, wenn auch nur in geringem Umfang, nach Belgien fahren, das wiederum enge Bindungen zu den französischen Flamen hatte. 1942 weigerte sich mein Lehrer Marcel Mauss hartnäckig, Paris zu verlassen, und hielt weiterhin seine Vorlesungen bei sich zuhause ab. Ich besuchte ihn oft, und dann sprachen wir erst einmal darüber, was sich gerade wieder Schlimmes ereignet hatte, dann aber auch über anderes, über die Beschaffung von Lebensmitteln, über seine Kindheit, seinen Onkel Durkheim (der ihn zuhause einsperrte, um ihn zum Arbeiten zu zwingen), über seine Vorfahren, bei denen das Rabbineramt immer vom Schwiegervater auf den Schwiegersohn

---

26 Die Gesamtzahl der Züge, in denen nur Juden deportiert wurden, belief sich auf 82. Darin wurden 75.721 namentlich bekannte Personen weggebracht (vergl. *Gedenkschrift zur Erinnerung an die Deportation von französischen Juden*).
27 Siehe Anhang 2 der französischen Originalausgabe.

überging und die auf dem Friedhof in Epinal alle in einer Reihe hintereinander begraben lagen; wir redeten über den Krieg von 1914, über das Geld im Wandel der Zeiten und seine nicht faßbaren Eigenschaften... Einer dieser Besuchstage war ein besonderer. Das Datum kann ich in etwa rekonstruieren, denn er zeigte mir damals den gelben Stern, der schon auf seinem Mantel aufgenäht war. Und in der Nordzone Frankreichs war die Pflicht, daß Juden ab einem Alter von sechs Jahren diesen Stern gut sichtbar auf der linken Schulterseite zu tragen hatten, am 1. Juni 1942 zum Gesetz erhoben worden. An diesem Tag im Juni also hörte er plötzlich auf zu sprechen und sagte zu mir:»Haben Sie eine Ahnung, was das alles zu bedeuten hat? Ich kann Ihnen heute nur sagen: das bedeutet Vernichtung...« Ich muß ihn daraufhin wohl fassungslos und voller Schrekken angesehen und ihm sicher dringlich nahegelegt haben, sich zu einer Ausreise durchzuringen, denn er fügte hinzu:»›Man‹ hat mir aber ausrichten lassen, daß ich augenblicklich nichts zu befürchten habe... Außerdem habe ich meinen alten Offiziersrevolver aufgehoben, und mit dem mache ich den ersten nieder, der hier zur Tür hereinkommt...« Das beruhigte mich natürlich kein bißchen.

Habe ich das geglaubt, was Mauss mir da gerade gesagt hatte? Sicher, denn es wäre mir nie in den Sinn gekommen, an seinen Worten zu zweifeln und auch nicht an seiner Beurteilung der Dinge oder an seiner Information. Zudem wußte ich, daß er Deutschland und die Deutschen wie seine Westentasche kannte und auch die Sprache sehr gut beherrschte. (Ich selbst hatte mit großem Vergnügen eine seiner Vorlesungsreihen gehört, die sich mit altem germanischem Recht beschäftigte.) Kurz gesagt, ich glaubte ihm, oder besser gesagt, ich glaubte, daß ich ihm glaubte. Und trotzdem war ich absolut nicht in der Lage, mir ein solches Unterfangen in vollem Umfang ausmalen zu können – meine verschwommenen Vorstellungen gingen dahin, daß ich vor meinem geistigen Auge an unwirtlichen Orten zusammengepferchte Leute sah, dezimiert durch Hunger und Krankheit. Und trotz des Wortes »Vernichtung«, das mir an jenem Tag für immer ins Gedächtnis eingeschrieben wurde, war ich nicht imstande, so weit zu gehen, mir das *in Wirklichkeit* vorstellen zu können – und dabei war diese Wirklichkeit damals, im Juni 1942, in Chelmno

bereits seit dem Dezember des Vorjahres in vollem Gange:[28] der eis-
kalt kalkulierte Mord an einer speziell dafür ausgesuchten ganzen
Bevölkerungsgruppe, die, Familie für Familie und mit ihren kleinen
Kindern an der Hand, reihenweise in den Tod getrieben wurde...

Was man in Paris über die nazistischen Straflager wußte

1940 gab es Amnesty International noch nicht, und die französische
Öffentlichkeit wußte über die Nazi-Konzentrationslager nicht viel.
Ich selbst hatte während meines einzigen Heimataufenthaltes zwischen
zwei Forschungsreisen zufällig ein Buch gelesen, das den Titel trug
Unter dem Schlagstock der Nazis. Zusammen mit den Berichten
einiger politischer Emigranten, denen ich in jenem Jahr im Musée de
l'Homme begegnet war, stellte dieses Buch bis 1943 die Hauptquelle
meiner bescheidenen Kenntnisse über ein Vorhaben dar, das von
1939 an *ganz Europa* betreffen sollte und 1943 schon zehn Jahre im
Gange war...

Denn Göring hatte bereits im selben Jahr, als Hitler aufgrund der
unglaublichen Blindheit Hindenburgs zum Reichskanzler ernannt
wurde, seine ersten Konzentrationslager eröffnet. Nachdem die Lager zunächst durch Röhm und seine Braunhemden regiert worden
waren, kamen sie nach der »Nacht der langen Messer« unter die
Fuchtel von Himmler und seiner SS, den Schwarzhemden, die die
Anzahl der Lager vervielfachten (siehe Kapitel 2). Danach wurden
die Lager bis in den letzten Tag hinein weiter ausgebaut. Sie wurden
durch einen pedantisch-exakt funktionierenden, furchterregenden

---

28 In der in Fußnote 26 genannten Gedenkschrift werden zwei deutsche Dokumente, datiert vom 13. Mai und vom 20. Juli 1942, zitiert. Danach haben zwei leitende Mitarbeiter für den Eisenbahnverkehr in bezug auf die ihnen obliegende
Deportierung der Juden den Ausdruck »restlose Vernichtung« gebraucht. Die Gedenkschrift zitiert auch die erschütternde Aussage des Historikers Georges Wellers
über die Deportierung von Kindern, unter denen 6.022 jünger als sechs Jahre
waren. Sie wurden eingefangen, um ermordet zu werden, dazu aussortiert und abtransportiert und starben gleich nach ihrer Ankunft wie kleine Katzen den Erstik-
kungstod...

und stark zentralisierten Verwaltungsapparat dirigiert, dessen Fäden Heinrich Himmler direkt und dauerhaft in der Hand hielt.

Der Nazismus – das war nicht nur Himmler, aber in seiner Person allein verkörperte sich das ganze *Konzentrationslager-System* und damit das Fundament des Nazismus. Über Himmler selbst ist wenig bekannt, wenn man davon absieht, daß seine Vertrauten ihn als Mittelmaß und Langweiler einschätzten und daß bei Betrachtung dessen, was er so von sich gab, was er las und womit er seine Freizeit verbrachte, nur eine erstaunliche Einfalt offenbar wird. Um zu durchschauen, was und wie er wirklich war, müssen wir ihn folglich an seinen Taten und seinen Verhaltensweisen messen oder zumindest an dem, was wir heute davon wissen. (Eine kurze Gesamteinschätzung dazu findet sich in Kapitel 2.)

Die nazistischen Konzentrationslager waren untereinander keinesfalls gleich, und man darf ein Lager wie Dachau, in dem es zwar viele, aber einzeln durchgeführte Hinrichtungen gab, nicht mit einem Lager wie Treblinka in einem Atemzug nennen, das ein reines Vernichtungslager war und in dem die Menschen scharenweise in den Tod getrieben wurden. Was indessen stimmt, ist: alle diese Lager unterstanden, unter Zwischenschaltung zweier administrativer Apparate, einem und demselben Mann.

Der erste dieser Verwaltungsapparate, eine territoriale SS-Verwaltungsbehörde, stellte einen Teil ihrer höheren Chargen (insgesamt 92 von 450) für die Aktion »T.4« ab, die dann, wie wir bereits hörten, gleich darauf in den Verantwortungsbereich von Hitlers Privatkanzlei kam. Als die SS jedoch in den Zuständigkeitsbereich von Himmler überging, kontrollierte dieser dann auch die diesem Apparat unterstellten Konzentrationslager, also Treblinka, Sobibor, Belzec und Chelmno, so wie er auch alle anderen Lager kontrollierte. Das Personal dieser Lager war ein reines Mordkommando.[29]

Der zweite dieser Apparate, das Reichssicherheitshauptamt (RSHA) und das Wirtschaftsverwaltungshauptamt (WVHA), bestand ausschließlich aus Himmler-Leuten und wurde auch von diesem be-

---

29 Das Personal von dreien dieser Lager wurde, nachdem es seinen Beitrag am Völkermord abgeleistet hatte, im Oktober 1943 nach Istrien geschickt.

zahlt und geleitet. Die Angestellten dieser Apparate arbeiteten abwechselnd in allen Konzentrationslagern ihres Zuständigkeitsbereiches, also mal in Auschwitz, mal in Ravensbrück, Mauthausen, Buchenwald usw. Bedingt durch diese Personal-Rotation konnte man in den Lagern ohne Umstellungsschwierigkeiten das Tempo der Vernichtungsaktionen jeweils steigern oder drosseln. Um diese Personalumsetzungen nachzuverfolgen und die ihnen innewohnende Logik zu begreifen oder zumindest die Beweggründe dafür zu ermitteln, war es erforderlich, die jeweilige Entwicklung mehrerer Lager *zu bestimmten Zeitpunkten* einander gegenüberzustellen.

Wenn ich im Jahre 1942 auch nur wenig über die Konzentrationslagerhaft wußte, so hatte ich auf der anderen Seite aber wiederum bessere Informationen über die Repressalien innerhalb Frankreichs, als sie der durchschnittliche Pariser seinerzeit besaß.

Vor allem wußte ich seit 1941, daß die siebenundzwanzig in Châteaubriant erschossenen Geiseln durch ein Kabinettsmitglied des in Paris amtierenden Ministers Pucheu ausgesucht worden waren. (Schon seit 1940 verachtete ich die Vichy-Clique aus ganzem Herzen, hätte sie aber trotzdem einer solchen Tat nicht für fähig gehalten.) Auch über Verhaftungen, Folterungen, Verräter und Haftanstalten besaß ich Informationen aus erster Hand, denn von Dezember 1940 an begann unsere Organisation von Verhaftungen heimgesucht zu werden, und ab Februar 1941 wurden es immer mehr. Danach gelang es uns recht schnell, briefliche Verbindung mit unseren verhafteten Kameraden in den Gefängnissen Cherche-Midi, in der Santé und in Fresnes aufzunehmen, denn nicht alle von ihnen waren in Einzelhaft, und sie hielten traditionsgemäß Verbindung zueinander.

Gefängniskunde

»Gefängniskunde« ist ein großes Wort, um die Bruchstücke von Informationen zu bezeichnen, die alle Häftlinge der sie umgebenden Welt Krümchen für Krümchen abluchsen. Aber diese Krümchen werden zusammengetragen und gespeichert, einander gegenübergestellt und verglichen, die Häftlinge versuchen, sie nachzuprüfen, und sie denken unaufhörlich über sie nach. Man kann also doch fast von einer Wissenschaft sprechen.

Bei meinem Bestreben, herauszubekommen, wie die einzelnen Rädchen dieser riesigen Nazi-Maschinerie funktionieren, verfügte ich zu Anfang nur über die Kenntnisse, die Häftlinge eben erlangen können, aber diese Informationen waren zahlreich und sicher. Doch da unsere Wärter deren Richtern gegenüber rechenschaftspflichtig waren, erfuhren wir durch sie nur selten wichtige Fakten, aber es waren welche darunter. Und das ist einer der Gründe, deretwegen ich mich veranlaßt sah, dieses Buch noch einmal zu überarbeiten.

Die Kameraden aus meiner Widerstandsgruppe waren im Dezember 1940 und im Februar 1941 durch Verräter ans Messer geliefert worden, die von der deutschen Militärpolizei (Abwehr) ihr festes Monatsgehalt bezogen, und ziemlich vielen Angehörigen der Résistance, die ich von anderen Gruppen her kannte, erging es ebenso.[30] Seit 1941 wußte ich davon, aber die Tatsache, daß ich es wußte, hat mir nicht erspart, ebenfalls verhaftet zu werden, und dies aus annähernd gleichem Anlaß – verkauft durch einen bezahlten Verräter. Auch meine vorherige Kenntnis mancher Details über die Zustände in deutschen Gefängnissen, bewahrte mich nicht vor der Grausamkeit der ersten Hafttage. Aber diese Tage gehen vorbei, und dann fängt man als Häftling erst einmal an, die Wände der Zelle, die einen einschließen, genauer unter die Lupe zu nehmen.

Sobald ich wieder zu mir gekommen war, machte ich mich – um den Bezug zur Zeit nicht zu verlieren und um das Gefühl zu haben, daß es mich noch gibt, – daran, mit dem Metallöffel, der mir ausgehändigt worden war, Striche für jeden Tag in den Putz meiner Zellenwand in der Santé zu ritzen.

Ich saß in Einzelhaft – ohne etwas zum Lesen, ohne Päckchensendung von draußen, und auch der wöchentliche Spaziergang war mir verwehrt. Dafür waren alle Scheiben meines Zellenfensters von meinen Vorbewohnern komplett herausgeschlagen worden, und als ich während der ersten Tage nichts essen konnte, lernte ich sehr schnell,

---

30 Vergleiche meine Arbeit *Du côté du musée de l'Homme* (»Aus der Sicht der Widerstandsgruppe Musée de l'Homme«), in der man nachlesen kann, wie viele Widerstandsgruppen damals zusammenarbeiteten.

mein Brot mittels einer Schnur, die alle Häftlinge der Welt aus einem Fetzen ihres Bettlakens verfertigen, der Bewohnerin der genau unter mir liegenden Zelle zukommen zu lassen. Bald darauf schickte wiederum sie mir, um mir eine Freude zu machen, auf demselben Wege einen Bleistift, den sie in ihrem Strohsack gefunden hatte.

Mittels dieses kostbaren Stiftes, der ein kurzer Stummel war, aber dick wie mein Daumen, übertrug ich meine Kalendernotizen auf die Seiten eines frommen Erbauungsbuches, das mir der deutsche Gefängnispfarrer in Fresnes geschenkt hatte.

Zu Anfang habe ich einfach alltägliche Dinge notiert, so beispielsweise unter dem 18. August »Ich esse ein bißchen was«, am 22. August »Ich mache eine Hundertschaft Wanzen tot«, am 3. September »Zum ersten Mal habe ich ein wenig geschlafen«[31] usw. (In der Santé gab es nämlich eine Uhr, die alle Viertelstunden schlug und vielleicht heute noch schlägt, und ich kann beschwören, zwischen dem 13. August und dem 3. September jeden ihrer täglich sechsundneunzig Schläge *erst erwartet* und dann gehört zu haben.)

20. September: Die 17 jungen, zum Tode verurteilten Männer, die in dem Gebäude uns gegenüber einsitzen, teilen uns mit, daß sie gerade die Erlaubnis bekommen haben, ihre Familie wiederzusehen und ein Päckchen zu erhalten. Einer von ihnen heißt Dédé, ist dreißig Jahre alt und hat fünf Kinder...

Montag, 5. Oktober: Um 11 Uhr, nach der täglichen Suppe, höre ich Lebewohl-Rufe, und zuerst denke ich, daß Leute freigelassen worden sind. Aber die da rufen, das sind vierzehn zum Tode Verurteilte, die vor der Hinrichtung in eine andere Zelle verlegt worden sind. Es sind Leute aus Angers. Um drei Uhr brechen sie auf zu ihrem letzten Gang... Ich wage kaum zu sagen, daß sie die *Marseil-*

---

31 Dreißig Jahre später, als ich die Nachricht vom Tode eines Menschen erhielt, der in einem Zustand totaler Lähmung noch einige Stunden lang gelebt hatte, war ich wochenlang vor Schreck und Todesangst wie versteinert. Erst beim Lesen einer Anmerkung zu *Bobok*, einer Novelle von Dostojewski, begriff ich den Grund dafür, denn dort stand: »Lebendig eingemauert sein im eigenen Leichnam«. Dieser Gedanke ließ in mir die ersten Tage nach meiner Verhaftung wieder wach werden. In *Bobok* sind die Toten, die sich da von einem Grab zum anderen miteinander unterhalten, übrigens auch Häftlinge, aber solche, die den ersten Schock nach ihrer Verhaftung schon hinter sich haben.

laise gesungen haben, weil das so altmodisch anmutet. Aber sie haben sie gesungen...

Informationskanäle im Gefängnis Fresnes 1942

Nach genau zwei Monaten, am 13. Oktober 1942, wurden alle weiblichen Häftlinge, die in dem Teil der Santé einsaßen, der unter deutscher Kontrolle stand, in die dritte Abteilung des Gefängnisses von Fresnes überführt. Dabei gab es keine Durchsuchungsaktion, und so konnte ich meinen kostbaren Löffel mitnehmen. (In Fresnes bekamen wir nämlich keinen, aber nicht aus Schikane, sondern weil das Gefängnis keine hatte.) Im Ausgleich dazu gab es in Fresnes keine Wanzen, und das einzige, was mir gleich am ersten Tag auffiel, war eine Schraube im Türbeschlag, die viel mehr glänzte als die anderen und die man problemlos heraus- und wieder hineindrehen konnte – die gewissenhafte Geduldsarbeit eines meiner Zellenvorbewohner. Eine Mitgefangene aus einer Nachbarzelle hatte auf dem gleichen Weg eine Fensterscheibe geerbt, die sich unauffällig ganz herausschieben ließ.

Man möge mir nachsehen, wenn ich hier einige Seiten lang über scheinbar nichtssagende und unerhebliche Details schreibe, aber mit der genauen Beobachtung solcher Einzelheiten fängt die »Gefängniskunde« an, und selbst diese »Wissenschaft« lernt man nicht an einem Tag.

Unsere Zellenvorbewohner hatten uns etliche Wandbeschriftungen zum Entziffern hinterlassen. Die waren weder anonym noch unauffällig, denn die Ganoven hatten überall ihre Initialen verewigt – auf den Wänden, auf den hölzernen Tür- und Fensterrahmen und selbst im Email der Klosetts. Der Typ, der am meisten darauf versessen gewesen sein muß, auf diese Weise Spuren seines irdischen Daseins der Nachwelt zu erhalten, nannte sich Armand le Balafré, also Armand das Narbengesicht, aber neben seinem Namen fanden sich auch die etwas bescheidener geratenen Autogramme von Jean le Lyonnais, Mimile de la Chapelle und Petit Pierre des Deux-Moulins... (Wir haben ihnen zwar nicht nachgeeifert, aber wenn heute Treffen ehemaliger Résistance-Kämpfer oder -Kämpferinnen stattfinden, dann reden sie sich wie Kinder, Ganoven oder Mitglieder königlicher Familien untereinander mit so schönen Namen an, wie Dédé das Finanzgenie, Baby von Morlaix, Chonchon oder Zaza.) Petit Pierre oder Armand hatten zudem noch tief in den als Liege herunterklappbaren Metallrahmen mit Matratze den Satz eingeritzt *»Hier schlief ein Gangster...«* Die Laken waren offenbar seit jenem denkwürdigen Tag auch nicht mehr gewechselt worden...

Mit Hilfe der Schraube von Armand dem Narbengesicht konnte ich erst einmal meinen Kalender auf dem Putz meiner Zellenwand weiterführen. Zu einem späteren Zeitpunkt wurden meine Wandnotizen in das kleine Buch über die Nachfolge Christi übertragen, dessen 390 Seiten dann die ersten 390 Tage meiner Haft widerspiegelten. In den beiden darauffolgenden Jahren habe ich nur das aufgeschrieben, was mir festzuhalten wichtig erschien – die Namen der Toten.

Der kleine Tisch in meiner Zelle war wie das Bett herunterzuklappen und fest im Mauerwerk verankert. Nicht weniger fest war mein Fenster zugenagelt, aber wenn man einen richtigen Stuhl mit Rückenlehne hatte, konnte man diesen unter einen Warmluftschacht stellen, der sich ganz oben an der Decke in der Nähe eines Brettes befand, das etwas tiefer im rechten Winkel zur Wand angebracht war. Wenn ich nun auf die Stuhllehne stieg, mich oben an dem Warmluftschacht festhielt und Schwung nahm, saß ich binnen einer Sekunde auf dem Brett und bekam auf diese Weise eine Kommunikationsmöglichkeit nicht nur mit der Zelle über mir, sondern auch mit den drei Zellen unter mir. Unter den vielen unbekannten Frauen, zu denen ich so Kontakt hatte, waren auch Evelyne Arhel (über mir) und Micheline (unter mir). Micheline trug ein richtiges Korsett mit Stahlstäbcheneinlage. Diese dünnen, schmalen Stahlstreifen wurden herausgenommen und in allen Etagen ordentlich geschärft. Damit konnte man dann in Fresnes sein Brot schneiden – und danach noch das in Ravensbrück... Die Parterre-Zelle unter mir hatte zuerst eine Insassin, die sich in Schweigen hüllte, und danach saß dort »Jeannette«. Jeannette vermittelte mir die Bekanntschaft mit »Danielle«, die in der ersten Etage einsaß. Das Heizungsrohr in ihrer Zelle konnte von meiner aus nicht erreicht werden.

Jeannette war sehr jung, Tschechin, Jüdin und Kommunistin und war verhaftet worden, als sie eine Bombe bei sich trug.[32] Man hatte sie mehrmals geschlagen, und sie saß – natürlich – in Einzelhaft. Nachts zog sie die Nägel heraus, mit denen ihr Fenster verbarrikadiert war, und hielt ein Schwätzchen mit Danielle, die genauso alt war wie sie, nämlich zwanzig. Danielle kletterte dazu mit bloßen Füßen auf das Querholz des einen Flügels ihres Fensters, der nicht zu öffnen ging, und stand dadurch mit dem Mund in Höhe des Oberlichtfensters. Sie kriegte es auch immer wieder fertig, von dort oben aus BBC-Nachrichten laut herauszuschreien, sobald ihr solche zugegangen waren.

Nach Ablauf von rund sechs Monaten und nachdem ich nicht mehr in Einzelhaft saß, erhielt ich zweimal monatlich ein Paket, in dem sich außer kostbaren Lebensmitteln auch im Futter eines Beutels für schmutzige Wäsche versteckt ein rechteckiges Stück Chinaseidenstoff befand, das unsere Freundin Taddée[33] auf ein Blatt Papier aufgenäht hatte, um mit der Maschine alle Londoner Nachrichten draufschreiben zu können. Durch das Heizungsrohr flüsterte ich diese Nachrichten Jeannette zu, die sie abends an Danielle weitersagte, und Danielle brüllte sie übers Oberlichtfenster durch das ganze Gefängnis.

Aus den hier berichteten Kommunikationsmöglichkeiten sollte man nicht den Schluß ziehen, daß das Gefängnis gar keine so schlimme Sache war, denn an seinem Ende lauerte der Tod, und jeder wußte das, selbst unsere Wärter. Aber es ist sehr schwer, Leute zu hassen, mit denen man jeden Tag zu tun hat, die nicht hassenwert sind und deren Leben bedroht ist. Die deutschen Gefängniswärter haben uns nicht gehaßt.

---

32 Aufgrund dieser Bombe kam Jeannette nach Ravensbrück, anstatt nach Auschwitz deportiert zu werden. Vor zwei Jahren hat sie mich einmal angerufen, und es ging ihr gut.

33 Ihr richtiger Name ist Marcelle Monmarché. Als vor allem die Mitglieder von »Défense de France« (»Verteidigung Frankreichs«) verhaftet wurden, übernahm sie die Benachrichtigung der Familien.

Im Jahre 1943 konnte man in Ravensbrück allenfalls eine Zahnbürste dauerhaft sein eigen nennen – aber nur unter der Bedingung, daß man sie Tag und Nacht an einer Schnur um den Hals trug. All das, was wir darüber hinaus sonst noch besaßen, wurde in einer Ecke des Duschraumes, in den man uns zusammengepfercht hatte, auf einen Haufen geworfen. Aber wir waren 43 an der Zahl und schon solidarisch: jede von uns half der anderen, und so fand sich eine erkleckliche Anzahl von Dingen in dem Block wieder, in den wir dann kamen. Dort harrten unser aber auch etliche schwere Krankheiten, die drei von uns das Leben kosteten, und die anderen bekamen entweder Scharlach oder Diphterie. Ich selbst erkrankte an Diphterie und war aufgrund dessen einige Tage lang nicht bei Bewußtsein.

Als ich wieder zu mir kam, lag ich in einem kleinen, ruhigen Raum (ruhig deshalb, weil man dort nie einen SS-Mann sah), aber dafür feierte ich dort leider Gottes Wiedersehen mit den Wanzen aus der Santé.

Die Häftlingsärztin, der die Pflege der ansteckend Kranken oblag, war Tschechin, und sie versteckte in diesem Raum ab und zu eine Kameradin, die nicht krank war, die die Diphterie schon hinter sich hatte und sich nicht vor Wanzen fürchtete. Eine von ihnen, die während meines Aufenthaltes sich dort zum Ausruhen eingenistet hatte, war Hilda.[34] Schon bevor ich wieder zu Bewußtsein kam, also ohne mich überhaupt zu kennen, hatte sie aufgepaßt, daß mir niemand das stahl, was ich als einziges zu schlucken imstande war, nämlich den Becher schwarzer, aber immerhin warmer Kaffeebrühe, der morgens ausgeteilt wurde.

Als ich dann wieder sprechen und hören konnte, begann sie, mir in einem Kauderwelsch aus Tschechisch, Französisch und Deutsch eine Geschichte nach der anderen über all das zu erzählen, was sie über das Lager wußte, und sie wußte eine Menge: über die Hinrichtungsaktionen und die Anzeichen, an denen man erkennen konnte,

---

34 Hilda Synkova. Nach 1945 war sie Parlamentsabgeordnete und Vorsitzende des Frauenverbandes. Kurz nach dem Prager Putsch von 1948 nahm sie sich das Leben.

daß dergleichen bevorstand, über die Vivisektionsversuche an jungen polnischen Studentinnen, die »Kaninchen« genannt wurden, über die Hin- und Her-Transporte zwischen Ravensbrück und Auschwitz... Einen ganzen Wust von Informationen lud diese Frau, die so manches zu sehen und zu behalten imstande war, nun bei mir ab.

Etwas später wußte es ausschließlich, wenn auch nur einige Tage ausschließlich, Block 27, aber dann erfuhren es zum ersten Male auch die 43 am 31. Oktober angekommenen Französinnen, daß sie Nacht-und-Nebel-Häftlinge waren und als solche die eine Hälfte von Block 32 nicht verlassen durften. In dieser Blockhälfte kamen am selben Tag wie wir auch die »Kaninchen« an, und so hörten wir, vor allem ich, nach der Ravensbrücker Lagerchronik der Tschechinnen nun die der Polinnen und wenig später auch die der deutschen Mithäftlinge. Um jedoch verstehen zu können, wie die Häftlinge an ihre Informationen gekommen waren, muß an dieser Stelle erst noch einiges zum Lager selbst eingefügt werden.

Die Arbeiten, die die Häftlinge auszuführen hatten, waren vielfältigster Natur: sie bauten Straßen und Baracken, legten Sümpfe trokken, fertigten Schuhe an, verlegten Rohrleitungen, bauten Fenster ein und strichen sie an, sie entluden Eisenbahnwaggons, sortierten deren Wareninhalt und vieles andere mehr. Aufgrund dessen kannten sie das Lager bis in den kleinsten Winkel wie ihre Westentasche. Es gab sogar ein Arbeitskommando, das täglich durch das gesamte Lagerterrain kam, um diese oder jene Reparatur auszuführen. Es nannte sich, so glaube ich, die Klempnerkolonne.

Als das Jahr 1944 begann, bestand das Lager Ravensbrück bereits seit vier Jahren. Eine lange Vergangenheit voller Verbrechen.

Die polnische Lagerchronik

Was wir heute über die Vivisektionen in Ravensbrück wissen, haben wir, meine NN-Kameradinnen und ich, gleich nach unserer Ankunft im Lager in der Quarantäne erfahren. Später dann führten wir mit den Betroffenen, den sogenannten »Kaninchen«, die zusammen mit uns in Block 32 untergebracht waren, noch viele Gespräche darüber.

In den nach dem Krieg gegen die Ärzte geführten Prozessen mußten die vielen von den Häftlingen während ihres Lageraufenthaltes zuverlässig und exakt zusammengetragenen und gespeicherten Erfahrungen nur bestätigt werden. Nina Iwanska und ich haben nach der Befreiung 1948 in Paris Ninas Bericht geordnet und nochmals durchgelesen, aber wir taten dabei nichts anderes, als das mündlich festgehaltene Wissensgut der Haftzeit in eine schriftliche Form zu bringen. (Dieser Bericht ist in Kapitel 5 wiedergegeben.)

Bald nach Durchführung der »Operationen« erfuhren die polnischen Ravensbrück-Häftlinge, daß der Mann, der sie da als »Versuchskaninchen« benutzt hatte, ein SS-Chirurg von internationalem Ansehen war – Professor Karl Gebhardt (siehe auch Kapitel 3), ein Jugendfreund Himmlers und Chef des Krankenhauses Hohenlychen, einer Luxusklinik, die den Größen des NS-Regimes vorbehalten war und in der Nachbarschaft des Konzentrationslagers Ravensbrück lag. Die Opfer dieses illustren Professors der Medizin waren in der Mehrzahl ganz junge Studentinnen der polnischen Universität Lublin sowie auch Schülerinnen, die vom Alter her noch Kinder waren.

Vom ersten Tag an brachten uns unsere Freundinnen, die »Kaninchen«, volles Vertrauen entgegen, und von unserer Seite aus war es genauso. Als sie in den Duschräumen einen Fotoapparat mit einem noch unbenutzten Film gestohlen hatten, machten sie Aufnahmen von ihren verstümmelten Beinen, denn sie rechneten damit, umgebracht zu werden, und wollten, daß davon etwas festgehalten werde. Den nichtentwickelten Film übergaben sie mir zu treuen Händen.

Überwacht wie eine Bakterienkultur

Die ersten Häftlinge waren zunächst deutsche Frauen gewesen. Danach kamen Österreicherinnen, Tschechinnen und Polinnen. Diejenigen unter ihnen, die noch am Leben waren, nahmen im Jahre 1944 die wichtigsten Posten in der ungeschriebenen Lager-Hierarchie ein. Einige mißbrauchten diese Macht, aber nicht alle. Ein paar von den »alten« politischen Häftlingen gebrauchten sie mit der durch dauernden Umgang mit der Todesgefahr antrainierten Wachsamkeit einer alten Ratte dazu, ihrerseits unsere Bewacher zu überwachen, und zwar so, wie man eine Bakterienkultur nicht aus dem Auge läßt.

Einer von den alten Häftlingen zu sein und die deutsche Schriftsprache zu beherrschen – diese Eigenschaften brachten denjenigen, die dergleichen aufzuweisen hatten, einen Platz in den ersten Blocks ein. Das bedeutete saubere Kleidung, Wasser zum Waschen, ein Bett für jeden allein einschließlich Bettwäsche, normale Versorgung im Krankheitsfalle und etwas zusätzliches Essen. Darüberhinaus war es für alle möglich, Pakete zu bekommen, die ihnen auch nicht gestohlen wurden, die wichtigsten SS-Leute des Lagers kannten sie von Angesicht und versuchten nicht, Bluthunde auf sie zu hetzen.

In den Büros, also in der Kommandatur, im Revier, in der Politischen Abteilung und im Bereich Arbeitseinsatz, berechneten die als »Schreiberinnen« bezeichneten Häftlinge die Gehälter der SS-Leute und die Einkünfte, die das Lager hatte, sie stellten Statistiken auf, schrieben Briefe auf der Maschine und lasen die Post – mit Ausnahme bestimmter, äußerlich gekennzeichneter Briefe, bei denen es ihnen aber, wie wir noch erfahren werden, dennoch bisweilen gelang zu erfahren, was darin stand. Andere Schreiberinnen liefen jeweils morgens und abends durch alle Blocks (und 1945 auch durch alle Blocks des kleinen Vernichtungslagers Uckermark), um Nummer für Nummer den Bestand an lebenden Häftlingen und den Abgang an toten schriftlich festzuhalten. Der Abgang an toten Häftlingen wurde dann auf fünf verschiedene Listen übertragen, die in den vier obengenannten Dienststellen tagfrisch auf dem neuesten Stand gehalten wurden.

Die fünfte Liste wurde im Krematorium durch männliche Häftlinge geführt, die zu einem neben unserem Lager befindlichen Männerlager gehörten. Der Häftling, dem diese Aufgabe oblag, war lange Zeit ein Tscheche...

Üblicherweise liefen Informationen immer nur innerhalb kleiner, abgeschlossener Gruppen um, aber wenn große Gefahr drohte oder besonders schlimme Vorfälle zu verzeichnen waren – so zum Beispiel bei Hinrichtungen, bei den Vivisektions-Experimenten 1942 und 1943 und bei der Einrichtung der Gaskammer 1945 –, verfolgten und registrierten Tausende von Augenpaaren zu jeder Zeit alles, was die SS tat, und alle Informationen wurden untereinander ausgetauscht.

Im Lager Ravensbrück, dieser unheimlichen Kleinstadt mit etwas mehr als 46.070 Einwohnern, gab es neben den direkt durch die Häftlinge zusammengetragenen Informationen auch noch solche, über die die 1.008 Aufseher und 546 Aufseherinnen verfügten.

Die einen wie die anderen wechselten durch häufige Versetzungen von einem Lager im Westen in ein Lager im Osten, und keinem von ihnen konnten die zahllosen Grausamkeiten des Systems verborgen bleiben. Sie hatten zwar die Auflage, darüber Stillschweigen zu bewahren, aber nicht alle hielten sich daran, insbesondere wenn sie in ihrer Dienststelle junge, hübsche und intelligente Frauen ihrer eigenen Nationalität hatten, mit denen sie jeden Tag zusammenkamen, allerdings unter Himmlers strenger Auflage, Distanz zu wahren.

Informationen über Hinrichtungen

Hier sei nur der Bericht eines einzigen Tages herausgegriffen, des Tages, an dem diejenigen unserer Kameradinnen hingerichtet wurden, die Angehörige der englischen Armee waren. (Wir nannten sie nur »die Fallschirmspringerinnen«.) Die neun jungen Frauen wurden in ihren Block zitiert, wo sie ihre Schuhe und alle ihre Kleidungsstücke mit Ausnahme des Kleides zurücklassen mußten. Danach marschierten sie, begleitet von der Aufseherin Ruth Neudeck (geboren 1920 in Breslau, später Lagerführerin des Jugendlagers) mit nackten Füßen durch das große Tor aus dem Lager hinaus. Zur selben Stunde wurde die am Krematorium vorbei- und zu Siemens hinführende Straße durch SS-Leute gesperrt. Einige Tage später fanden sich die mit den Häftlingsnummern versehenen Kleider der armen Mädchen in den Beständen der Kleiderkammer wieder.

Es hatten schon viele Hinrichtungen in Ravensbrück stattgefunden, und immer waren vorher und hinterher spezifische Anzeichen zu beobachten gewesen: da kamen spezielle Briefe an, die die als Sekretärinnen tätigen Häftlinge nicht öffnen durften (die sie aber durch einen kurzen Blick mit bangem Gefühl schon am Umschlag erkannten), es herrschte ein sonst nicht übliches Kommen und Gehen, und die Art und Weise, in der die Verurteilten zu ihrem Block gerufen wurden, war irgendwie anders als sonst. Die Anzeichen für eine bevorstehende Abfahrt zur Arbeit in der Fabrik waren andere, denn dafür war das Arbeitseinsatz-Büro zuständig und nicht die Politische Abteilung. Deren Leiter, SS-Oberscharführer Pflaum, erschien auf der Bildfläche und suchte sich nach der äußeren Erscheinung eine Reihe von Häftlingen heraus, ohne sich um deren Namen oder Häftlingsnummern zu kümmern, und die Schreiberinnen mußten dann zusehen, wie sie anhand dieser Angaben ihre Listen zusammenstellen konnten... Ein noch auffälligeres Anzeichen für bevorstehende Hinrichtungen war, daß in der SS-Kantine, in der wieder andere Häftlinge arbeiteten, die gleichfalls die Augen offen hielten, eine Sonderration Alkohol bereitgestellt wurde...

Die Hinrichtungen fanden außerhalb des Lagers statt. 1942 wurden sie in der Sandgrube hinter den Siemens-Werkstätten vollzogen und später im ersten Hofraum des eingezäunten Krematoriumsbereiches. An die 300 Frauen sind in Ravensbrück hingerichtet worden, darunter 160 bis 180 Polinnen. Das Krematorium befand sich direkt jenseits der Lagermauer, und so mußte man, um es zu erreichen, das Lager verlassen. Normalerweise ging dort niemand hin, aber ab und zu wurden Häftlinge zu einem Sonderdienst[35] hingeschickt, um die Toten hineinzuschleppen oder um Maschinen und Geräte zu transportieren, die in einer beim Krematorium gelegenen Materialbaracke gelagert wurden. Einige Tage vor der Hinrichtungen der »Fallschirmspringerinnen« hatte eine dieser Kolonnen bemerkt, daß ein Galgen aufgestellt worden war ...

Sicheres Zeichen für eine stattgehabte Hinrichtung war für die »alten« Häftlinge das Wiederauftauchen der Kleidungsstücke in der Kleiderkammer. Nachdem unsere neun Kameradinnen abgeholt wor-

---

35 Der Betrieb des Krematoriums wurde durch Häftlinge sichergestellt, die sich aus einem benachbarten Männerlager rekrutierten, das demselben Lagerkommandanten unterstand. Von den Überlebenden dieses Lagers könnten demzufolge noch genauere Angaben über die Funktionsweise und den Tagesdurchsatz der Öfen einzuholen sein.

den waren, lagen wir auf der Lauer – und siehe da: die Kleider kamen zurück! In unserer kleinen Gruppe hatte niemand (und zwar leider aus guten Grund) daran gezweifelt, daß die Hinrichtungen vollzogen worden waren, und die Tatsache, daß ein Galgen aufgestellt worden war, schien ja auch darauf hinzuweisen. Für uns ergab sich daraus die Schlußfolgerung, daß unsere Kameradinnen gehängt worden waren. Sehr wahrscheinlich wurden sie jedoch erschossen – so zumindest lautete die Aussage des stellvertretenden Lagerkommandanten Schwarzhuber im Verlaufe seines Prozesses.

Was wir nicht wußten, war folgendes: zur selben Zeit saßen im Ravensbrücker Bunker einige deutsche Offiziere ein, die in die Verschwörung gegen Hitler verwickelt und zum Tode verurteilt worden waren. Wir wußten auch nichts davon, daß im Dritten Reich die Art der Hinrichtung von dem Gericht festgelegt werden konnte, das das Todesurteil ausgesprochen hatte. Aber selbst wenn die Häftlinge, die des deutschen Rechtes kundig waren, alle die hier genannten Informationen besessen hätten – sie hätten in gar keinem Falle aufgestellte Galgen mit einem Prozeß gegen Offiziere in Verbindung gebracht, denn durch die tagtäglichen Erlebnisse im Lager war jedem klar, daß der Tod hier, wo wir waren, keine besonderen Umstände erforderte und daß man einfach so zu jeder Zeit durch wen auch immer und auf irgendeine Art und Weise zu Tode gebracht werden konnte. Aber dem war nicht so: bestimmte Kategorien von zum Tode Verurteilten hatten »vorschriftsmäßig« und sozusagen »persönlich« (also mit richtigem Todesurteil und Totenschein versehen) zu sterben. Die anderen, ob sie nun reihenweise oder durch Zufall zu Tode gekommen waren, tauchten nur als Angabe in den Sterbelisten auf. So es nötig wurde, gab man den beunruhigten Angehörigen einiger deutscher Häftlinge als Todesursache »Herzstillstand« oder andere Krankheiten an. Um die anderen machte sich die SS keine Gedanken.

Ravensbrück 1943: Informationen über den Völkermord der Nazis

Als der französische Transport, in dem ich mich befand, am Sonntag, dem 31. Oktober 1943 in Ravensbrück anlangte, wurden wir noch abends in einen Block gesperrt, der bereits von tschechischen Frauen belegt war. Man hatte sie von Auschwitz wieder zurückgeschickt, entweder, weil sie keine Jüdinnen waren, oder weil sie gesundheitlich gut in Schuß und damit in der Lage waren, fehlende Arbeitskräfte in irgendeinem Arbeitskommando ersetzen zu können. Zum selben Zeitpunkt und in ebendiesem Block (nur in der anderen Blockhälfte) waren Ausländerinnen in sehr schlechter körperlicher Verfassung und Jüdinnen abgestellt, die dort auf ihren Abtransport nach Auschwitz warteten...

Die Tschechinnen hatten Auschwitz einige Tage zuvor (also im September oder Oktober 1943) verlassen, und vom Tage nach unserer Ankunft an erzählten sie uns in allen Einzelheiten alles, was sie wußten. Wir hatten außerdem nichts anderes zu tun, denn wir befanden uns in Quarantäne und durften uns nicht rühren.

Dies waren beileibe nicht die ersten Informationen dieser Art, die nach Ravensbrück gelangten, denn seit Ende 1942, also ein Jahr zuvor, waren fünfzehn Bibelforscherinnen (Zeuginnen Jehovas), die zuerst in Ravensbrück interniert und dann am 5. Oktober 1942 nach Auschwitz geschafft worden waren, von Auschwitz wieder nach Ravensbrück zurückgeschickt worden, um hier hingerichtet zu werden. Die Datumsangabe ist korrekt, denn sie wurde am Tage selbst von Grete Buber-Neumann schriftlich festgehalten, die zwei Jahre lang im Block der Bibelforscherinnen Blockälteste war und die Frauen persönlich kannte. Sie sprach mit ihnen, als sie aus Auschwitz wiederkamen.

Die Bibelforscherinnen sollen sich in Auschwitz geweigert haben, bestimmte Arbeiten auszuführen, und so drohte man ihnen an, man würde sie in ihr ursprüngliches Lager zurückschicken, um sie dort hinrichten zu lassen.

Warum hat man sie nicht in Auschwitz zu Tode gebracht? Wir wissen es nicht. Aber wir wissen, daß im Jahr zuvor, im Dezember 1941, fünf in Ravensbrück zum Tode verurteilte Polinnen von Ravensbrück nach Auschwitz transportiert wurden, um dort ihrer Strafe zugeführt zu werden, wobei aber der erste sogenannte »Schwarze Transport« erst ca. einen Monat später von Ravensbrück abging. Die Polinnen sollten offensichtlich der Ordnung halber in Auschwitz sterben und nicht anderswo.

Der ständige Austausch zwischen den Konzentrationslagern erklärt nicht nur die Uniformität im KZ-spezifischen Wortschatz und die besondere Art einheitlichen Drills, der die Nazi-Kader auszeichnete, sondern er verdeutlicht auch, warum sie, wenn auch in unterschiedlichem Ausmaß, aber in jedem Falle kalkuliert, die gleichen Mord-Techniken verwendeten. Es waren, wie wir heute durch ihre eigenen Aussagen wissen, hier wie dort die selben Männer im Einsatz. Um sich davon zu überzeugen, genügt es, sich einige ihrer Lebensläufe anzusehen (mehrere davon führe ich in Kapitel 3 an).

Oktober 1944: Wissen um die Massenvernichtung vor Ort

In der ersten Auflage der vorliegenden Arbeit (also 1945) hatte ich geschrieben: *Im Jahre 1944 kam ein einfaches Rundschreiben in die Büros, in dem ohne weiteren Kommentar nur die Mitteilung stand, daß die Sterblichkeitsrate zu niedrig sei.*

Als ich diese Zeilen schrieb, wußte ich noch nicht mehr darüber, aber eines sei festgehalten: diese Kenntnis habe ich 1945 in Ravensbrück schon gehabt...

Heute, wo es möglich ist, Prozeßakten einzusehen, kenne ich den Namen des Häftlings, der diese auf einem Schreibtisch in der Kommandantur liegende Order gelesen hat. Der Häftling heißt Anni Rudroff, und der SS-Mann, der diesen Brief hatte herumliegen lassen, war der stellvertretende Lagerkommandant Bräuning.

Die Order besagte exakt folgendes: *daß die Sterblichkeitsrate im Lager Ravensbrück zu gering sei, daß jeden Monat 2.000 Häftlinge sterben müßten und daß diese Anordnung noch für sechs Monate rückwirkend gelten solle...*

Den Angaben von Anni Rudroff zufolge[36] soll der stellvertretende Lagerkommandant Bräuning aufgrund dieser Order um seine Versetzung nachgesucht haben. (Übrigens ging ungefähr um diese Zeit und möglicherweise aus dem gleichen Grunde noch jemand aus Ravensbrück weg – der Revierarzt Dr. Lukas.[37])

Als die betreffende Order in Ravensbrück eintraf, ging in Auschwitz eine genau entgegengesetzte ein – der Befehl, die Massenvernichtung der Juden zu stoppen (dem Bericht des ungarischen Arztes Dr. Miklos Nyiszli [*Ein Arzt in Auschwitz*, S. 210] zufolge am 17. November 1944). Drei Wochen später wurde anordnungsgemäß auch die Gaskammer im in der Mitte Deutschlands gelegenen Hartheim zerstört (12. Dezember 1944).

Am 17. November war Auschwitz jedoch noch nicht durch den russischen Vormarsch bedroht, und das Lager sollte erst am 18. Januar, also zwei Monate später, evakuiert werden. Was Hartheim anbelangt, so war es durch seine zentrale Lage zwar sicher vor den Alliierten aus West und Ost, aber die Gaskammer sollte auf höchsten Befehl dennoch ihre Tätigkeit einstellen, und zwar annähernd zu dem Zeitpunkt, da die von Ravensbrück in Betrieb genommen wurde...

Welche Befehle erhielt nun der Lagerkommandant von Ravensbrück, Fritz Suhren, zwischen dem 17. November, der »Reinwaschung« von Auschwitz, und dem 12. Dezember, als in Hartheim das gleiche geschah? Genau entgegengesetzte Anordnungen, und das an denselben Tagen.

Zuerst einmal diktierte er den Schreiberinnen eine Reihe von Briefen, in denen er um die Verfügungsgewalt über ein kleines, in der Nähe befindliches Lager namens Uckermark nachsuchte, in dem er später die Todeskandidatinnen zwischenzeitlich abstellen sollte. Danach ließ er seinen eigenen Erklärungen zufolge einen zweiten

---

36 Anni Rudroff, geboren 1910. Sie machte ihre Aussage 1948 in Hamburg beim Prozeß gegen die drei SS-Männer Walter Schenk, den Kommandoführer des Krematoriums, Conrad, den Leiter der Materialverwaltung und Stellvertreter von Verwaltungsdirektor Seitz, und gegen den Leiter der Kantine, Schäfer, die dem Exekutionskommando immer angehörten. Anni Rudroff saß von Januar 1945 ab im Bunker ein, und zwar möglicherweise auf Anordnung von Suhren, vielleicht aber auch bedingt durch den Weggang von Bräuning.
37 Zu Dr. Lukas siehe Kapitel 3.

Ofen für die Leichenverbrennung bauen, und schließlich befahl er den Bau einer Gaskammer.

All diese Dispositionen konnten nicht ohne umfangreichen Schriftverkehr, Briefe, Telegramme und Telefongespräche vonstatten gehen, von denen wir nur einen ganz geringen Teil kennen, aber wir haben gesehen, daß seinerzeit zwei wichtige Mitarbeiter von Suhren um ihren Weggang ersuchten.

Ob diese Abgänge Suhren in Verlegenheit brachten? Keinesfalls, denn er sollte zur gleichen Zeit die beiden größten Spezialisten für die Vernichtung mit Zyklon B dazubekommen, die alle beide zu diesem Jahresende 1944 von Auschwitz nach Ravensbrück versetzt wurden – den Schutzhaftlagerführer von Birkenau, Johann Schwarzhuber, und SS-Oberscharführer Otto Moll, den Leiter der Auschwitzer Krematorien...

Es gilt nun, in die uns als sicher bekannten Tatsachen diese zwei sich widersprechenden, aber aus demselben Büro kommenden, offensichtlich auch demselben Hirn entstammenden und fast am selben Tag erlassenen Fakten einzubeziehen.

Ich habe langezeit geglaubt, daß mehrere unterschiedliche Dienststellen Befehle direkt an die Kommandanten der Konzentrationslager erteilt haben (was eine Erklärung für ihre Widersprüchlichkeit sein könnte, die durchgehend offensichtlich wird, besonders aber in den Erklärungen des Kommandanten von Auschwitz). Heute steht diese Hypothese auf nicht mehr sehr festen Beinen, denn Himmler kontrollierte und steuerte alle seine Dienststellen persönlich, und wenn es hier Widersprüchlichkeiten gegeben hat, dann sind diese vermutlich in seinem Handlungsbereich zu suchen.

Informationen über Stalins Gulag (Ravensbrück 1944)

Die in Ravensbrück kursierenden Informationen beschränkten sich nicht nur auf das von den Hitlertruppen besetzte Europa. Hier im Lager hörte ich im Frühjahr 1944 zum ersten Male etwas über Stalins Straflager, die damals allerdings noch nicht *Gulag* genannt wurden.

In einem ruhigen Arbeitskommando, in dem einige Tschechinnen versuchten, ein paar Französinnen das Überleben zu ermöglichen, arbeitete unsere Freundin Milena Seborova. Durch sie lernte ich Anička kennen, danach Kafkas Freundin Milena Jesenska und später ihrer aller deutsche Freundin Grete Buber-Neumann. Milena Jesenska starb am 17. Mai 1944. Einige Zeit vor ihrem Tod, es war im März, wenn ich eine etwas unklare Eintragung in meinem Notizkalander richtig deute, entschloß sich Grete, mich in Dinge einzuweihen, die sie wußte. Da ich kaum Deutsch sprach und sie überhaupt kein Französisch, organisierte sie eine Reihe von Begegnungen zu dritt – sie, unsere Freundin Anise Postel-Vinay (genannt Danielle) und ich – in einem Block für »Asoziale«, deren Blockälteste sie kannte. Sonntags hatten die SS-Leute Ruhetag, und normalerweise herrschte an diesem Tag auch für uns Ruhe und Frieden. Unsere Treffen fanden also an drei aufeinanderfolgenden Sonntagen statt.

Wie wir alle hatte Grete das starke Bedürfnis, ihr Wissen durch Weitergabe überleben zu lassen. Sie erzählte systematisch, und Anise Postel-Vinay übersetzte Satz für Satz, was sie von der sowjetischen Deportation und vom Lager Karaganda wußte. Grete Buber-Neumann, Tochter eines konservativen bayerischen Vaters und einer liberalen preußischen Mutter, beide Eltern aus Bauernfamilien stammend, war mit zwanzig Jahren der Kommunistischen Partei beigetreten. 1931 unternahm sie als Delegierte einer Parteigruppe ihre erste Reise nach Moskau. Im Jahr darauf fuhr sie noch einmal dorthin, diesmal jedoch zusammen mit ihrem Ehemann, dem Abgeordneten Heinz Neumann, Mitglied des Zentralkomitees und Chefredakteur des Zentralorgans der Partei.

Heinz Neumann, Gretes Ehemann, war ein aufrichtiger Kommunist, ein brillanter Schriftsteller und Redner und scheint einer jener Männer gewesen zu sein, die bei internationalen Ereignissen im Hintergrund die Weichen stellten. (So wurde er von der Partei 1926 nach Kanton geschickt, um dort eine Revolution auszulösen, die Stalin brauchte, um sich vor dem XV. Parteitag wieder ins Zentralkomitee wählen zu lassen – eine Revolution, die er danach durch Tschiang Kai-schek blutig niederschlagen ließ...). Zu der Zeit, in der

Malraux' Roman *La Condition humaine* spielt, war der Autor nicht in Kanton, wohl aber Heinz Neumann.

Als Stalin jedoch Neumann 1932 nach Moskau kommen ließ, geschah dies, um ihm eine Rüge zu erteilen.

Stalin hatte den deutschen Kommunisten von der hohen Warte des Zentralkomitees und des russischen Imperiums aus den Befehl erteilt, zusammen mit den Nazis gegen den Versailler Vertrag zu stimmen. Gegen den Versailler Vertrag – damit waren die deutschen Kommunisten einverstanden, nicht aber damit, ihre Stimmen den Nazis zu geben. Aber Befehl ist Befehl, und so gehorchten sie, wenn auch unter Murren. Stalin nun warf Neumann diesen Mangel an Begeisterung vor. Er soll zu Neumann damals gesagt haben: »Sie sind nichts anderes als ein Sektierer« und »Hitler hat ein Gefühl für die Massen«... Das sind zwei vertretbare Standpunkte, von denen man jedoch nicht erwartet hätte, sie aus dem Munde von Stalin zu hören.

Gehorsam, aber nicht reumütig kehrte Neumann nach Berlin zurück, behielt seine Posten im Reichstag, im Zentralkomitee und in der Leitung der »Roten Fahne«. Zweimal hintereinander gab er anläßlich stattfindender Regionalwahlen fristgemäß Moskaus Befehl weiter, es müsse gegen den Versailler Vertrag, also mit den Hitler-Anhängern, gestimmt werden. Aber gehorchen allein reichte nicht aus, und schnell gehorchen auch nicht: es sollte mit Begeisterung gehorcht werden, und die Begeisterung schien nicht deutlich genug ausgefallen zu sein...

Im Verlaufe jener dramatischen Wochen, von denen das Schickal Deutschlands, Europas und das von 50 Millionen Menschen abhängen sollte, die später einen gewaltsamen Tod starben, erhielt Neumann den Auftrag, alle seine Posten zu verlassen und nach Spanien zu gehen, wo der Putsch der Franco-Anhänger noch nicht losgegangen war. Er war nicht froh über diesen Auftrag, aber er gehorchte.

Für Grete Buber-Neumann, die bis dahin nichts anderes kennengelernt hatte als Preußen und die parteigemäße Askese, war die Entdeckung Spaniens – der mediterrane Himmel und voller Früchte hängende Orangenbäume – ein wunderbares Erlebnis, das sie uns, die wir da in dem unheimlichen Block der schwarzen Häftlingswinkel zusammenhockten, in aller Ausführlichkeit beschrieb.

Die drohende Franco-Diktatur, der Stellungswechsel der Partei in Moskau und die Machtergreifung Hitlers bewegten Heinz Neumann mit Wahrscheinlichkeit mehr als der blaue Himmel und die blühenden Bäume, denn er schrieb damals an einen *zuverlässigen* Freund einen Brief, den er einem anderen *zuverlässigen* Freund zur Weiterleitung anvertraute. Dieser Brief gelangte unversehrt über alle Grenzen und wurde seinem Empfänger auch ausgehändigt, aber der beging die Unvorsichtigkeit, ihn nicht zu vernichten, sondern ihn unter der Marmorplatte einer Kommode zu verstecken. Inzwischen hatte die politische Blindheit Hindenburgs Hitler zum legalen Herrscher Deutschlands gemacht, und die Nazis führten bei allen bekannten Marxisten Haussuchungen durch. Den bewußten Brief fanden sie jedoch nicht, weil ihnen schon eine andere Durchsuchungsaktion zuvorgekommen war... Einige Monate später sollte Heinz Neumann erfahren, daß dieser Brief in seiner NKWD-Akte lag und daß er der Grund für seine Absetzung gewesen war.

Wiederum und ohne jegliche Erklärung erhielt Neumann den Befehl, alle seine Ämter aufzugeben, in die Schweiz zu gehen und dort weitere Anordnungen abzuwarten. Ohne Anstellung, ohne Paß und ohne Geld: »Ein Toter ist geduldig unter den Händen des Leichenwäschers...« In der Schweiz herrschte Aufenthaltsverbot, in Frankreich und England auch. In Deutschland war Hitler und in Italien Mussolini. Und Neumann, der lautere und harte Kommunist, hatte zwar in Deutschland mit großen Mengen von Geld zu tun gehabt, aber er besaß keine Ersparnisse.

Nun trat die brüderliche Hilfe der Parteiaktivisten auf den Plan: Freunde boten dem Ehepaar ohne Bezahlung Unterkunft, andere Freunde besorgten ihnen Ausweispapiere... Aber dann kam der Tag, an dem die schweizerische Polizei herausbekam, wer sie waren. Sie inhaftierte Heinz Neumann, lehnte es jedoch ab, ihn an Deutschland auszuliefern, wo die Nazis ihn haben wollten. Nach sieben Monaten Gefängnis wurden Heinz und Grete in Le Havre unter Polizeiaufsicht an Bord eines sowjetischen Schiffes gebracht, und im Mai 1935 fanden sie sich in Moskau wieder.

Dort wurde ihnen Unterkunft zugewiesen, sie erhielten zwei Jahre lang Texte zum Übersetzen und Lebensmittelkarten für »mittlere

Kader« und standen ununterbrochen unter polizeilicher Überwachung. Dann – Ende 1936 – wurde Neumann zu Dimitroff, dem Generalsekretär der Komintern, gerufen, der ihm auftrug, ein Buch über den VII. Weltkongreß der Komintern und über seine eigenen politischen Fehler zu schreiben. Er schrieb dieses Buch nicht, und in der Nacht vom 27. auf den 28. Mai 1937 erschienen drei Männer von der NKWD, um ihn zu verhaften. Grete versuchte vergeblich, ihre Tränen zurückzuhalten. Heinz stand schon an der Tür, lief dann nochmals zu ihr hin, um sie ein letztes Mal in seine Arme zu schließen, und sagte zu ihr: »Weine ruhig, denn es gibt vieles, um das man weinen muß.«

Keine Arbeit mehr und damit auch kein Geld. Um sich überhaupt ernähren zu können, verkauft Grete zuerst ihre Kleider und danach die Bücher von Heinz. Jeden Tag geht sie los und reiht sich in die Schlange am Schalter eines Gefängnisses ein, bis schließlich am Schalter des Lubjanka-Gefängnisses ihre mitgebrachten Rubel entgegengenommen werden, was bedeutet, daß Neumann hier einsitzt. Im Dezember 1937 lehnt man die Entgegennahme der Rubel ab, und am 19. Juni 1938 wird Grete selbst verhaftet. Man fordert sie auf, Verbrechen zu bereuen, die sie nie begangen hat, und deportiert sie dann schließlich nach Karaganda in Sibirien.

Über ihr Leben in sowjetischen Gefängnissen und Straflagern hat Grete Buber-Neumann ein Buch geschrieben, das ins Französische übersetzt worden ist: *Déportée en Sibérie*, 1949 (»Als Deportierte in Sibirien«). In diesem Buch habe ich einige der Zahlenangaben und Namen wiedergefunden, die sie uns in Ravensbrück genannt hatte. (Ich selbst kann Zahlen und Namen, die ich nur einmal gehört habe, sehr schlecht behalten. Aus diesem Grunde schreibe ich sie, wenn möglich, auf. Grete Buber-Neumann jedoch merkt sich alles, und zwar genau.)

Woran ich mich aber aus ihrem Bericht ohne Hilfe noch genau erinnere, ist die Brotration, die mit geringerer Arbeitsleistung auch kleiner wurde, die halb in die Erde hineingebaute Lehmhütte, aus der man sich jeden Morgen erst einen Weg durch den Schnee freischaufeln mußte, die Vitaminmangel-Erkrankungen, aufgrund derer die Häftlinge mit der »untersten Ration« erblindeten, und die ihnen zuerteilte Erlaubnis, hinauszugehen und Gras zu essen, das in der Steppe wieder zu sprießen begann. Um dorthin zu gelangen, mußte man auf einem Brett einen Sturzbach überqueren, und oftmals fiel ein Blinder dort hinein, ohne daß sich irgend jemand darum scherte oder versuchte, ihn herauszuholen. »Immerhin«, sagte Grete, »hat ihm der Soldat keinen Fußtritt verpaßt, damit er hineinfiel.« – »Daran siehst du«, entgegnete ich ihr, »daß es dort doch einen kleinen Unterschied zu Ravensbrück gab: hier hätten sie dir einen Fußtritt gegeben.«

In meinem Gedächtnis haften geblieben sind auch die Abfahrt aus Sibirien in einem Schlitten, vor dem in gestrecktem Galopp die kleinen kasachischen Pferde trabten, darüber ein von Sternschnuppen übersäter Himmel. Dann Zwischenstationen auf den Bahnhöfen von Scharik und Karaganda und schließlich ein richtiger Zug (zusammen mit zwei anderen Häftlingen und drei NKWD-Polizisten in zwei Personenabteilen), die Fahrt durch endlose, kahle, von Schnee bedeckte Ebenen, das freudige Wahrnehmen der ersten kleinen Bäume, vorbei an ganz hohen Bergen und riesigen, vereisten Wäldern. Und dann schließlich Moskau. Dort kam sie wieder in ein Gefängnis, aber dieses war anders als alle anderen, denn hier gab es für ein paar weibliche deutsche Häftlinge warmes Wasser in gewünschter Menge, richtigen Tee zum Frühstück, außerdem Butter, Käse, zwei Eier, zwei Sorten Brot, saubere Laken und Decken sowie gewaschene Kleidung.

Als sie wieder wie Menschen aussahen, verfrachtete man sie in einen Zug, diesmal aber einen mit vergitterten, wohlbewachten Abteilen. An jedem Haltepunkt gab es Tee, belegte Brote und Konserven. Schließlich fuhr der Zug in einen Bahnhof ein, und man hieß sie aussteigen. Auf einem Schild stand zu lesen: Brest-Litowsk.

Zusammen mit Grete Buber-Neumann stiegen achtundzwanzig Männer und zwei Frauen aus dem Zug aus. Einer von ihnen, ein junger deutscher Arbeiter, ist mir aus ihren Erzählungen vor allem im Gedächtnis geblieben. Er war ein glühender Kommunist und von den Nazis mit dem Tode bedroht. Ungezählten Gefahren trotzend, gelang es ihm, in die Sowjetunion zu flüchten. Nun stand er da, wehrte sich mit Händen und Füßen und flehte: »Genossen, tötet mich, aber liefert mich nicht denen aus!«

Und was taten die Genossen? Ungerührt packten sie ihn und schleppten ihn hinter sich her. Und auf der Mitte der Brücke übergaben sie ihn an die Soldaten, die langsam hinter einem Offizier her auf sie zukamen...

Grete hatte aus dem Augenwinkel heraus einen Blick auf die Mütze des Offiziers getan und sah hier nun zum ersten Mal das Totenkopfzeichen mit den beiden gekreuzten Knochen...

Das bedeutete für sie, nach zwei oder drei Zwischenstationen in weiteren Gefängnissen: Ravensbrück – von 1940 bis 1945.

II

Die Hierarchie der Machthaber

Hitlers (1889-1945) geheimes Reich

Hitlers Reich der Konzentrationslager nahm mit der Gründung von Dachau im März 1933 seinen Anfang, und es bestand bis zum 8. Mai 1945, dem Tag der militärischen Kapitulation Deutschlands. Mit Ausnahme einer kurzen Zeitspanne (die ihr Ende am 30. Juni 1934 mit der sogenannten »Nacht der langen Messer« fand) war jedoch Himmler derjenige, der es in seiner Gänze aufbaute, organisierte sowie auch penibel betrieb und ausbeutete.

Die Treue Himmlers zu Hitler ist bis zum Herbst 1944 unbestritten und außer allem Zweifel. Hitler konnte sich ja im übrigen auch zu jedem Zeitpunkt über alles informieren, was »sein getreuer Heini« tat und sagte – bis zum 20. Juli 1944, dem Tag des Attentats auf Hitler, durch das und nach dem der militärische Nachrichtendienst der Leitung Himmlers unterstellt wurde. Sein getreuer Heini, den er sich doch zehn Jahre lang zum Innenminister zu ernennen gehütet hatte...

Die Planung der Konzentrationslager ist sehr wahrscheinlich das persönliche Werk Himmlers, wenn er sie auch mit Sicherheit regelmäßig mit Hitler abgestimmt hat; der Völkermord an den Juden allerdings ist ein so monströses und zugleich so außerordentliches Vorhaben, daß Himmler notwendigerweise zuvor den höchsten Gipfel der Macht und den Höhepunkt der Macht-Korrumpiertheit erreicht haben mußte, ehe er dieses Werk konzipieren und zum Laufen bringen konnte.

Seit dem Herbst 1944 – ohne daß man die Wende näher datieren könnte – verrät Himmler Hitler. Dieser Verrat macht sich in den

Konzentrationslagern so bemerkbar, daß für die Dauer von rund sieben Monaten dort ständig Befehle eingehen, die sich mit darauffolgenden Gegenbefehlen überschneiden sollten.

Man kann die Entwicklung eines einzelnen Konzentrationslagers nicht verstehen, wenn man es isoliert von den parallel dazu verlaufenden Entwicklungen der anderen Lager betrachtet. Und das Ganze offenbart sich vollständig auch nur dann, wenn man es mit Hilfe der Kenntnisse entschlüsselt, die wir vom Verhalten Himmlers haben und von seinem Verhältnis zu Hitler. So erklärt sich, warum man diese beiden Lebens- und Schicksalswege nicht getrennt voneinander betrachten kann.

Leute, die mit Hitler in den ersten Jahren seines Lebens Kontakt hatten, haben Unmengen von Informationen über ihn geliefert, die aber gar nichts erklären. Es dient zu nichts, wenn man weiß, daß sein unehelich geborener Vater bis zu seinem neunundreißigsten Lebensjahr Schicklgruber hieß und daß er danach seinen Namen änderte (da in der Zwischenzeit ein Arbeiter mit Namen Hiedler – die Schreibweise Hitler beruht auf einem Fehler – das Fräulein Schicklgruber geehelicht hatte). Dieser Vater, der einen Beruf beim Zoll ausübte, war grob und brutal, doch hat er seine Familie ernährt und ihr, als er starb, auch etwas Geld hinterlassen. Zu dieser Zeit ist der Sohn dreizehn Jahre alt, und die Mutter läßt ihn tun, was er will. Er betreibt unzusammenhängende Studien – bei weitem nicht das schlechteste. Vater, Mutter und Sohn sind Österreicher.

Im Jahre 1914 ist Hitler fünfundzwanzig Jahre alt, und er tritt freiwillig in ein bayerisches Regiment ein. Er wird verletzt und lehnt sich wie so viele andere besiegte Soldaten gegen die Niederlage vom 11. November 1918 auf. Die Armee, die gezwungen ist, ihre Truppenstärke zu reduzieren, rekrutiert einige dieser Männer für undurchsichtige Zwecke. Nach der Unterzeichnung des Vertrags von Versailles am 28. Juni 1919 wird Hitler »besoldeter Propaganda-Beauftragter« und hat hierbei in Ausübung seiner Aufgaben Gelegenheit, einer kleinen Gruppe von Arbeitern zu begegnen, die sich Deutsche Arbeiterpartei nennt. Später erhält er durch Intervention von General Ludendorff die Bewilligung, dieser Partei beizutreten (was an sich von der Armee verboten war). Er bewirkt die

Umbenennung der Partei in »Nationalsozialistische Partei«. Im Jahre 1921 fügt er der Partei eine bewaffnete Miliz hinzu, die »Sturmabteilung« (SA), die unter dem Kommando seines Freundes Röhm stand; und im Jahre 1925 schafft er für sich noch eine persönliche Garde von acht Mann, die »Schutzstaffel« (SS). Die SA-Leute sind mit braunen Hemden bekleidet, die SS-Leute mit schwarzen.

Ende des Jahres 1922 interessieren die Nazi-Partei und ihre SA-Miliz den Botschafter der Vereinigten Staaten so sehr, daß er einen Militärattaché nach München entsendet. Dieser schreibt, nachdem er diese erste Hitler-Miliz hat vorbeiziehen gesehen, in seinen Bericht: »1200 Lumpen, die lumpigsten, die ich je in meinem Leben gesehen habe, paradierten im Gänsemarsch an Hitler vorüber...«[38]. An diesem Tag beendet Hitler seine Rede mit dem Ausruf »Tod den Juden!«, was Truman Smith, den amerikanischen Offizier, ein wenig beunruhigt.

Am 9. November 1923 versuchen Hitler und seine »1200 Lumpen«, in München die Macht zu übernehmen. Seine wichtigsten Gefährten sind in jener Zeit der Hauptmann Röhm, der Hauptmann Göring, Gregor und Otto Straßer und vor allem der General Erich Ludendorff, ein großer Militär und in den Jahren 1917 und 1918 der Stellvertreter Hindenburgs. Der Putsch schlägt fehl, Göring wird verletzt und flieht mit Röhm ins Ausland, Hitler wird festgenommen und für dreizehn Monate gefangengesetzt.

Im Gefängnis formuliert er seine Haßgefühle sehr deutlich und legt sie in einem Buch mit dem Titel *Mein Kampf* nieder. Es hätte genügt, dieses Buch zu lesen, um zu erkennen, wohin er Deutschland führen wollte. Moralisten und Philosophen empören sich – aber die Kreise, die die Macht und das Geld besitzen, leisten massive Unterstützung für die Nazis: die traditionelle Armee, die Landeigentümer, die Großindustriellen. Durch ihre Unterstützung verfügten Hitler und seine »Lumpen« über Waffen und Sold-Gelder; ihre Mitgliederzahlen nahmen zu und sie waren imstande, auf brutale Weise eingreifen, wo immer sich eine Gelegenheit dazu bot. Dies alles in einem solchen Maße, daß am 30. Januar 1933 der Präsident der deutschen

---

38   John Toland, 1983, S. 120

Republik, Marschall Paul von Beneckendorff und Hindenburg, Hitler aufforderte, die Regierung zu bilden. Hitler hatte nicht die Mehrheit, aber seine Partei war die stärkste. Hindenburg, der damals ein Alter von sechsundachtzig Jahren aufwies, hatte bereits im Krieg von 1870 in der Armee des Königs von Preußen gekämpft, seit 1916 war er der Oberkommandierende der Armee von Kaiser Wilhelm II., und seit 1925 war er der Präsident der Weimarer Republik. Sein Hirn hatte sich noch in einem früheren Jahrhundert strukturiert – wie Pétain war er nicht vertrottelt, sondern veraltet und verrottet.

Machtvollkommenheit

Eine Woche nach seiner Amtseinsetzung macht sich der neue Kanzler an die Eliminierung seiner Gegner. Dabei beginnt er mit den loyalen Politikern, die er durch Männer aus seiner Clique ersetzt. Danach, noch nicht einen Monat nach seiner Ernennung, landet er (am 27. Februar 1933) den Coup mit dem Reichstagsbrand. Dieser Brand liefert ihm den Vorwand für seine Forderung nach uneingeschränkten Machtbefugnissen, die er *für den Rest seines Lebens*[39] bewilligt erhält. Damit ist es ihm nun möglich, mutige Oppositionelle verhaften zu lassen (viele von ihnen wurden 1933 eingekerkert oder in der »Nacht der langen Messer« umgebracht) und auf diese Weise auch die anderen – das heißt die Mehrheit des deutschen Volkes – einzuschüchtern. Denn immerhin hat Hitler zu diesem Zeitpunkt – am 5. März 1933 – bei 39 Millionen Wählern im Lande nur 17.277.000 Stimmen erhalten. Das ist ein Wählerstimmen-Anteil von 44 %. Später sollte er dank des Nazi-Terrors die Mehrheiten erlangen, die er haben wollte.

Am 7. April 1933 – Hitler ist erst seit zwei Monaten Kanzler – werden die jüdischen Beamten aus ihren Stellungen vertrieben, und das ganze Jahr über finden »Säuberungen« statt: ein sogenannter

---

39 Er läßt von Hindenburg am 28. Februar einen Erlaß unterzeichnen, der der Polizei volle Entscheidungsfreiheit erteilt bei der Festlegung, welche Personen zu verhaften sind. Dieser Erlaß diente als gesetzliche Grundlage für alle die Konzentrationslager betreffenden Aktionen (Joseph Billig, S. 24)

»Forschungsrat« kontrolliert unter Vorsitz von Göring bereits Lehrer, Ärzte, Anwälte und Studenten, und eine Schrifttumskammer wählt die Autoren aus, die das Recht bekommen sollten, ihre Werke zu veröffentlichen...

Im selben Jahr 1933 gründet Göring in Preußen die Geheime Staatspolizei, die in Abkürzung Gestapo genannt wird. (Im Jahre 1933 wiesen die deutschen Länder noch eine relativ hohe Verwaltungsautonomie auf, und jedes Land verfügte über seine eigene Polizei. Durch Ämterzuerteilung und Ämterhäufung bemächtigten sich die Nazis der Ämter der Polizeipräsidenten, wobei es jedoch zu Rivalitäten zwischen den Männern aus der Gefolgschaft von Röhm, also der SA, und denen aus der Gefolgschaft von Himmler, also der SS, kam. In der weiteren Folge setzten die Nazis in den örtlichen Parlamenten die von ihnen ernannten Reichsstatthalter ein.)

Im März 1933, einen Monat nach der Amtseinsetzung Hitlers, wird Dachau eingerichtet, und die Lager werden von Anfang an der Gerichtsbarkeit entzogen. Zu Beginn unterstehen sie der SA, den Röhm' schen Braunhemden. Wahllos wird verhaftet, eingesperrt und mißhandelt: politische Gegner, Wehrdienstverweigerer und zahlreiche Juden, denen die Nazis heuchlerisch irgendwelche Delikte anhängen. Sie werden mit den Sträflingen aus der Verbrecherwelt zusammen gefangengehalten, die mitten unter ihnen sind und die sie peinigen und quälen.

Im darauffolgenden Jahr, in der Nacht vom 30. Juni 1934, ermorden Himmlers Schwarzhemden die Braunhemden und die Nazis der ersten Stunde, insbesondere den Parteiideologen Gregor Straßer und Ernst Röhm, den Organisator der SA und ständigen Waffenbruder. Die günstige Gelegenheit wird auch dazu genutzt, gleich einige hohe Beamte mit zu beseitigen – zum Beispiel von Kahr, den ehemaligen Regierungschef von Bayern, zum Beispiel zwei Mitarbeiter des Vizekanzlers von Papen (seinen Kabinettschef von Bose und den Schriftsteller Edgar Jung), zum Beispiel Generäle (von Bredow, von Schleicher und seine junge Frau), Professoren (Professor Stempfle), Beck, den Vorsitzenden der katholischen Studentenschaft, und andere. Sie werden in ihrem Bett oder in ihrer Wohnung umgebracht, und die Gesamtzahl der Mordtaten dürfte (nach Schätzung unseres Botschafters André François-Poncet) die Zahl von 1.200 erreicht haben. Das Nürnberger Tribunal sollte später 1.076 erfassen.

Am 2. August 1934 stirbt der Präsident der deutschen Republik, der alte Marschall von Hindenburg. In der Folge der Ermächtigung, die Hitler sich nach dem Reichstagsbrand hat zuerteilen lassen, legt er sich jetzt neben dem Titel des Kanzlers auch den Titel Führer zu und läßt sich von den Offizieren der Reichswehr am 2. August den Treueeid schwören. Durch diesen Taschenspielertrick stellt er in den Augen der Mehrheit aller Deutschen, die weder besonders nazifreundlich noch besondere Nazigegner sind, von diesem Zeitpunkt an den legitimen Repräsentanten des Staates dar. Die Deutschen beugen sich im Namen des Patriotismus; im Namen des Pazifismus tun die französische und die englische Regierung das gleiche... Patriotismus und Pazifismus sind Tugenden aus bestem Guß, die der Jugend dringlich anempfohlen werden. Sie sollte sich allerdings auch das nötige Unterscheidungsvermögen zulegen.

Einige Monate vor seinem Tode hatte Hindenburg von seinem ehemaligen Mitstreiter, dem General Ludendorff, ein Schreiben erhalten, in welchem dieser ihm nachdrücklich mitteilt: »Ich sage Ihnen mit allem gebotenem Ernst voraus, daß dieser unheilvolle Mensch unser Land in den Abgrund führen wird und unser Volk in eine unvorstellbare Katastrophe. Künftige Generationen werden Sie in Ihrem Grabe verfluchen dafür, daß wir dies nicht haben kommen sehen.«

Ludendorff, Pangermanist und Streiter für einen totalen Krieg, war weder Demokrat noch Pazifist noch etwa furchtsam – aber er hat nie seine Interessen mit denen der Nation vermengt, und er verfügte, anders als Hitler, über *direkte* Erfahrungen auf der politischen Weltbühne, und er kannte aus eigener Erfahrung den vorhersehbaren Unterschied zwischen einem Plan und seiner Ausführung. Mehr noch: er kannte Hitler selbst, kannte ihn besser wahrscheinlich als jeder andere auf der Welt – war er doch sein Komplize gewesen beim Putsch 1923. Und der erhebliche Unterschied zwischen dem früheren Gefreiten von vierunddreißig Jahren und dem fast sechzigjährigen früheren Oberbefehlshaber – der Unterschied im Alter, im

Rang, in der militärischen Erfahrung – läßt vermuten, daß ersterer sich dem zweiten offen zu erkennen gegeben hat in den Details seiner Pläne, in seiner verbissenen Wesensart, in seiner Unfähigkeit, sich selbst einzuschätzen, in seiner Gier nach Tod und radikaler Vernichtung von Menschen. Und Hindenburg konnte mit dieser tragischen Warnung nichts besseres anfangen, als sie Hitler zu zeigen.

Die Nazis, die von nun an die absoluten Herren von Deutschland waren, fuhren fort, alle diejenigen ihrer Landsleute zu vernichten, die sich nicht unterwarfen. Nach den Kommunisten waren die Liberalen an der Reihe, dann die Christen, dann die Gewerkschaften. Und am 7. März 1936 befahl Hitler seinen Truppen, aller Kriegsgefahr zum Trotz, den Rhein zu überqueren und das Rheinland militärisch zu besetzen. Eine simple Drohgebärde von Seiten Frankreichs hätte ihn damals zum Rückmarsch zwingen können, und er hätte in den Augen der Deutschen als Feigling und Waschlappen dagestanden. Aber Frankreich ließ in seiner Angst vor Krieg den Krieg heranreifen. Und Hitler kam ungestraft davon – als einzige Sanktion handelte er sich einen Tadel des Völkerbundes ein. »Er hätte alles verlieren können – und er hat alles gewonnen«, schrieb General de Gaulle in seinen *Memoiren*.

Nach seinem gewagten Unternehmen im Rheinland ging Hitler daran, sich Österreichs zu bemächtigen. Er bediente sich dazu verschiedener Gewaltverbrechen, Morde – wie dessen an Kanzler Dollfuß – und eines Ganoventricks: eine Truppe gedungener Leute bemächtigt sich vermummt der österreichischen Staatskanzlei. Der Putsch schlägt fehl, wie der Putsch von München fehlschlug, aber Terrorismus und drohende Invasion schüchtern den Nachfolger von Dollfuß so weit ein, daß er die gefangengesetzten österreichischen Nazis freizulassen bereit ist und daß er einen Menschen zum Innenminister ernennt, der seinem Widersacher ergeben ist. Am 13. März 1938 zieht Hitler kampflos in Wien ein.

Die gleiche Verfahrensweise wird angewendet beim Zerschlagen der Tschechoslowakei, die vorab von einer Unzahl von Hetzern und Provokateuren überschwemmt wird, die mit der Forderung nach einem freien deutschsprachigen Gebiet in den Sudeten auftreten. In Anerkennung dessen geben am 30. September 1938 in München

Frankreich und England (vertreten durch den Ministerpräsidenten Édouard Daladier und durch den Premierminister Sir Arthur Neville Chamberlain), ohne die Tschechen gefragt zu haben, ihre Zustimmung dazu, daß die militärisch am besten gesicherte Provinz Sudetenland an Deutschland abgetreten wird. Sechs Monate später, am 15. März 1939, sollte Hitler ohne Krieg in Prag einmarschieren und verkünden können, daß die Tschechoslowakei aufgehört habe zu existieren.

Die Besetzung des Rheinlands, dann die Eroberung Österreichs, des Sudetenlandes und der Tschechoslowakei sind erreicht worden durch Gewaltverbrechen, durch polizeiliche Provokationsakte, durch nicht eingehaltene Verpflichtungen, verbunden mit allerlei Drohungen – aber sie haben eindeutig das Reich um Territorien, um qualifizierte Arbeitskräfte, um Rohstoffe, um blühende Unternehmen bereichert – und sie haben Hitler in seinen Ansichten bestätigt und gefestigt.

Diese ersten Erfolge waren zum großen Teil nur möglich, weil die Regierungen von Frankreich und England überhaupt nicht reagiert haben – und das, obwohl ihnen bewußt war, daß Hitlers Ambitionen noch weiter reichten und daß für die künftigen Vorhaben ein Krieg sich nicht mehr würde vermeiden lassen. Nur daß man ihn dann unter weit schlechteren Bedingungen führen sollte.

Der Hitler-Stalin-Pakt – August 1939

Hitler wollte den Krieg und begann deshalb konsequenterweise, das Land aufzurüsten. Aber die Wehrmacht hatte Furcht vor der Aussicht, an zwei Fronten zu kämpfen. Durch Stalin und den Nichtangriffspakt vom August 1939 wird Hitler nun in die Lage versetzt, den zweiten Weltkrieg vom Zaun zu brechen.

Der Pakt enthielt einen geheimen Passus, in dem die Aufteilung Polens auf die beiden Unersättlichen festgelegt worden war. Getreu dem Vertrag marschieren die deutschen Truppen am 1. September in Polen ein – am übernächsten Tag, dem 3. September, erklären Frankreich und England Deutschland den Krieg – und am 17. September marschieren die sowjetischen Truppen ihrerseits von der polnischen Ostfront her in Polen ein... Der Weltkrieg hatte seinen Anfang genommen.

Die ersten Massenvernichtungsaktionen

Es ist bekannt, daß Hitler einige Wochen nach dem Einmarsch seiner Truppen in Polen einen geheimen Erlaß unterzeichnet hat, der auf das Datum des ersten Kriegstages rückdatiert war. Dies geschah offensichtlich, um durch dieses Datum (das des ersten Kriegstages) die voraussehbaren Einwände abzubiegen. In diesem Erlaß erklärt er die Tötung von Geisteskranken und von Körperbehinderten für rechtmäßig.

Am 24. Januar 1939 hatte der Innenminister Frick auf Befehl Görings Reinhard Heydrich die Leitung einer »Reichs-Zentralstelle für jüdische Auswanderung« übertragen. Nachdem nun durch den Krieg die Grenzen geschlossen waren, wurde es für die Juden noch schwieriger, außer Landes zu gehen. Ist aus dieser Tatsche vielleicht das monströse Projekt erwachsen, in ganz Europa eine der religiösen Minderheiten zu vernichten? Ich weiß es nicht. Ich weiß aber, daß der Ausdruck »Endlösung« in einem Brief vorkommt, den Göring am 31. Juli 1941 an Heydrich schreibt. Da ist es wohl erlaubt anzunehmen, daß der Ausdruck hier bereits zum vertrauten Vokabular gehört.[40]

Dieses maßlose Verbrechen sollte auch zu einem zentralen Verbrechen werden, denn seine Durchführung verlangte ein derart umfangreiches Zusammenwirken von Mitteln, Komplizenschaft und militärischem Drill, daß es das ganze System durchdringen mußte.

Von wem stammte das Konzept? Notwendigerweise von einem, der Befehle erteilen konnte, ohne daß von ihm eine Unterschrift gefordert wurde. Das konnte nur Adolf Hitler sein – doch achtete

---

40 Siehe hierzu die Bücher von Eugen Kogon (1983) und von Georges Wellers (1946) sowie die Studien, die in der Zeitschrift *Le Monde juif* (Jüdische Welt) erschienen sind (Ausgaben Nr. 68, 87, 99 und 100).

der mit Sorgfalt darauf, nichts davon schriftlich niederzulegen und nur dem Anschein nach als Urheber in Erscheinung zu treten.

Wenn auch der Zeitpunkt nicht bekannt ist, zu dem das Vorhaben konzipiert wurde, so weiß man doch genau, wann die Horde zu handeln begann. Es gibt dazu zahlreiche Zeugnisse von Ausführenden und Mitwirkenden. Hier die eigenen Worte des bekanntesten unter ihnen, des Kommandanten von Auschwitz, Rudolf Höß, der in seinem langen Bekenntnis hier und da versucht, seine eigenen Verantwortung herunterzuspielen (Rudolf Höß, München 1963):

> (Seite 114) Als der RFSS seinen ursprünglichen Juden-Vernichtungsbefehl von 1941, nach dem alle Juden ausnahmslos zu vernichten waren, dahin abänderte, daß die Arbeitsfähigen für die Rüstungsindustrie heranzuziehen seien, wurde Auschwitz Judenlager, ein Judensammellager in einem Ausmaß, das bis dahin nicht gekannt. (...)

> (Seite 124) Nach dem Willen des RFSS wurde Auschwitz die größte Menschen-Vernichtungs-Anlage aller Zeiten. Als er mir im Sommer 1941 persönlich den Befehl erteilte, in Auschwitz einen Platz zur Massenvernichtung vorzubereiten und diese Vernichtung durchzuführen, konnte ich mir nicht die geringsten Vorstellungen über die Ausmaße und die Auswirkungen machen. (...)
> Wenn der Führer selbst die »Endlösung der Judenfrage« befohlen hatte, gab es für einen alten Nationalsozialisten keine Überlegungen, noch weniger für einen SS-Führer. (...)

> (Seite 125) Bevor aber die Massenvernichtung der Juden begann, wurden in fast allen KL 1941/41 die russischen Politruks und politischen Kommissare liquidiert.

In den letzten fünf Kriegsmonaten hing das Schicksal der Deportierten im allgemeinen und der Lagerinsassen von Ravensbrück im besonderen weit mehr von Himmler ab als von Hitler, weshalb der Bericht zu den Ereignissen, die in direktem Zusammenhang mit dem Schicksal der Konzentrationslager stehen, sich am Ende der Notiz befindet, die sich mit Himmler beschäftigt.

Kurt Heinrich Himmler, der »getreue Heini«

Der standesamtlichen Eintragung zufolge ist er in München im Jahre 1900 in einer ehrenwerten monarchistischen Lehrerfamilie geboren und tritt mit siebzehn Jahren im Jahre 1917 ins Militär ein. Im folgenden Jahr, als der Krieg vorbei ist, beginnt er das Studium der Landwirtschaft und kämpft in einem Kreis von Freischärlern gegen republikanische Bewegungen. Zehn Jahre später, nachdem er sein Diplom abgelegt und eine Stellung gefunden hat, heiratet er (1929).

Nach Feststellung seines Freundes Gebhardt kann er keine Kinder haben, und das demütigt ihn; gleichwohl bekommt er im Jahre 1930 eine Tochter und adoptiert im darauffolgenden Jahr einen Jungen.

In der Zwischenzeit ist er (1925) in die Nazi-Partei aufgenommen worden und hat (im November 1923) am mißlungenen Putsch teilgenommen, den der nahezu Unbekannte organisiert hat, der sich Hitler nennt.

Mit dem Jahr 1929 stellt Hitler Himmler an die Spitze seiner SS – mit dem großsprecherischen Titel »Reichsführer SS«. Dies war eine Wahl, die sich für Hitler auszahlen sollte, denn unter Himmlers Führung wächst die SS von zuerst 200 Mann auf 2.000 Mann im Jahre 1930, dann auf 52.000 Mann im Jahre 1933, auf 90.000 Mann im Jahre 1933, auf 164.883 Mann im Jahre 1935, auf 190.000 im Jahre 1937, schließlich auf eineinhalb Millionen Mann am Ende des Jahres 1944. Unter seinem direkten und persönlichen Befehl stehen dann 200.498 Polizisten, 400.000 Spione, 39.415 Beamte und 950.000 Soldaten. Dies ist ein Zehntel der Armee des Dritten Reichs.

Neben den zu allem bereiten Männern der SS bekommt Himmler auch gleich noch Geld zur Verfügung, insbesondere solches, dessen Herkunft im Dunkel bleiben muß. (In der Tat hat Hitler am 15. März 1929 angeordnet, daß nur die SS, also Himmler, berechtigt ist, Geldmittel anzusammeln. Und diese Geldmittel sind bereits zu jener Zeit sehr beträchtlich.)

Zu der Mannschaft, die Hitler umgibt und die seinen Kult organisiert, gehören einige schillernde Typen, die nach Öffentlichkeit gieren – beispielsweise Göring, Goebbels, Ribbentrop – , und neben ihnen allen nimmt man diesen anödend langweiligen, pedantischen, kleinkarierten, schüchtern-zaghaften, phantasie- und kulturlosen, aber aktiven, einfallsreichen, peinlich genauen und machthungrigen Mann kaum wahr.

In der Schar der geräuschvollen Bewunderer des Meisters ist er der glanzloseste, aber auch der ekstatischste, und er schmeichelt ihm noch weit kriecherischer als alle anderen. Er ist es, der allen voran über die persönliche Sicherheit Hitlers wacht und über dessen persönliche Vergeltungsakte – und er tut das mit der SS, die er rekrutiert hat und die er leitet und führt.

Aber dabei beläßt er es nicht. Da der Meister »rassistisch« ist, wird er rassistischer als die rassistischsten Männer im Gefolge, grausamer als die grausamsten, geheimer als die geheimsten... Er geht sogar so weit, daß er Dokumentare einsetzt, die auch die unbedeutendsten Worte sammeln, die dem genialen Munde entströmen. Dies schafft ihm außerdem die Möglichkeit, ganz in Hitlers Gedankenwelt einzutauchen und ihm zu lobhudeln, ohne dabei Fehler zu begehen. So schlägt er zum Beispiel vor, Steinbrüche zu kaufen und dort durch die Sklaven aus den Konzentrationslagern gigantische Steinblöcke hauen zu lassen, durch die die Architekturschöpfungen dessen verewigt werden sollen, den Hindenburg den »böhmischen Gefreiten« genannt hatte.

Weiterhin sollte er – neben der Führung und Kontrolle seiner Untergebenen und der Verwaltung dunkler Gelder – sich noch betraut sehen mit der hohen Aufgabe, einen Ersatzkult zu schaffen, dessen Zweck und Aufgabe es sein soll, das dahingegangene Christentum zu ersetzen, und er interessiert sich ganz besonders für einen im Jahre 1933 gegründeten Verein, der sich »Ahnenerbe« nennt. In seinem persönlichen Eisenbahnwagen führt er zu diesem Zweck eine bedeutende Bibliothek mit sich, die auf alles um die wagner-germanische Mythologie, die Magie, die Ursprünge der pseudo-arischen Rasse und um die Esoterik aller Richtungen ausgerichtet ist. (Das Ziel von »Ahnenerbe« war es, »den Lebensraum, den Geist, die Taten und das Erbe der indogermanischen nordischen Rasse« zu erforschen. Im Namen dieser Forschung wurden an Menschen die grausamsten und die sinnlosesten Experimente aus dem Katalog der Konzentrationslager-Untaten begangen.)

Von März 1933 ab hatte die SS, das heißt also Himmler, ihre eigenen Lager eröffnet. Später, nach der Nacht der langen Messer, bemächtigte sie sich auch der Lager der SA. Die SS-Totenkopfverbände waren für den Wachdienst in den Lagern zuständig.

Himmler organisierte von 1933 an das geheime Imperium des Nationalsozialismus zuerst und vor allem, um den »genialen« Entwürfen zu dienen, die der Architekt Hitler hervorbrachte. Die Lager Sachsenhausen, Neuengamme und Buchenwald entstehen in der Nähe von Ziegelerde-Vorkommen, während Groß-Rosen, Flossenbürg, Mauthausen und Natzweiler dort angelegt werden sollten, wo es Granit-Steinbrüche gab. Die Unternehmen zur Nutzung dieser Steinbrüche sollten hohe Erträge für die SS erbringen. Nach 1942 wird die Arbeitskraft der Lagerinsassen an Fabriken vermietet, die für den Krieg produzieren, aber die territoriale Lage der großen Lager ist nicht zufällig gewählt: Buchenwald liegt in der Nähe von Weimar und den sächsischen Fabriken, Dachau liegt in der Nähe von München und den bayerischen Industriestandorten, Neuengamme liegt bei Hamburg; Sachsenhausen aber, an die dreißig Kilometer von Berlin entfernt, schlägt alle anderen und dient zur Ausbildung der Angehörigen des SD (des Sicherheitsdienstes des Reichsführers SS), der Gestapo und der Waffen-SS. Nach Berichten von Édouard Calic, einem ehemaligen Häftling von Sachsenhausen, muß jeder Angehörige einer dieser Gruppierungen selbst an einer Exekution teilgenommen haben. Nach Stalingrad wird diese Pflicht auch auf die SS-Offiziere der Armee ausgeweitet (Édouard Calic, 1965, Seiten 237-280).

Im Lager Ravensbrück, das nur für Frauen bestimmt ist, waren im Januar 1945 bis zu 46.000 Häftlinge eingesperrt. Das angrenzende Männerlager trug den gleichen Namen, hatte aber nie mehr als 7.000 Insassen. Ravensbrück vermietete seine Arbeitskräfte an verschiedene Fabriken, die territorial verstreut zwischen Elbe und Oder, zwischen Ostsee und Böhmen lagen, und die Arbeit der Häftlinge bestand dort in der Herstellung und Reparatur militärischer Ausrüstungsgegenstände für die in Rußland operierende Armee, aber sie wurden auch dazu eingesetzt, die immensen Massen von Gütern zu sortieren und zu magazinieren, die Himmlers Leute systematisch in ganz Europa zusammengeraubt hatten. Die bei der Ausplünderung von Leichen gewonnene Beute – Trauringe, Uhren, Goldzähne und sogar das Haar – wurde nach Sachsenhausen spediert oder in Auschwitz gehortet. Aber ein großes Geschäft sollte auch die Arbeitsleistung darstellen, die die Lebenden zwölf Stunden täglich zu leisten hatten. Bedingt durch diesen ständigen Zufluß neuen Geldes übernimmt Himmler bereits ab dem zeitigen Frühjahr 1942 die direkte wirtschaftliche Lenkung dieses wesentlichen Elements des Hitlerreichs – die SS ist zu einer Armee geworden.

In dem Kapitel, das den Nacht-und-Nebel-Häftlingen von Ravensbrück gewidmet ist, wird berichtet, wie er der Armee eine Kategorie von Häftlingen entziehen sollte, die auf den persönlichen Befehl von Hitler geschaffen wurde und die von Hitler *ausdrücklich* dem Obersten Generalstab zugeordnet worden war mit dem ebenso *ausdrücklichen* Befehl, diese Häftlinge schnell zu töten – allerdings erst nach Verhängung eines scheinbar ordentlichen Gerichtsurteils; an solcherart Scheinurteilen hielt der Generalstab ja überhaupt mit einer Art von Versessenheit fest.

Himmler nahm der Wehrmacht diese lästige Pflicht ab – einfach durch eine Zeile, die er ohne alles Aufsehen unter einen Befehl schrieb. Was konnte er mit dieser menschlichen Beute nun anfangen? Offensichtlich nichts. Und unser Schicksal hat sich dadurch weder verbessert noch verschlimmert. Denn als die Nacht-und-Nebel-Kandidaten in den Händen der Militärjustiz waren, hatten sie das Recht auf ein schnelles Urteil ohne Zeugen, dem im allgemeinen eine Enthauptung mit dem Beil und die Ausfertigung einer Sterbeurkunde folgten. Mit dem Übergang in die Hände Himmlers blieben nun die Nacht-und-Nebel-Häftlinge, die schon als solche eingestuft waren, auch weiterhin Nacht-und-Nebel-Häftlinge – und sie erlitten auch das gleiche Schicksal wie die, die bereits ab August 1942 direkt von der Polizei als dieser Kategorie zugehörig eingestuft worden waren – sie wurden in Konzentrationslager verbracht, und einige von ihnen in den letzten Kriegswochen hingerichtet, insbesondere in Natzweiler und Dachau. Aber von einem bestimmten Zeitpunkt im Jahre 1943 an wurden keine Nacht-und-Nebel-Häftlinge mehr »produziert«, und nun konnte man unabhängig vom Motiv für die Festnahme als Geisel erschossen oder aber als einer der Arbeitssklaven ins Konzentrationslager geschickt werden. Insgesamt hat sich das alles so abgespielt – oder es macht den Anschein, als hätte es sich so abgespielt –, als habe Himmler nur ein weiteres Stück Macht haben wollen: Macht anhäufen, Macht zusammenraffen, nichts außerhalb seiner Kontrolle geschehen lassen. (»Schnüre alles fest zusammen«, sagte der sterbende alte Vater Grandet zu seiner Tochter Eugénie...). Himmler hatte eine leidenschaftliche Liebe zur Macht, zu *seiner* Macht, zu *seinen* Vollmachten und Befugnissen.

Ist es dieser gleiche manische Beweggrund oder ist es der entschlossene, feste Wille Himmlers, Hitler zu gefallen, was ihn dazu bringt, den Völkermord an den Juden in seine Hände zu nehmen? Auf jeden Fall: er übernimmt diese Aufgabe.

Die Orte sofortiger Vernichtung

Vier Orte werden gemeinhin, wenngleich nicht korrekt, als Vernichtungslager bezeichnet: Chelmno, Belzec, Sobibor und Treblinka. Als ausschließlich für den Massenmord an ganzen Familien bestimmt – kleinen Kindern, schwangeren Frauen und Greisen –, sind diese Orte des Grauens von Himmler geschaffen und durch ihn persönlich auch kontrolliert worden.

Daß der auf traurige Weise berühmteste Vernichtungsort aber trotzdem das Konzentrationslager Auschwitz ist, hat seinen Grund darin, daß hier zwei Aktivitäten zugleich zu ihrem Höhepunkt geführt worden sind: Tod und Profit. Denkt man an Auschwitz, so muß man versuchen, sich die Ausmaße dieses Lagers vorzustellen, das sich über Dutzende von Quadratkilometern erstreckt. Innerhalb dieses Bereiches gibt es einen Bezirk, Birkenau, der technisch dafür ausgerüstet ist, *täglich* 5.000 Menschen zu töten und zu verbrennen (zu dem Zeitpunkt, da die Ungarn dort ankommen, also im Mai 1944, werden täglich bis zu 20.000 Menschen vergast, und die Leichen mußten in Gräben verbrannt werden); ein anderer Bezirk,

Raisko, ist ein Forschungsbetrieb, in dem daran experimentiert wird, synthetischen Gummi aus Löwenzahnwurzeln zu gewinnen, und in dem das Leben wesentlich leichter zu ertragen ist als in Ravensbrück (so haben mir Häftlinge berichtet, die ihre Erfahrungen mit beiden Lagern machen mußten)... Im Blick auf die zwei »Unternehmensaufgaben« erfolgt das Aussuchen, die Sortierung der Häftlinge gleich bei ihrer Ankunft auf einem Bahnsteig. Sie werden getrennt in solche, die getötet, und solche, die ausgebeutet werden sollen. Dies ist einer der Gründe, warum Auschwitz weltweit bekannter ist als Belzec, Sobibor, Treblinka oder Chelmno. In Auschwitz gab es Überlebende, und von Auschwitz weiß man heute nahezu alles.

Es wäre eine unzulässige Vereinfachung zu meinen, die Rassenvernichtung sei ausschließlich in den Gaskammern vonstatten gegangen, denn die europäischen Juden (die im Prinzip alle zum Tode verurteilt waren) wurden auf jede nur vorstellbare Weise getötet; auch in Auschwitz, wo das Gas Zyklon B zum bevorzugten Tötungsmittel wurde, ist dies doch nicht das einzige Instrument geblieben – auch weiterhin wurde hier erschossen, mit Spritzen und sogar mit Flammenwerfern getötet. In Lublin-Maidanek verwendete der Kommandant zu Teilen ebenfalls Zyklon B, aber in Chelmno, Treblinka, Sobibor und Belzec wurde mit Motoren-Auspuffgasen getötet. Hinter der Ostfront, in Riga, Wilna, Minsk, Kaunas und Lwow, wurde mit Maschinenpistolen getötet – ein Verfahren, das auch die vier Einsatzgruppen übernahmen, die die Massenmorde an den Juden in der UdSSR begingen.

Zur Tötung der 5.000 Juden von Dubno hat ein deutscher Augenzeuge, nämlich Hermann Graebe, der Direktor einer Fabrik in dieser Stadt war, für das Tribunal in Nürnberg die nachfolgend wiedergegebene Zeugenaussage in Schriftform niedergelegt (zitiert von William L. Shirer, Bd. II, S. 344):

> (...) die, die von den Lastwagen heruntergestiegen waren, Männer, Frauen und Kinder jedes Alters, mußten sich entkleiden – auf Befehl eines SS-Mannes, der mit einer Reitpeitsche oder einer Hundepeitsche bewaffnet war. Danach hatten sie ihre Kleidungsstücke auf bestimmten Plätzen abzulegen, je nachdem, ob es sich um Schuhe, Oberbekleidung oder Unterbekleidung handelte. Ich sah einen Haufen Schuhe – es waren vielleicht achthundert bis

tausend Paar – und große Stapel von Kleidungsstücken und Unterbekleidung.

Ohne zu schreien, ohne zu weinen entkleideten sich diese Leute, stellten sich nach Familien gruppiert auf, umarmten sich und sagten sich Lebewohl (...)

Eine alte Frau mit schneeweißem Haar hielt ein Kind im Arm, das ein Jahr alt war, und sie sang für das Kind und kitzelte es. Das Kind juchzte vor Freude. Seine Eltern sahen ihm mit Tränen in den Augen zu. Der Vater hielt die Hand eines vielleicht zehnjährigen Jungen fest umschlossen, zu dem er mit sanften Worten sprach, und der kleine Junge kämpfte gegen die Tränen an. Der Vater zeigte mit dem Finger auf den Himmel, streichelte ihm über das Haar und schien ihm etwas zu erklären (...)

(...) ging ich um die Anhöhe herum und fand mich vor einem riesigen Grab. (...) Manche bewegten sich noch. (...) suchte ich, den Mann mit dem Blick zu erfassen, der schoß. Es war ein SS-Mann. Er saß am Ende des befestigten Grabenrandes, die Beine über der Grube hängend, hatte eine Maschinenpistole über den Knien liegen und rauchte eine Zigarette.

Die Unglücklichen, die völlig nackt waren, gingen einige Stufen hinab und stiegen mit großen Schritten über die hinweg, die dort lagen, um abzuwarten, daß der SS-Mann ihnen einen Platz zuwies (...)

Nach dem Bericht eines SS-Offiziers namens von dem Bach-Zelewski soll Himmler bei Gelegenheit einer solchen Vernichtungsaktion, an der er hatte teilnehmen wollen, ohnmächtig geworden sein. Als Folge dieses Zwischenfalls habe er dann den Einsatz von Spezial-Lkws empfohlen, bei denen die Menschen durch das Auspuffgas der Motore getötet wurden.

Trotz des belastenden Charakters dieser Exekutionen – die nach einem Bericht Eichmanns an Höß zur Folge hatten, daß »Soldaten des Kommandos sich umbrachten oder wahnsinnig wurden, weil sie dieses Entsetzen nicht ertrugen ...« – legten die Einsatzgruppen, die in der UdSSR operierten, in einer ihrer Bilanzen Rechenschaft über die Exekution von 633.000 Zivilpersonen ab.

Zwei Jahre später, am 24. Mai 1944, kann Himmler es wagen, vor einem Publikum von SS-Generälen zu sagen: »Was nun die jüdischen Frauen und Kinder angeht, habe ich mich nicht berechtigt gesehen, das Risiko einzugehen, daß hier künftige Rächer heranwachsen können«; und am 21. Juni 1944 gebraucht er in Sonthofen die gleiche Terminologie vor Generälen der Wehrmacht. Zu diesem Zeitpunkt teilt er ihnen *mit Sicherheit* nichts Neues mit, denn man darf nicht vergessen, daß Himmler den Nachrichtendienst der Armee, die Abwehr, erst seit dem Attentat gegen Hitler unter seiner Kontrolle hatte und daß demzufolge die Armee über den Holocaust seit 1941 genauestens Bescheid wußte – und »die Armee« heißt hier auf jeden Fall die Generäle, vermutlich aber auch ihre Freunde, die ihnen Nahestehenden und ganz sicher ihre Mitarbeiter. Wie dies der Kommandant von Auschwitz schreibt: »Selbst die strengsten Strafen vermochten nicht zu verhindern, daß Dinge ausgeplaudert wurden.«

Himmlers Machteroberung

Was man über Entscheidungen des jungen Himmler weiß, erlaubt die Annahme, daß er unterschiedslos den wahnsinnigen Haß teilte, den Hitler sein Leben lang gegenüber den Juden zeigte, und daß er demzufolge den Holocaust nicht allein aus Servilität und um noch stärker das Vertrauen seines Herrn zu gewinnen ersann und seine Realisierung überwachte... Bliebe noch das befremdliche Verhalten zu erklären, das der »getreue Heini« während der letzten sechs Monate des Krieges gezeigt hat – aber dort sind wir noch nicht, denn wir müssen vorher erst noch einigen der Kriechereien nachgehen, die Himmler auf dem Weg zur Macht, oder besser, *den* Machtbefugnissen, vollbrachte - und er schätzte keine dieser Befugnisse gering.

Im April 1933, als er bereits Polizeipräsident in Bayern ist, läßt er sich zum Chef der Polizei in Hamburg ernennen und danach zu dem aller anderen Länder – und schließlich auch, im April 1934, zum Polizeichef von Preußen.

Am 30. Juni 1934 ist die legale Polizei bereits in einem solchen Maß in seiner Hand, daß er sein Vorhaben ohne Gesetz durchführen kann: mit seinen zu allem bereiten Männern der SS vollzieht er die Tötung der ersten Nazi-Waffenbrüder – der SA, der Braunhemden des Hauptmanns Röhm.

Mehr noch als Göring war nämlich Himmler einer der Draht-
zieher und vor allem der Haupt-Nutznießer der Nacht der langen
Messer. Trotzdem wird er erst zwei Jahre später durch einen Erlaß
von Hitler zum »Obersten Chef der gesamten Polizei« – aber noch
nicht zum »Innenminister«. Ihm diesen Titel zuzugestehen, damit
wartet Hitler – klugerweise – bis zum 24. August 1943. Zehn Jahre.
   Vor 1943 wie später ist Himmler alles recht, um seine Machtstel-
lung auszubauen. Ein Beispiel: »Am 1. Oktober 1944 unterstellte ein
Befehl von Himmler den Zollgrenzschutz, der bis dahin dem
Finanzministerium unterstanden hatte, der Leitung der Gestapo. Die
eigentliche Grenzpolizei gehörte seit langem zur Gestapo. Diese
Vereinnahmung des Zolls ist ein Beispiel für die administrative
Raffgier der Gestapochefs«, schreibt Jacques Delarue (S. 237-238).

Hitler von Himmler verraten

Am 24. August 1943 ist Himmler nun endlich zum Innenminister ernannt worden, und Jahr darauf, als Folge des Attentats vom 20. Juli
1944 gegen Hitler, bemächtigt er sich der Abwehr, des furchterregenden Nachrichtendienstes der Wehrmacht. Zu diesem Zeitpunkt hat er sich alle Polizeigewalt des Nazireiches erschlichen, alle
Gewalt im Staat, aber nicht den Staat selbst. Den Staat als solchen,
die *Legitimität* des Staates, hält Hitler in den Händen: er hat sie durch
die Wahlen von 1932 und durch den alten Hindenburg *übergeben*
bekommen...
   Jetzt aber, im Oktober 1944, hat der Wind gedreht: die Westalliierten haben die Grenzen des Reiches erreicht, und die sowjetischen
Truppen stehen seit drei Monaten in Polen.
   Besser als jeder andere weiß der Rechnungsführer Himmler über
die Ressourcen Bescheid, die die Nazis nun nicht mehr in ganz Europa zusammenrauben und zusammenplündern können, und über all
das, was in den Fabriken und Arsenalen fehlt. Wenn man eine Invasion abwenden will, muß man verhandeln; um aber zu verhandeln,
muß man in der Lage sein, die Kriegsmaschinerie zum Anhalten zu
bringen. Dazu muß man im Namen des Staates sprechen können,

muß man *der Staat sein*, und der Nazistaat – das ist Hitler. Um aber auf legitime Weise die oberste Macht zu ergreifen, muß Himmler – gerade so, wie es der »Meister« auch getan hat – sich seine Ernennung vom Meister holen; um die Nachfolge von Hitler anzutreten, benötigt er die Zustimmung von Hitler, muß er also über Monate zwei geheime, höchst schwierige und höchst gefährliche Vorhaben betreiben, und zwar zwei, die sich normalerweise gegenseitig ausschließen: er muß sich von Hitler berufen lassen, um Hitler zu beseitigen und seinen Platz einzunehmen.

Besser als jeder andere kennt der »getreue Heini« seinen Führer. Er weiß insbesondere, daß Hitler nach dem Attentat vom 20. Juli verlangt hat, daß die Exekution der acht zum Tode verurteilten Offiziere durch langsame Strangulation erfolgen sollte, mittels Klaviersaiten, die an Fleischerhaken befestigt wurden, welche man aus den Schlachthöfen geholt hatte – und daß die mit dem Tode Ringenden halb nackt zu sein hatten. Die gesamte Szene wurde mit einer Filmkamera aufgenommen, damit sie ihm am Abend des selben Tages vorgeführt werden konnte (William L. Shirer, Bd. II, S. 439).

Himmler hat sich erwiesenermaßen niemandem völlig anvertraut, und demzufolge weiß man nicht, zu genau welchem Zeitpunkt er beschlossen hatte, an Hitler Verrat zu üben. Und noch viel weniger ist über seine Motive bekannt.

Er hatte zweifelsohne verstanden, daß der Krieg verloren war und daß Hitler Deutschland erbarmungslos in einen »Selbstmord« stürzen würde, indem er das ganze Land seinem Starrsinn und dem Bemühen opferte, sich ein Denkmal zu setzen. Es erscheint verblüffend, daß Himmler geglaubt haben soll, er könne mit den Westalliierten verhandeln, und es erscheint absolut undenkbar, daß er gehofft haben soll, deutscher Staatschef zu werden, von Hitler selbst dazu erwählt und zugleich von den Westalliierten als solcher akzeptiert. Man darf aber dabei nicht vergessen, daß Himmler – ebenso wie Hitler – niemals als gewöhnlicher Tourist über Deutschlands Grenzen hinausgekommen war und daß Meinungen und Denkweisen freier Länder ihm ebenso fremd waren wie einem Marsbewohner.

So weltunerfahren er auch gewesen sein mag – er hat immerhin trotzdem begriffen, daß er sich würde äußern müssen zum Völkermord an den Juden und daß es besser für ihn sein würde, wenn man die »Tötungsfabriken« nicht auffinden würde, die er geschaffen hatte, um dieses grauenhafte Verbrechen zu ermöglichen. Solange er an den deutschen Sieg und an die Unfehlbarkeit von Hitler geglaubt hatte, war seine Sorge nur die gewesen, einige der Schalthebel des Staatsgetriebes in seine Hand zu bekommen – und dazu war es für ihn nur nötig, daß er das Wohlgefallen Hitlers hatte. Und um das Wohlgefallen Hitlers zu gewinnen, mußte man dem damaligen Anschein nach vor allem Juden ausrotten. Jetzt aber, wo mit Neutralen verhandelt werden mußte, wo man sich den amerikanischen Siegern gegenüber verständlich machen mußte, empfahl es sich ganz im Gegenteil, wenn man einige lebende Juden vorzuweisen hatte...

Welchen Zeitpunkt könnte man für so eine in aller Einsamkeit vollzogene Meditation ansetzen? Ende Oktober? Anfang November? Auf jeden Fall und ganz sicher einige Tage – oder einige Wochen, vielleicht sogar einige Monate – vor dem frühen Morgen des 16. November 1944 (wenn wir dem ungarischen Arzt folgen, den Dr. Mengele für die Durchführung der Autopsien an seinen Leichen einsetzte):

> Am frühen Morgen des 17. November 1944 kam ein SS-Unteroffizier in mein Zimmer und teilte mir vertraulich mit, daß es auf Befehl von ganz oben von nun an verboten ist, wen auch immer und wie auch immer auf dem Gelände des KZ zu töten (Dr. Miklos Nyiszli, S. 210).

Dieser Befehl ist mit absoluter Sicherheit von Himmler selbst gegeben worden, denn niemand anderer als er hätte die Macht gehabt, einen solchen Befehl zu erteilen und in der gleichen Stunde auch Gehorsam zu finden – und dieser Befehl kam laut Dr. Miklos Nyiszli unmittelbar nach der Vernichtung Tausender gesunder Menschen, die aus der »Reserve« in Theresienstadt gekommen waren, dem einzigen Ghetto des III. Reiches, in das die SS dem Internationalen Roten Kreuz Zutritt gestattete – deshalb nämlich, weil die Menschen aus diesem »Modell-Ghetto« vorgezeigt werden konnten, da sie einigermaßen ernährt waren. Vorzeigbar oder nicht – ein großer Teil von ihnen wurde in den ersten zwei Wochen des November 1944 getötet, und zwar sehr wahrscheinlich auf Anordnung Himmlers hin.

Zweieinhalb Monate vergingen, und am 8. Februar 1945 berichteten zwei schweizerische Zeitungen, daß auf Befehl des Reichsführers Himmler 1.200 Juden freigelassen worden seien, die in Theresienstadt verblieben waren. In der Folge dieser Freilassung traf sich der SS-Standartenführer Kurt Becher, ein Himmler-Mann, in Zürich mit Roswell MacClelland, einem Mann aus dem Stab von Präsident Roosevelt. Als Hitler dies erfährt, bekommt er einen derartigen Wutanfall, daß Himmler, offensichtlich eingeschüchtert, alle seine vorangegangenen Befehle aufhebt. Vorläufig.

Die letzten Massenvernichtungsaktionen

Es sind einige der Maßnahmen bekannt, die zu diesen Vernichtungsaktionen ergriffen wurden – und auch einige der Befehle, die dazu erteilt wurden. Beispielsweise ein persönliches Telefongespräch Himmlers am 2. April 1945 mit Hauptmann Olderhuis, dem Kommandanten des kleinen Lagers Ohrdruf (Eugen Kogon, 1970, S. 310). Die Nachricht ist von großer Bedeutung: zum einen deshalb, weil sie eine Widerspiegelung der Wallungen und des Auf und Ab im Denken Himmlers ist, zum anderen aber auch, weil dieser Befehl eine Zusammenfassung aller derjenigen Befehle darstellen dürfte, die Himmler in der Zeit von Oktober 1944 bis April 1945 an verschiedene Lagerkommandanten gegeben hat oder hat geben lassen. Und dieser Befehl lautet: *Absolutes Verbot der Tötung von Juden, Befehl der Tötung von Kriminellen, politischen Gefangenen ...* (und ich zögere, hier das Komma wiederzugeben, obgleich es ja seine Bedeutung hat.)

Es läßt sich feststellen, daß zum selben Zeitpunkt, an dem der Befehl gegeben wurde, den Massenmord in Auschwitz einzustellen, also am 26. November 1944 – demnach zwei Monate vor der Evakuierung des Lagers, die am 17. Januar 1945 erfolgen sollte – auch der Befehl erteilt worden ist, die Gaskammer im Schloß Hartheim zu demontieren, die dem Schreckenslager Mauthausen diente. Dieser Befehl, der vom 13. Dezember 1944 an ausgeführt wurde, liegt dem-

100

zufolge *fünf Monate* vor der Ankunft der amerikanischen Truppen, denn Mauthausen wird von ihnen erst am 5. Mai 1945 befreit.

Dem Befehl vom 26. November 1944 zum Trotz – oder auf der Grundlage eines nicht bekannten Zusatzes zu diesem Befehl – wird in Auschwitz am Ende des Jahres 1944 noch immer getötet, allerdings nicht mehr mittels Gas, denn die Gaskammern sind bereits demontiert.

Die ersten Todeskandidaten – mit Ausnahme von fünf Männern aus ihren Reihen, die im April 1945 in Mauthausen umgebracht wurden – sollten die 460 Männer des *Sonderkommandos* sein. (*Sonderkommando* war der Name, den in allen Lagern die Häftlingskommandos erhielten, die für den Betrieb der Verbrennungsöfen und der Gaskammern zu sorgen hatten.) Sie rechneten mit dem Tod, denn das Sonderkommando von Auschwitz wurde alle vier Monate liquidiert. Die Angehörigen dieses Sonderkommandos wurden mit Flammenwerfern vernichtet.[41] Ihre Autopsie erfolgte durch den ungarischen Arzt Nyiszli, der dazu schreibt: »Nach dem Tod durch Gas, dem Verbrennen auf dem Scheiterhaufen, der Injizierung von Chloroform ins Herz, dem Genickschuß und dem Tod durch Phosphorgranaten ist dies die sechste Tötungsart, die ich bisher nicht kannte« (S. 219). Einige Tage später werden zwei der drei Verbrennungsöfen zerstört (der vierte wurde bei der Revolte vom 6. Oktober gesprengt), und noch am 5. Januar 1945 werden in Auschwitz zweihundert polnische christliche Politische erschossen – 100 Männer und 100 Frauen. Dr. Nyiszli, der Zeit hat, mit ihnen zu sprechen, erfährt, daß einer von ihnen ein Pfund Butter ohne Lebensmittelkarte gekauft hatte, ein anderer hatte sich verlaufen und war in eine verbotene Gegend gelangt... Wozu diese 200 Opfer? Starben sie aufgrund eines Befehls mit dem gleichen Zweck, wie ihn der Befehl hatte, den am 2. April der SS-Hauptmann Olderhuis erhielt? Ich persönlich möchte dies glauben. Und ich glaube auch, daß in Vollzug

---

41 Es wird im weiteren Fortgang dieses Kapitels noch dargelegt werden, daß es einem der Männer des Kommandos einige Tage vor dieser Ermordung gelingt, eine Nachricht zu vergraben.

eines gleichartigen Befehls meine Kameradinnen, die Fallschirmspringerinnen, erschossen worden sind.

Hier noch einige andere Beispiele von Befehlen zu den Massenmorden an Deportierten und den in diesem Zusammenhang vollzogenen
Maßnahmen.

In Ravensbrück geht ebenfalls im Oktober 1944 der Himmler-
Befehl ein, daß rückwirkend gerechnet monatlich 2.000 Frauen zu
töten sind. Suhren fordert daher eine Gaskammer und ein zweites
Krematorium an. Er trifft außerdem seine Vorbereitungen für die
Übernahme eines kleinen Speziallagers für die »selektierten« Frauen
– des bekannten Jugendlagers.

Nach Zeugenaussage eines deutschen Häftlings mit Namen Walter
Jahn (diese Zeugenaussage ist in den in Washington liegenden
Archivmaterialien zum Nürnberger Prozeß eingeordnet und wurde
von Anise Postel-Vinay wiederaufgefunden) ist im Oktober 1944 in
Ravensbrück der Bau einer Doppelgaskammer begonnen worden –
und zwar im Norden, hinter dem Revier. Walter Jahn erklärt, die
Elektroinstallation dafür vorgenommen zu haben. Diese Arbeiten
sind zum selben Zeitpunkt veranlaßt worden wie ein neues Krema-
toriumsprojekt für Mauthausen, von dem später die Rede sein wird.
Walter Jahn, der im Prozeß gegen Pohl unter Eid ausgesagt hat,
erklärt, daß diese Doppelgaskammer von Ravensbrück in seiner
Gegenwart zweimal von Pohl, von Suhren und von Höß, dem Kommandanten von Auschwitz, inspiziert worden sei.[42]

Der Deckname für diese Gaskammer mit zwei Vergasungsräumen
war »die neue Wäscherei«. Sie ist unter großen Anstrengungen im

---

42 Die Anwesenheit von Höß in der Region während der Zeit zwischen dem
22. und dem 24. April 1945 wird auch berichtet von einem Vertreter des Roten
Kreuzes in Genf. Höß, der mit diesem Vertreter ein Treffen in Ravensbrück verein-
bart hat, verspätet sich durch einen Autounfall, und der Arzt vom Internationalen
Komitee des Roten Kreuzes wird von Suhren dazu eingeladen, das Lager einschließlich einer Bibliothek (!) zu besichtigen. Höß ist schließlich auch noch von
einem Häftling des Krematoriumskommandos gesehen worden, wie er zusammen
mit Suhren an einer Massenerschießung im Februar 1945 in Ravensbrück teilgenommen hat.

März 1945 fertiggestellt worden und wurde Anfang April zerstört. Vermutlich ist sie nicht genutzt worden.

Ein anderer Zeuge – eine Deutsche mit Namen Gertrud Lichtenstein, Sekretärin von Conrad, dem Zeugmeister und Materialchef der SS – sagt aus, daß Suhren den Bau einer Gaskammer ab Oktober 1944 angeordnet habe.

In Mauthausen befiehlt der Kommandant Ziereis gegen Ende des Jahres 1944 dem Materialchef der SS, unter den Häftlingen drei Vermessungsingenieure zu benennen, die in einer Distanz von fünfundzwanzig Kilometern vom Lager zwischen zwei Eisenbahnstationen ein Terrain von zwanzig Hektar Größe abgrenzen und vermessen sollen. Dieser Standort ist für riesige Lagerschuppen und für ein Krematorium mit neun Verbrennungsöfen vorgesehen, mit denen es möglich ist, 30.000 Leichen täglich zu verbrennen.

Diese Information ist von Vaclav Berdych (S. 38) im Jahre 1959 in Prag in tschechischer Sprache veröffentlicht worden. Nach Aussagen der von Berdych zitierten Häftlinge wurde Ende 1944 Material für dieses Vorhaben angeliefert.

Einer der Männer vom letzten Sonderkommando (also desjenigen Sonderkommandos, das mit Flammenwerfern umgebracht worden ist) hat eine Nachricht auf dem Standort des Krematoriums vergraben. Diese Nachricht ist bei Ausgrabungen gefunden worden und befindet ist im Museum von Auschwitz ausgestellt.[43] In dieser Nachricht teilt er mit, daß die Ausrüstung für die Gaskammern nicht zerstört, sondern vielmehr demontiert worden ist, um im zerlegten Zustand nach Mauthausen spediert zu werden.

Obwohl diese Ausrüstungen nicht mehr zum Einsatz kamen, wurden die Tötungen in Mauthausen nie eingestellt. Sie wurden sogar noch beschleunigt, als die Vernichtungsaktionen von Auschwitz und Hartheim abgebrochen wurden.

Nachfolgend noch drei Textbeispiele von März oder April 1945, die die Vorbereitung und die Anordnung der Vernichtungen belegen.

43 *Handschriften von Mitgliedern des Sonderkommandos*, S. 118-128.

Nachricht des Reichssicherheitshauptamtes Oranienburg für das Lager Dachau, datiert 28. März 1945:[44]

»1. Welche Kategorien von Lagerinsassen befinden sich bei Ihnen im Lager (Politische, professionelle Kriminelle, Asoziale usw.)?
2. Wie viele Aufseher sind vorhanden?
3. Wie viele Juden sind vorhanden?
4. Von Ihrem Verwaltungsdienst ist sofort eine namentliche Liste aller Kapos – getrennt nach Ariern und Juden, mit Angabe der Haftkategorie – anzufertigen.
5. Wie hoch ist die Anzahl der gefährlichen Häftlinge und der Kriminellen, die entsprechend dem Befehl des Reichsführers SS erforderlichenfalls zu liquidieren sind (zum Beispiel Kriminelle mit einem Strafmaß von mehr als fünfzehn Jahren)?
6. Über wie viele Panzerfäuste verfügen Sie?
Antwort zum 29. März 1945, 10 Uhr.«

Antworttelegramm von Dachau nach Oranienburg am 29. März 1945, 10 Uhr:

»Unter Bezug auf Ihre Nachricht vom 28-3-1945 (19.52): Zu Punkt fünf melde ich für Dachau und die Nebenlager 837 Gefangene. (gez.) Weiter«

Befehl vom 24. April 1945, wie er in Dachau eingegangen ist ([zitiert von Arthur Haulot] – Auszug aus dem Befehl Himmlers an die Konzentrationslager Dachau und Flossenbürg als Antwort auf die Vorschläge des Kommandanten dieser Lager im Blick auf eine Übergabe der Lager an die Armeen der Alliierten. Dieser Befehl wurde am 24. April 1945 durch den Kurier SS-Hauptsturmführer Schwartz an SS-Gruppenführer Pohl übergeben):

»Eine Übergabe kommt überhaupt nicht in Frage. Das Lager ist sofort zu evakuieren. Kein Häftling darf lebend in die Hände des Feindes fallen. Die Gefangenen haben die Zivilbevölkerung von Buchenwald grausam behandelt.«

---

44 Zitiert nach Arthur Haulot (1985, S. 172). Arthur Haulot, belgischer Journalist, gehörte zum internationalen Lagerkomitee, das sich heimlich am 29. April 1945 in Dachau gegründet hatte. Edmond Michelet vertrat in diesem Komitee Frankreich als Ersatzmann für den am 19. April erschossenen General Delestraint (Edmond Michelet, S. 231).

Befehl vom 14. April 1945, wie er in Mauthausen eingegangen
ist (zitiert nach Stanislaw Dobosiewicz):

»An alle Kommandanten von Konzentrationslagern.
Eine Übergabe (der Lager) kommt nicht in Frage. Das Lager ist
sofort zu evakuieren. Kein Häftling darf lebend in die Hände des
Feindes fallen.

Heinrich Himmler
Reichsführer SS«

Ziereis, der tödlich verletzte Kommandant von Mauthausen, berichtete, daß Kaltenbrunner eingriff und dafür sorgte, daß dieser Befehl
ausgeführt wurde. In jener Woche vom 23. April 1945 fand noch ein
Versuch statt, drei unterirdische Bereiche von Gusen zu sprengen, in
denen sich ungefähr 25.000 Häftlinge befanden: zwei der drei Tore
waren zugemauert und der Sprengstoff schon angebracht worden.

»Kein Häftling darf lebend in die Hände des Feindes fallen...«
Auch wenn es zu einem solchen Massaker nicht mehr gekommen ist:
die Endperiode und die Evakuierung der Lager sind verheerend blutig gewesen.

Die Versuche Himmlers, ohne Wissen Hitlers zu verhandeln

Als Himmler den Befehl erteilte, einige oder alle politischen Häftlinge und die »verbrauchten« gefangenen Männer und Frauen zu
vernichten, verfolgte er gleichzeitig sein Vorhaben, mit den westlichen Alliierten zu verhandeln. Aber dafür mußte er sich erst einmal
die Sympathie und Hilfsbereitschaft von Vermittlern erschmeicheln.

Am 2. April 1945 erhält Suhren den Befehl, dreihundert Französinnen an das Genfer Rote Kreuz zu übergeben. Ich war dabei – und
ich habe gesehen, wie er persönlich verhinderte, daß bei dieser
Aktion auch Nacht-und-Nebel-Häftlinge befreit wurden. Geschah
dies auf Befehl von Himmler? War es vielmehr eine persönliche
Initiative von Suhren? Beide Möglichkeiten sind gleich wahrscheinlich.

Himmler versucht auch sein Glück bei Graf Bernadotte, der – als
Reserveoffizier der schwedischen Armee und als Cousin des Königs

105

– von Prinz Karl, dem Präsidenten des Roten Kreuzes, alle Vollmacht erhalten hatte, seine Organisation einzuschalten.

Dieser allerletzte Versuch beginnt am 12. Februar 1945, und Himmler soll dabei seinen Masseur eingesetzt haben, einen gewissen Kersten, der Finne ist und für einen Teil des Jahres in Schweden wohnt. Joseph Kessel, der Kersten nach dem Kriege traf, hat ihm ein begeistertes Buch gewidmet – aber Kessel, wie viele große Journalisten aus aller Welt, war ein wohlmeinender Mensch und dazu natürlich persönlich interessiert daran, das Wunderbare herauszuarbeiten; der Historiker H.R. Trevor-Roper, der das Vorwort zu diesem Buch geschrieben hat und der Kersten kannte, ist da schon kühler; und Frau Norma, eine finnische Journalistin, sagte über Kersten im Jahre 1939: »Das ist der betrügerischste Mensch, dem ich je begegnet bin...« Um so vorteilhafter für ihn, wenn diese Aussage recht hätte – denn er besuchte Himmler regelmäßig in den Jahren 1939 bis 1945.

Himmler hatte vier Begegnungen mit dem Grafen Bernadotte, und das Datum jedes dieser Treffen war von tragischer Bedeutung, denn während dieser Treffen, ruhte die Gaskammer von Ravensbrück nicht einen Tag. Das erste Treffen fand am 12. Februar 1945 statt, die anderen am 2. April, am 21. April und am 23./24. April.

Im Verlauf des ersten Treffens am 12. Februar engagiert sich Himmler in keiner Weise (vier Tage zuvor hatten ja die beiden schweizerischen Zeitungen gerade von den 1.200 freigelassenen Juden gesprochen, und Himmler hatte den Zorn Hitlers bereits zu spüren bekommen); er geht aber immerhin das Risiko ein, einige kritische Bemerkungen über die Mächtigen des III. Reiches zu äußern. Nach seinen Worten »verbrachte Hitler nahezu alle seine Zeit damit, Architekturprojekte für den Wiederaufbau der deutschen Städte zu studieren, und Göring war dem Kokain verfallen, kleidete sich in eine Toga und färbte sich die Fingernägel rot« (H.R. Trevor-Roper, S. 156).

Wie bei den beiden darauffolgenden Treffen am 2. April und am 21. April auch, besuchte Graf Bernadotte Himmler in der Klinik von Gebhardt, der ein Freund aus der Kinderzeit von Himmler war und der unsere kleinen Kameradinnen, die »Kaninchen«, umgebracht hatte...

Das dritte Treffen mit dem Grafen Bernadotte findet am 21. April statt. Am Morgen dieses 21. April hat Himmler – zum letzten Male in ihrer beider Leben – seinen Führer getroffen, der in seinem unterirdischen Bunker in Berlin den Befehl führte über das, was von Deutschland noch geblieben war. Dort log er ihm ins Gesicht hinein, daß er seine SS-Divisionen für die Verteidigung der Hauptstadt einsetzen werde.

Der Verlauf des 22. April 1945

Am folgenden Tag, dem 22. April, rief Hitler um 15.00 Uhr in seiner Kasematte Keitel, Bormann, Jodl und Krebs zusammen und erteilte Himmler den Befehl, sie dort zu treffen. Dieses Mal hütet Himmler sich, läßt ihm aber – wohl wissend, daß dies nicht stimmt – mitteilen, daß die Gegenoffensive von Oranienburg aus begonnen habe, wo die SS-Divisionen stationiert sind. Statt selbst zu erscheinen, schickt er Gebhardt und Berger.

Gebhard, der sich mit allerbestem Grunde Sorge um sein künftiges Schicksal machte, hatte die Idee gehabt, sich Hitler durch Himmler als (seht euch vor, teure Kameradinnen, die ihr die »Kaninchen« wart!) Präsident des Deutschen Roten Kreuzes vorschlagen zu lassen. (Passenderweise hatte Gravitz, der diesen Posten bekleidete, gerade Selbstmord begangen.) Freigebig stellt er Himmler seine Klinik für die Treffen mit Bernadotte zur Verfügung – aber alles hat seinen Preis... Er geht also im Namen von Himmler gegen elf Uhr abends in die stickige Luft von Hitlers unterirdischem Bunker. Hitler, der sich an jedem zweiten Tag einen leidenschaftlichen Wutausbruch erlaubt und damit seine Umwelt in Schrecken versetzt, wird inzwischen von Selbstmitleid geplagt, drückt jedem in der Runde die Hand und entspricht allen Bitten und Anforderungen, die man an ihn stellt. Gebhardt kommt also im günstigsten Moment und verläßt ihn nach zwanzig Minuten als Präsident des Deutschen Roten Kreuzes.

Hermann Göring, der designierte Kronprinz, hatte sich in den Alpen-Schlupfwinkel Berchtesgaden zurückgezogen. Er empfängt dort zwei Tage später einen Generalstabschef, den Luftwaffen-General Koller (der Hitler ebenfalls am 22. April gegen Mitternacht gesehen, aber weder Instruktionen noch Befehle erhalten hatte außer der Information, daß der Führer die Absicht habe, Berlin nicht zu verlassen – Berlin, dem sich die Russen nähern und das sie von einer Stunde auf die andere einzuschließen drohen).

Sehr interessant für diejenigen, die unser Lager überlebt haben, ist das, was sich an diesem Tage in Ravensbrück abspielte. Es wird wiedergegeben in der Aussage des Obersturmführers Franz Göring vom 24. Februar 1948. Bei Franz Göring handelt es sich um einen Mann, der das Vertrauen von Walter Schellenberg besaß, einem nahen Mitarbeiter von Himmler. Er sagte aus:

> Am 22. April 1945 gegen Mittag bin ich im Lager Ravensbrück angekommen. Ich hatte sofort ein langes Gespräch mit dem Kommandanten des Lagers, Sturmbannführer Suhren. Aus einer Reihe von nacheinander gestellten Detailfragen konnte ich den Schluß ziehen, daß es zu jenem Zeitpunkt im Lager 9.000 Polinnen gab und ungefähr 1.500 Frauen aus Frankreich, Belgien und Holland sowie ungefähr 3.000 Jüdinnen.
>
> (...) Auch hier sprang die unkooperative Haltung des Lagerkommandanten und seiner Helfer ins Auge. Suhren versuchte, sich den präzisen Fragen zu entziehen, indem er konfuse Antworten gab. Seine ständig hergeholte Entschuldigung war, daß er den Führerbefehlen entsprechend bereits alle Dokumente, Aktenstücke und anderen Unterlagen vernichtet habe (...)
>
> Hinsichtlich der Evakuierung der Frauen habe ich Suhren mitgeteilt, daß ich die Kolonnen des schwedischen Roten Kreuzes habe anhalten lassen, so daß jetzt der Zeitpunkt gekommen sei, die Frauen zu Fuß nach Malchow losgehen zu lassen, um ihre Freilassung zu beschleunigen. Suhren hat mir das feste Versprechen gegeben, die Frauen noch am gleichen Tag auf den Weg zu bringen. (...) Es stand eine Kolonne von siebzehn Autobussen des dänischen, des schwedischen und des internationalen Roten Kreuzes für die Evakuierung der Frauen bereit, die meiner Abmachung mit Suhren entsprechend in der Zwischenzeit hätten Malchow erreicht haben müssen. Als wir in Malchow ankamen, teilte uns der Kommandant des dortigen Lagers mit, daß er von einer Ankunft der Frauen aus Ravensbrück noch nichts berichtet be-

kommen habe. Wir kehrten also noch einmal nach Ravensbrück zurück und mußten selbst feststellen, daß Suhren die Frauen nicht, wie abgemacht, zu Fuß in Marsch gesetzt hatte. Als ich ihn fragte, warum er nicht seinen Verpflichtungen entsprechend verfahren sei, gab er mir zur Antwort, daß (...) die Häftlinge gemäß den Befehlen des Führers das Lager nicht verlassen dürften. Ich habe daraufhin von Suhrens Büro aus und in seiner Gegenwart telefonisch den Sonderzug Steiermark angerufen und wurde dort mit dem Standartenführer Brandt verbunden, dem persönlichen Adjutanten Himmlers. Ich habe Dr. Brandt die Situation beschrieben und eine augenblickliche Entscheidung Himmlers verlangt. Wenig später rief mich Dr. Brandt wieder an und befahl Suhren, alle Häftlinge für die vorgesehene Evakuierung freizugeben. Suhren hat mir hiernach privatim erklärt, daß er jetzt überhaupt nicht mehr wisse, was er tun solle, denn er habe den ausdrücklichen Befehl des Führers, die Frauen zu liquidieren, wenn die feindlichen Truppen näherkommen. Suhren wurde jetzt sehr unsicher, und er vertraute mir dann an, daß er eine Gruppe von Frauen im Lager habe, bei der er ebenfalls den Befehl erhalten habe, sie zu eliminieren: 54 Polinnen und 17 Französinnen, an denen Experimente vorgenommen worden waren. Als ich ihn danach fragte, um welche Art von Experimenten es sich dabei handele, erklärte er mir, daß man den Frauen Bazillen geimpft habe, die zu einer Krankheit geführt hätten. Diese Krankheit sei nun ihrerseits chirurgisch behandelt worden – teils mittels Muskelchirurgie, andernteils mittels Knochenchirurgie. Man führte mir zwei dieser Frauen vor, und ich war überzeugt, daß das stimmte, was mir Suhren gesagt hatte. Ich habe Suhren sofort darauf hingewiesen, daß er auf gar keinen Fall den Befehl, den Kaltenbrunner ihm erteilt hatte, ausführen dürfe, solange er dazu nicht die Entscheidung Himmlers erhalten habe.

In Lübeck nahm ich erneut Kontakt mit Dr. Brandt auf und habe ihn von all diesen Dingen in Kenntnis gesetzt, wobei ich ihn aufforderte, er möge so schnell es geht eine Entscheidung Himmlers herbeiführen. Ich habe auch darauf bestanden, daß diese Frauen auf gar keinen Fall liquidiert werden – zumal diejenigen Frauen, die freigelassen werden sollten, ja von diesen Experimenten wußten. Die Experimente waren im Lager unter dem Decknamen »Kaninchen« bekannt. Ungefähr zwei Stunden später ließ mich Dr. Brandt wissen, daß er die Freilassung der »Versuchskaninchen« angeordnet habe. Dr. Arnoldson vom schwedischen Roten Kreuz, den ich von der ganzen Angelegenheit informiert hatte, nahm die Evakuierung dieser Frauen unter seine persönliche Leitung. (Gerald Fleming, S. 179)

Der Verlauf des 23. April

Als dieser 23. April anfängt, der Tag, an dem »wir« in den schwedischen Lastwagen – allerdings erst bei hereinbrechender Nacht – Ravensbrück verlassen sollten (»wir«, das ist allerdings nur ein Teil der Häftlinge), telegrafiert Göring achtungsvoll und ehrerbietig an Hitler, um ihn um die Erteilung unbeschränkter Vollmachten zu bitten, die für ihn in einem vom 29. Juni 1941 stammenden Erlaß vorgesehen sind »für den Fall, daß der Führer verhindert ist«.

Diese Nachricht, die durch Bormann weitergegeben wird, führt bei Hitler zu einem Wutanfall, und er befiehlt augenblicklich die Verhaftung Görings. Diese erfolgt auch in den darauffolgenden Stunden, doch wird Göring kurz danach von Offizieren der Luftwaffe wieder befreit. Dies ist die Stunde, in der der zweite Kronprinz, Heinrich Himmler, unter großem Zeitdruck mit dem Grafen Bernadotte um unser Leben feilscht – und die schwedischen Lastwagen rollen bereits auf das besetzte Dänemark zu. Auch für uns zählt jede Stunde, denn in jener Nacht, der Nacht vom 23. auf den 24. April 1945, ist die Gaskammer von Ravensbrück noch in Betrieb, wie man heute weiß. Als man uns den Befehl erteilt, uns in Fünferreihen zum Abmarsch anzustellen, ist es schon spät abends. Danach rollen die Lastwagen eine lange Zeit, und sie bringen uns schließlich nach Padborg, einer kleinen dänischen Stadt, wo unsere Ankunft schon erwartet wird – mit sauberen Betten und einer weißen Suppe, dick und unvergeßlich...

Am kommenden Tag haben die Vertreter des schwedischen Roten Kreuzes wahrscheinlich noch um die Bereitstellung von Eisenbahnwagen zu kämpfen gehabt, die uns nach Schweden bringen sollten. Denn der Tag war schon weit fortgeschritten, als man uns auf dem Bahnhof des kleinen dänischen Städtchens, das uns Obdach geboten hatte, in einen Zug steigen ließ. Dieser Zug blieb dann noch lange am Bahnsteig stehen.

Auf dem anderen Gleis stand ebenfalls ein Zug, voll mit Soldaten. Und zwischen den beiden Zügen drängten sich – den Soldaten des anderen Zuges den Rücken zukehrend – die Leute, die uns riesige Kuchen, Blumen, Bonbons, rührende Geschenke hinhielten. Ich hatte gar keinen Blick dafür, denn ich starrte wie gebannt auf einen SS-Offizier, der drei Meter von mir entfernt stand, blaß vor Wut – und ich las in seiner Wut unseren Sieg. Und das ist das schönste Geschenk gewesen, das ich jemals bekommen habe.

Im Verlauf der Nacht vom 23. zum 24. April hat es Himmler schließlich gewagt, dem Grafen Bernadotte die Bitte vorzutragen, er möge der schwedischen Regierung für die Westalliierten sein Ersuchen um eine einseitige Kapitulation übergeben. Dies spielte sich im schwedischen Konsulat in Lübeck ab – beim Licht einer Kerze, denn die Stromversorgung funktionierte nicht mehr.

Am 27. April kommt der Graf mit einer negativen Antwort zurück, die er Schellenberg übermittelt. Schellenberg ist sehr stolz, daß er in neutralen Gewässern schwimmt – aber es überkommen ihn starke Angstgefühle bei der Vorstellung, daß er sich Himmler nun mit einer ablehnenden Antwort präsentieren muß. Da kommt ihm der Gedanke, sich von einem Hamburger Astrologen begleiten zu lassen, auf den der Reichsführer SS große Stücke hält.

Hitler erfährt vom Verhandlungsversuch Himmlers (28. April 1945)

Am folgenden Tag, dem 28. April 1945, fängt eine Dienststelle des Reichspropagandaministeriums eine Depesche der Agentur Reuter ab, die Himmlers Verhandlungsversuche und seinen Fehlschlag offenbart. Hitler erfährt dies alles noch in der Nacht. Einer Zeugenaussage zufolge »wütete er herum wie ein Verrückter. Er lief ziegelrot an, und sein Gesicht war fast bis zur Unkenntlichkeit verzerrt.« Im Bunker war der persönliche Vertreter Himmlers anwesend, ein junger Mann namens Hermann Fegelein, der zuerst Stallknecht, dann Jockey gewesen und zum SS-General avanciert war und der die großartige Idee gehabt hatte, Gretel, die Schwester von Eva Braun, zu heiraten und so zum zukünftigen Schwager von Hitler zu werden.

Hitler läßt ihn sofort befragen, Fegelein bestätigt die Nachricht, wird auf der Stelle erschossen, und man begräbt ihn in einem benachbarten Garten (William L. Shirer, Bd. 2, S. 483; H.R. Trevor-Roper, S. 250, 255, 261 und 349).

In der selben Nacht vom 28. zum 29. April, nachts zwischen 1 Uhr und 3 Uhr, heiratet Hitler Eva Braun und diktiert danach sein Testament, in dem er vor allem niederlegt: »Göring und Himmler haben dadurch, daß sie heimlich, ohne mein Wissen und gegen meinen Willen mit dem Feind verhandelt haben, und durch ihren Versuch, sich auf illegalem Wege der Staatsgewalt zu bemächtigen, über das Land und das gesamte Volk unauslöschliche Schande gebracht – von ihrem Verrat an mir gar nicht zu reden...«

»Vor allem«, zitiert H.R. Trevor-Roper, und das ist der Schluß des seltsamen Dokumentes, »verpflichte ich die Führung der Nation und die Gefolgschaft zur peinlichen Einhaltung der Rassegesetze und zum unbarmherzigen Widerstand gegen den Weltvergifter aller Völker, das internationale Judentum.«

Am 29. April 1945 hatte die russische Armee schon Straßen in Berlin eingenommen, als Hitler vom Tod Mussolinis erfährt, der von italienischen Partisanen am 26. April getötet worden war. Am nächsten Tag, dem 30. April 1945, um 15.30 Uhr, bringt er sich zusammen mit Eva Braun um. Einige vertraute Freunde folgen ihm freiwillig in den Tod.

Himmler gehört nicht zu diesen. Wenige Tage später trifft ihn Höß, der Kommandant von Auschwitz, in Flensburg, wohin er sich mit der Reichsregierung zurückgezogen hatte: »Von Kämpfen war nicht mehr die Rede. Rette sich, wer kann, war die Parole des Tages. Die letzte Meldung und Verabschiedung beim RFSS bleibt mir unvergeßlich. Er strahlend und bester Laune...«.

Mit abrasiertem Oberlippenbart und mit einem Verband über einem Auge – so gelang es Himmler, sich bis zum 22. Mai versteckt zu halten. Als er von den Briten identifiziert wurde und man ihn bei der Leibesvisitation aufforderte, den Mund zu öffnen, biß er auf die winzige Zyankali-Ampulle, die er in seinen Backentaschen verborgen hatte. Das geschah am 23. Mai 1945.

Die Scheusale sind Menschen

In dem Buch, in dem er die letzten Tage Hitlers behandelt, stellt der englische Historiker H.R. Trevor-Roper Himmler als einen Menschen »von außerordentlicher Unwissenheit und Naivität« (S. 74) dar und vergleicht ihn mit den Inquisitoren des Mittelalters (S. 76).

> Himmler selbst, darüber ist sich alle Welt einig, war ein außerordentlich unbedeutender Mensch – banal und mittelmäßig. Er war geldgierig, und er war unfähig zu denken. (...) Ein Büro seines Amtes beschäftigte sich mit einer weit fortgeschrittenen Studie zu den ach so bedeutenden Fragen der Bruderschaft der Rosenkreuzler und der Freimaurer, des Symbolismus bei der Unterdrückung der Harfenspieler in Ulster und der okkulten Bedeutung der gotischen Erkertürmchen und der hohen Eton-Hüte. Die wissenschaftlichen Laboratorien der SS arbeiteten erfolglos daran, das reine arische Blut zu isolieren. (S. 77)

Unter den echten Zeugnissen, die über Himmler zusammengetragen wurden, haben die Historiker mit gutem Grund denen seines Kindheitsfreundes, Vertrauten und Komplizen, Professor Gebhardt (dessen Klinik der geheime Ort für die Treffen Himmlers mit dem Grafen Bernadotte gewesen ist – Zeichen eines unglaublich hohen Vertrauens von Seiten Himmlers), einen besonderen Wert beigemessen. Gebhardt kannte Himmler ja tatsächlich von frühester Kindheit an, war offensichtlich sein Freund, in jedem Falle sein Arzt, der Beobachter seiner Verbrechen, der Vertraute bei seinem Verrat und einer der wenigen Getreuen, die ihn in den letzten Stunden seines Lebens begleiteten. Er beschreibt Himmler wie folgt:

> Er war weder ein außerordentlicher Mensch noch ein pathologischer Fall – und er hatte noch nicht einmal zwei Gesichter. Er war nie interessant. Andererseits – wenn Sie mir gestatten wollen, die unbeschreiblichen Abscheulichkeiten für den Augenblick einmal beiseite zu lassen – war Himmler ein Mensch mit einem sehr einfachen und sehr ausgefüllten und gedrängten Arbeitsprogramm. Er stammt aus der selben Stadt wie ich, aus Landshut, und die außerordentlichen Vertrauensbeziehungen, die zwischen uns bestanden, stammen her von meinem Vater, der der Arzt der Familie Himmler war, und von Himmlers Vater, dem Direktor meiner Schule. Wir haben unsere Kindheit – vom zwölften bis zum

sechzehnten Lebensjahr – zusammen verlebt (...). Ich hatte den Kontakt zwischen den Jahren 1919 und 1937 verloren. (...) Er besaß keine Originalität, aber er war außerordentlich geschickt und gewandt (...).

(...) Es war während dieser Reise, [als er im Jahre 1938 nach Österreich fuhr und Gebhardt dahin mitnahm], daß Himmler mir von dem sehr persönlichen Konflikt seines Lebens erzählte, über den so viel an Lügen geschrieben worden ist; er bat mich, ihm in diesem für seine Persönlichkeit sehr charakteristischen Konflikt zu helfen; er hatte nie eine wirkliche Hochschulbildung erfahren; er war ein ausgeglichener, aber halbgebildeter Mensch; er konnte keine Kinder haben und war nicht in der Lage, mit diesem Konflikt fertigzuwerden (...)

Rudolf Brandt, über mehr als zehn Jahre Hauptsekretär Himmlers, Doktor der Rechte und ein ausgezeichneter Stenograf, wurde zu Himmler befragt (Dr. François Bayle, S. 31). Er gab an:

Ich mißbillige Himmler wegen der Verbrechen, die er begangen hat, und auch deswegen, weil er Selbstmord beging. (...) Er nahm mich überall mit hin, damit ich die Arbeiten beendete, die er betrieb – so daß ich so etwas war wie sein Schatten (...). Er war einer der wenigen Parteigenossen, die nicht den Bonzen herauskehrten, und er hat sein legales Einkommen nicht durch Geld aufgebessert, das von anderswoher stammte. Ich habe miterleben können, wie immens fleißig er gewesen ist. Die Erfüllung seiner Pflicht und die Erfüllung seiner Arbeitsaufgaben waren ihm seine größte Sorge und seine höchste Aufgabe. (...) glaubte ich, daß ein Mensch, der nach solchen Regeln lebt und der sich solche Ziele stellt, nach nichts anderem als nach dem Guten streben kann und sich vor jeglichem Verbrechen hütet...

Dr. François Bayle äußert (S. 315) über diesen Rudolf Brandt: »Belanglose Ideen, (...), gesunder Menschenverstand völlig fehlend, Intuition nicht vorhanden. Sein Urteilsvermögen infantil, naiv und beeinflußbar ...« Und es gibt keinen Grund, an dieser Meinung zu zweifeln.

Die Beziehungen Himmlers zu seinem Masseur Kersten bestanden zwischen dem 10. März 1939 und dem 21. April 1945, also sechs Jahre lang. Im Verlauf dieser Jahre hatte Kersten den Reichsführer »in Händen« – in der innig-vertrauten Weise einer Mutter, die ihren Säugling tätschelt. Und zu seinem Alltagswesen und Alltagsverhalten (das er besser, näher als jeder andere Zeuge kannte) bestätigt er die Aussagen anderer: glühender Hitlerkult, unnötig asketische Lebensführung, starke körperliche Leiden ohne erkennbare Gründe dafür...

Aus der Tiefe des unermeßlichen Elends im Lager heraus habe ich oft versucht, mir etwas zu den Menschen vorzustellen, die dieses Lager erdacht, entworfen und errichtet haben. Ich kam nie über dieses Bild hinaus: eine fette Hand mit gepflegten Fingernägeln, die Tee oder Kaffee in eine Tasse eingießt, ein Stück Zucker aus einer Zuckerdose nimmt – eine jener kleinen Handbewegungen, die man tagtäglich ausführt und die gerade deshalb so menschlich sind, so sehr Ausdruck für ein Umfeld an Zivilisation. Jenseits des unmittelbaren Realen wird der Spielraum der Vorstellung so eng, wird der Geist so schwerfällig, daß es schwierig ist, gegen Milieu, Atmosphäre und Stimmungen »anzudenken«. *Ihr*, die Ihr dies lest, Ihr werdet Mühe haben, Euch die Szenen des Grauens vorzustellen, aber wir, die wir sie durchlebt haben – wir mußten uns die Welt der Lebenden vorstellen, um die flammende Empörung am Leben zu erhalten, die unsere einzige Kraft war – genau in der Mitte zwischen blindem Haß und ebenso blinder Selbstaufgabe, jenem Gefügigwerden, Sichabfinden, das man als Resignation bezeichnet und zu dem man bei extremer körperlicher Schwäche nur allzu sehr hinneigt.

Umgekehrt war es das Buch des Grafen Bernadotte und der darin wiedergegebene Bericht zu seinen Gesprächen mit Himmler im April 1945, das in mir jenes geschwundene Inferno ganz abrupt wiederauferstehen ließ.

Die Amerikaner hatten gerade Buchenwald befreit, und Himmler war aufgebracht über ihre Reaktionen: »Es ist wahrhaft empörend«, äußerte der Chef der Gestapo, »daß ein meiner Auffassung nach vorbildliches Lager zum Gegenstand schändlicher Berichte gemacht worden ist ...« (Graf F. Bernadotte, S. 93)

Außer daß uns finanzielle Bande an ihn fesselten, wußten wir nicht sehr viel von Heinrich Himmler; höchstens das, daß seit einer seiner Inspektionen im Lager von Ravensbrück einerseits die Erlaubnis bestand, Päckchen geschickt zu bekommen (das war ein großer Vorteil für die Gefangenen, aber auch für die Wirtschaftsführung des Lagers und für das Produktionsergebnis der Fabriken und Werkstätten), andererseits die Bestrafung durch Prügelstrafe und Auspeitschung stattfand. Diese beiden Tatsachen, die von so unterschiedlicher Natur sind, konnte ich damals ebensowenig in Einklang miteinander bringen wie zwei andere unzusammenhängende Verhaltensweisen: die offensichtliche Milde gegenüber aktiven Gegnern (deren Verurteilungen in Deportation gewandelt wurden) und die tatsächlich große Grausamkeit, durch die die deutschen Zwangsarbeitslager mit völlig unschuldigen Menschen gefüllt wurden.

In den Lagern haben wir dies als *Inkohärenz* bezeichnet, als *Logik in der Unlogik* und mit ähnlichen Begriffen. Und diese angeblichen oder vorgetäuschten Widersprüchlichkeiten erschienen mir wie Wellenbrecher, zwischen denen leise vor sich hin enormer Nutzen versickert... Ich habe mich geirrt – zumindest aus meiner heutigen Sicht auf die Dinge. *Wahrscheinlich* hat Himmler die Macht mehr geliebt als das Geld, *wahrscheinlich* haben die riesigen Geldmengen, die aus der methodischen Plünderung fast des gesamten Europas und aus der fanatischen Ausbeutung der Konzentrationslager-Sklavenschaft herstammten, ihm hauptsächlich dazu gedient, seine persönliche Armee, die SS-Divisionen, zu unterhalten...

Wie schwierig es doch ist, die Person eines einzelnen realen Menschen, der tatsächlich gelebt hat, näher zu umreißen – gar eines solchen Menschen, der eine derart unglaubliche Menge von Verbrechen in die Wege geleitet und überwacht hat! Je durchschnittlicher er ist, desto mehr entzieht er sich der Vorstellbarkeit.

Kann man ihm zugestehen, daß er Gewissensbisse hatte, daß er bereute? Ganz sicher, und so würden sich auch manche seiner plötzlichen Sinnesänderungen und die »starken Leiden ohne erkennbare Gründe dafür« erklären, die ihn in Wellen überfallen. Die erste dieser Wellen, überkommen aus Urzeiten, ist das Grauen aus dem Verbrechen einer Tötung ohne Kampf, ohne Provokation, ohne Zorn – Tag für Tag begangen an der menschlichen Bruderrasse und, schlimmer noch, an seiner kostbaren Saat, am unschuldigen kleinen Kind, dessen Schutz jedem Wesen eingepflanzt wurde, noch ehe es sich aus dem Tiersein emporentwickelt hat. Erkennbar auch ganz andersartige Gewissensbisse – die des Buchhalters, der seinen Vertrag nicht erfüllt hat, des linientreuen Anhängers, der seinem Meister ein paar Tausend Juden schuldig geblieben ist; Juden, die anders als vorgesehen dem Tode entkommen sind, weil sie im Interesse ihrer Arbeitsleistung anderweit eingesetzt wurden... Noch andere Gewissensbisse: Zehntausende von »gefährlichen politischen Inhaftierten« und von »professionell Kriminellen«, deren Vernichtung durch Arbeit das III. Reich entlasten und befreien sollte und die sich dann in Freiheit wiederfanden.

Kurt Heinrich Himmler, polizeilicher Belieferer der Lager, Ausrotter von Tausenden von unschuldigen Familien, Ausbeuter eines Arbeitsheeres von Sklaven, alleiniger Chef derer, die verhafteten, die folterten, die töteten; alleiniger Verwalter riesiger, zusammengeraubter und aufgehäufter Geldmengen – war er ein nächtliches Raubtier, das seine Spuren verwischt, oder war er ein karrieregieriger Federfuchser, engstirnig und pedantisch, durch einen Zufall mit Mitteln ausgerüstet, die in keinem Verhältnis zu seiner Mittelmäßigkeit stehen?

Neigt man mehr der zweitgenannten Ansicht zu – das ist die Ansicht, die auch ich teile – dann besteht aller Grund, Sorge und Angst zu haben, denn dieser Schoß ist noch fruchtbarer als der des großen apokalyptischen Tiers.

Was mich aber am meisten in Erstaunen setzt bei dem wenigen, was man von ihm weiß, das ist seine Fröhlichkeit in jenen Stunden, die der fürchterlichen Zerschlagung jener Welt folgten, der er gedient hatte. Vielleicht hat er letztlich sein Leben nicht geliebt.

Auf der untersten Stufe der Hierarchie: das Lager-Personal wird nach dem Rotationsprinzip eingesetzt

Kann man sie noch zu den normalen Menschen rechnen, jene Männer und Frauen, die in Ravensbrück Säuglinge in Eimern ertränkten, die Gift in die Suppe von Kranken gaben und offene Wunden, die sie in die Beine von Schülerinnen aus Lublin geschnitten hatten, mit Wundbrand infizierten?

Man weiß heute durch die Materialien, die mit Sorgfalt und Geduld von den heutigen deutschen Behörden und Historikern zusammengetragen worden sind, daß das Nazi-Personal der Konzentrationslager beinahe vollständig bereits seit den Anfängen Anhänger der Hitlermacht waren, und es genügt, sich einige Lebensläufe anzusehen, um ermessen zu können, daß und in welchem Maße die Gesamtheit der Konzentrationslager ein fest verbundenes, homogenes Netzwerk darstellte. Hier informationshalber einige Angaben zu den Angehörigen dieses Netzwerkes:

Karl Chmielewski: geboren 1903, SS-Hauptsturmführer, ist vom 25. Mai 1940 bis Oktober 1942 Kommandant des Lagers Gusen und danach Kommandant des Konzentrationslagers Herzogenbusch (Niederlande).

Friedrich Entress: geboren 1914, Doktor der Medizin, beginnt seine Karriere als KZ-Arzt in Groß-Rosen, setzt sie in Auschwitz fort, wo er dann vom 19. Dezember 1941 bis zum 21. Oktober 1943 als Lagerarzt fungiert. Er wird danach Standortarzt in Mauthausen und bleibt in dieser Funktion bis zum 25. Juli 1944. Er ist SS-Hauptsturmführer.

Irma Grese: Aufseherin in Ravensbrück, nach Auschwitz geschickt und dort nach Birkenau abkommandiert; geht später nach Bergen-Belsen.

Gerhard Gerber: SS-Apotheker, zuerst in Auschwitz, dann in Mauthausen eingesetzt. Er ist SS-Obersturmführer.

Rudolf Höß: Lagerkommandant von Auschwitz; tritt 1934 in die SS ein, dient in Dachau (1934-1938), in Sachsenhausen (1938), dann in Auschwitz (vom 4. Mai 1940 bis zum 18. Januar 1945). Er wird dann zum Stellvertreter des Inspekteurs für die Konzentrationslager, Oswald Pohl, ernannt, residiert in Sachsenhausen, und mehrere Zeugen sind ihm ab Februar 1945 in Ravensbrück begegnet. Er ist der einzige Kommandant eines Vernichtungslagers, der sich ausführlich über sich selbst geäußert hat. Wir wissen von ihm selbst, daß er Sohn und Enkel höherer Offiziere war, gläubiger und praktizierender Katholik, gewissenhaft und peinlich genau, ernsthaft und aufrichtig;

er ist verheiratet mit einem jungen Mädchen, das seine Ideale teilt; wir wissen, daß sie ihre fünf Kinder liebevoll »nach guten Prinzipien« aufziehen... Wir wissen auch, daß er die Vernichtung ganzer Familien organisiert hat.

In Dachau schreibt er zum Thema der Prügelstrafe (S. 56 f.):

Ich habe mich bei den folgenden Prügelstrafen, bei denen ich mit antreten mußte, solange ich noch bei der Truppe war, stets nach hinten verzogen. (...) Warum ich solche Scheu vor *dieser* Strafe hatte? – Ich vermag es beim besten Willen nicht zu sagen. Noch einen Blockführer gab es zu dieser Zeit, dem es genau so erging und der sich auch stets davor drückte, es war der spätere Schutzhaftlagerführer in Birkenau und Ravensbrück, Schwarzhuber.

Die Blockführer, die sich *dazu* drängten und die ich *so* kennengelernt habe, waren fast durchwegs hinterhältige, rohe, gewalttätige, oft gemeine Kreaturen, die sich auch den Kameraden oder ihrer Familie gegenüber entsprechend benahmen.

(S. 69 f.) Wohl gewöhnte ich mich an all das Unabänderliche im KL, doch nie stumpfte ich ab gegenüber menschlicher Not. Gesehen und empfunden habe ich sie immer. Doch mußte ich über sie hinweggehen, weil ich nicht weich sein durfte. Ich wollte als hart verschrien sein, um nicht als weich zu gelten.

In Sachsenhausen, seinem zweiten Lager, organisiert er nicht ohne Gemütsbewegung die Hinrichtung von Soldaten, von denen manche seine Kameraden gewesen sind, dann die von Christen, den sogenannten »Zeugen Jehovas«. Die anderen Glaubensbrüder werden gezwungen, bei den Hinrichtungen anwesend zu sein, und Höß schreibt dazu (S. 76):

Die Bibelforscher wurden durch den Märtyrertod ihrer Glaubensbrüder noch besessener in ihrem Glauben als Zeugen Jehovas. Mehrere, die schon den Revers – daß sie sich nicht mehr werbend für ihren Glauben einsetzen würden –, der ihnen zur Freiheit verhalf, unterschrieben hatten, nahmen dies wieder zurück, sie wollten gerne weiter für Jehova leiden.

Nachdem er zum Schutzhaftlagerführer ernannt worden ist, zieht ihm der neue Kommandant Loritz einen Mann vor, der besser als er in der Lage ist, »energische Maßnahmen« zu ergreifen, und dieser energische Mann ist Fritz Suhren, der später Kommandant von Ravensbrück werden wird. Höß wird dann, am 4. Mai 1940, zum

Kommandanten eines kleinen Quarantänelagers ernannt, das rund 60 Kilometer von Krakau entfernt liegt: Auschwitz.

Im Verlauf des Sommers 1941 empfängt ihn Himmler persönlich, um ihm darzulegen, was er von ihm erwartet: die vollständige Ausrottung der Zivilbevölkerung jüdischen Glaubens.

> (S. 124) Wohl war dieser Befehl etwas Ungewöhnliches, etwas Ungeheuerliches. Doch die Begründung ließ mich [mir!] diesen Vernichtungsvorgang *richtig* erscheinen.

Auf Anregung eines seiner Mitarbeiter (Fritsch) verwendet Höß zuerst Zyklon B, ein Gas auf Zyanidbasis. Er tötet mit Hilfe dieses Gases russische Kriegsgefangene und danach in enormer Anzahl jüdische Zivilisten. Er begleitet sie sogar selbst bis an die Tür der Gaskammer, und er, der Familienvater, schreibt (S. 128 f.):

> Die kleinen Kinder jammerten meist ob des Ungewohnten beim Ausziehen, doch wenn die Mütter gut zuredeten, oder die vom Sonderkommando, beruhigten sie sich und gingen spielend, sich gegenseitig neckend, ein Spielzeug im Arm, in die Kammern. Ich habe auch beobachtet, daß Frauen, die ahnten oder wußten, was ihnen bevorstand, mit der Todesangst in den Augen die Kraft noch aufbrachten, mit ihren Kindern zu scherzen, ihnen gut zuzureden.

> (Seite 152) Für Himmler war Deutschland der Staat, der allein das Recht hatte, in Europa die Vorherrschaft auszuüben. Alle anderen Völker waren zweitrangig. Die Völker vorwiegend nordischen Bluts sollten bevorzugt behandelt werden mit dem Ziel, sie Deutschland einzugliedern. Die Völker ostischen Bluts aufgespalten werden und zur Bedeutungslosigkeit hinabgedrückt, zu Heloten werden.

Und er schließt mit den Worten (S. 155 f.:)

> Zwei Leitsterne hatte ich, die meinem Leben Richtung gaben, seit ich aus dem Krieg als Mann zurückkam, in den ich als Schulbub gezogen: Mein Vaterland und später dazu meine Familie. (...) Mag die Öffentlichkeit ruhig weiter in mir die blutdürstige Bestie, den grausamen Sadisten, den Millionenmörder sehen – denn anders kann sich die breite Masse den Kommandanten von Auschwitz gar nicht vorstellen. Sie würde doch nie verstehen, daß der auch ein Herz hatte, daß er nicht schlecht war.

Heinz Jentsch: geboren 1917, in Auschwitz eingesetzt bis zum April 1941, dann in Gusen bis zum Oktober 1942, danach in Herzogenbusch. Er ist SS-Hauptscharführer.

Lagerkommandant Kögel: erster Kommandant von Ravensbrück (1939-1942), wird im September 1942 Kommandant von Lublin-Maidanek, danach bis zum April 1945 Kommandant von Flossenbürg.

Joseph Kramer: freiwillig in der SS seit 1932, wird nacheinander in verschiedenen Lagern eingesetzt. Er kommt im April 1944 zurück nach Auschwitz und wird dann (im Dezember 1944) Kommandant des fürchterlichen Friedhofs, den das Lager Bergen-Belsen darstellt. Bei seinem Prozeß stellt er sich folgendermaßen vor:

Ich heiße Joseph Kramer, Hauptsturmführer SS, neununddreißig Jahre alt. Bis zum Jahre 1932 war ich Buchhändler in Augsburg, dann Freiwilliger in der SS. Ich wurde beauftragt, die Häftlinge in den Konzentrationslagern zu bewachen. Vor den Kampfhandlungen war ich Leutnant in Esterwegen, Sachsenhausen, Dachau, Mauthausen und Auschwitz. Im April 1941 wurde ich als Adjutant des Kommandanten Hüttig in das Lager Natzweiler-Struthof abkommandiert. Im Oktober wurde ich Lagerkommandant und blieb dies bis zum April 1944. Zu diesem Zeitpunkt wurde ich nach Auschwitz kommandiert; im Dezember 1944 hatte ich das Kommando in Bergen-Belsen. (...)

Ich begab mich in das anatomische Institut in Straßburg, wo sich Hirt befand. Er sagte mir, daß diese Menschen in der Gaskammer in Struthof getötet werden sollten und daß ihre Leichen zu ihm ins anatomische Institut gebracht werden sollten, damit er sie verwenden könne. Er gab mir eine Flasche mit ungefähr einem Viertelliter Fassungsvermögen, die mit Salz gefüllt war – ich denke, es dürfte Zyanid gewesen sein. (...)

Anfang August 1943 bekam ich die achtzig Häftlinge. An einem bestimmten Abend brachte ich etwa gegen 9.00 Uhr 15 Frauen auf einem Lieferwagen zur Gaskammer. Ich sagte ihnen, daß sie in die Desinfektionskammer gingen. Mit Unterstützung einiger SS-Männer habe ich sie vollständig entkleidet und stieß sie, als sie völlig nackt waren, in die Gaskammer.

Als ich die Tür schloß, fingen sie an zu brüllen. Nachdem ich die Tür geschlossen hatte, gab ich eine gewisse Menge des Salzes in einen Trichter, der unter dem Beobachtungsfenster angebracht war, durch das hindurch ich beobachtete, was sich im Inneren der

Kammer abspielte. Die Frauen haben noch ungefähr eine halbe Minute geatmet und fielen dann zu Boden. Als ich die Tür öffnete, nachdem ich zuvor die Ventilation in Betrieb gesetzt hatte, lagen sie leblos und voller Exkremente auf dem Boden. (...)

(...) Ich habe bei der Ausführung dieser Handlungen kein Mitgefühl empfunden. Ich hatte den Befehl erhalten, die 80 Häftlinge auf die Art und Weise zu töten, die ich Ihnen beschrieben habe. Auf jeden Fall bin ich so erzogen worden. (Dr. François Bayle, S. 866-868)

Eduard Krebsbach: geboren 1894, Standortarzt in Mauthausen vom Juni 1941 bis Herbst 1943, dann berufen ins Konzentrationslager Kaiserwald (Riga). Er ist SS-Sturmbannführer.

Arthur Liebehenschel: geboren 1901, eingesetzt im SS-Wirtschafts- und Verwaltungs-Hauptamt, danach von November 1943 bis Mai 1944 Kommandant in Auschwitz, danach berufen nach Maidanek. Er ist SS-Obersturmbannführer.

Franz Luccas: Lagerarzt in Auschwitz bis zum Herbst 1944, danach in Mauthausen und Ravensbrück. Er ist SS-Obersturmführer.

Maria Mandel: Aufseherin in Ravensbrück, wird danach Lagerführerin in Auschwitz. Sie verlangt von den Ärzten, die für die Selektionen zuständig sind, eine Selektion in ihrem Dienstbereich durchführen zu lassen, da »es hier zu viele Leute gibt«... (und sie ruft zwei kleine jüdische Kinder zu sich, um ihnen Kuchen und Schokolade zu schenken..).

Dr. Horst Schumann (Nazi, aber nicht SS-Angehöriger): macht seine gesamte Karriere in der Organisation T.4 als Direktor des Euthanasiezentrums Sonnenstein (Vernichtung deutscher Behinderter). Er wird in dienstlichem Auftrag nach Auschwitz geschickt, um dort Sterilisierungen vorzunehmen. Kommt dann mit der gleichen Aufgabe nach Ravensbrück.

Heinrich Schwarz: geboren 1906, Kommandant von Auschwitz III, danach berufen nach Struthof. Er ist SS-Hauptsturmführer.

Waldemar Wolter: Lagerarzt in Dachau, Standortarzt in Herzogenbusch, dann ab April 1944 in Mauthausen. Er ist SS-Sturmbannführer.

Wie ist es möglich, daß diese hier beschriebenen Menschen und Hunderte anderer, die von Herkunft und Bildungsweg zur Mittelschicht der deutschen Gesellschaft gehörten und die offensichtlich mit dem gesamten unserer Zivilisation eigenen Rückgrat der Persönlichkeitsentwicklung aufgewachsen waren – Moral, Religion, Recht, Geschichtsunterricht –, daß diese Menschen es fertigbrachten, kaltblütig und über Jahre und Jahre hin völlig wehrlose Familien, die ihre kleinen Kinder an der Hand führten, mit eigenen Händen zu quälen, sie niederzumetzeln oder unter ihren Augen niedermetzeln zu lassen – zu Dutzenden, zu Hunderten, zu Tausenden, zu Millionen? Familien, deren einzige »Schuld« darin bestand, daß sie auf der Welt waren... Das ist genau die Frage, die sich jeder stellt, der – aus der Nähe oder nur vom Hörensagen – die Welt der Konzentrationslager kennt... Üblicherweise sucht man erst einmal in der deutschen Geschichte oder in den psychischen Besonderheiten, die man den Deutschen, ja sogar den Tacitus'schen Germanen, zuschreibt, nach einem »bestimmten Etwas«, das den verderbten menschlichen Bereich der Deutschen deutlich vom menschlichen Bereich der anderen unterscheidet und das damit diese Verderbtheit erklären könnte – nach einem »bestimmten Etwas«, das sozusagen dem berühmten überschüssigen Gen entspräche, das nach Auffassung manches Psychiaters bestimmte Perverse kennzeichnet.

Daß es grausame »Rassen« gibt oder perverse »Rassen«, das ist mir immer als absurd vorgekommen, selbst im Jahre 1945 – und wenn ich von »Rassen« spreche, verstehe ich darunter benachbarte Kulturen –, aber es stimmt, daß bestimmte Gesellschaften bestimmte Grausamkeiten annehmen und dulden, und in den Jahren von 1939 bis 1945 habe ich, wie viele andere auch, der Versuchung nachgegeben, die Unterschiede und Besonderheiten herauszuarbeiten: »die« haben das gemacht, »wir« würden so etwas nie tun...

Heute halte ich nichts davon mehr für richtig. Ich bin vielmehr davon überzeugt, daß es kein Volk auf der Welt gibt, das gefeit ist davor, kollektiv einen völligen moralischen Bankrott zu erleben.

III

Das Personal von Ravensbrück

1943 pflegte die SS zweimal pro Tag einen Zählappell abzuhalten, und wenn die Häftlingszahlen nicht mit denen des Vortages übereinstimmten, hatten wir stehen zu bleiben – eventuell auch die ganze Nacht hindurch oder bei 15 Grad unter Null, bis die Differenz zwischen den beiden Zahlen geklärt war. Von 1944 an fiel dann der abendliche Zählappell weg.

In Mauthausen fanden *dreimal täglich* Appelle statt. Die ermittelten Zahlen wurden regelmäßig an Himmlers Büros weitergemeldet, so daß dieser zu jedem Zeitpunkt in der Lage war, eine komplette Ist-Analyse seiner Gefängnisse vorzulegen.

Die Gesamtzahlen vom 1. und vom 15. Januar 1945 wurden von Hans Maršálek wiederentdeckt und finden sich in einer Studie, die er dem Lager Mauthausen gewidmet hat (Hans Maršálek, Seite 130). Diese Zahlen beziehen sich nur auf die von der SS verwalteten Konzentrationslager, und zwar auf die zwölf größten: Auschwitz, Buchenwald, Dachau, Flossenbürg, Groß-Rosen, Mauthausen, Mittelbau, Monowitz, Natzweiler, Neuengamme, Ravensbrück und Sachsenhausen. Merkwürdigerweise tauchen die Lager Stutthof und Bergen-Belsen in dieser Aufstellung nicht auf.

Gesamtzahlen vom 1. und 15. Januar 1945

Gesamtzahlen Häftlinge und Aufseher für die 12 Lager			
männliche Häftlinge	weibliche Häftlinge	Auf- seher	Aufsehe- rinnen
1.1.1945 479.292	156.294	35.189	3.355
15.1.1945 487.290	156.000	36.454	3.388

Hier nun die gleichen Zahlen für die zwei zu Ravensbrück gehörenden Lager im selben Zeitraum:

Gesamtzahlen Häftlinge und Aufseher der zwei Ravensbrück-Lager			
männliche Häftlinge	weibliche Häftlinge	Auf- seher	Aufsehe- rinnen
1.1.1945 7.875	45.919	994	539
15.1.1945 7.848	46.070	1.008	546

SS-Obergruppenführer Oswald Pohl,
Inspekteur der Konzentrationslager

Zur Steuerung seines gigantischen Machtapparates standen Heinrich Himmler eine riesige Truppe und enorme Mengen Geldes zur Verfügung. SS-Obergruppenführer Oswald Pohl, ein ehemaliger Verwaltungsoffizier der Marine und späterer Leiter des Wirtschaftsverwaltungshauptamtes (WVHA), war vom Rang her das einzige Bindeglied zwischen den Kommandanten der Konzentrationslager und Himmler. Von ihm wußten wir in Ravensbrück nur, daß er der administrative Vorgesetzte des Kommandanten war und daß er auch ein privates Interesse an den in Ravensbrück erwirtschafteten Gewinnen hatte.

Es war uns ebenfalls bekannt, daß er sich auf einem zum Lager-
territorium gehörenden Stück Heideland, dessen Boden von Häftlingen urbar gemacht worden war, einen Musterbauernhof und eine
Villa hatte bauen lassen, die beide sein privates Eigentum waren. Ein
besonderes, aus Holländerinnen bestehendes Arbeitskommando hatte
die Aufgabe, sich um Haus und Hof zu kümmern.

Die Lagerkommandanten erhielten von ihm zahlreiche Anweisungen, die, soweit uns bekannt ist, allesamt darauf abzielten, den wirtschaftlichen Nutzeffekt der Lager zu erhöhen. Am 30. April 1942
schrieb er an Himmler: »Die Bewachung und Verwahrung der Häftlinge einzig und allein aus Gründen der Sicherheit, der Umerziehung
oder der Vorbeugung hört auf, an erster Stelle zu stehen. Der
Schwerpunkt hat sich jetzt auf den wirtschaftlichen Aspekt ver-
lagert...« (Edouard Calic, Seite 342)

Kögel, Lagerkommandant bis Oktober 1942

Von 1939 bis 1942 wurde der Posten des Lagerkommandanten von
Ravensbrück von einem gewissen Kögel bekleidet, der von Ravensbrück aus nach Lublin-Maidanek und später nach Flossenbürg ging,
wo er bis zum Ende Kommandant blieb.

Dieser Kögel war es, der im Winter 1941/42 die Bibelforscherinnen foltern ließ und auch höchstpersönlich peinigte. Sie verweigerten
jegliche Arbeit und lehnten es sogar ab, an den Appellen teilzunehmen, da sie der Ansicht waren, daß dies eine Art von Zustimmung
gegenüber der Nazi-Kriegsmaschinerie impliziere. Im Herbst 1942
wurden 90 Bibelforscherinnen nach Auschwitz verbracht, von denen
12 oder 15 wieder nach Ravensbrück zurückkamen, um hier hingerichtet zu werden. Zwischen ihrer Rückkehr und ihrer Hinrichtung
hatten sie die Möglichkeit, mit anderen Häftlingen zu sprechen, die
durch sie das erste Mal den Namen Auschwitz hörten.

Im Jahr darauf, also 1943, gab es noch Bibelforscherinnen in
Auschwitz-Birkenau, wo die Lagerverwaltung sie an SS-Offiziere
vermietete, die am Rande des Lagers ihre Häuser hatten. Hier lebten
sie gutbürgerlich mit Frau und Kindern, mit Garten und »Mädchen

für alles«. Die Bibelforscherinnen standen für diese Beschäftigung zweifelsohne hoch im Kurs, denn das Lager verlangte für sie mehr Geld als für die anderen Häftlinge.

1942 wurden die in Ravensbrück verbliebenen Bibelforscherinnen zunächst zwei Wochen lang in einen Block gesperrt, in dem sie keinen Strohsack, keine Decke, keine Jacke hatten und nur jeden vierten Tag etwas Suppe bekamen. Als die vierzehn Tage vorüber waren, erhielten sie nach einer strengen Zurechtweisung durch Kommandant Kögel alle je 25 Stockhiebe. Eine von ihnen, eine junge und sehr schöne Frau, die bei Verabreichung der Schläge gelacht hatte, bekam auf Anordnung von Kögel noch 25 Schläge dazu, an denen sie starb. Danach wurden je zwei oder drei der Bibelforscherinnen auf die verschiedenen Blocks aufgeteilt, und die Blockältesten bekamen Anweisung, sie gefügig zu machen. Dann waren die meisten eines schönen Tages verschwunden, und es blieben nur ungefähr 60 von ihnen übrig. Im Jahre 1941 waren sie noch 500 gewesen.

Im Oktober 1942 wurde Kögel von Fritz Suhren abgelöst.

Fritz Suhren, Lagerkommandant seit Oktober 1942

Wir bekamen ihn selten zu Gesicht, können ihn also primär nach seinen Taten beurteilen. Er scheint ein erfahrener und mit allen Wassern gewaschener Beamter gewesen zu sein, der es vermied, sich zu kompromittieren, und der sich auch bei der kleinsten Angelegenheit gern Rückendeckung holte. Unter seiner Leitung wurden das kleine Lager Uckermark, das sogenannte Jugendlager, eingerichtet und die Gaskammer gebaut – damit ist er direkt verantwortlich für die Ermordung mehrerer Tausend Frauen, deren Schuld einzig darin bestand, alt zu sein oder verbraucht und entkräftet durch Arbeitsüberlastung und mangelnde Ernährung. Und für das eine wie für das andere hatte er selbst gesorgt.

Es erschien mir unvorstellbar, daß er damals in der Endphase des Krieges zum ersten Mal und ohne Anordnung von oben die Verantwortung für eine Massenvernichtung direkt vor Ort übernommen haben soll.[45] Sein persönlicher und eigenständig-schöpferischer Anteil an der Leitung und Verwaltung des Lagers manifestierte sich in einer Art positiver Image-Wahrung nach außen, die er, solange es nur irgend ging, zu erhalten versuchte, in seinem Erfindungsreichtum beim Manipulieren der Sterbezahlen und in einer Art von Aufgliederung der Ermordungen, auf deren System wir noch zu sprechen kommen werden. Bei Hinrichtungen und Auspeitschungen war er stets persönlich anwesend, wobei ich jedoch nicht sagen kann, ob dergleichen für ihn eine lästige Pflichterfüllung oder ein Vergnügen gewesen ist. Eines Tages im Dezember begab er sich persönlich zu einigen deutschen Frauen, die eine Strafe zu verbüßen hatten, um ihnen mitzuteilen, daß ihnen anläßlich des Weihnachtsfestes ihre Arreststrafe im Bunker erlassen worden sei und daß sie aus diesem Grunde die ihnen zustehenden 25 Stockschläge drei Wochen im voraus als kleine Weihnachtsgabe erhalten könnten, bevor sie in das fröhliche Lagerleben von Ravensbrück zurückkehrten. Die armen Frauen schrien vor Schmerz und flehten ihn an, ihnen sein großherziges Geschenk zu erlassen, aber korrekt und allem Anschein nach gefühllos, wie er immer war, ersparte er ihnen keinen einzigen Schlag.

Fritz Suhren wurde am 10. Juni 1908 in Vasel (Oldenburg) geboren. Als man ihn im Dezember 1951 in Rastatt bei einem Verhör zu seinen persönlichen Verhältnissen befragte, anwortete er, daß er verheiratet sei, vier Kinder habe und seinen Lebensunterhalt als Kaufmann verdiene. Mit Ausnahme einer Verurteilung zu zwei Monaten Gefängnis wegen Devisenschmuggels im Juni 1949 durch das amerikanische Militärgericht in Straubing habe er nie eine gerichtlich verhängte Strafe verbüßt. Er bekräftigte alsdann, im Oktober 1942 die Leitung des Konzentrationslagers Ravensbrück übernommen zu haben – was den Tatsachen entspricht – und die Ausübung

45 Ich habe beide Prozesse sehr aufmerksam verfolgt und die Protokolle aller seiner Verhöre gelesen. Zu keinem Punkt hat er spontan die Wahrheit gesagt, aber wenn er bestimmte in Ravensbrück begangene Verbrechen unmöglich in Abrede stellen konnte, gab er, um seine Verteidigung zu stützen, zu, daß sie geschehen waren, und er bestätigte vor allem die Existenz einer Gaskammer, wobei er jedoch versuchte, die Verantwortung dafür einem seiner Mitarbeiter in die Schuhe zu schieben.

dieser Funktion im Februar 1945 beendet zu haben. Diese Aussage war falsch, und ihr wurde, insbesondere durch seinen Chef, Obergruppenführer Pohl, und durch seine Untergebenen Schwarzhuber und die Chefaufseherin Binz widersprochen.

Suhren hatte großes Interesse daran, in diesem Punkt die Unwahrheit zu sagen, denn er konnte nicht bestreiten, daß im es Februar 1945 in Ravensbrück eine Gaskammer gab, aber er hatte sich entschlossen, daran festzuhalten, daß er zu diesem Zeitpunkt nicht mehr die verantwortliche Leitung des Lagers innehatte. Seine ganze Schritt für Schritt aufgebaute Verteidigung drehte sich demzufolge um dieses Datum: seinen Angaben zufolge war er im Februar 1945 durch Sturmbannführer Sauer abgelöst worden.

Ausschnitt aus dem Verhör von Fritz Suhren in Rastatt am 5. Dezember 1949:

Frage: Bezüglich der Tätigkeiten, die Sie zwischen Februar und Mai 1945 im Konzentrationslager Ravensbrück ausgeübt haben, stehen mir eine gewisse Anzahl von Zeugenaussagen zur Verfügung, deren Bedeutung Sie nicht bestreiten können und die im Gegensatz zu Ihrer Behauptung stehen. Da ist zunächst die Aussage Ihres Stellvertreters Schwarzhuber, der beim Hamburger Prozeß (Aktenzeichen 864, Seite 3) dargelegt hat, daß Sauer nicht Kommandant des Lagers Ravensbrück gewesen ist, sondern Ihnen unterstellt war.

Antwort: In diesem Punkt bestreite ich die Erklärungen von Schwarzhuber.

Frage: Hier nun sind die Ausführungen (Aktenzeichen 223) von SS-Oberguppenführer Pohl, derzeit Häftling im Gefängnis Landsberg: »Suhren war der Leiter des Konzentrationslagers Ravensbrück; ich erinnere mich nicht daran, ab welchem Zeitpunkt er diese Funktion übernommen hat, aber er behielt sie, soweit sich mich entsinnen kann, bis zum Ende.«

Antwort: In diesem Punkt bestreite ich auch die Erklärungen von SS-Obergruppenführer Pohl.

Frage: Ihr Mitangeklagter Hans Pflaum hat bei seiner ersten Vernehmung durch mich zwei Aussagen hintereinander gemacht. Die erste (Aktenzeichen 176, Seite 1) lautet: »Als ich um den 5. oder 10. Februar herum noch einmal nach Ravensbrück kam, war Suhren dort noch immer Lagerführer, und er blieb Lagerführer bis zum Ende.« Und die zweite Aussage (Aktenzeichen 176, Seite 2): »Sauer und Suhren hatte den gleichen Rang, alle beide vier Sterne, Sauer war der Ältere, aber ich bleibe dabei, daß Suhren bis zum Ende Lagerführer gewesen ist... Ich habe im übrigen auch bis zum Schluß meine Anordnungen von Suhren erhalten.«

Bei seiner Gegenüberstellung mit Ihnen zu dem betreffenden Punkt hat Pflaum jedoch am 7. November (Aktenzeichen 201) seine Aussagen zum Teil widerrufen, und Pflaum behauptete, daß er nicht gewußt habe, wer zwischen Februar 1945 und dem Zusammenbruch realiter Kommandant des Konzentrationslagers Ravensbrück gewesen sei, was angesichts der von Pflaum bekleideten Funktionen absolut unwahrscheinlich ist.

Zur Erklärung für seinen Meinungswandel gab Pflaum an, daß der Dolmetscher ihn nicht richtig verstanden habe.

Bräuning, Schutzhaftlagerführer bis Dezember 1944

Der Schutzhaftlagerführer war dem Lagerkommandanten unterstellt, war Stellvertreter des Kommandanten und verantwortlich für die Ordnung im Lager. Wir bekamen ihn öfter zu Gesicht.

Bei unserer Ankunft im November 1943 hatte ein gewisser Edmund Bräuning diesen Posten inne. Vor ihm sollen nacheinander vier andere SS-Offiziere im Range des Schutzhaftlagerführers tätig gewesen sein. Und auf dem Schreibtisch dieses Bräuning soll Anni Rudroff (siehe Kapitel 1) den berüchtigten Befehl zur Massenermordnung gesehen haben.

Bräuning, ein massiger und brutaler Typ, galt als der Liebhaber der Oberaufseherin Dorothea Binz, eines jungen, blonden, gefallsüchtigen Mädchens, das man hätte hübsch nennen können, wenn ihr Gesicht nicht durch die Grausamkeit buchstäblich entstellt gewesen wäre. Sie war bei Prügelaktionen immer dabei.

4. Januar 1945:
Johann Schwarzhuber trifft aus Auschwitz ein

Im Verlaufe des letzten Winters von Ravensbrück gesellte sich ein Schutzhaftlagerführer namens Schwarzhuber zu den führenden Köpfen des Lagers. Da er von Auschwitz kam, war er Experte für Massentötungen. Er war elegant und relativ jung, besaß die Manieren eines Offiziers von preußischem Adel und wirkte intelligenter und nachdenklicher als die Durchschnitts-Nazis, denen wir das Unglück hatten zu begegnen. Auch war er weniger methodisch und in größerem Maße eigenwillig und unberechenbar. Ich selbst habe ihn mit großer Aufmerksamkeit bei mehreren »Selektionen« (diesem willkürlichen Auswählen von Frauen, die sterben sollten) beobachtet: hierbei entfaltete er eine heitere, geschäftige Biederkeit, die im Gegensatz stand zu seinem normalen Verhalten und zu seinem vorzeitig verlebten Gesicht. Es ist möglich, daß er neben den materiellen Vorzügen seiner Position auch deren moralische (wenn man das so sagen kann) schätzte und daß er in dieser Atmosphäre von Terror und Verzweiflung eine gewisse Entfaltung seiner Persönlichkeit sah.[46]

Johann Schwarzhuber, geboren am 29. August 1904 im bayerischen Tutzing, hatte das Gymnasium besucht und war von Beruf Drucker. Am 8. April 1933, im Alter von neunundzwanzig Jahren, trat er in die SS ein. Am 5. Mai desselben Jahres erhielt er einen Posten in Dachau, wo er am 1. März 1935 Blockführer und im November 1938 Unterscharführer wurde. Am 9. September 1941 finden wir ihn als Kontrolleur eines der Außenkommandos von Auschwitz, wo er am 9. November desselben Jahres zum Untersturmführer befördert wird. Im März 1942 wird er zum Kommandanten des Konzentrationslagers Auschwitz II (Birkenau) ernannt und erhält am 20. April 1944 den Dienstgrad eines Obersturmführers. Ende Oktober 1944 verläßt er Auschwitz und geht zurück nach Dachau, wo er bis

---

46 Dies steht nicht zwangsläufig im Gegensatz zu den ihn betreffenden kurzen Anmerkungen auf den vorherigen Seiten.

zum 10. Januar 1945 als Lagerführer des Kommandos Kaufering tätig ist. Am 12. Januar wird er nach Ravensbrück versetzt. Hier sollte er bis zur Auflösung des Lagers am 29. April 1945 bleiben, und hier hat er auch – trotz der starken Abneigung, die er im Verlaufe seines Prozesses zum Ausdruck brachte – alle Befehle zur Massenvernichtung, die er erhielt, ausgeführt. Am 3. Mai, vier Tage nach der Auflösung von Ravensbrück, wird er durch die Westalliierten verhaftet.

Unter allen Kriegsverbrechern von Ravensbrück (von denen ein Teil unter englischer Kontrolle in Hamburg und ein anderer Teil unter französischer Kontrolle in Rastatt vor Gericht stand) scheint mir Schwarzhuber derjenige zu sein, der am ehesten spontan und aus eigenem Antrieb die Wahrheit sagte. Den Angaben der englischen Ermittlungsbeamten zufolge soll er seine Stellung nüchtern eingeschätzt und sich von der ersten Minute an als verloren beurteilt haben. Und so entschloß er sich – entweder um seine Ruhe zu haben oder wahrscheinlicher noch aus Niedergeschlagenheit, Fatalismus oder aus soldatischer Härte heraus –, die Wahrheit zu sagen, und daran hielt er fest ohne Rücksicht auf seine eigene Person oder auf die seiner Komplizen. Er war kein Rohling (wie Binder oder Pflaum), hatte eine intelligente Ausdrucksweise und Aussehen und Verhalten eines normalen Menschen. Wie wir jedoch aus seiner Biografie entnehmen, war er von Mai 1933 bis Mai 1945 zwölf Jahre lang, also von seinem neunundzwanzigsten bis zu seinem einundvierzigsten Lebensjahr, ein Beamter der Massenvernichtung von Menschen. Zusammengefaßt kann man sagen, daß er ein »Spezialist« des Todes war und allem Anschein nach diesen Beruf (freiwillig) gewählt hat.

In seinem erstaunlichen Geständnis (Rudolf Höß, Seite 109) hat der Kommandant von Auschwitz Schwarzhuber in Zusammenhang mit Zigeunern kurz erwähnt:

> Es blieben dann noch bis August 1944 ca. 4000 Zigeuner übrig, die in die Gaskammern gehen mußten. Bis zu diesem Zeitpunkt wußten diese nicht, was ihnen bevorstand. Erst als sie barackenweise nach dem Krematorium I wanderten, merkten sie es. Es war nicht leicht, sie in die Kammern hineinzubekommen. Ich selbst habe es nicht gesehen, doch Schwarzhuber sagte mir, daß

keine Judenvernichtung bisher so schwierig gewesen sei, und ihm sei es besonders schwer geworden, weil er sie fast alle genau kannte und er in einem guten Verhältnis zu ihnen stand. Denn in ihrer ganzen Art waren sie eigentlich zutraulich wie Kinder.

Hermann Langbein hat in seinem Buch über das Leben in Auschwitz (1975, Seite 308 ff.) die Widersprüchlichkeiten im Charakter Johann Schwarzhubers ausführlich beschrieben, und er zitiert insbesondere einen Häftling, Dawid Szmulewski, der sich erinnert, daß Schwarzhuber einem Blockältesten des Sonderkommandos, einem Juden mit Vornamen Georges, regelmäßig Schnaps gebracht habe – im Tausch gegen Gold und Schmuck, die von den Mitgliedern dieses Kommandos gestohlen worden waren.

Baretzki, ein anderer Zeuge, berichtete dem Gericht in Frankfurt folgendes:

> (...) Kinder waren auch da. Sie spielten in ihrem kleinen Theater, und wir hatten uns angewöhnt, mit ihnen zu spielen. Als wir soweit waren, das Lager zu vergasen (es handelte sich um ein Lager mit aus Theresienstadt gekommenen Juden), gingen wir den Lagerführer suchen und sagten zu ihm: »Bitte nicht auch die Kinder, oder?« Es war eine Gruppe von 68 oder 78 Kindern da. Der Lagerführer Schwarzhuber hat die kleinen Jungen gerettet und sie ins Männerlager gebracht (...); die Mädchen konnten nicht gerettet werden.

Kejmar, ein weiterer Zeuge, beobachtete Schwarzhuber an einem Tag, an dem wieder einmal Häftlinge zum Krematorium geführt wurden: »Er war – wie so oft – betrunken und weinte.«

Die Männer, die da vor den Schranken eines Gerichtes über sich selbst sprachen, zeigten sich nicht so, wie sie sich selbst sahen. Selbst wenn sie ganz offensichtlich davon Abstand nahmen, an allen handgreiflichen Fakten herumzukritteln, selbst wenn sie sich in einem postumen Brief äußern, kennen wir nur ihre äußere Fassade.

Welchen Weg hat dieser einstige Drucker Johann Schwarzhuber zurückgelegt, ehe er nach Ravensbrück kommt und dort den Frauen, die er tötet, beim Sterben zuhört? Welchen Weg hat Joseph Kramer durchlaufen zwischen seiner Buchhandlung in Augsburg und dem »Beobachtungsfenster« an der Gaskammer von Struthof? Wir können es uns nur ausmalen, manchmal unter Zuhilfenahme einer

Überlegung, einer Geste im Verhalten, die, wenn wir viel Glück haben, ein Zeuge im Gedächtnis behalten hat und uns berichtet. (In Kapitel 9 »Mittwerda und die Gaskammer« und in Anhang 1 findet der Leser mehrere auszugsweise Wiedergaben von Schwarzhubers Geständnissen.)

Das (männliche) medizinische SS-Personal von Ravensbrück

Das medizinische Personal von Ravensbrück darf nicht schweigend übergangen werden. Bis zum Sommer 1943 hatte das Lager kein Revier, sondern nur einen Behandlungsraum, in dem einige unnnötige und unseriöse medizinische Eingriffe vorgenommen wurden. Die Kranken waren nicht isoliert, die Kinder, die zur Welt kamen, wurden gleich nach der Geburt durch Zutun von Gerda, eines als Krankenschwester tätigen Häftlings, ertränkt. Sie war auch diejenige, die damit betraut war, den Schwerkranken die Todesspritzen zu verabreichen, die, so scheint es, damals das einzige im Gebrauch befindliche Medikament waren. Zwei SS-Ärzten oblag die Leitung und Überwachung der medizinischen Maßnahmen: Dr. Schiedlausky und Dr. Rosenthal. Häftling und Krankenschwester Gerda war Dr. Rosenthals Geliebte. Da sexuelle Beziehungen zwischen SS-Leuten und Häftlingen strikt untersagt waren, sah sich Dr. Rosenthal veranlaßt, an der genannten Gerda eine Abtreibung vorzunehmen. Sie wurden angezeigt, und im Oktober 1943, zu dem Zeitpunkt, an dem der französische Transport, dem ich angehörte, im Lager eintraf, saßen sie alle beide noch im Bunker ein. Damals wurde bei allen schwangeren Häftlingen obligatorisch eine Abtreibung durchgeführt, anderenfalls das Kind bei seiner Geburt getötet wurde. Rosenthal wurde jedoch nicht wegen der Abtreibung bestraft, sondern wegen Diebstahl und Handel mit Goldzähnen von Häftlingen, die das Pärchen bisweilen nachts umbrachte. Rosenthal wurde zu sieben Jahren

Gefängnis verurteilt[47] und Gerda Quernheim nach Auschwitz geschickt.

Zu etwa zu diesem Zeitpunkt ernannte man Dr. Percy Treite zum Leiter des Reviers. Er organisierte eine medizinische Versorgung, die realiter zwar unzureichend war, auf alle Fälle aber im Niveau weitaus höher lag als das, was man an einem Ort wie Ravensbrück erwarten konnte. Vom Zeitpunkt seiner Ankunft an wurden die Schwerkranken in spezielle Krankenzimmer eingewiesen und etwas versorgt, die Frauen mit ansteckenden Krankheiten wurden isoliert, und die Kinder durften zur Welt kommen und dort auch eine Zeitlang leben bleiben.

1943 ist das Jahr, in dem wohl das Maximum aller verfügbaren Kräfte auf den deutschen Krieg verwandt worden ist, und dies erforderte in Deutschland auch eine maximale Anzahl von Arbeitskräften. Diese Gegebenheit kam der Einrichtung einer medizinischen Betreuung im eigentlichen Sinne des Wortes und dem Entschluß vermutlich sehr entgegen, Dr. Treite dafür einzusetzen, eine solche Versorgung zu organisieren. Treite war ein Mann von achtundvierzig Jahren, der aber viel jünger aussah. Er war blond, korrekt und kühl, ein guter Chirurg und guter Organisator, sehr vorsichtig, umsichtig und war sich der Befremdlichkeit der SS-Atmosphäre bewußt (so erzählte er recht bereitwillig davon, daß seine Mutter Engländerin war). Er war also offensichtlich kein guter, empfindsamer und humaner Mann und schon gar keiner von der mutigen Art, aber er war auch kein sadistischer, grausamer oder brutaler Mensch. Er war einfach ein gewissenhafter Mediziner und guter Techniker, liebte saubere Laken und gewaschene Hände, Disziplin und gute professionelle Arbeit. Bestimmt hat er, solange er nur irgend konnte, persönlich dafür gekämpft, daß in seinem Revier ein gewisser äußerer Anstand, ein bestimmtes Niveau nach außen gewahrt wurden, und er stellte sich immer erfolgreich schützend vor sein Personal (aber das haben die barbarischsten Ärzte in Auschwitz auch getan...). Im Revier zu arbeiten war der Traum aller Häftlinge. Dr. Treite hat indessen auch

---

47 Er stand in Hamburg vor Gericht, wurde zum Tode verurteilt und beging vor seiner Hinrichtung Selbstmord.

ungerechtfertigte Operationen an Häftlingen vorgenommen, um die sich danach niemand mehr kümmerte, so zum Beispiel an einer kleinen Zigeunerin, die mit offenem Bauch liegengelassen wurde und unter unsäglichen Leiden starb. Er leitete auch die Organisation und die Selektion für mehrere »Schwarze Transporte« (darunter auch der Abtransport von rund 900 Frauen im Februar 1944) und die regelmäßige Abschiebung von geisteskranken Frauen oder solchen, die man dazu erklärte. Er ließ Kranke auf seiner eigenen Krankenstation vergiften und arbeitete aktiv mit an der mörderischen Täuschungsaktion bezüglich des Jugendlagers. Als dann in Ravensbrück Morde mittels Gas praktiziert wurden, ging er nicht dagegen vor, daß man sich die Opfer dafür aus der von ihm geleiteten Krankenstation holte.[48]

Treite hatte zwei Assistenten: Bruno Orendi[49], der im Februar 1945 an die Ostfront ging, ein wenig fähiger und wenig intelligenter Mensch, und Dr. Lukas. Letzterer verdient, besonders hervorgehoben zu werden, denn er ist der einzige, der sich offen weigerte, sich an Selektionen zu beteiligen und Hinrichtungen beizuwohnen, was ihm eine Versetzung nach Sachsenhausen einbrachte. Zu seinen Vorzügen ist außer diesem Akt von Zivilcourage sein echtes Interesse an seinen Kranken zu zählen, die er persönlich untersuchte (dergleichen sah man nie einen seiner Kollegen tun) und sogar ein gewisses Wohlwollen. Auch er war Arzt in Auschwitz (und infolgedessen könnte er nicht sagen, er habe von den allerschlimmsten Verbrechen des Naziregimes nichts gewußt), aber auch hier haben die Häftlinge ihn erlebt und bestätigen die Meinung, die wir von ihm in Ravensbrück gewonnen haben (insbesondere unsere tapfere Kameradin Adélaïde Hautval, Doktor der Medizin).

Dr. Hellinger, der Zahnarzt, beteiligte sich öffentlich und freimütig an Selektionen, obgleich er dienstlich dazu gar nicht verpflich-

---

48 Nachträglich tut er mir leid, denn er hat wohl Verbrechen begangen, aber er tat es nicht gern.
49 Er hatte nur zwei Jahre Medizin studiert und war kein Arzt, aber er versuchte sich daran, Operationen an Kranken auszuführen. Jung, gesund, sehr elegant und hochprotegiert, wie er war, verbrachte er fast die gesamte Kriegszeit weit weg von der Front auf seinem Drückebergerposten in Ravensbrück.

tet war. Er interessierte sich ab und an für bestimmte »Zahn-Fälle«, aber weit ausdauernder für die Verwertung der Goldzähne von toten Frauen.

Die Selektionen wurden neben Pflaum und Schwarzhuber von zwei Ärzten organisiert und geleitet, die man außer zu dieser Mörder-Tätigkeit nie im Lager zu sehen bekam. Der eine, klein und dürr, war Dr. Trommer, der andere, groß und dick, Dr. Adolf Winkelmann. Der kleine Trommer kam auf einem riesengroßen Fahrrad ins Lager gefahren, auf dem er behende wie eine Spinne heranflitzte, während der dicke Winkelmann sich auf einem winzig kleinen Motorrad fortbewegte, aber kein Mensch vermochte darüber zu lachen. Und sogar den Frauen, denen ihr Leben nicht mehr viel wert war, schnürte es die Kehle zu vor Haß und Todesangst, wenn die beiden vorbeifuhren. Ich weiß nicht, was in ihrem Kopf vorging, und ich kann es mir auch nicht vorstellen. Noch weniger Wissen oder Vorstellungskraft habe ich darüber, was die zwei SS-Leute vom Sanitätsdienst wohl gedacht haben, die im angeblichen Revier des Jugendlagers Häftlinge ermordeten und die erste Stimme bei den Selektionen für die Gaskammer hatten.

Das weibliche medizinische Personal

Außer dem männlichen medizinischen Personal gab es auch noch weibliches,[50] die sogenannten Schwestern, die jedoch keine Nonnen waren, sondern genau das gleiche wie unsere weltlichen Krankenschwestern. Gemessen daran, wie ordinär die deutschen Frauen waren, mit denen wir zu tun hatten, schienen sich die Schwestern aus

---

50 Ich habe Dr. med. Herta Oberhäuser, die »wohlerzogene« Tochter einer bürgerlichen und christlichen Familie aus dem Rheinland, nicht gekannt. Sie war an Vivisektions-Experimenten an den »Kaninchen« beteiligt und tötete Kranke durch Petroleum- und Evipan-Spritzen (gemäß Zeugenaussage ihres Kollegen Dr. Rudolf Rosenthal). Am 20. August 1947 wurde sie zu fünfundzwanzig Jahren Haft verurteilt und war nach ihrer lange vor Ablauf der Strafverbüßung erfolgten Freilassung wiederum als Ärztin tätig. Aufgrund eines Antrages der British Medical Association vom 12. Juli 1958 beschäftigten sich die deutschen Behörden mit ihr und entzogen ihr am 22. November 1960 die Approbation.

gutbürgerlichen Verhältnissen zu rekrutieren, auf alle Fälle aber aus einem sozialen Milieu, das weit über dem der Aufseherinnen lag. In Benehmen, Manieren und Kleidung waren sie streng – keine ließ sich gehen oder war nachlässig gekleidet.

Disziplinarisch verantwortlich waren sie einer alten Frau mit breitem Gesicht und harten Augen, stark und würdevoll, ganz Autorität, Respektabilität und Kompetenz – Oberschwester Elisabeth Marschall. Diese Frau mit dem Aussehen einer alten Klostervorsteherin beteiligte sich *persönlich* und aktiv an allen im Lager begangenen Verbrechen. Sie war es auch, die am Vortag von Hinrichtungen nachts aus der Kartei des Reviers die Namen der Todeskandidatinnen heraussuchte, die die geheime Buchführung über vollzogene Ermordnungen erledigte und die die ärztliche Aufsicht und Kontrolle der »Experimente« von Professor Gebhardt sicherstellte.

Die Mehrzahl der Schwestern, die unter ihrem Kommando arbeiteten, waren gehässige alte Jungfern: da gab es die säuerlich-bissige und blasse, in ihrer Ehelosigkeit vertrocknete Schwester Lisa, die einer etwas abgenutzten langen Bohnenstange ähnelte; die unausstehliche Erika; es gab andere Schwestern, die passiv, gleichgültig und gefühllos waren, wie zum Beispiel Schwester Martha, die mit demselben Gleichmut Giftpillen oder Aspirintabletten austeilte und weder in dem einen noch in dem anderen Fall hinter dem stand, was sie tat. Zwei Schwestern kannte ich, die hübsch waren, gütig und sehr traurig.

Ein gewissenhafter Chefarzt, ein wenig barsch und kalt, der die Patienten seiner Karrriere opfert; ein reichlich borniertes und unfähiger Mann; ein anderer Mann, von dem Wohlwollen ausgeht; eine strenge, alte Oberschwester, scheinheilig und hartherzig, aber sehr würdevoll; eine überwiegende Anzahl hinterhältiger und boshafter alter Jungfern zusammen mit ein paar Trantuten und zwei anständige und gütige junge Mädchen – so sieht die Durchschnittsbesatzung jedes beliebigen Krankenhauses auf der ganzen Welt aus, die einen zwar nicht gerade zu Begeisterungsstürmen hinreißt, aber auch nicht mit Abscheu erfüllt. Alle diese Leute waren nichts anderes als allzu willfährige Werkzeuge, sie verkörperten aber auch eine Gruppe von Durchschnittsmenschen, die sich allesamt aus dem traditionellen deutschen Bürgertum rekrutierten, eine solide Ausbildung besaßen, Körperpflege und saubere Wäsche als Selbstverständlichkeit betrachteten und sogar über Fremdsprachenkenntnisse verfügten. Solch eine Gruppe befehligte ohne Aufbegehren ein so hochgradig und ureigentlich kriminelles Unternehmen wie Ravensbrück und sein Revier.

Ich habe bereits erwähnt, daß 1942 im Revier bei schwangeren Frauen Fehlgeburten eingeleitet wurden. Kam ein Kind trotzdem lebend zur Welt, wurde es vor den Augen der Mutter erstickt oder in einem Eimer ertränkt. War das Neugeborene durch diese Prozedur noch nicht gleich tot, dauerte sein Todeskampf oftmals zwanzig bis dreißig Minuten. Von Oktober 1944 an wurden die Säuglinge nicht mehr getötet, starben aber alle aufgrund ihrer schlechten körperlichen Verfassung. Es war sogar ein eigener Raum für sie vorhanden, und unserer Kameradin und Ärztin Zdenka gelang es, für sie ein bißchen Trockenmilch zu ergattern, die die Krankenschwestern mit Schleim aus gequollenem Mehl vermischten, das von Häftlingen gespendet wurde, die Pakete bekamen. In dieser Periode konnten die Säuglinge bis zu drei Monaten alt werden, aber länger lebte keines von ihnen.

Im Dezember erhielten einige Mütter mit Kind, die in ein Arbeitskommando geschickt worden waren, Nahrungsmittelhilfe durch französische Kriegsgefangene. Auf diese Weise haben damals einige Kinder überlebt, darunter drei kleine Franzosen, ein kleiner Pole und ein kleiner Österreicher. Dagegen stehen zwischen Oktober 1944 und April 1945 845 Sterbefälle von Kindern.[51]

Im Januar 1945, zu der Zeit also, wo die Massenvernichtung schon in vollem Gange war, wurde das bis dahin für die Säuglinge freigehaltene Zimmer im Revier abgeschafft und die Mütter mit ihren Säuglingen zusammen mit den Zigeunerinnen und ihren Kindern aller Altersstufen in die eine Hälfte von Block 32 verfrachtet (das war der Block, der Anfang 1944 durch Nacht-und-Nebel-Häft-

51 Vgl. Marie-Jo Chombart de Lauwe, Forschungsdirektorin bei CNRS (Centre national de la recherche scientifique – Nationales Forschungszentrum): *Les Françaises à Ravensbrück* (»Französische Frauen in Ravensbrück«), S. 202-219. Vgl. ebenfalls Geneviève de Gaulle: *La condition des enfants du camp de Ravensbrück* (»Die Lage der Kinder im Konzentrationslager Ravensbrück«).

linge und durch die »Kaninchen« belegt war; 1945 wurden die NN nach Block 24 verlegt).

Als die Mütter mit Kind zusammen mit den Zigeunerinnen in Block 32 eingezogen waren, wurde um den Block herum ein Stacheldrahtzaun gezogen, und am 28. Februar transportierte man alle Blockinsassen mit Ausnahme der Kranken nach Bergen-Belsen (wobei 27 Säuglinge während der Zugfahrt starben).

Im Laufe des Monats März wurden die 12 noch lebenden Säuglinge zusammen mit einer Gruppe von 250 Schwangeren oder stillenden Müttern vergast.

Am 2. März 1945, als die NN-Häftlinge nach Mauthausen geschickt wurden, fügte man dem Transport noch 277 Zigeunerfrauen und -kinder bei, die jedoch nur unter 102 Häftlingsnummern registriert waren.[52]

Der Fall Karl Gebhardt,
Professor der chirurgischen Knochenlehre

Gebhardt gehörte nicht zum medizinischen Personal von Ravensbrück, aber man kann über dieses medizinische Personal nicht sprechen, ohne jenen Professor der Medizin zu erwähnen, der in Ravensbrück junge polnische Studentinnen verstümmelte – und dies aus der alleinigen Intention heraus, die Unwirksamkeit einer Behandlungsmethode zu beweisen. Er war ein bedeutender Mediziner des Hitlerregimes, und so war es nur natürlich, daß er an das Krankenbett von Heydrich, dem Gauleiter der Tschechoslowakei, gerufen wurde, als dieser im Mai 1942 in Prag Opfer eines Attentates der tschechischen Widerstandsbewegung wurde. Die Behandlung durch Gebhardt konnte jedoch nicht verhindern, daß Heydrich vierzehn Tage nach dem Attentat an einem Wundbrand starb. Hitlers Wut darüber war fürchterlich: »Mit Heydrich verliere ich genauso viel wie zwanzig Divisionen«, soll er gesagt haben...

52 Vgl. Pierre Serge Choumoff (1972), S. 64.

Heydrich war nämlich dabeigewesen, die Tschechen als Soldaten einzuziehen, und rechnete damit, unter ihnen zwanzig Divisionen zusammenzubekommen, um sie an die russische Front zu schicken. Daher also rührte Hitlers Wut, als das Attentat stattfand.

Bei seinem Prozeß berichtete Gebhardt: »Hitler rief mich zu sich, weigerte sich dann aber, mich zu empfangen.« Morell hingegen, der Leibarzt Hitlers, sagte: »Wenn meine modernen Sulfonamide eingesetzt worden wären, hätten die Dinge anders gelegen...« (Dr. Morell war Eigentümer einer Fabrik, in der von ihm entwickelte Sulfonamide mit Namen Ultraseptil hergestellt wurden.)

Die Wiederherstellung von Gebhardts persönlichem Image hing nun davon ab, ob es ihm gelingen würde, klinische Beweise für die Insuffizienz von Sulfonamiden in der Behandlung von bestimmten, durch Kriegsverletzungen verursachten Infektionen zu erbringen. Was tat der renommierte Chirurg? Er fügte den Beinen unserer Kameradinnen künstliche Verletzungen zu, ließ einige dieser Wunden sich von selbst entzünden, andere infizierte er künstlich, vor allem mit Wundbrand-Bazillen, die er sich aus dem SS-Hygiene-Institut in Berlin kommen ließ. Die für die Behandlung eingesetzten Sulfonamide mußten wirkungslos sein.

Im Mai 1943 berichtete Gebhardt auf dem Kongreß für Militärmedizin, an dem 350 bis 400 deutsche Ärzte teilnahmen, detailliert über seine »75 Experimente«, die er als »spezielle Versuche« bezeichnete. Keiner der anwesenden Mediziner stellte diese Experimente infrage oder protestierte dagegen.

Gebhardts Verteidigung gründete sich auf die Tatsache, daß die jungen Mädchen, an denen er seine Versuche durchführte, zum Tode verurteilt waren, was die Betroffenen nicht wußten, denn die Gerichte im Generalgouvernement hatten ihre Urteile unter Ausschluß der Öffentlichkeit gefällt, also ohne Beisein der Angeklagten und der Anwälte. Dr. Schiedlausky, der bei den »Operationen« als Anästhesist fungiert hatte, erklärte bei seinem Prozeß, daß die sechs operierten Frauen nicht gleich hingerichtet wurden, sondern erst nach Verstreichen einer Frist, die für einen Briefwechsel benötigt wurde – es mußte nämlich, um die Hinrichtung vornehmen zu können, schriftlich die Einwilligung des Generalgouverneurs von Polen eingeholt werden. Im Gegensatz dazu suchte die Lagerleitung – und zwar sicherlich auf Betreiben Gebhardts – in den letzten Tagen des Krieges nach allen anderen Frauen, die die Experimente überlebt hatten, um sie hinrichten zu lassen.

Aus einer Zeitung, die bis zu uns gelangt war (»Der Völkische Beobachter«), erfuhren wir in Ravensbrück, daß Hitler persönlich den berühmten Professor Gebhardt für seine interessanten Arbeiten ausgezeichnet hatte, über die keine näheren Angaben gemacht wurden. In einem Bericht des schon erwähnten Grafen Bernadotte stieß ich noch einmal auf den berühmten Professor Gebhardt, diesen friedfertigen und korrekten Menschen, der seine Klinik besichtigen ließ und dabei in seriöser und kompetenter Art über Hygiene und Politik sprach. Beim Lesen dieses Berichtes wurde mir zum ersten Mal mit allen Konsequenzen klar, daß es ihn wirklich gegeben hatte, und dann diese andere Tatsache: da gab es eine »Zivilisation und Kultur«, die so augenscheinlich grauenhaft war und gleichzeitig in ihren materiellen Aspekten so sehr der glich, in der ich immer gelebt hatte, eine Zivilisation, die wie meine auch Professoren und Lehrer, Automobile, Zeitungen, Kinofilme, Kongresse und Ärzte hervorgebracht hat. Solche Ärzte...

Und die anderen...

Die großen internationalen Prozesse in Nürnberg sind von der französischen Öffentlichkeit wenig verfolgt und schlecht verstanden worden. Das Buch von Dr. François Bayle über den Ärzte-Prozeß hingegen, ist der beste Beweis für das außerordentliche Interesse an gerade diesen Prozessen: ein historisches Interesse, denn bei den Prozessen standen der Bedeutung der Verfahren entsprechende Kommunikationsmittel zur Verfügung,[53] und ein menschliches Interesse,

53 32 Personen traten als Zeugen der Anklage auf und 53 (einschließlich der 23 Angeklagten selbst) als Zeugen der Verteidigung. Die Anklage verwendete 570 Dokumente (deren Kopien 19 gebundene Bücher mit mehreren hundert Seiten füllen). Die Verhandlungen wurden auf Tonfilm aufgezeichnet und vollständig mitstenografiert. Die englische Textausgabe davon hat einen Umfang von 11.538 Sei-

denn die Verfahren berührten einen besonders gefährdeten Bereich unserer Spezies Mensch. Alle uns in dreißig Jahren bekannt gewordenen Tatsachen beweisen hinlänglich, daß die menschliche Moral auf wackeligen Füßen steht und immer schlechter in einen ausgewogenen Zustand zurückfindet.

In seinem Buch gibt Dr. Bayle einen Bericht und eine Einschätzung des Prozesses und ergänzt seine Ausführungen durch eine Dokumentation über die Persönlichkeit der 23 Angeklagten, wie er sie alle über einen langen Zeitraum unmittelbar erlebte.

Diese Angeklagten, allesamt Ärzte, trugen jeder für sich ihren Teil der Verantwortung an außerordentlichen, abscheulichen, aber spezifisch medizinischen Verbrechen:[54] am Programm für die Massenvernichtung durch Gas und an Experimenten am Menschen, darunter einige mit tödlichem Ausgang. Andere Ärzte, die bei den betreffenden Verbrechen eine Rolle gespielt hatten, sagten bei diesem Prozeß als Zeugen aus. Einer von ihnen, Dr. Mennecke, der ehemalige Leiter der Irrenanstalt Eichberg, berichtete folgendes:

> (...) Ich wurde nach Berlin zitiert, wo ich zusammen mit einem Dutzend anderer Ärzte an einer Konferenz teilnahm. Dort teilten uns Dr. Hefelmann, Dr. Bohne und Herr Brack mit, daß die nationalsozialistische Staatsführung Gesetze und Verordnungen über die Vernichtung lebensunwerten Lebens erlassen habe. Es wurde deutlich hervorgehoben (...), daß die an diesem Programm beteiligten Ärzte sich in keiner Weise eines Vergehens schuldig machen würden.

Unter den Persönlichkeitsbildern der Täter finden wir einen Typ, den Dr. Bayle beschreibt als »vom Charakter rachsüchtig und von der inneren Struktur her durchgehend bösartig«; da gibt es einen anderen, der eine »tiefreichende moralisch-sittliche Verwirrung, gekoppelt mit charakterlichen Verwerfungen« verkörpert; noch einen, den der Autor als »Mittelmaß, inkohärent und gewalttätig« bezeich-

---

ten in großem Vervielfältigungsformat. Der Autor Dr. François Bayle widmete seine gesamte Zeit der Materie dieses Prozesses – vom 15. November 1946 bis zum 15. Juni 1950, also bald vier Jahre lang.
54 Die Verbrecher im Arztkittel, die die Selektionen für die Gaskammer durchführten, wurden in Hamburg vor Gericht gestellt (Dr. Winkelmann) oder blieben unauffindbar.

net oder »verlogen, heuchlerisch, aggressiv, sich nicht in die Karten schauen lassend, voll aufgeblasener Eitelkeit und Selbstgefälligkeit, mit einem übersteigerten, absurden Ehrgeiz und Geltungsbedürfnis, versteckt hinter einem sehr simplen Äußeren...« usw.

Aber diese von ihrer Veranlagung her für solche Taten prädisponierten Männer stehen bei weitem nicht für eine Majorität. Im Gros betrachtet hebt sie in ihrer Sozialisation oder ihren Anlagen nichts wesentlich gegenüber anderen hervor. So hat Dr. Karl Brandt, der Generalkommissar für das Sanitäts- und Gesundheitswesen und Vertraute Hitlers, bekanntermaßen mehr als hunderttausend »Euthanasie«-Morde zu verantworten (siehe Anhang 2 der französischen Originalausgabe), und nun erfahren wir, daß er »intelligent«, »sensibel«, »energisch«, »intuitiv« und »herzlich« war.

Dr. Conti, Präsident der Ärztekammer der Nazipartei und Hauptverantwortlicher für die Vivisektions-Experimente in den Konzentrationslagern, der den Angaben seines wichtigsten Mitarbeiters Dr. Blome zufolge 1941 auch vorhatte, Angehörige der polnischen Elite zu sterilisieren, beging im Gefängnis Selbstmord, nicht jedoch ohne zuvor daran gedacht zu haben, einen Selbstrechtfertigungs-Brief zu schreiben, in dem u.a. folgendes steht:

> Ich gebe mir den Tod, weil ich eine falsche Aussage gemacht habe (...), ich hatte gar keinen Grund dafür, diese falsche Aussage zu machen. Ich bin kein Verbrecher. Ich vermag nicht zu glauben, daß die Tatsache, verschwiegen zu haben, daß Blome mir gegenüber immer wieder von seiner Absicht gesprochen hat, Experimente an Menschen durchzuführen (...), eine ernsthafte Unterlassungssünde darstellt (...). Es ist sehr traurig, ein von guten Absichten und getreuer Pflichterfüllung getragenes Leben so zu beenden...

Diese »guten Absichten« und die »getreue Pflichterfüllung«, die hier nichts als eine hohle Phrase (oder Ausdruck eines unwahrscheinlichen Mangels an Nachdenken) sind, verblassen jedoch völlig gegenüber der Einschätzung anderer Angeklagter, zum Beispiel der des Generalarztes, welcher die medizinischen Dienste der Wehrmacht leitete und den der Autor wie folgt chrakterisiert: »Ein Mann von wacher Intelligenz, ordentlich und tatkräftig, vom Charakter her mutig und besonnen, sensibel.« In bezug auf ihn hat Dr. Bayle die

Vorstellung, daß »er kein Mann großer Auftritte ist, der mißliebige Praktiken an die Öffentlichkeit bringt, obwohl sie der im Kriege befindlichen Nation in irgendeiner Weise nützen und vom allmächtigen Reichsführer gedeckt werden«.

Hinter der geschlossenen Reihe all der Männer, die zwar insgeheim »bestimmte Praktiken« verwerflich fanden, aber aus Patriotismus »nichts an die große Glocke hängten«, schritten andere zur Tat. Zum Beispiel Professor Gebhardt, den wir in Ravensbrück kennenlernten, oder der Universitätsprofessor Hirt, der sich achtzig lebende griechische Häftlinge jüdischer Abstammung (ca. 30 Frauen und 50 Männer) anliefern, töten und in Alkohol konservieren ließ, um sich eine Sammlung anzulegen.

Die SS-Aufseher

Sehr gefährlich und grausam war auch der Leiter des Arbeitseinsatzes. Ich weiß nicht, wo seine Position innerhalb der militärischen Hierarchie angesiedelt war, aber die Kommandanten schienen es – zumindest in den Jahren 1943 und 1944 – als ihre vordringlichste Aufgabe anzusehen, dem Arbeitseinsatz die Arbeitskräfte zur Verfügung zu stellen, die dieser anforderte.

Der Mann, der 1943 diesen Posten des Leiters bekleidete, hieß Dittmann. Er wurde 1944 durch den dicken Pflaum ersetzt, den die Französinnen den »Viehhändler« nannten, denn er war genau so ein roher, brutaler Typ, der wie ein Besessener, mit oder ohne vorgeschobenen Grund auf alle Frauen einschlug, die in seine Reichweite kamen. Im übrigen war er fast immer betrunken. In den letzten drei Monaten machte er die Selektionen selber: nach rechts die Häftlinge, die Gräben ausheben gehen sollten, und nach links die, die in die Gaskammer kamen. Dabei spielten sich herzzerreißende Szenen ab, denn letztlich wußten die Frauen ganz genau, was sie erwartete. Dann stürzte er mit dem Kopf vorneweg wie ein Rugbyspieler auf eine Gruppe dieser armseligen und schreckensstarren Kreaturen, warf sie zu Boden, versetzte ihnen Fußtritte und zog sie an den Haaren. In den letzten Monaten ereignete sich dieses Trauerspiel nahezu täglich, und man konnte es problemlos mitverfolgen, denn die Szenen spielten sich in den fünf großen Blocks ab, die vom restlichen Lager nur durch einen einfachen Maschendrahtzaun abgetrennt worden waren. Ich selbst habe sie mit meinen eigenen Augen mehrmals hintereinander gesehen.

Die anderen SS-Leute hatten einen weniger bedeutsamen Verwaltungsposten, aber einige von ihnen waren wahrhaft blutrünstige Bestien. Im Klartext gesprochen – es gab unter ihnen eine ziemlich große Anzahl von schwächelnden Mannsbildern, die schon aus diesem Grunde das Bedürfnis gehabt haben mochten, ihre persönlichen Rachegefühle gegenüber dem weiblichen Geschlecht im allgemeinen auszuleben. Welche Rolle mögen diese verborgenen, individuellen Triebe und Zwänge wohl bei allen Grausamkeiten, die sie tagtäglich begingen, wirklich gespielt haben? Ich vermag es nicht zu sagen.

Ich erinnere mich an einen jungen SS-Mann, der »der Ungar« genannt wurde und der beim Gehen über eine Baustelle, zu der er nicht gehörte, einer meiner Kameradinnen, Dr. Paulette Don Zimmet, ohne jeglichen Grund eine Backpfeife gab. Paulette zuckte nicht mit der Wimper und fragte ihn in gutem Deutsch und in ziemlich unverschämtem Ton, warum er sie geschlagen habe. Ich stand kaum einen Meter von ihm entfernt und beobachtete voller Spannung seinen Gesichtsausdruck. Er schlug sie ein zweites Mal und hatte dabei eine solche Grausamkeit in seinen Zügen, wie ich mir nur das Gesicht eines Mörders im Augenblick der Tat vorzustellen vermag. Und er hat in dieser Minute sicherlich davon geträumt, sie zu töten. Von seiner Statur her erinnerte er übrigens an einen kleinen, schmutzigen und wütenden Lausebengel, mager und blaß. Was ihn an jenem Tag zurückgehalten haben mag, war wohl der Umstand, daß er nicht in seinem Dienstbereich war.

Zu einem ganz anderen Typus gehörte ein massiger bayerischer Alkoholiker mit einem Stiernacken, der Tag für Tag reichlich zwei Dutzend Frauen in seinem Betrieb niederschlug, über den er ein Schreckensregime in jeder denkbaren Art und Aufmachung führte. So kletterte er zum Beispiel gleich, wenn er kam, auf einen Tisch inmitten der Werkhalle und ließ, den Kopf nach vorn geschoben, seinen Blick über die einigen hundert armen Frauen schweifen, die er in seiner Gewalt wußte. Es bedarf wohl keiner Erwähnung, daß alle emsig an ihren Maschinen arbeiteten und keine den Kopf hob. Nachdem das ein paar Minuten lang so gegangen war, stürzte er sich absolut willkürlich auf die erste beste Frau und prügelte sie windelweich. Und die gleiche Szene wiederholte er mehrmals täglich. War sein Opfer halbtot oder bewußtlos, wurde er ganz bleich und schloß sich eine Viertelstunde lang in seinem Büro ein. Sein Name war Gustav Binder, er hatte Frau und Kinder und eine offizielle Mätresse, die anderen Freundinnen zwischendurch nicht mitgerechnet. Von den zahllosen Frauen, die er geschlagen hat, sind mehrere unter seinen Schlägen gestorben. Ich habe nie in Erfahrung bringen können, daß ihm daraus etwa Unannehmlichkeiten erwachsen wären.

Es ist bekannt, daß sexuelle Beziehungen zwischen SS-Leuten und Häftlingen gottlob streng verboten waren, und zwar wahrscheinlich aus Gründen der Diziplin. Beziehungen dieser Art wurden, so hatte es zumindest den Anschein, zwischen SS-Angehörigen beiderlei Geschlechts jedoch unterstützt, lebten hier doch Männlein und Weiblein in einer »urtümlich-primitiv« zu nennenden Weise eng beisammen, die jedoch gar nichts Urtümliches an sich hatte. Anscheinend hatten alle Aufseherinnen, ob sie verheiratet waren oder nicht, unter den SS-Männern einen oder mehrere ständige Liebhaber und ließen, so schien es, auch keine Gelegenheit aus, auch einmal Vergleiche mit noch anderen anzustellen. Ihre Freizeitbeschäftigungen bestanden außer den Liebhabern und ab und zu anderen Männern (insbesondere zu den Sonnenwendfeiern und den Feiern zur Tagundnachtgleiche) in großen Eß- und Trinkgelagen, nach denen sie dermaßen betrunken waren, daß weder Männlein noch Weiblein in der Lage waren zu sagen, mit dem sie den Rest der Nacht verbracht hatten.

Eine Sache hat mich sehr geschockt – die bei Aufsehern und Aufseherinnen, aber besonders bei den Frauen anzutreffende Beziehung zwischen ausschweifendem Lebenswandel und Grausamkeit. Die Frauen, die sich vor den Augen der Häftlinge von einem oder mehreren Männern oder sogar von anderen Frauen begrapschen ließen, taten sich auch durch eine persönliche und besondere Grausamkeit hervor, die nicht gleichzusetzen ist mit simpler Brutalität.

Es kann jedoch sein, daß die SS – und zwar sowohl die Männer als auch die Frauen – soviel Grausamkeit nicht entfalten konnten, ohne darüber zugleich Angstgefühle zu empfinden, und daß ihr ausschweifender Lebenswandel ein Ausdruck dieser Angstgefühle oder eine vorübergehende Kompensation dieser Gefühle war.

Neben den von der Veranlagung her prädisponierten notorischen und kalten Mördertypen, neben Sadisten und betrunkenen, fetten Rohlingen begegneten wir auch der ganzen Bandbreite derer, die aus Überzeugung und Berufsehre heraus Schläge austeilten, aus einer Laune oder aus Versehen oder nur dann, wenn sie Angst hatten.

Ich habe jedoch auch von einem SS-Mann namens Schmidt reden hören, der niemanden schlug und der (bei sorgfältiger Tarnung seiner selbst) den Häftlingen zahlreiche Dienste erwiesen hat. Er wußte natürlich von den Grausamkeiten, die sich im Lager ereigneten, und verurteilte sie aus tiefsten Herzen, aber darüber hinaus war er auch sehr besorgt um seine eigene Person: »Was werden sie mit uns machen, wenn wir den Krieg verlieren?« – das war die Frage, um die sich bei ihm alles drehte. Dieselbe Frage stellten uns, wenn sie sich trauten, unsere deutschen Gefängniswärter von 1942 ab[55] in Paris und im Gefängnis von Fresnes. (Und wir haben ihnen diese Angst natürlich nicht genommen.) Schmidt hatte vor dem Krieg lange Jahre in Prag gelebt, und die Anhänger der Gruppenpsychologie werden daraus zweifellos einige Schlüsse ableiten können. Alle anderen SS-Angehörigen des Lagers jedoch schlugen, so hatte es jedenfalls den Anschein, aus vollster innerer Überzeugung.

Jede Arbeitskolonne wurde sowohl von SS-Männern als auch von SS-Frauen, den Aufseherinnen, bewacht. Die Aufseherinnen waren den Männern unterstellt und hatten, auch wenn sie mit ihnen ins Bett

---

55 So widersinnig dies auch klingen mag, aber 1942 waren fast alle unsere deutschen Gefängniswärter und Gefängniswärterinnen in Fresnes davon überzeugt, daß Deutschland den Krieg verlieren werde, und aufgrund dessen neigten sie dazu, uns schonend zu behandeln. Dahingegen glaubten unsere Aufseher in Ravensbrück noch 1945 fest an den unmittelbar bevorstehenden Sieg des Reiches. Vielleicht wird das durch die internationale Nachrichtenübermittelung via Satellit ein bißchen anders werden, aber einstweilen glaubt man ungeachtet des gesunden Menschenverstandes das, was auch die Nachbarn glauben.

gingen, Angst vor ihnen, denn dergleichen schloß nicht aus, daß sie von ihnen angeschwärzt wurden.

Die Hinrichtungen wurden von SS-Exekutionskommandos durchgeführt, und einige ihrer Mitglieder (beispielsweise ein gewisser Pietsch, ein Schneider, der die Pelzwerkstatt beaufsichtigte) brüsteten sich damit, sich für diese Aufgabe freiwillig gemeldet zu haben. Wir hörten aber auch von bestimmten SS-Leuten, heillosen Säufern, die sich schluchzend vor die Brust schlugen und ausstießen: »Ich bin es nicht mehr wert, eine Frau anzufassen, ich bin ein Frauenmörder!« usw. Dazu muß man wissen, daß die Frauen, die hingerichtet wurden, in der Regel Partisaninnen oder Fallschirmspringerinnen waren, also hübsche Mädchen zwischen achtzehn und fünfundzwanzig Jahren, gesund und couragiert, und daß es in Ravensbrück (wie in den anderen Konzentrationslagern auch) so gehandhabt wurde, daß die zum Tode Verurteilten im Hemd hingerichtet wurden, um die Häftlingskleidung zu erhalten, die auf diese Weise wieder ins Lager zurückkam und weiterverwendet werden konnte. Auf diese Weise wußte man auch, daß eine Hinrichtung stattgefunden hatte. Und man muß auch wissen, daß die Exekutionskommandos eine Ration Alkohol und einige zusätzliche Lebensmittel erhielten und daß die SS-Kantine wiederum von Häftlingen bewirtschaftet wurde. Es mußten zwar deutsche Häftlinge sein, aber dies war auch keine Garantie dafür, daß von dort nichts nach außen drang, zumal mehrere Frauen aus dem Elsaß darunter waren. Mit einem Wort: es gab keine vollständige Abschottung zwischen der Welt der Aufseher und der unseren.

Die SS-Aufseherinnen

Es ist recht schwierig, genaue Angaben über das zahlenmäßige Verhältnis zwischen Aufseherinnen und Häftlingen zu machen, denn dieses Verhältnis war unterschiedlich. So konnte beispielsweise ein aus zehn Häftlingen bestehendes Arbeitskommando von einem SS-Mann und einer Aufseherin bewacht werden (dies war bei dem Arbeitskommando der Fall, das im Wald Holz sammelte), was einem Verhältnis von 1:5 entspricht, wohingegen ein Betrieb mit 300 oder 400 Frauen durch drei oder vier SS-Männer und genauso viele weibliche SS-Angehörige bewacht werden konnte, also im Verhältnis von 1:50. Für die Begleitung eines Schwarzen Transports mit 1.100 Häftlingen (kranken und alten Frauen) sah die Lagerleitung 20 männliche und 20 weibliche SS-Angehörige vor. Und für das gesamte Lager gab es, wie wir wissen, in normalen Zeiten 300 bis 350 Aufseherinnen und eine garantiert etwas höhere Anzahl von SS-Männern, was ungefähr einem zahlenmäßigen Verhältnis von einem Aufseher oder einer Aufseherin auf 25 Frauen entspricht.

Wenn wir in Fünferreihen zum Appell marschierten, rechnete ich mir angesichts der zahlenmäßigen Disproportion zwischen unseren Bewachern und uns selbst im Kopf aus, welche Chancen wir wohl bei einer Lagerrevolte haben würden. Im äußersten Falle würde es möglich sein, uns des Lagers zu bemächtigen, aber rings um die Umfassungsmauern standen aus Beton gebaute Stellungen mit Maschinengewehren, die auf das Lager gerichtet waren und jedes Verlassen des Lagers unmöglich machten. Innerhalb von ein paar Tagen würden auf diese Weise mehrere zehntausend Frauen problemlos durch Aushungern oder aber auch in ein paar Stunden durch Maschinengewehre von einigen hundert Männern dezimiert werden können. Es würde sich demzufolge nur in einem ganz verzweifelten Notfall, wenn man wirklich nichts mehr zu verlieren hat, lohnen, eine solche Aktion zu wagen, an deren Ausgang es zwar keinen Zweifel gäbe, die die Deutschen aber sicherlich bloßstellen würde. Aber im Gegensatz zu dem, was sich in den Lagern der im wahrsten Sinne des Wortes vernichteten Hoffnungen ereignete, war die Lagerleitung von Ravensbrück, während sie weiterhin einen diffusen Terror herrschen ließ und die Häftlinge weiter in einem Zustand äußerster Erschöpfung und Entkräftung hielt, zumindestens bis zum März 1945 sehr darauf bedacht, Grausamkeiten vor aller Augen zu vermeiden, durch die eine Revolte oder eine Panik hätte ausgelöst werden können. Sowohl das eine wie das andere hätte unsere Vernichtung zur sicheren Folge gehabt, aber auch den Ausfall eines gewaltigen Industriepotentials nach sich gezogen.

Meine in den Sekretariaten tätigen Kameradinnen haben in den Lagerpapieren lückenhafte Unterlagen über ca. 3.000 Aufseherinnen gefunden, deren Verteilung auf einige Einsatzorte sich wie folgt darstellt:[56]

- Auschwitz: 55-60;
- Groß-Rosen (mit Außenkommandos): ca. 490;
- Neuengamme (Hamburg): 150-160;
- Oranienburg: ca. 140;
- Ravensbrück (mit Außenkommandos) 550-560; ohne Außenkommandos: 300-350.

Das Gehalt einer Aufseherin war je nach Alter und Dienstjahren unterschiedlich. Eine Anfängerin von einundzwanzig bis zweiundzwanzig Jahren und ledig erhielt 125 Reichsmark, wenn sie verheiratet war 135,34 RM. Wenn der Ehemann keinen Familienzuschuß bekam, erhielt sie pro Kind noch einmal 10 RM.

Von ihrem Gehalt zahlte sie, wenn ledig, 7,50 RM Steuern im Monat und als Verheiratete 6 RM; für die Deutsche Arbeitsfront wurden 2,40 RM abgezogen sowie ein weiterer Betrag für die Kranken- und Rentenkasse (ca. 10 RM). Zudem bezahlte sie 1,20 RM am Tag für ihre Verpflegung in der Kantine und 5 RM im Monat für die Unterbringung in einer Baracke oder 15 RM für ein eigenes Zimmer. Die Uniform bekam sie gestellt sowie auch Strümpfe und Schuhe, aber keine Wäsche.

56 Da die Archive von Ravensbrück nicht wiederaufgefunden werden konnten, stehen uns in bezug auf die Verwaltung des Lagers nur Bruchstücke von Informationen zur Verfügung, die durch Häftlinge zusammengetragen wurden, die in den Sekretariaten beschäftigt waren. Die vorliegende Information stammt aus dieser Quelle. Leider ist mir nicht bekannt, von wann sie datiert, aber angesichts der für Auschwitz (wo 130.000 weibliche Häftlinge mit Häftlingsnummer erfaßt wurden) angegebenen Zahl von 50 bis 60 Aufseherinnen kann angenommen werden, daß der betreffende Zeitraum bald nach der Gründung des dortigen Frauenlagers anzusiedeln ist, genauer gesagt, nachdem die teilweisen Umsetzungen nach Ravensbrück erfolgten.

Das Budget einer ledigen Aufseherin sah also wie folgt aus:
- Essen: 37,20 RM;
- Wohnung: 15 RM;
- Deutsche Arbeitsfront: 2,40 RM;
- Kranken- und Rentenkasse: 10 RM;
- Wäsche und Freizeit: 43 RM.

Die Leitende Oberaufseherin hieß Klein-Plaubel. Sie ließ die Frauen streng und unbarmherzig schlagen oder strafen, aber wenn eine Bestrafung (gemäß ihrer persönlichen Vorstellung von Gerechtigkeit) ungerecht war, konnte man darauf hoffen, daß sie sie aufhob. Allem Anschein nach war ihr Verhalten von der ihr eigenen Vorstellung von Pflichterfüllung bestimmt.

Nach der Evakuierung von Auschwitz wurde sie durch Luise Brunner, eine Oberaufseherin von dort, abgelöst. Ihre Ablösung und ihre Abreise gingen gleichsam unbemerkt vonstatten. Wenn ich mich nicht irre, hat Klein-Plaubel demnach das Lager vor den Massenmorden von 1945 verlassen.

Die Persönlichkeit der Oberaufseherinnen wurde übrigens von der Zweiten Oberaufseherin, Dorothea Binz, die der »große Star« des Lagers war, vollständig in den Schatten gestellt. Wenn sie irgendwo auftauchte, spürte man buchstäblich, wie einen ein Hauch von Terror und Schrecken streifte. Beim Appell spazierte sie langsam in den Reihen auf und ab, die Reitgerte hinter dem Rücken, und suchte sich mit ihren kleinen, bösen Augen die schwächste oder verängstigtste Frau heraus, um mit Schlägen über sie herzufallen. (Wie man bei solchen häufig sieht, wurde sie hingegen von couragiertem Verhalten eingeschüchtert.) Ich vermag hier nicht alle ihre Ausbrüche aufzuzählen, denn sie hatte jeden Tag neue, aber eine solche Tat hat mich besonders schockiert, weil sie unmotiviert und in psychologischer Hinsicht symptomatisch für sie war. Eine meiner Freundinnen, eine Frau mit großem und sehr maßvollem Urteilsvermögen, die langezeit im Bunker einsaß, hat sie mit eigenen Augen gesehen.

Das klassische Strafmaß in Ravensbrück waren 25 Stockschläge, bisweilen aber auch 50 oder 75, aber nicht immer. Wurden die 50 Stockschläge aufs Mal verabreicht, geschah es ziemlich oft, daß das Opfer daran starb. Bei 75 starb es immer.

Nach einer dieser Prügelaktionen (wobei ich nicht weiß, um wieviel Schläge es sich handelte) wagte sich meine Freundin, nachdem alles vorbei war, durch ihre Zellenluke zu schauen: das Opfer war halbnackt, lag mit dem Gesicht nach unten am Boden, war offensichtlich bewußtlos und von der Taille bis zu den Fußknöcheln voller Blut. Die Binz betrachtete die Frau und stellte sich, ohne ein Wort zu sprechen, auf die blutigen Waden, mit beiden Absätzen auf die eine Wade und beide Schuhspitzen auf die andere, und wippte nach vorn und nach hinten, indem sie ihr Körpergewicht bald auf die Schuhspitzen und dann wieder auf die Fersen verlagerte. Die Frau war möglicherweise tot, in jedem Falle aber tief bewußtlos, denn sie zeigte keine Reaktion. Kurze Zeit später ging die Binz fort – beide Stiefel mit Blut beschmiert.

Im Gegensatz zu den SS-Männern, von denen ein beträchtlicher Anteil der internationalen Kategorie der Mickerlinge und halben Portionen mit O-Beinen, gekrümmten Rücken usw. angehörte, waren die Aufseherinnen im allgemeinen kräftige und robuste junge Frauen von guter Gesundheit. Nicht alle waren aus eigenem Entschluß auf ihre Posten gekommen, es gab unter ihnen auch Dienstverpflichtete, Frauen, die kraft Gesetzes zu dieser Arbeit gezwungen waren und sie sich nicht freiwillig ausgesucht hatten. Viele waren niemals Mitglieder der Nazipartei gewesen. Ich hatte über ca. 200 von ihnen ziemliche vollständige Personalunterlagen zur Verfügung – und siehe da, sie rekrutierten sich aus allen gesellschaftlichen Klassen Deutschlands: Straßenbahnschaffnerinnen, Fabrikarbeiterinnen, Opernsängerinnen, diplomierte Kinderpflegerinnen, Friseusen, Bäuerinnen, junge Mädchen aus bürgerlichem Haus, die noch nie gearbeitet hatten, pensionierte Grundschullehrerinnen, Kunstreiterinnen vom Zirkus, ehemalige Gefängniswärterinnen, Offizierswitwen usw. Die Neueinsteigerinnen wirkten im allgemeinen erschreckt, wenn sie das erste Mal in Kontakt mit dem Lager kamen, und es brauchte einige Zeit, bevor sie in bezug auf Grausamkeit und Lebenswandel auf dem Niveau der alteingesessenen Aufseherinnen angekommen waren. Einige von uns machten sich ein kleines, aber bitteres Spiel daraus, die Zeit zu messen, die eine neue Aufseherin brauchte, ehe sie deren Brutalitäts-Pegel erreicht hatte. Eine kleine, zwanzigjährige Aufseherin, die an ihrem Antrittstag noch so wenig mit den »guten Manieren« vertraut war, die im Lager herrschten, daß sie »Entschuldigung« sagte, wenn sie einem Häftling den Weg abschnitt, und die sichtlich erschreckt war durch die ersten von ihr miterlebten Brutalitäten, brauchte exakt *vier Tage*, bis sie denselben Ton und dasselbe Verhalten an sich hatte, die ihr beide vorher eindeutig nicht geläufig gewesen waren. Diese Kleine war zweifelsohne besonders begabt und gelehrig in dieser Richtung. Bei den anderen konnte man eine Zeit von acht bis vierzehn Tagen, allerhöchstens einen Monat ansetzen, also eine ganz normale Gewöhnungsphase von durchschnittlicher Dauer. Ich habe jedoch auch von einer ganz jungen Aufseherin gehört, die sich weder an den Lebenswandel noch an die Brutalität ihrer Kolleginnen gewöhnen konnte. »Sie weinte viel«, berichteten mir die Häftlinge, die sie kannten, »und wir wissen nicht, wie sie es geschafft hat, von dort wieder wegzukommen.« Ich habe nie wieder von einem anderen solchen Fall gehört, und das betreffende junge Mädchen hatte das Lager schon vor meiner Ankunft verlassen. Ziemlich häufig gab es Aufseherinnen, die zu unterschiedlich hohen Strafen verurteilt und selber Häftlinge wurden, aber dies geschah dann wegen Diebstahls oder wegen offenkundiger sexueller Beziehungen zu Häftlingen des einen oder anderen Geschlechts.

Die Anzahl der Aufseherinnen, denen es ein sichtliches Vergnügen war, insbesondere schwache, kranke oder verängstigte Frauen zu schlagen und zu terrorisieren, kann auf etwa die Hälfte der Gesamtzahl geschätzt werden. Die anderen schlugen – wie der Bauer seinen Esel schlägt – aus Grobheit und Einfältigkeit oder mehr noch aus Konformismus und vor allem dann, wenn ihre Kolleginnen oder SS-Männer dabeiwaren. Die besten Aufseherinnen waren jedenfalls solche, die überhaupt keine Reaktion zeigten, wenn eine Frau in ihrer Gegenwart geschlagen wurde.

Ganz normale Leute

Zwischen 1945, als ich meine erste Zeugenaussage machte, und 1953, dem Jahr, in dem ich den Bericht *Ein Transport französischer*

Frauen beendete, hatten die Besatzungsmächte in Deutschland die großen Kriegsverbrecherprozesse untereinander aufgeteilt. Den ersten Ravensbrück-Prozeß, der im Dezember 1946 in Hamburg stattfand, bekamen die Engländer, und ihm folgten noch vier weitere, gleichfalls unter englischer Kontrolle. Ein fünfter Prozeß, der an die französischen Militärbehörden gegeben worden war, fand in Rastatt statt.

Die Engländer hatten den französischen Verbänden deportierter Frauen das Recht verweigert, Prozeßbeobachterinnen zu entsenden, aber sie gestatteten einer, aber auch nur einer einzigen Frau, die ständige Anwesenheit beim Prozeß. Die betreffenden zwei Frauenverbände (»Association des anciennes déportées et internées de la Résistance« und »Amicale de Ravensbrück«) entschieden beide, daß ich sie offiziell vertreten sollte. So kam es, daß ich bei dem ersten Prozeß in Hamburg nicht als Zeugin aussagen durfte – und dabei war ich unter all den Frauen und Männern, die sich in der Materie wirklich auskannten, die einzige, die diese Materie von A bis Z aus eigenem Erleben kannte. Ich war die einzige – außer den Angeklagten natürlich.

Während der Verhandlungspausen leerte sich der Saal, und ich blieb ihnen gegenüber sitzen, um sie in Ruhe zu betrachten. Da sah ich mich nun schmerzüberwältigt diesen Leuten gegenüber, die so viel Schlimmes getan hatten und die, ein paar Meter von mir entfernt in in einer Reihe sitzend, sich nun für jene Tausende von Morden zu verantworten hatten, die sie kaltblütig an schutzlosen Frauen begangen hatten. Es waren fünfzehn an der Zahl, und ich wußte, daß ich persönlich nur um einen ganz geringen Anteil, kaum ein Quentchen, von ihren Verbrechen wußte, deren genaue Zahl und Umfang kein Mensch auf der Welt, kein Gericht und keine historische Untersuchung je würde ermitteln können. Und sie selbst, sie, die es am besten wissen mußten, die es als einzige wissen konnten, hatten einen Teil davon schon längst wieder vergessen...

Darf ich sagen, daß ich Horror hatte vor dem Schauspiel, das diese Leute da boten, wenn sie ihr Leben verteidigten gegenüber der immer wieder furchteinflößenden Maschinerie, die jeder Justizapparat darstellt? Aber im selben Augenblick war mir jeder von denen da vorne wieder präsent bei dem Gedanken, daß es nur eines einzigen Winkes mit dem Finger durch einen einzigen dieser Verbrecher bedurft hätte, um den liebenswertesten Menschen das Leben zu retten. Und solch ein Wink ist von ihnen nicht gekommen. Sie waren im Gegenteil sehr darauf bedacht, sich diensteifrig und begeistert die Hacken abzulaufen, damit ja niemand dem Tod entgehen konnte. Und nun saßen sie hier, und ich schaute sie an.

Kann man diesen trostlosen Schmerz, der zu deutlich ist, um ein diffuses Mitleid aufkommen zu lassen, eigentlich »Haß« nennen? Ich beobachtete Tag für Tag, wie sie sich untereinander abzustimmen suchten, ihre Gesten heimlichen Einverständnisses und verständnisinnigen Lächelns über die Köpfe der sie bewachenden englischen Soldaten hinweg, wie sie allen Gefangenen geläufig sind; ich sah nicht ohne Mitgefühl, wie sie mit irgend jemand aus der Zuhörerschaft, der sie liebte, durch Gesten und Blicke Nachrichten austauschten.

Unterdessen ging die Darstellung der Verbrechen weiter, und ich konnte ausloten, wie weit voneinander entfernt das, was sich *wirklich* ereignet hatte, von der ungenauen Darstellung dessen ist, was man Geschichte nennt.

Da saßen sie, gut angezogen, ordentlich gekämmt, frisch gewaschen und rasiert – ordentliche Leute: ein Zahnarzt, mehrere Ärzte, ein ehemaliger Drucker, Krankenschwestern und einige mittlere Angestellte. Keine Vorstrafen, normale Bildungswege, normale Kinderstuben...

Ganz normale Leute.

In der Santé und dann auch im Gefängnis von Fresnes wurden wir von männlichen und weiblichen deutschen Wärtern bewacht. Unter ihnen gab es einige, die schon vor dem Krieg in Gefängnissen gearbeitet hatten, aber viele andere waren Eingezogene. Fachleute, die sich mit Meinungsumfragen befassen, würden sie wohl, so nehme ich an, als sozial verwandt mit den Aufsehern von Ravensbrück einstufen: gleiche Nationalität, ähnliche Erziehung, gleicher Typus von Universitätsausbildung, gleiche Religionszugehörigkeiten und vergleichbar in Lebensstandard und sozialem Milieu...

Von denen in Fresnes verlangte ich nichts, und ich erwartete auch nichts von ihnen, aber da ich im übrigen sonst nichts weiter zu tun hatte, beobachtete ich sie. So erinnere ich mich, daß, als ich in Einzelhaft saß (und das bedeutete: kein Spaziergang, keine Pakete, keine Bücher, keine Briefe), eine Wärterin, von der ich nichts weiter weiß, als daß sie Polizistin war, daß sie am selben Tag noch in Urlaub ging und daß sie kein Französisch verstand, einige Minuten vor ihrem Weggehen hastig die Sichtklappe meiner Zellentür öffnete, um ein Buch darauf zu legen. Das war am 20. Oktober 1942. Ich habe mir auch einen bestimmten Sonntag notiert, an dem unsere Essensration eine kleine Scheibe Fleisch enthielt (die einzige in drei Jahren), desgleichen ist mir aufgefallen, wie selten Dinge aus unseren Paketen gestohlen wurden, obgleich viele Pakete ankamen und obwohl doch überall Knappheit herrschte, des weiteren und vor allem sind mir die Bestürzung und Fassungslosigkeit im Gesicht des Kommandanten in Erinnerung geblieben, als er uns am Tage unserer Abfahrt nach Ravensbrück durchzählte und reihenweise antreten ließ.

Natürlich gab es auch einige Wärter und Wärterinnen, die ihre Gefangenen über lange Zeit belauerten, um sie endlich einmal zu erwischen, wenn sie gerade dabei waren, sich durchs Fenster oder über das Heizungsrohr mit jemand zu unterhalten, damit sie dann zu strengem Arrest oder zu Essensentzug vergattert werden konnten. Diese Art Wärter stellten wohl sogar die Mehrheit dar. Aber als meine Zeit in Einzelhaft vorbei war und ich von Zeit zu Zeit einige Minuten lang in einem Innenhof spazieren gehen durfte – im ersten Monat fanden solche Spaziergänge etwas häufiger statt als sonst üblich –, sagte eines Tages (es war der 4. Januar) der Unteroffizier zu mir: »Diese Frauen sind blöd« und »wenn ich vorbeigehe, mache ich die Ohren zu«. Freundlich fügte er hinzu: »Madame viel Mut haben. Gibt nicht viel solche.« Aber es kam noch besser: Die Nachricht von der Landung in Nordafrika erhielt ich von einer deutschen Wärterin.[57] Ich nannte sie im stillen »die freundliche Kölnerin«. Sie war groß, dunkelhaarig und sprach ein geschmeidiges Französisch.

---

57 Zweifelsohne kannte sie den Namen von einigen Kameradinnen, die wiederum meinen Namen kannten, denn 1945 wurde ich davon in Kenntnis gesetzt, daß sie

Die zwei beschriebenen Typen, die Freundlichen und die »Kühe«, fallen beide nicht aus der Menge zivilisierter französischer Durchschnittsbürger heraus. Alle gemeinsam verkörpern sie das obere und das untere Level einer Mischung von Leuten, die einem in jedem Gefängnis begegnen kann. Und vermutlich auch in jeder anderen Gruppe von Menschen.

einen Paß für Südamerika beantragt hatte, und ich verwendete mich dafür, daß sie ihn erhielt.

IV

Ravensbrück am 31. Oktober 1943

Ein Gefängnis in Deutschland

Wir waren 43 Frauen, und wir kamen alle aus Paris, über den Pariser Nordbahnhof. Die Fahrt wurde in Aachen unterbrochen, wo wir ins dortige Gefängnis kamen. Dort wartete eine erste Gruppe von ungefähr zwanzig Häftlingen eine Woche lang auf eine zweite, die in Anzahl und Zusammensetzung der ersten glich, d.h., in beiden Gruppen kamen einige direkt aus Fresnes und die anderen aus Romainville und Compiègne. Außerdem waren wir allesamt von der deutschen Abwehr verhaftet worden, und wir waren alle NN-Kandidatinnen, aber das wußten wir noch nicht.

Wir waren ziemlich viele in den beiden Gruppen, die sich noch nie im Leben gesehen hatten, die einander aber von der Stimme her sehr freundschaftlich verbunden und vertraut waren, denn wir hatten uns über mehrere Monate in Fresnes über das Heizungsrohr miteinander unterhalten, und das war schon ein guter Grund dafür, daß wir uns auf Anhieb eine Menge zu sagen hatten. Zudem begriffen wir rasch, daß die Zusammensetzung unseres kleinen Transports nicht zufällig zustande gekommen war, sondern daß er im Gegenteil nach dem, was wir »auf dem Kerbholz hatten«, also nach dem jeweiligen »Fall«, zusamengestellt worden war – und das hätte bei uns aus gutem Grunde alle Alarmglocken läuten lassen müssen. Dies war jedoch nicht der Fall, denn wir hatten keine Ahnung von den administrativen Gegebenheiten des Hitler-Reiches, und vielleicht waren wir auch in Sachen Alarm schon abgestumpft.

Die Fahrten von Paris nach Aachen und von Aachen nach Fürstenberg wurden beide in normalen Reisewaggons zurückgelegt, die

159

an normale Züge angekoppelt waren, allerdings unter Bewachung durch bewaffnete Soldaten, die jedoch nicht ausgesprochen bösartig waren (nach einiger Zeit wechselten sie sogar ein paar Worte mit den Kameradinnen, die Deutsch sprachen). Solange unsere Strecke über französisches Territorium führte, war es uns ein leichtes, kleine Botschaften mit einigen Worten und einer Adresse darauf aus dem Zug zu werfen. Wir schrieben sie auf das, was wir hatten, also auf Seiten, die wir aus kleinen Notizbüchern herausrissen und falteteten. Die meisten dieser Briefchen sollten ihre Empfänger erreichen, was beweist, daß es auf der vierhundert Kilometer langen Strecke zwischen Paris und dem Rhein Eisenbahner oder andere Leute gegeben haben muß, die sich im Jahre 1943 angewöhnt hatten, alle vorüberfahrenden Züge abzupassen (und der unsere war eben gerade kein »Deportierten-Zug«), um Papierschnipsel aufzuheben, sie zu entziffern, herauszubekommen, was sie sollten, sie noch einmal abzuschreiben, in einen frankierten Umschlag zu stecken, zu adressieren und schließlich zu einem Postamt zu bringen. Es verkehrten viele Züge, und darin saßen viele Leute, aber es gab auch viele Leute, die auf der Lauer lagen, um zu helfen. Diese Menschen waren keine Mitglieder der Résistance, zumindest nicht in der, von der die Umwelt etwas merkte, aber sie waren trotzdem da.

In Aachen brachte man uns in ein »normales« deutsches Gefängnis, also in eines, das auch nicht besser oder schlechter ist als ein französisches. Nachdem uns die Wärterin in einem der Bodenräume untergebracht hatte, in dem es frische Strohsäcke und saubere Bettwäsche gab, entschuldigte sie sich dafür, daß das Gefängnis so überfüllt war... Dann beließ sie uns unser gesamtes Gepäck und räumte uns die Möglichkeit ein, uns so zu gruppieren, wie wir wollten. Eine Woche später und zur gleichen Stunde traf nach einer ebensolchen Reise die zweite Gruppe ein, und am Tag darauf fuhren wir ab, wiederum in normalen Reisewaggons, aber dieses Mal bewacht durch Aufseherinnnen und SS-Leute, an deren Mütze ein Totenkopf prangte.

Was mich an diesem Zwischenspiel in Aachen und bei den zwei Fahrten davor und danach frappiert hat, war das relative Wohlwollen, das uns entgegengebracht wurde, und der extreme Unterschied zu Ravensbrück. Ich möchte annehmen, daß dieses Wohlverhalten mit unserem Bestimmungsort zu tun hatte, und der war sowohl den uns begleitenden Soldaten als auch den Wärterinnen in Aachen bekannt; es ist jedoch nicht sicher, daß dieser Bestimmungsort bei ihnen nicht eher Mitleid hervorgerufen hat. Aber Höflichkeit und Mitgefühl resultieren zunächst erst einmal aus einem durch das äußere Erscheinungsbild hervorgerufenen bedingten Reflex, z.B. durch Kleidung und die Art zu sprechen. Und wir alle waren gut, eher schon elegant angezogen und hatten nobel aussehendes Gepäck. Die Ältesten unter uns waren junge Frauen und die anderen ganz jung – eine Truppe von Pensionatsschülerinnen, ordentlich frisiert, propper und höflich, über die, wie Dédée aus Paris[58] berichtet, die Deutsch verstand, der Gefängnisdirektor laut ausgesprochen haben soll: »Mit denen ist uns Paris ins Haus geschneit...«

Der erste flüchtige Eindruck vom Lager

Alle, ob Männer oder Frauen, die das Unglück hatten, ein Konzentrationslager als Insassen kennenzulernen, haben später über ihren traumatischen ersten Eindruck von solch einer Stätte gesprochen, der sich ihm sofort und unmittelbar aufdrängte und dem erst später eine detaillierte Kenntnis und Erkenntnis dessen folgte, was sie dort erwartete. Dieser erste Eindruck war so, als würde man einen vollen Schlag vor den Kopf erhalten. Er glich in seiner Deutlichkeit der inneren »Ahnung« von Tieren, die sie brüllen läßt, wenn man sich anschickt, sie zu töten.

Das Aufstellen in Fünferreihen, begleitet von Beleidigungen und Schlägen, das unbewegliche Stehen vor den trostlosen Gebäuden, die endlose Reihe bleicher und eingefallener gespenstischer Gestalten, zerlumpt und zu Skeletten abgemagert, mit verstörten Blicken, und der Grabesgeruch, der ihnen nachging... – solche Bilder genügten, um den Neuankömmlingen und nun also auch uns mit einem Schlage

---

58 Über diesen Aufenthalt sind zwei Bücher erschienen (von Jacqueline Richet und Odette Amery sowie von G. Martin-Champier).

klarzumachen, daß alles zuende war, daß wir aus diesem Abgrund nie wieder auftauchen würden.

Danach betraten wir zum ersten und auch zum einzigen Male während unserer gesamten Haftzeit in Ravensbrück einen Duschraum, und nach dem Duschen wurden einer unserer Kameradinnen die Haare abrasiert, zwar ohne jeden Grund, aber zweifelsohne deswegen, weil man zumindest eine brauchte, um die Tätigkeit des dortigen Kommandos zu rechtfertigen. Aber warum traf es gerade diese Frau? Vielleicht deswegen, weil sie die kleinste in unserem Transport war.

Zwischenzeitlich war alles, was wir besaßen, mit Ausnahme einer Zahnbürste und eines Kammes, wild durcheinander in einem Winkel des Zimmers auf einen Haufen geworfen worden.

Wir hatten aus Frankreich einige Gegenstände für den persönlichen Gebrauch mitgebracht, die sich im Gefängnis aufgrund der von unseren Familien eingegangenen Pakete dort noch vermehrt hatten: gute Kleidung, Zahnpflegemittel, Seife und Nagelbürsten – eben Dinge, die zu einem zivilisierten Leben dazugehören. Und wir glaubten noch, im Besitze von Rechten zu sein, jedenfalls von solchen, die man in zivilisierten Ländern selbst zum Tode Verurteilten zugesteht, so da sind das Recht auf Gerichtsbarkeit, das Recht auf einen Anwalt, das Recht auf einen Arzt im Falle von Krankheit, das Recht auf geistlichen Beistand, auf zwei Mahlzeiten am Tag und das Recht, sein Hemd zum Sterben anbehalten zu dürfen... Noch bevor es Nacht wurde, waren wir all dessen entledigt. Es blieb uns nichts mehr, kein Gegenstand, kein Recht und keine Hoffnung. Was wir bekamen – ein paar Lumpen, die uns nicht gehörten, und eine am linken Ärmel aufgenähte Häftlings-Nummer zusammen mit einem roten dreieckigen Winkel.

Die Farbe des Winkels verwies im Prinzip auf die Häftlings-Kategorie, zu der man gehörte: ein roter Winkel bedeutete »Politischer Häftling« (unabhängig von der jeweiligen Nationalität); der violette Winkel gehörte den Bibelforscherinnen (Zeugen Jehovas) und der grüne den Kriminellen. Eine eigenartige Kategorie, die die Nazis »Asoziale« nannten, erhielt einen schwarzen Winkel. In dieser Kategorie waren die Zigeunerinnen zu finden, aber nicht allein sie; es hatte für mich den Anschein, als hätte dieser Winkel auch etwas mit denen zu tun, die man heute in Frankreich als »Vierte Welt« bezeichnet.

Der Quarantäneblock

Die Angewohnheit, neueingelieferte Häftlinge in Quarantäne zu schicken, war auf eine Epidemie zurückzuführen, die die SS-Aufseher im August 1941 um ihr eigenes Leben und Wohlergehen hatte fürchten lassen. Es gab 32 Blocks im Lager, und Block 12 war der Quarantäneblock. Die Blockälteste von Block 12 war eine Tschechin. Und sie war es auch, die mir mit großer Wahrscheinlichkeit das Leben rettete.

Während der Quarantäne durften die Häftlinge den Block nicht verlassen, nicht einmal für den Zählappell, der zu dieser Zeit zweimal am Tag stattfand – vor und nach einem zwölfstündigen Arbeitstag.

Zwischen Morgen- und Abendappell durfte man sich nicht rühren, aber die Blockowa erlaubte, daß gesprochen wurde – unter der Bedingung allerdings, daß dies leise geschah.

Unser Transport war nicht der erste, der aus Frankreich im Lager ankam. Vor uns waren schon drei Gruppen französischer Frauen eingeliefert worden, von denen eine (am 29. April 1943) Häftlingsnummern in der »19.000er- Serie« bekommen hatte und die beiden anderen im Juli 21.600er- und 22.000er-Nummern. Alle beide Transporte waren in Blocks gesteckt worden, in denen es schwierig war zu überleben, und auf diese Weise entgingen sie auch der Aufmerksamkeit der alteingesessenen deutschen, polnischen oder tschechischen Häftlinge des Lagers, die, wegen Teilnahme am Widerstand seit mehreren Jahren eingesperrt, begierig darauf waren, zu erfahren, wie sich die Lage auf den Kriegsschauplätzen entwickelt hatte. So erschien bei uns mit dem geheimen Einverständnis der Blockowa in den Tagen nach unserer Ankunft und sogar schon am selben Tage eine nach der anderen von ihnen. Sie erzählten uns wirr durcheinander alles, was jede von ihnen wußte – von den häufig statt-

findenden Hinrichtungen, den »Schwarzen Transporten« zur Gaskammer in Linz, von den Kranken, die im Revier zugrunde gingen,
den Vivisektions-Experimenten an polnischen Studentinnen und Oberschülerinnen, die übrigens auch selber kamen, um Neuigkeiten zu
erfahren, und uns ihre Wunden zeigten...

Einige Tage oder Stunden vor uns (oder war es nach uns?) traf
eine kleine Gruppe von Tschechinnen ein, die direkt aus Auschwitz
kam. Eine von ihnen, eine Frau mit würdevoll-ernstem und jungem
Gesicht, hatte vollkommen weiße Haare; mehrere andere sprachen
Deutsch, und sie berichteten uns von Auschwitz – über die Rampe
auf dem Bahnhof, die Selektion, die Gaskammern und die Berge
menschlicher Asche...

Die Nazis hatten zwar Vorkehrungen getroffen, um die Existenz
von Gaskammern gegenüber den Einwohnern der von ihnen besetzten Gebiete zu vertuschen, aber sie kümmerten sich kein bißchen
darum, was die Häftlinge beiderlei Geschlechts aus den Transporten
wissen und weitererzählen konnten, die sie von einem Lager ins
andere umsetzten. Die Nazis ihrerseits sprachen untereinander über
alles mögliche, ohne sich groß darum zu sorgen, wer ihnen zuhörte –
vor allem, wenn sie betrunken waren. Damals habe ich dieser Fahr-
lässigkeit keine Aufmerksamkeit geschenkt – es erschien mir nur
allzu klar auf der Hand zu liegen, daß es dort oder hier, hier oder
dort von seiten der SS in absolut keiner Weise vorgesehen war,
irgend jemand überleben zu lassen.

Nach Ablauf einiger Tage wurde ein Häftling aus unserem Transport krank und starb. Danach brachen einige ansteckende Krankheiten aus, vor allem Fälle von Scharlach und Diphterie. Ich selbst
bekam Diphterie, und ich erinnere mich vor allem daran, daß ich
über eine ziemlich lange Zeit weder sprechen noch etwas essen
konnte. Dann ließ die Blockowa eines Morgens fünf oder sechs Häftlinge, darunter auch mich, in die Krankenstation, das Revier, bringen. Dort stellte man uns lange auf einem Flur ab. Als der SS-Arzt
kam, war ich total erschöpft und kauerte auf dem Boden. Er schubste
mich mit dem Fuß an, daß ich aufstehen sollte, aber ohne Brutalität;
dann schaute er mich flüchtig an und sagte: »Kein Scharlach...
Raus!« Ich hatte also keinen Scharlach.

Man brachte mich in den Block zurück, und was dort geschah, vermag ich nicht mehr zu sagen. Später erfuhr ich, daß die tschechische Blockowa aus dem Quarantäneblock sich mit Zdenka (einer Tschechin, Doktor der Medizin und verantwortlich für die ansteckend Kranken) in Verbindung gesetzt hatte. Nach dem letzten Appell, als niemand mehr draußen war, und bei stockdunkler Nacht ließen sie mich auf einer Trage zum Revier bringen.

Ich hatte, wie mir Zdenka später sagte, eine schwere Diphterie. Glücklicherweise wurde 1943 in Ravensbrück Diphterie seit kurzem behandelt. Und es stand sogar Heilserum zur Verfügung.

Das kleine Zimmer der Diphterie-Kranken

Das Zimmer der Diphterie-Kranken war ein kleiner Raum mit Holzpritschen in zwei Etagen übereinander (und nicht in drei Etagen wie in den Blocks). Jede Kranke hatte hier einen Strohsack für sich allein und saubere Laken. Die Ärztinnen, die gleichzeitig Häftlinge waren, verfügten über Medikamente, und alle Diphterie-Kranken wurden von Zdenka und ihren Helferinnen mit derselben liebevollen Zuwendung untersucht und betreut – und zwar morgens ganz früh und abends ganz spät. Niemand von ihnen sprach Französisch, aber in einem offenbar gleichartigen Nachbarzimmer lagen Frauen mit Scharlach, und da beide Zimmer von einem einzigen Ofen beheizt wurden, konnten wir durch das Loch in der Wand, wo das Ofenrohr durchgeführt war, ein paar Worte miteinander wechseln, denn unter den Scharlach-Kranken befanden sich, wie ich merkte, nachdem ich wieder zu Bewußtsein gekommen war, mehrere Französinnen aus meinem Transport.

Wie ich schon erwähnte, waren zu diesem Zeitpunkt – Oktober und November 1943 – vor unserem Transport schon drei weitere aus Frankreich ins Lager gekommen. Den ersten von ihnen hatte man jedoch gleich über einen Block mit Kriminellen verteilt, und der dritte war nach Neubrandenburg geschickt worden. Das bedeutete, daß unsere Kameradinnen am untersten Ende der unausgesprochenen Lager-Hierarchie standen. Sie waren also die Armseligsten unter den

Armseligen, und keine einzige von ihnen bekleidete einen Posten, auf dem sie die Möglichkeit gehabt hätte, im Lager herumzukommen und der einen oder anderen von uns ein Wort der Hilfe und des Beistandes zu bringen. Nur wenige Französinnen sprachen Deutsch, wenige Deutsche nur verstanden Französisch, und die Tschechinnen, die eine höhere Schule besucht hatten, hatten Deutsch als Zweitsprache gelernt. Französisch wurde also nur von einer sehr kleinen Zahl Polinnen gesprochen, die Politische Häftlinge waren.

In dem Krankenzimmer der Diphteriefälle tauchte nie jemand von der SS auf, und aus diesem Grunde hatte sich eine Kameradin von Zdenka entschlossen, hierher in eine Art »Sommerfrische« zu kommen. Sie kümmerte sich um einen herzigen kleinen dänischen Juden von zweieinhalb Jahren, der sehr hübsch und sehr artig war, und sie paßte, wie ich schon sagte, auch auf, daß mir niemand den Napf mit dem warmen Wasser stahl, in dem ein paar Kohlrübenscheiben herumschwammen. Das bekamen wir, wie in den Blocks auch, zugeteilt zusammen mit einem Stück Brot, das ich nicht zu essen imstande war.

Ich habe (einige Tage oder Wochen später) aus einem Meter Entfernung miterlebt, wie der SS-Arzt Treite mit liebevoller Zuwendung den kleinen dänischen Jungen untersuchte. Er hatte sogar daran gedacht, ihm einen Apfel mitzubringen. Am selbem Tag schrieb er ihn auf die Liste derer, die nach Auschwitz geschickt werden sollten. Obwohl er doch nicht ahnungslos sein konnte über das, was Auschwitz für den kleinen Dänen bedeuten würde...

Wenn ich hier so ausführlich auf diese Erinnerungen eingehe, so geschieht dies deswegen, weil es sich um die ersten Stunden im Lager handelt und weil man hier schon hinter die offensichtlichen Ungereimtheiten des Systems kommen konnte, denn in demselben Revier wurden genau ein Jahr später kranke Frauen zu Dutzenden vorsätzlich vergiftet, andere im Hemd aus ihren Betten geholt und unter den Augen ihrer Kameradinnen auf die andere Seite der Mauer geschleppt, die das Lager von den Verbrennungsöfen trennte. Zwei Jahre später konnten die Häftlinge, die so unvorsichtig waren, sich im Revier behandeln zu lassen, eine tödliche Petroleum- oder Evipan-Injektion bekommen, aber noch schrieben wir Oktober und

November 1943, und zu dieser Zeit betreuten in ebendiesem Revier ausgezeichnete Häftlings-Ärztinnen hingebungsvoll ihre Kranken, und sie verfügten zu diesem Behufe auch über Medikamente.

An all dem Gesagten läßt sich schon ermessen, welche (wenn auch eingeschränkte und im Verborgenen ausgeübte) Macht kleinen Solidargemeinschaften zukam, denen es von Zeit zu Zeit gelang, ein Leben zu retten. Oft genug geschah dies, ohne daß der betreffenden Frau, um deren Leben es ging, ein Wort davon mitgeteilt werden konnte, einfach weil man ihre Sprache nicht beherrschte. 1944 schafften es dann die französischen Frauen, die ihrerseits nun auch »alteingesessene« und mit allen Wassern gewaschene Häftlinge geworden waren, in das Zelt vorzudringen, in dem ungarische Jüdinnen an Typhus und Hunger starben, aber für mich kamen 1943 Hilfe und Beistand von seiten dreier Tschechinnen, die sich untereinander kannten, ich sie jedoch nicht.

Auch wenn es wahr ist – ich will es nicht wissen

Was die französischen Frauen am meisten bewegte und was noch stärker war als die Angst, waren Bestürzung und Fassungslosigkeit. Gerade die Frauen mit dem größten Optimismus und dem am wenigsten klaren Verstand waren es, die bei der ersten Begegnung mit dem Konzentrationslager den stärksten seelischen Schock erlitten. Wir waren fast alle Angehörige der Résistance, und keine von uns zeigte eine Schwäche, wenn sie den Deutschen Auge in Auge gegenüberstand, aber abends, in der Einsamkeit des Schlafsaals, flossen die Tränen. Nach Ablauf von zwei oder drei Tagen dann versuchten mehrere, die Wirklichkeit vor sich selbst zu verleugnen und gegen diese Realität mit ihren eigenen dürftigen Mitteln anzukämpfen – mit erfundenen Geschichten, Utopien und Kochrezepten. Und sie wurden wütend, wenn man ihnen eine neue Schreckensmeldung brachte. »Auch wenn es wahr ist – ich will es nicht wissen«, sagten Kameradinnen zu mir, die ich versucht hatte aufzuklären. So wie die Neurose ist auch eine bestimmte Art von Oberflächlichkeit eine Abschottung gegenüber Tatsachen, die man nicht zu ertragen vermag.

Im Januar 1945, als die Kameradinnen, die wir »die Fallschirm-springerinnen« nannten, barfüßig durch das große Tor hindurch weggebracht wurden, vermochte man nicht mehr daran zu glauben, daß es im Lager noch einmal anders werden würde. Aber ein Gutteil unserer Kameradinnen war entschlossen, just daran zu glauben.

Hinrichtungen fanden in Ravensbrück nicht öffentlich statt. Die für die sogenannten Schwarzen Transporte herausgesuchten Häftlinge waren auf Listen eingetragen, die keine Angabe trugen. Und es wurden zwar kranke Frauen im Revier getötet, aber nicht die ganze Zeit über, und während der ersten elf Monate des Jahres 1944 überhaupt nicht. Kurz gesagt: denjenigen, die wirklich nichts zur Kenntnis nehmen wollten, gelang dies auch, zumindest über bestimmte Perioden hinweg und auf einigen kleinen »Inseln« im Lager... In Auschwitz hingegen waren die Realitäten so unübersehbar, daß es kein Dagegenankämpfen mit den Mitteln der Phantasie geben konnte, und der psychische Schock war so gewalttätig, daß schon er zu töten vermochte. Ein französischer Häftling (eine Frau, die im Revier von Auschwitz beschäftigt gewesen war und dann nach Ravensbrück überführt wurde) berichtete mir, daß es während eines Appells oftmals passierte, daß Frauen sich auf die Erde legten und man sie zu Mithäftlingen brachte, die Ärzte waren und sie behandelten. Dies war um so leichter, als diese Frauen keine Medikamente brauchten, da sie nicht eigentlich krank waren. Nach Ablauf einiger Tage starben sie dann, ohne irgendeine Krankheit gehabt zu haben und obwohl sie von der totalen physischen Erschöpfung noch sehr weit entfernt waren.[59]

59 Beobachter von sogenannten archaischen Kulturen haben oftmals von Toten berichtet, die plötzlich und unerwartet verstarben oder nach einigen Tagen der Niedergeschlagenheit oder hochgradiger Erschöpfung, und von Todesfällen bei jungen und gesunden Menschen infolge eines Fluchs oder der Verletzung eines Tabus. Es muß zweifelsohne ein Wort kreiert werden, um diese nicht eben selten auftretenden Fälle zu beschreiben, und in Ermangelung einer besseren Lösung schlage ich hierfür in Analogie zu dem französischen Wort »Hydrocution« (dem Ertrinken durch Bewußtloswerden in kaltem Wasser oder Herzstillstand durch kaltes Wasser) den Begriff »Anxiocution« (etwa: Tod durch Angst) vor. Man kann an Angst oder Horror sterben, ohne herzkrank zu sein.

1945 antwortet eine sehr junge tuberkulosekranke Frau aus Block 10 (dem Vernichtungsblock), der man eines der sagenhaften Gerüchte weitererzählt hatte, die im Lager umliefen, mit einem freundlichen und verzweifelten Lächeln: »In Block 27 ist für Euch der Krieg erst in drei Monaten zuende, aber für uns hier schon in vierzehn Tagen, weil es danach zu spät für uns ist.«

Wenn eine tapfere und intelligente Frau am Ende ihrer Kräfte war, hörte sie auf, gegen die Läuse anzukämpfen, und begann, just den verrückten Geschichten Glauben zu schenken, gegen die sie bis dahin gefeit gewesen war. Das dauerte dann nicht lange, auf jeden Fall nicht länger als ein paar Tage. Ist sie nun gestorben, weil sie aufgehört hatte zu kämpfen, oder hörte sie auf zu kämpfen, weil sie im Sterben lag?... Gestorben ist sie jedenfalls.

Diejenigen Frauen, die sich in ihrer Scheinwelt eingerichtet hatten, wollten an alles und jedes glauben – an die Ankunft der Russen oder der Amerikaner, an einen Austausch von Häftlingen an der schweizerischen Grenze, auf jeden Fall aber an die Beendigung ihres Elends. Und die Wahrheit – die Hinrichtungen, Erhängungen, die Tötungen durch Gift und Gas usw. – leugneten sie.

An der äußersten Grenze der totalen Erschöpfung, in dem Stadium, das der Agonie vorhergeht, waren es dann nicht mehr die erfundenen Lügenmärchen, sondern ein einfaches Bild, das allein in dem armen, entwurzelten Hirn herumgeisterte – die Vorstellung, wie auch immer aus Ravensbrück herausgeholt zu werden. In den Stunden vor ihrem Tode sprach unsere Kameradin Colette Pijeaud (deren Ehemann, ein Oberst der Luftwaffe, kurz zuvor in Libyen getötet worden war) von »einem weißen Flugzeug«, das sie holen komme. Es waren ihre letzten Worte. Annie de Montfort rief einige Minuten vor ihrem Ende nach einem imaginären Chauffeur. Und ich selbst erinnere mich, daß ich, während ich Diphterie hatte und delirierte, von zwei Verszeilen Baudelaires verfolgt wurde:

... Nimm mich mit, du Zug, heb mich hinweg, Fregatte,
Aus unsren Tränen hier die Erde ist gemacht...

Danach erschien das bloße Bild eines Lazarett-Zuges mit einem weißen Bett – eine Vorstellung, an der ich mich wer weiß wie lange festklammerte. Und dennoch wußte ich auch im selben Augenblick intervallweise immer wieder einmal, daß das alles nicht wahr war, und der physische Schmerz (ich hatte gleichzeitig eine schwere Diphterie, eine doppelseitige Ohrenentzündung, eine starke, chronisch gewordene Bronchitis, einen akut ausgebrochenen Skorbut und Wanzen), das Gefühl, völlig verlassen zu sein (ich war die einzige Französin inmitten von diphteriekranken Frauen aller Nationalitäten, und man gab mir nicht einmal ein Glas Wasser, bis zu dem Augenblick, da sich meine Bettnachbarin um mich kümmerte und mich rettete), die Perspektive eines baldigen Todes vor Augen – dies alles waren Leiden, die nach meiner Vorstellung aushaltbar waren und den Vorfindlichkeiten entsprachen. Aber es gibt auch Leiden, die man nicht ertragen kann und die über die Kräfte eines Menschen hinausgehen: das sind das Leiden und Sterben von Menschen, die wir lieben, und die quälende Ohnmacht einer Haft, während derer einem die Vorstellungskraft unentwegt diese oder jene Vorkehrungsmaßnahme eingibt, die man noch hätte ergreifen können, und wo man nun nichts mehr tun kann. Das sind wirklich Prüfungen, die einen erdrücken können... Ein einsamer Tod jedoch, körperliche Schmerzen und Verlassenheit gehören in der ganzen Skala des Seins zum Leben dazu. Und in einer sehr persönlichen Zwiesprache mit dem Herrn der Welt (außer über die Wanzen, die ich als einen »Machtmißbrauch« seinerseits betrachtete) hätte ich mich mit meinem Schicksal abgefunden.

So sehen die »Halluzinationen des Todes« aus, die den Halluzinationen bei Hunger und Durst so ähnlich sind: zuerst romaneske Phantasiegeschichten, die gut zusammengedacht und fast wahrscheinlich sind und in denen man obsessiv Tricks einsetzt, und dann die ganz nackte Obsession, die sich in das, was vom Denken noch übrig ist, hineinfrißt.

Gegen diese Traumvorstellungen hatten wir anzukämpfen, dies aber mit Vorsicht, denn sie waren ebenso nützlich wie gefährlich. Nützlich waren sie, weil sie uns ermöglichten, eine starke Todessehnsucht zu unterdrücken, und gefährlich deshalb, weil sie unser Mißtrauen gegenüber den im Lager lauernden Fallstricken schwächten.

Block 27, ein ganz normaler Block

Nachdem die Quarantänezeit vorüber war, wurde unser Transport in einen bereits voll belegten Block gesteckt, in Block 27. Hier kannte keiner keinen, und die Beziehungen der Häftlinge untereinander kamen mir wie unter Wilden vor...

Der Terminus »Wilde« wird verwendet, um Völker zu kennzeichnen, die keine Städte haben und keine Schrift, wobei man unterstellt, daß diese Völker roh, ungehobelt und gewalttätig sind. Dies ist absurd, denn alle Völker der Erde haben zwangsläufig eine Kultur, also Verhaltensregeln und -techniken. Nach meiner Erfahrung sollte der Terminus »wild« hingegen nur auf »verwilderte« Populationen Anwendung finden (in den Zustand des Wilden wieder zurückgefallen durch Elend, Entwurzelung, Verfall, Nichtvorhandensein freundschaftlicher Beziehungen), womit das Wilde einem Exkrement der Zivilisation entspräche...

Mit welcher Art von Unterwelt kamen wir da in Block 27 zusammen? Ich war zu erschöpft, um mich danach zu erkundigen. Und vielleicht habe ich das damals auch schwärzer gesehen, als es war.

Wenn sich männliche oder weibliche politische Häftlinge einzeln oder in der Minderzahl in einer Baracke wiederfinden, in der »Kriminelle« das Sagen haben, können sie Hungers sterben, weil sie nicht in der Lage sind, das elende und einzige Stück Brot zu verteidigen, das man ihnen gibt. Und wenn nichts weiteres geschieht, ist die Sache damit für sie zuende.

Im Dezember 1943 waren im Lager Ravensbrück 17.300 Frauen in elf großen Holzbaracken und zwanzig mittelgroßen Baracken interniert. Block 27 war eine der großen Baracken des Lagers, und viele seiner Bewohnerinnen trugen einen grünen oder einen schwarzen Winkel am Arm.

Gerade Lagerstraßen trennten die Holzbaracken voneinander, und jede Baracke umfaßte zwei gleich eingerichtete Hälften mit einem Schlafsaal, wo die Betten in drei Etagen übereinander standen, und einem kleinen Aufenthaltsraum, in dem eine einzige Suppe pro Tag und ein Kanten Brot ausgegeben wurden. In einem noch kleineren Nebenraum floß aus Hähnen ein nicht zum Trinken geeignetes Wasser in einen langen Trog. Um sich waschen zu können, mußte man demzufolge morgens vor der Wecksirene aufstehen oder das Risiko auf sich nehmen, sich nach dem Zapfenstreich zu waschen, was verboten war.

Die sogenannte »Suppe« aus Kohlrüben wurde mittags ausgegeben, und abends teilten die Essensverantwortlichen die Brot-Ration aus (ein Brot in fünf Teile geteilt, also weniger als 200 Gramm), die man in vielen Blocks sehr schnell essen mußte, damit sie einem nicht gestohlen wurde.

In den Schlafsälen standen dreietagige Brettergerüste mit Mulden, die jeweils 0,65 m breit und 1,80 m lang waren und in denen die Häftlinge einen mit Sägemehl bedeckten Strohsack liegen hatten. Im Januar 1944 teilten wir uns in Block 27 zu dritt in eine Bettstelle, mit einer einzigen kleinen baumwollenen Zudecke für alle drei.

Ende 1944 lagen in einigen Blocks schon vier Häftlinge auf einer Bettstelle.

Die interne Hierarchie

Theoretisch war jede Baracke einer deutschen Aufseherin in Uniform unterstellt, realiter jedoch einem als *Blockowa* bezeichneten Häftling. Die Blockowa wiederum hatte zwei Assistentinnen, die *Stubowas* genannt wurden. Jede von diesen war verantwortlich für die Ordnung in einer der beiden Blockhälften. Während der Zählappelle mußten die Blockowa und die Stubowas jede Frau anhand ihrer Häftlingsnummer auf den Listen abhaken, die durch die *Schreiberinnen*, also Häftlinge, die als Sekretärinnen tätig waren, täglich aktualisiert wurden, wohingegen wieder andere Häftlinge, die sogenannte *Lagerpolizei*, den Ordnungsdienst darstellten. Keine Gefangene, selbst nicht, wenn sie im Sterben lag, konnte sich davor drücken, bei dem ersten Appell anwesend zu sein, und für die Zuspätkommerinnen hagelte es Schläge mit dem Gummiknüppel seitens einiger Blockowas, einiger Angehöriger der Lagerpolizei oder aber auch durch uniformierte Aufseherinnen oder SS-Leute, die die Oberaufsicht für alles hatten.

Bei der Besetzung der Posten für die Lagerpolizei bevorzugte die Leitung des Lagers, wenn es irgend möglich war, sehr brutale Häftlinge, die aus Bösartigkeit und um ihrer Zusatzration Margarine wegen imstande waren, eine Kameradin zu erschlagen oder zu verraten. Immerhin mußte der betreffende gewalttätige Häftling über die Fähigkeit verfügen, einen Block zu verwalten, d.h., rechnerisch genau die Gesamtbelegung an Häftlingen zu ermitteln, die sich täglich und stündlich änderte, und er mußte korrektes Deutsch sprechen und schreiben können. Diese Anforderungen führten in vielen Nazi-Konzentrationslagern dazu, daß hier nach und nach »Politische« an die Stelle der »Kriminellen« treten konnten. Leider gab es auch politische Häftlinge, die sich anpassungswillig zeigten, um besser an diese Stellen heranzukommen. Aber nicht alle.

Man mußte immer auf alles vorbereitet sein. So konnte beispielsweise das Arbeitseinsatz-Büro zu jeder beliebigen Stunde auftauchen und zwanzig Frauen aus der einen und vierzig in einer anderen Baracke heraussuchen für irgendeine Fabrik, die diese Zahl Arbeitskräfte angemietet hatte – und der Aufbruch hatte sofort zu erfolgen. Umgekehrt wurden Neueinlieferungen ohne Vorankündigung in den Quarantäneblock eingewiesen, dessen Insassen damit gleichzeitig über drei oder vier bereits voll belegte Baracken verteilt wurden, während andererseits wieder Häftlinge, die auf ihren Arbeitsstellen windelweich geschlagen worden waren, irgendwo verstarben. All das mußte Nummer für Nummer registriert, hier addiert, dort subtrahiert und dann an fünf verschiedene Dienststellen weitergeleitet werden, wofür die Blockowa mit ihrer Person geradestand.

Wenn ein Betriebsleiter einen Häftling totschlug, dann zog das keine Konsequenzen für ihn nach sich, aber wenn dies einer Blockowa zufällig entging und sich die Aufseherin oder die SS in ihren Rechnungen verhedderten, mußten die Häftlinge, aufgestellt in Zehnerreihen, in Habachtstellung in eiskalter Nacht und bei Schneesturm so lange stehenbleiben, bis der Fehler gefunden war und die Rechnung stimmte. Und dies konnte, wie wir miterlebt haben, stundenlang dauern, auch bei 10 oder 15 Grad unter Null.

Als es dank diesen hohen Anforderungen unter den Blockowas, Stubowas, Schreiberinnen und unter der Lagerpolizei dann politische

Häftlinge gab, paßten einige dieser Frauen, anstatt ihre Kameradinnen zu überwachen, das Kommen und Gehen der SS-Leute ab, um uns zu vorzuwarnen.

Spätabends verließen die SS-Aufseherinnen das Lager, aber Fenster und Türen mußten offen bleiben, und trotzdem patrouillierten bewaffnete Soldaten zusammen mit SS-Unteroffizieren und abgerichteten Hunden in unregelmäßigem Rhythmus durchs Gelände. Das konnte ein reges Kommen und Gehen nicht verhindern, aber man mußte aufpassen.

Zwölf Stunden Arbeit und vier Appelle

Im Jahre 1943 mußte jeder Häftling zwölf Stunden lang arbeiten und hatte zudem an den Appellen teilzunehmen...

Frühmorgens, eine Stunde vor Ertönen der Sirene zum Wecken, stand eine am Vortag dazu bestimmte Truppe auf, um in riesigen Kübeln eine schwärzliche, aber warme Flüssigkeit zu holen, die dann rasch ausgeteilt wurde, denn um 3.45 Uhr mußten alle Häftlinge in Zehnerreihen vor den Baracken zum Appell angetreten sein.

Dieser Appell konnte eine Stunde dauern, anderthalb, zwei Stunden oder länger – nur weil eine Frau ihre Nummer nicht gehört hatte oder inzwischen gestorben war... Ein zweiter Appell, der sogenannte »Arbeitsappell«, fand danach auf dem großen Hauptweg statt, der Lagerstraße genannt wurde, und hier hatten sich die Häftlinge wiederum blitzartig in das Kommando einzureihen, dem sie zugeteilt worden waren; dann (diesmal in Fünfer- und nicht in Zehnerreihen) mußten sie sich im Laufschritt zu ihren jeweiligen Arbeitsstätten begeben. Darauf folgten sechs Stunden Arbeit.

Zwischen 12.00 Uhr und 12.45 Uhr gab es eine Pause, in der die SS-Leute zu Mittag aßen und uns in den Blocks eine Kelle Kohlrübensuppe vorgesetzt wurde. Um 12.45 Uhr fand auf der Lagerstraße der zweite Arbeitsappell statt, gefolgt von weiteren sechs Stunden Arbeit. Um 18.30 Uhr gab es einen vierten Appell, der wiederum ein Zählappell war und noch länger dauerte als der erste. (Dieser vierte Appell wurde, wie schon erwähnt, im Laufe des Jahres 1944 abgeschafft.)

Während die beiden Zählappelle kein Ende fanden, wurden im Gegensatz dazu die zwei Arbeitsappelle in aller Eile, sozusagen im Laufschritt, abgehalten... Was die Arbeit selbst anbelangt, so war sie je nach Kommando völlig verschieden. Unter den Französinnen gelang es einer kleinen Anzahl von Privilegierten, in einer der »guten Kolonnen« (in der Küche, in der Malerkolonne oder in den Gärten) unterzukommen, aber ich war nicht darunter, und so kenne ich diese Kolonnen nur vom Hörensagen.

Wie die Blockowas, die Stubowas, die Lagerpolizei und die Schreiberinnen, trugen auch die Häftlinge, die für die Ordnung und die Zusammenstellung einer Arbeitskolonne verantwortlich waren, eine Armbinde. Diese Armbinde erlaubte es ihnen, von einem Block in den anderen zu gehen. Den anderen war dies untersagt, außer wenn sie einen entsprechenden Befehl erhielten.

Wenn eine Frau sehr krank war oder einen Unfall erlitten hatte, aber nicht ins Revier aufgenommen worden war, bekam sie eine sogenannte »Innendienst«-Karte, die von der Arbeit befreite, keinesfalls aber von den vier Appellen täglich (und es gab auf der Lagerstraße eine besondere Innendienst-Kolonne). Nach den Appellen konnten die Innendienstlerinnen zusammen mit den Arbeiterinnen der Nachtschicht wieder in ihre Baracken zurückkehren.

Die Arbeiterinnen der Nachtschicht (von den Französinnen in Anklang an das Wort »Anarchistinnen« als »Narchistinnen« bezeichnet) waren an Opitz vermietet, den Chef des Betriebs. Seit Sommer 1941 mußten die Arbeiterinnen jede zweite Woche in Nachtschicht arbeiten.

Die »Verfügbaren«

Diejenigen Häftlinge, die nicht in Nachtschicht arbeiteten, nicht im Revier lagen, sich nicht in Quarantäne befanden, nicht Mitglied einer Arbeitskolonne und nicht für den Innendienst eingeteilt waren, mußten ergo in der Kolonne der *Verfügbaren* marschieren, und aus dieser Gruppe suchte sich der Leiter eines Kommandos immer unvorhergesehen Personal aus, das ihm auf einer Arbeitsstelle oder für einen überraschenden Sondereinsatz fehlte.

Wenn man Verfügbare bleiben wollte – und das war aus Patriotismus bei vielen Französinnen der Fall –, mußte man also versuchen, sich in einer anderen Kolonne zu verstecken, ohne sich anzeigen zu lassen. Man konnte auch probieren, abstoßend auf den potentiellen Arbeitgeber zu wirken, indem man sich im Stil den sogenannten *Schmuckstücken* anglich. Diesen Terminus verwendeten die SS-Leute als Spottnamen zur Bezeichnung der Ausgestoßenen. Schmuckstück zu sein bestand darin, sich einen glasigen Blick zu geben, die Schultern hängen zu lassen und den verstörten, irren Gesichtsausdruck der menschlichen Wracks anzunehmen, die man in Ravensbrück mit diesem Namen bezeichnete. Es war ein gefährliches Unterfangen, denn so, wie es einige Werkstattleiter dazu verleitete, einen herauszuwerfen oder einen links liegen zu lassen, provozierte es bei anderen die Lust, auf einen loszugehen. In den Männerlagern sagte man zu diesen menschlichen Wracks »Muselmänner«.

Nach dem Arbeitsappell gingen alle, die von der Ausschuß-Kolonne noch übrig geblieben waren (also die Verfügbaren), los, um Erdarbeiten zu verrichten. Das war bis zur Befreiung meine Hauptbeschäftigung. Dank meinen mit Datum versehen stichpunktartigen Notizen kann ich heute genau sagen, daß mich die Werkmeister von Siemens am 10. April 1944 gleich auf den ersten Blick abgeschoben haben (wobei ich an diesem Tage besondere Sorgfalt auf meinen »Look« verwendet hatte, und zwar aus reinem Patriotismus, denn eigentlich mochte ich knifflige manuelle Arbeiten sehr gern). Im August 1944 brachte es die bösartige Blockowa meiner Baracke fertig, daß ich in der Pelznäherei beschäftigt wurde – aber dort bedurfte es gar keines Hilfsmittels dafür, mich nach Ablauf von neun Tagen (16. bis 25. August 1944) wegen Unfähigkeit herauswerfen zu lassen. Als der Herbst kam, wurden alle französischen Verfügbaren als Transportarbeiterinnen im Zugentlade-Kommando eingesetzt, und hier schrieb ich, von meinen NN-Kameradinnen in einer Verpackungskiste versteckt, eine Revue in Operettenform mit dem Titel *Der Verfügbare in der Unterwelt*. Die darin behandelten Themen waren »Ein Naturalist beschreibt den Verfügbaren« und »Die Tricks, die der Verfügbare einsetzt, um sich nicht durch den Betrieb einfangen zu lassen«. Einige Lieder entstanden in Gemeinschaftsarbeit, zu denen jede der Entladerinnen eine Verszeile beisteuern mußte. Im letzten Akt wird der Verfügbare vom Betrieb eingeholt; er wehklagt und singt nach der Melodie von »Orpheus in der Unterwelt«:

> Ich habe meinen Innendienst verloren,
> nichts kann meinen Schmerz aufwiegen.

Langezeit eine Verfügbare zu bleiben, erforderte ein ganzes Repertoire von Tricks, von Komplizenschaften und geheimen Unterschlupfmöglichkeiten, die insgesamt ausgereicht hätten, um eine asiatische Provinz zu verwalten, aber dank der Tatsache, daß viele mit mir an einem Strang zogen, konnte ich mich bisweilen in Block 15 verstekken (dem Block mit französischen Häftlingen, die keine NN-Kandidatinnen waren), wo ich nicht Gefahr lief, verraten zu werden. Alles hing natürlich von der Blockowa ab, denn auch sie mußte vor Spitzeln auf der Hut sein. Unter den Französinnen gab es keine Spitzel, auch nicht unter den kriminellen Häftlingen.

Von den Ratschlägen, die in *Der Verfügbare in der Unterwelt* erteilt werden, kann man sich die aus einer Fabel merken, deren Versmaß den Fabeln von La Fontaine entlehnt ist und dessen Wortgut dem des Lagers.

> Ein armer Verfügbarer, den der Dienst jäh erwischte,
> klagt ob der Last seiner Pflicht und der Jahre,
> von beiden gebeugt, ging er schleppenden Schritts,
> im Revier für sein Leid einen Platz sich zu suchen
> oder auch auf der Brille.
> …
> Er bedenkt all sein Unglück, und er zählt seine Leiden,
> keine *Nachkelle*[60] kriegt er, die Kartoffeln bescheiden;
> Innendienstler-Appell immer mehr überwacht -
> und der Zugang zum Schlafsaal kontrolliert Tag und Nacht!
> …

60 Nachkelle: der Rest im Essenkübel, der nach dem Austeilen der Suppe übrig blieb – wurde für die im Betrieb arbeitenden Frauen aufgehoben, die außerdem auch zwei Kartoffeln zum Mittagessen bekamen.

Dann schon lieber Betrieb!, unter Schluchzen er spricht -
und schon kommt der Betrieb, und der fragt ihn dann nicht,
wie schwer an den Wunden der »Verfügbar« noch trägt,
ob er jetzt vor Verzweiflung an die Stirne sich schlägt:

Der Betrieb hat gepackt ihn – gepackt so voll Kraft,
daß er ab morgen im Betriebe schafft.

Moral:
Prügel warten an jeglicher Ecke –
nicht nötig, daß man sich nach ihnen noch strecke!

Verfügbare Häftlinge und »Schwarze Transporte«

Im Status einer Verfügbaren zu bleiben war schwierig und gefähr-
lich, denn der geringste Verstoß gegen die Lagerordnung wurde mit
Strafblock (dem Block zur Disziplinierung der Häftlinge, in dem die
Kriminellen das Sagen hatten) oder durch Bunkerhaft bestraft.
Zudem verschwanden mehrmals im Monat Häftlinge, deren Anzahl
vorher schon feststand, mit sogenannten Schwarzen Transporten
(und die Schreiberinnen wußten seit langem, daß dies ein Weg in den
Tod war).

Die für diese Transporte vorgesehenen Frauen wurden durch die
SS-Ärzte in einem Zimmer eingesperrt, das *Idiotenstübchen* genannt
wurde. Aus deutschen Archiven wissen wir, daß es sich hierbei um
die »Operation 14 f 13« (siehe auch Kapitel 8) handelte. Der letzte
Schwarze Transport fand Ende November 1944 statt. Danach gab es
nur noch Selektionen für die Ravensbrücker Gaskammer, die entweder von den Ärzten durchgeführt wurden oder durch das Arbeitseinsatz-Büro, das nach Gutdünken seine Opfer aus den Reihen der
Innendienstlerinnen und der Verfügbaren heraussuchte, die gesundheitlich nicht auf dem Posten waren oder einfach Pech hatten.

Aufgrund der Ankündigung der bevorstehenden Ankunft von
1.000 Französinnen wurde in der letzten Januarwoche 1944 vorher
eine Selektion abgehalten, zu der wir vor den Experten aufzumar-
schieren hatten. Während dieser Selektion wurde ganz in meiner
Nähe eine Französin herausgepickt, die wir Vercingetorix nannten.

Am nächsten Tag fehlten noch einige Häftlinge. Ich selbst stand an diesem Tag an einem Fenster von Block 27 und sah, wie eine Gruppe Block 28 verließ. Dabei war eine Frau, die sich wehrte und die mit Gewalt mitgenommen wurde. Warum gerade sie? Stand sie auf der Liste für diesen Transport? Oder war sie irgend jemandem unsympathisch? Ich weiß es nicht, aber das habe ich mit eigenen Augen gesehen: sie hatte die Arme über den Kopf erhoben und wand sich wie die Klageweiber auf griechischen Vasen. Weiter weiß ich nichts über sie, außer eben daß sie einige Stunden nach der großen Selektion abgeschleppt wurde. Es war Januar 1944 – eine Zeit also, in der es im Lager ganz »normal« zuging, und bis zu den Massentötungen sollte es noch ein Jahr dauern. Anise-Postel-Vinay hat unter denselben Umständen und möglicherweise auch am selben Tag mit angesehen, wie eine ganz junge Russin von den »Roten Banden« (der Lagerpolizei mit den roten Armbinden) und SS-Leuten abgeführt und im wahrsten Sinne des Wortes vor Verzweiflung verrückt wurde.

V

Block 32, ein Block für besondere Fälle: »Kaninchen«, Nacht-und-Nebel-Häftlinge, sowjetische Kriegsgefangene

Ein ganz neuer Block

Knapp eine Woche nach der Abfahrt von 900 Häftlingen in das Vernichtungslager Lublin-Maidanek wurden die Französinnen von Block 27 an der Tür zu ihrer Baracke nummernweise aufgerufen und dann in der üblichen Manier lange gezählt und wieder gezählt, was nicht ohne Gebrüll vonstatten ging. Es war das Prozedere, das normalerweise ablief, bevor Hinrichtungen stattfanden, aber da wir davon nichts wußten, verschreckte es uns auch nicht. Was die Schreiberinnen anbelangte, so waren sie bereits voll im Bilde darüber, worauf diese Maßnahme hinauslief, die in ihrer Durchführung, wenn nicht gar von der Intention her, noch harmlos war.

Dann überquerten wir in Fünferreihen den schmalen Platz, der den schrecklichen Block 27 von Block 32 trennte, einem ganz neuen und sauberen Block, dessen Blockälteste eine Deutsche mit grünem Winkel und Namen Käte Knoll war. Es wurde im Lager (verleumderischerweise) davon geredet, daß sie ihre Familie umgebracht hätte. In Wahrheit war sie nur wegen Diebstahls in Ravensbrück, aber sie stand stark in dem Ruf, ein Spitzel und eine Tratschtante zu sein. Und zwar zu Recht. Zweifelsohne war sie deswegen auf diesen Posten berufen worden. Französinnen konnte sie nicht ausstehen.

In der einen Hälfte von Block 32, die wir mit ihnen zusammen belegen sollten, fanden wir schon eingezogen polnische Studentinnen vor, die aufgrund der durch Prof. Gebhardt an ihnen durchgeführten

180

Experimente im ganzen Lager die »Kaninchen« genannt wurden. Sie waren schon alte Bekannte für uns, denn vom Tage nach unserer Ankunft an waren sie mit bei den ersten gewesen, die sich in den Quarantäneblock hineinschlichen, um uns nach aktuellen Neuigkeiten zu fragen und uns ihrerseits zu erzählen, was sie über das Lager wußten.

Gelegenheit, die Bewohner der anderen Blockhälfte kennenzulernen, hatten wir nicht. Diese Blockhälfte war zuerst Zigeunerfrauen und -kindern vorbehalten und danach weiblichen sowjetischen Kriegsgefangenen vom medizinischen Dienst der Roten Armee. Die Zigeunerkinder sind in mehreren Schüben ermordet worden, wobei die letzte dieser Mordaktionen wahrscheinlich im März 1945 in Bergen-Belsen vonstatten ging. Auch unter den sowjetischen Kriegsgefangenen fanden mehrere Hinrichtungsserien statt. Nach welchen Maßgaben hat Suhren hier seine jeweilige Auswahl getroffen? Ich weiß es nicht.

Block 32 war also ganz offensichtlich ein gefährlicher Block.

Die »Kaninchen«

Über den Zeitraum von einem Jahr, zwischen August 1942 und August 1943, wurden junge polnische Mädchen in Gruppen von fünf bis zehn Personen gewaltsam ins Revier gebracht und unter Narkose gesetzt. Als sie wieder aufwachten, hatten sie schwere Wunden an den Beinen. Einige starben kurz darauf. Diejenigen, die überlebten, litten dauerhaft an den gravierenden Folgeerscheinungen.

Gleich danach wurde bekannt, daß diese »Operationen« unter der Leitung von Prof. Gebhardt, einem SS-Arzt und Chirurgen von internationalem Ruf, ausgeführt worden waren, welcher der in der näheren Umgebung des Lagers befindlichen Klinik Hohenlychen vorstand, die den führenden Köpfen des Regimes vorbehalten war.

Die meisten der Opfer dieses Mediziners waren Studentinnen und Oberschülerinnen aus Lublin, die anderen junge Familienmütter vom Lande. Mehrere Frauen sind an den Folgen der Operationen gestorben, andere wurden erschossen, aber ihre Zahl belief sich im Oktober 1943, zum Zeitpunkt unserer Ankunft im Lager, noch auf mehr als sechzig.

Alle waren sie davon überzeugt, daß die Deutschen sie vor ihrer Niederlage noch töten und ihre Leichen verbrennen würden. Und tatsächlich: im Laufe des letzten Winters kam der Befehl, sie hinzurichten,[61] aber dies geschah zu einem Zeitpunkt, als die Massenvernichtung vor Ort in die Wege geleitet wurde und wo jeden Tag Hunderte, Tausende von Frauen im Zuge der Evakuierung aus den Konzentrationslagern im Osten wieder nach Ravensbrück zurückgebracht wurden und andere Hunderte oder Tausende das Lager mit unbekanntem Ziel verließen. Der Zählappell wurde zwar weiterhin scharf durchgezogen, aber die SS-Oberen hatten keine Ahnung mehr, wie viele Häftlinge sich eigentlich in diesem Lager befanden, wo tagtäglich Frauen starben, von denen keiner wußte, wie sie hießen.

So konnte man, mit der Hilfe einer wagemutigen Schichtbesatzung aus dem Revier oder einer couragierten Blockältesten, seine Häftlingsnummer mit der einer unbekannten Toten vertauschen und dann unter dieser neuen Identität wieder auf Transport gehen – mit dem Risiko allerdings, in einem zur Vernichtung bestimmten Transport zu landen und damit zwar einem amtlich mit Nummer registrierten Tod entgangen zu sein, statt dessen aber einem anonymen Tod entgegenzugehen. In dem obwaltenden Durcheinander entschieden sich die »Kaninchen«, wie sie sich selber nannten, fürs »Abtauchen«, d.h. für falsche Häftlingsnummern. Im weiteren Fortgang dieses Kapitels findet der Leser einen Bericht über diesen kollektiven Widerstand. Er wurde 1972 von einer der »Operierten«, Nina Iwanska, verfaßt, die sich dabei der von Wanda Kiedrzynska niedergeschriebenen Notizen bediente, welche diese im April 1961 in Polnisch veröffentlicht hatte. Ich selbst habe 1948 bei Nina einen Bericht über jene Ereignisse zusammengetragen. Sofern dieser den Bericht von 1972 ergänzt, habe ich entsprechende Datumsangaben angebracht.

---

61 Ich habe diese Anordnung natürlich nicht zu Gesicht bekommen, aber ich erfuhr von meinen polnischen Freundinnen, daß sie gesucht würden, und ich habe diese Suche miterlebt. In Kapitel 2 befindet sich die Zeugenaussage von jemand aus Himmlers Gefolge, in der diese Anordnung erwähnt wird.

Hier nun eine Liste der Opfer, aufgestellt von Nina Iwanska, die selbst eines dieser Opfer war und die ihren Widerstand organisierte:

– Vierundsiebzig Polinnen;
– zwei Ukrainerinnen, beide gestorben;
– eine Russin, gestorben;
– eine in Deutschland verhaftete Belgierin, gestorben;
– fünf deutsche Bibelforscherinnen, davon vier gestorben.

Die neun letztgenannten Frauen wurden aus dem sogenannten »Idiotenstübchen« für die Experimente ausgewählt.

In seiner 1950 verfaßten Arbeit über medizinische und ärztliche Verbrechen schreibt Dr. François Bayle (S. 1031-1050):

> Sofia Magzka, eine deportierte Polin und Doktor der Medizin, die im Ärzteprozeß als Zeugin aussagte, spricht von 74 polnischen jungen Mädchen, einer Deutschen (Zeugin Jehovahs) und einer Ukrainerin, also von insgesamt 76 Frauen, die Opfer von Vivisektionen wurden. Gebhardt selbst gibt in einer 400 Seiten umfassenden Aussage an, er habe 60 junge Mädchen und 15 Männer operieren lassen.

Im April 1961 erwähnt Wanda Kiedrzynska (»Ravensbrück«) 74 Opfer medizinischer Experimente, von denen fünf kurz nach der Operation starben und sechs erschossen wurden, aber sie hat möglicherweise die ukrainischen und die deutschen Opfer nicht mitgezählt.

Hier nun der Bericht über die Operationen, wie er von Nina Iwanska in Paris diktiert und korrekturgelesen wurde:

August 1942: die ersten Operationen

Im April 1942 wurden die Häftlinge aus dem Transport mit den 7.000er-Häftlingsnummern[62] (dieser Transport war am 23. September 1941 aus Lublin und Warschau kommend in Ravensbrück eingetroffen) im Lagerinneren eingesperrt. Und am 18. April 1942 fanden die ersten Hinrichtungen statt: vierzehn Personen aus diesem 7.000er-Transport. Als am 1. August 1942 sechs

---

62 Das waren die Frauen, die Häftlingsnummern in der 7.000er-Serie erhielten. Diese Angabe gibt uns Auskunft über den Zeitpunkt ihrer Ankunft im Lager: September 1941.

Häftlinge ins Revier bestellt wurden, dachten wir eher an Hinrichtungen denn an medizinische Experimente..., die jedoch noch am selben Tage durchgeführt wurden. Obgleich die sechs ersten operierten Frauen bewacht und von den anderen Kranken im Revier getrennt wurden, bekamen wir die Wahrheit ziemlich schnell heraus. Am 14. August 1942, zwei Wochen nach den ersten Experimenten, wurden neun weitere Häftlinge ins Revier bestellt. Die Gruppe dieser Neun entschloß sich, Protest einzulegen. Zusammen mit meiner Schwester Krystyna gehörte auch ich zu dieser Gruppe. Wir fragten an, warum man uns einbestellt habe, um operiert zu werden, wo wir doch gesund seien. Zum anderen machten wir gegenüber Dr. Fritz Fischer nochmals deutlich, daß es kein Recht gäbe, nach dem gegenüber politischen Häftlingen eine derartige Zwangsmaßnahme zulässig sei. Dr. Fritz Fischer verwies uns an die Ärzte im Revier zurück, die uns dies erklären sollten, die uns jedoch statt erläuternder Worte Spritzen verabreichten, nach denen sie uns am Morgen und am gleichen Nachmittag noch operieren konnten. (Wir waren nach dem Morgenappell ins Revier einbestellt worden, dem eine durchgearbeitete Nacht vorangegangen war!)

Die Experimente gingen in der beschriebenen Weise bis zum 16. Januar 1943 weiter; einige Opfer wurden drei-, fünf- oder sechsmal operiert.

Am 11. Februar 1943 fanden die ersten beiden Hinrichtungen an »Kaninchen« statt (man hatte sie, die sich kaum auf den Beinen halten konnten, im Revier abgeholt). Vier weitere Hinrichtungen folgten. Die letzten operierten Frauen verließen das Revier am 16. Februar 1943 mit der offiziellen Zusicherung, daß keine Vivisektions-Experimente mehr stattfinden würden.

März 1943: zweite Serie der Experimente

Am 6. März 1943 wurden fünf Häftlinge aus dem Transport mit den 7.000er-Nummern wiederum aufs Revier bestellt, wo man sie, nachdem sie untersucht worden waren, wieder zurück in den Block schickte. Am 7. März jedoch erging die Aufforderung an diese fünf Personen, sich ins Revier zu begeben..., was sie – mit einstimmiger Zustimmung aller ehemaligen Operierten – nicht taten. Wir hatten nämlich die Entscheidung getroffen, in einem Zug von Fünferreihen mit unseren Krücken zur Oberaufseherin Langefeld zu gehen, und die Frauen, die nicht selbst laufen konnten, wurden von den Kameradinnen aus Block 15 auf den

Armen dorthin getragen. Die Langefeld kam erst einmal gar nicht heraus, um uns zu empfangen, sondern rief Dr. Oberhäuser zu sich. Nachdem sie sich mit Dr. Oberhäuser besprochen hatte, erklärte sich die Langefeld bereit, unseren Vertreterinnen Jadwiga Kaminska und Zofia Baj das Wort zu erteilen. Diese erklärten ihr in unser aller Namen, daß trotz der abgegebenen Versprechen, es würden keine Experimente mehr stattfinden, hier wieder neue Opfer ins Revier zitiert worden seien. Sie würden dem aber nicht nachkommen, denn sie wollten nicht für den Rest ihres Lebens Invaliden sein, und zögen es vor zu sterben.

Die Langefeld war ziemlich hilflos und sagte zu uns, ihr sei nichts davon bekannt, daß die Experimente wiederaufgenommen werden sollten, und die Einbestellung unserer Kameradinnen habe nichts mit solchen Operationen zu tun.

Am Nachmittag desselben Tages wurden noch drei weitere Kameradinnen aufgefordert, ins Revier zu kommen, gingen aber nicht hin.

Am darauffolgenden Tag unterzeichneten alle »Kaninchen« eine kurze Petition an den Lagerkommandanten: »Die folgenden politischen Häftlinge, die Operationen unterzogen worden sind, [hierauf wurden die Namen und Häftlingsnummern angegeben] wenden sich an den Herrn Kommandanten mit folgender Frage: Ist dem Herrn Kommandanten bekannt, daß im Revier dieses Lagers hier an politischen Häftlingen ohne deren Einverständnis medizinische Experimente durchgeführt werden, die schwere körperliche Schäden zur Folge haben? Bis jetzt wurden 71 polnische politische Häftlinge operiert, von denen fünf im Revier verstorben sind [es folgten die entsprechenden Namen und Häftlingsnummern].

Auf die Frage der Frauen, warum derartige Operationen an ihnen durchgeführt würden, gab Dr. Fischer zur Antwort, daß alle entsprechenden Informationen durch die Ärzte des Reviers erteilt werden würden. Bis heute haben wir keine einzige derartige Information erhalten, und wir möchten wissen, ob solche Experimente in unseren Gerichtsurteilen vorgesehen sind, deren Inhalte wir nicht kennen. Wir bitten Sie, uns eine mündliche Aussprache zu gewähren oder uns eine Antwort zukommen zu lassen.«

Diese Petition blieb ohne Antwort, und Kommandant Suhren gewährte uns auch keine Unterredung. Im Gegenteil: er gab Order, uns allen die Bettkarten zu entziehen, was bedeutete, daß alle »Kaninchen« wieder arbeiten zu gehen hatten.

Immerhin: von März bis zum 15. August 1943 bekam niemand die Aufforderung, sich im Revier einzufinden. Aber am 15. August 1943 wurden wiederum zehn unserer Kameradinnen dorthin einbestellt, von denen fünf bereits »Kaninchen« waren. Alle zehn weigerten sich, ins Revier zu gehen. Auf die Frage der Binz, warum sie sich weigerten, erklärten sie ihr, sie würden eher den Tod in Kauf nehmen als die Experimente. Und wenn man sie wirklich zum Tode verurteilen würde, würden sie verlangen, daß das Urteil auch vollstreckt werde. Die Binz versuchte vergeblich, die zehn mit Hilfe von Polizistinnen ins Revier zu holen, aber die hatten sich unter den 500 Kameradinnen von Block 15 versteckt. Angesichts des Tumults und des Aufbegehrens entschloß sich die Binz, alle Bewohnerinnen von Block 15 wieder in den Block zurückkehren zu lassen. Eine halbe Stunde später kam sie wieder, diesmal in Begleitung von Hauptsturmführer Bräuning, um uns zu erklären, daß alle Bewohnerinnen von Block 15 exekutiert werden würden und für den Fall einer neuen Revolte schon automatische Maschinengewehre bereitstünden. Sie verlangte, die zehn ins Revier Einbestellten sollten sich melden. Einige der zehn versuchten vergeblich, der Binz und Bräuning ihren Standpunkt zu erklären, aber sie wurden gewaltsam zum Bunker geschleppt, wo man fünf von ihnen operierte. Der Block 15 mit seinen 500 Bewohnerinnen wurde zugesperrt, Türen, Fenster und Läden geschlossen und blieb drei Tage und vier Nächte lang ohne Essen, ohne Licht und ohne Luft. Trotz all dessen gaben weder die Insassinnen noch die Blockleitung (eine Deutsche und eine Polin als Stubenälteste und die tschechische Blockälteste Majenka) ihren Widerstand auf. Die Lageroberen hingegen gaben nach, indem sie Block 15 wieder aufmachten und beim ersten Appell denjenigen, die sich gegen die Revolte aussprächen, vorschlugen, woanders hinzuziehen. Von den 500 Frauen (die nicht alle politische Häftlinge waren) meldete sich keine einzige. Sie entschieden sich alle aus eigenem Willen, bei uns zu bleiben, obwohl sie von vornherein wußten, welcher Gefahr sie sich damit aussetzten.

Die geschilderten Operationen im Bunker waren die letzten.

Herbst 1943: die Hinrichtung operierter Häftlinge
(1948 erzählt von Nina Iwanska)

Die Polin Ruzia Gutek war ein »Kaninchen«. Sie wurde am
1. August 1942 operiert und (im Jahr darauf) erschossen.... Sie
hatte eine polnische Kameradin und Freundin, die in der Gartenkolonne arbeitete und sich um den kleinen Garten mit Blumen
(Stiefmütterchen und rotblühenden Salvien) kümmerte, der 1942
um das Krematorium herum angelegt worden war. Ab und zu
schlüpfte Ruzia in der Kolonne ihrer Freundin unter und begleitete sie zur Arbeit in diesen Garten. Die beiden Freundinnen
wechselten bisweilen ein paar Worte mit einem männlichen tschechischen Häftling, der in der Krematoriumskolonne damit beschäftigt war, die Leichen zu verbrennen.

Als Ruzia zusammen mit neun weiteren, durchweg polnischen
Kameradinnen, von denen drei (Ruzia und zwei andere) Zwangs-
operierte waren, im Herbst 1942 (realiter war es 1943) erschossen wurde, wollte Ruzias Freundin nicht glauben, daß da
wirklich eine Hinrichtung stattfinden würde, und übergab Ruzia,
bevor diese sie verließ, ihr Taschentuch und ein Medaillon, welches sich Ruzia um den Hals hängte; das Taschentuch steckte sie
ein.

Die Hinrichtung fand am folgenden Tag statt. Ruzias Freundin kam wie üblich zur Arbeit in den Garten am Krematorium,
wo sie die Möglichkeit hatte, einige Worte mit dem Tschechen zu
wechseln. Sie konnte ihm sagen, daß neun Frauen aus dem Lager
verschwunden waren und daß das Gerücht umging, sie seien
erschossen worden. Der Tscheche kannte ja Ruzia persönlich,
und die Freundin erzählte ihm auch von dem Medaillon (das von
Johanna aus dem Stiel einer Zahnbürste gearbeitet worden war).

Tags darauf erhielt die Kolonne Weisung, nicht beim Krematorium zu arbeiten. Wieder einen Tag später übergab der Tscheche an Ruzias Freundin das Medaillon, das sie ihr geschenkt
hatte, und sagte ihr, daß die neun Leichen am Vortag verbrannt
worden seien. Er berichtete auch, daß alle Frauen durch Genickschuß getötet und drei von ihnen vor ihrem Tode vergewaltigt
worden seien.

Der Tscheche ist später in den Bunker gesteckt worden, wo er
zusammen mit vier oder fünf männlichen Häftlingen desselben
Kommandos ermordet wurde.

Während der Jahre 1943 und 1944 nutzten die »Kaninchen« mit Intelligenz und Wagemut die quasi einhellige Unterstützung, die sie bei allen Häftlingen genossen, um zu versuchen, den Alliierten Informationen zukommen zu lassen. Es war Nina Iwanska, die auf die Idee kam, heimlich briefliche Botschaften *unter illegaler Nutzung legaler Korrespondenz* abzuschicken. Die Botschaften wurden in unsichtbarer Schrift mit Urin zwischen die Zeilen von Briefen und auf die Innenseite von amtlichen Briefumschlägen geschrieben. Die Schrift wurde sichtbar, wenn man den Brief mit einem heißen Bügeleisen überstrich.

Bei der Durchführung der Aktion, unseren Familien Nachrichten aus den Konzentrationslagern zukommen zu lassen, waren wir vier »Kaninchen«: Janina Iwanska, Krystyna Iwanska, Wanda Wojtasik[63] (heute in Krakau als Ärztin für Psychiatrie tätig) und Krystyna Czyz (heute Professorin für Geografie an der Universität Lublin). Den Rest, nämlich die Weiterleitung und Verbreitung der Nachrichten nach London (an die BBC), an den Vatikan, nach Genf (an das Internationale Rote Kreuz) und nach Fribourg (an die schweizerische katholische Mission) sowie nach Lissabon (an Piskovski), besorgten unsere Familien.

Auf diese Weise haben wir vollständige Listen von den 74 zwangsoperierten Frauen, von mehr als 160 Hingerichteten, Daten und Anzahl der in Ravensbrück angekommenen Transporte sowie der das Lager verlassenden Transporte übermittelt. Wir beschrieben die Lebensbedingungen im Lager – die Arbeit, das Essen, die hygienischen Verhältnisse, die Gaskammer, das Krematorium, die Selektionen usw.

Fotokopien dieser Briefe befinden sich bei den von der Kommission für die Geschichte von Ravensbrück in Warschau zusammengetragenen Dokumenten.

Wanda Kiedrzynska hat sie in ihrem Buch *Ravensbrück* und in *Mehr, als ein Mensch ertragen kann* (einer Sammlung von Zeugenaussagen von »Kaninchen«, in der eine die Geschichte dieser illegalen Korrespondenz nachzeichnet und worin einige Briefe in reproduzierter Form wiedergegeben sind) zitiert und vielfach abgedruckt.

63 Siehe Wanda Poltawska-Wojtasik (1987).

Auch über die folgenden außerhalb des Lagers arbeitenden Kolonnen (die Außenkolonnen) konnten wir aktuelle Informationen weiterleiten:

a) Da war zunächst die Kolonne, der die Gartenpflege für die Klinik Hohenlychen-Templin[64] oblag. Der Leiterin dieser Kolonne (Teresa Taczukowa) gelang es, Kontakt mit dort arbeitenden französischen Kriegsgefangenen aufzunehmen, die sich wiederum darum kümmerten, die Informationen an Angehörige der französischen Résistance weiterzuleiten. Teresa Taczukowa schaffte es auch, mit Hilfe von polnischen Landarbeitern Briefe nach Polen zu schicken und solche aus Polen zu empfangen. Das funktionierte länger als ein Jahr, bis die Polen an einen anderen Ort umgesetzt wurden.

b) Dem sogenannten »Ladekommando« (Leiterin: Antonina Kotrowska) gelang die Kontaktaufnahme mit polnischen Kriegsgefangenen (Stalag II A in Neustrelitz), mit deren Hilfe gleichfalls Briefe verschickt wurden und Bücher zu uns kamen.

c) Die in der Holzschuhfabrik Uppenthala arbeitende Kolonne fand Mittel und Wege, Briefe abzusenden, da sich in der Nähe des Eingangs zur Fabrik ein Briefkasten befand.

d) In der Neubrandenburger Flugzeugfabrik, wo eine aus polnischen Häftlingen bestehende Kolonne tätig war, entwickelte sich ein Kontakt zu polnischen Offizieren (Oflag II D). Als das Oflag II D nach Groß-Born verlegt wurde, gründeten die Offiziere sogar ein »Hilfskomitee für die Ravensbrück-Häftlinge« (Briefe, Päckchen, Suche nach Familienangehörigen).

In allen obengenannten Kolonnen hatten die »Kaninchen« Freundinnen, die es übernahmen, ihre Briefe abzuschicken, gar nicht zu reden davon, daß sie es trotz des seit April 1942 bestehenden formellen Verbotes, außerhalb des Lagers zu arbeiten, auch schafften, in mehrere dieser Kolonnen, vor allem ins Ladekommando und in die Gärtnerkolonne für die Hohenlychener Klinik, hineinzukommen.

Die Liste der im Lager zwangsoperierten Frauen und eine Beschreibung der ihnen zugefügten Verstümmelungen wurden in zwei Exemplaren im Wald vergraben, wo eine polnische Kolonne arbeitete.[65]

---

64 Es sei daran erinnert, daß diese Gebhardt, einem Freund Himmlers, gehörende Klinik Himmler zur Verfügung stand, als dieser im April 1945 Graf Bernadotte treffen wollte – siehe auch Kapitel 2.
65 Einer der beiden vergrabenen Berichte ist wiederaufgefunden worden.

1942 oder 1943 zogen einige wenige Polinnen unter Aufsicht einer neunzehnjährigen Aufseherin, welche sie sich gefügig gemacht hatten, in einer kleinen Kolonne in den Wald zum Holzsägen. Ein Waldhüter brachte sie zu einem Feld mit Kartoffeln, die die Kolonne in trauter Gemeinschaft stahl und verspeiste, nachdem man sie in der Glut des Holzfeuers gegart hatte. Und im Boden der Hütte des Waldhüters wurde auch einer der Berichte vergraben.

Als »alteingesessene« und von allen Kameradinnen (auch von den Kriminellen) geschützte Häftlinge konnten die »Kaninchen« in Kolonnen hineingelangen, in denen die Arbeit nicht so schwer war. Sie bekamen ab und an Päckchen und besaßen saubere Anziehsachen, vergaßen darüber aber nie, daß sie von der SS niemals auf freien Fuß gesetzt werden würden und kaum eine Chance hatten, jemals lebend aus dem Lager herauszukommen.

Die Rettung der »Kaninchen« im Januar und Februar 1945

Ich weiß noch, wie ich mit Angst und Schrecken an die »Kaninchen« dachte, als am 18. Januar 1945 zum ersten Mal ein Generalappell während der Arbeitsstunden stattfand. Während dieses Appells wurden die sechs oder sieben »Kaninchen«, die nicht gehen konnten, in den Blocks der Häftlinge mit ansteckenden Krankheiten versteckt (Blocks 6, 7, 10 und 11), in die die SS-Krankenschwestern nie einen Fuß setzten, aus denen sich Dr. Winkelmann aber einige Tage später ganze Lastwagenladungen von Opfern für die Gaskammer holte.

Einen Monat später, am 4. Februar 1945, wurde dieser Befehl während des Morgenappells vor den Häftlingen des NN-Blocks verlesen (der NN-Block war zu diesem Zeitpunkt nicht mehr Block 32, sondern 24): »Die ›Kaninchen‹ dürfen den Block nicht verlassen...«

Dank Grete Buber-Neumann, die die Information von einer seit mehreren Jahren in der Küche für die SS-Leute arbeitenden deutschstämmigen Polin erhalten hatte, war dieser Befehl denen, die er betraf, bereits bekannt. Die Frau aus der SS-Küche sprach oft mit der Binz, und von der hatte sie auch diese Information, die sie gleich nach Erhalt an Grete weiterleitete.

Hier nun die Erinnerungen von Nina Iwanska an jenen 4. Februar 1945 (aufgezeichnet 1948):

In jener Nacht hatten sechs Frauen (eine Belgierin, zwei Norwegerinnen, zwei Französinnen und eine Polin) den jungen zwangsoperierten Häftlingen den Vorschlag gemacht, mit ihnen die Häftlingsnummern zu tauschen und sich an ihrer Stelle erschießen zu lassen.

Wir hatten wirklich keinen Zweifel daran, daß da eine Massenhinrichtung bevorstand. Unsere russischen Kameradinnen von der Roten Armee, die mit uns im selben Block wohnten und als Monteurinnen arbeiteten, beschlossen, im ganzen Lager den Strom abzuschalten, um zu versuchen, den Morgenappell später stattfinden zu lassen, und so konnte der Appell nicht abgehalten werden, weil es stockdunkel war. Ungeachtet dessen wurde der Block 24 von Aufseherinnen und Polizistinnen umstellt. Von Tagesanbruch an wußte das ganze Lager Bescheid, in welcher Gefahr die »Kaninchen« schwebten. Eine Kolonne von Verfügbaren (Leiterin: Skalska), die in der Nähe von Block 24 war, und die Kolonne der Kaffeeholerinnen (50 Russinnen; Leiterin: Dola) stürzten sich unter die Bewohnerinnen des Blocks 24, die sich für den Appell in Reihe aufgestellt hatten, um die Truppe durcheinanderzubringen und den »Kaninchen« zu ermöglichen, sich zu retten. Dank dieser Inszenierung und später durch die Mithilfe aller Blockältesten konnten die »Kaninchen« rasch versteckt werden – mit Ausnahme von Jadwiga Kaminska und Zofia Baj, die zur Kommandantur gingen, um mit Binz und Schwarzhuber zu diskutieren. Die beiden gaben im übrigen vor, es gehe darum, die »Kaninchen« für den Fall der »Evakuierung des Lagers« in Sicherheit zu bringen, aber Schwarzhuber war so dumm, von einer Evakuierung nach Groß-Rosen zu sprechen, wovon wir wußten, daß dort bereits die Rote Armee stand.

Die Vertreter der Lagerleitung versuchten noch in mehreren Anläufen, Kaminska und Baj dahingehend zu beeinflussen, daß sie uns überzeugen sollten, klein beizugeben, aber obgleich wir um ihr Leben bangten, beschlossen wir, nicht nachzugeben, wobei wir inständig hofften, Kaminska und Baj würden nach jeglicher Diskussion mit Binz, Suhren usw. heil und gesund zu uns zurückkehren, da das ganze Lager hinter uns stand.

Inzwischen waren wir mit der Hilfe aller Blockältesten und der in der Politischen Abteilung beschäftigten Frauen unsere alten 7.000er-Häftlingsnummern los geworden, indem wir die Nummern toter, meist aus Auschwitz kommender Kameradinnen annahmen. Aber wenn wir auch, wie geschildert, »protegiert« wurden – dieses Versteckspiel wurde immer gefährlicher, und zwar nicht nur für uns selbst, sondern für alle anderen auch. Darum faßten wir den Beschluß, daß achtzehn von uns mit verschiedenen Transporten mitfahren sollten, um das tägliche Problem zu entlasten, diejenigen in Ravensbrück zu verstecken, die noch nicht laufen konnten.

Ich selbst fuhr mit einer Gruppe von zehn Häftlingen nach Neustadt-Glewe in eine Munitionsfabrik, von wo aus ich die Flucht ergriff, der Freiheit entgegen, ... die so lange nicht zu mir gekommen war.

Die SS inszenierte bis zur Befreiung noch vier unplanmäßige Appelle, um der »Kaninchen« wieder habhaft zu werden. In letzter Minute fanden sich Kameradinnen aus anderen Blocks bereit, ihre Rolle zu spielen. Denise Vernay war eine von ihnen. Das ganze Lager wußte um das Drama der »Kaninchen«. Sie sind nie verpfiffen worden.

1944 als NN-Häftling in Ravensbrück

In den ersten Februartagen 1944, als zwei von vier französischen Transporten (die mit den 21.000er- und den 24.000er-Nummern) von Block 27 nach Block 32 verlegt wurden, wußte kein Ravensbrücker Häftling, warum dies geschah, aber nur einige wenige Tage später erfuhr das ganze Lager, daß wir NN-Häftlinge waren und daß NN Nacht und Nebel bedeutete. Woher hatten wir das erfahren? Mit Sicherheit von den Schreiberinnen.

Einige Tage oder Wochen vergingen, bis über die genannten Quellen (oder auch durch einen musikbegeisterten Häftling) ein inhaltlicher Bezug hergestellt werden konnte zwischen den nichts Gutes verheißenden beiden Buchstaben auf unseren Akten und dem 3. Akt der Oper *Das Rheingold*, in dem Alberich in seinem unterirdischen Reich die unsichtbar machende Zauberformel spricht »Nacht und Nebel, niemand gleich...«

Hier waren wir bis zur Befreiung mit unserem Latein am Ende, und im Oktober 1944 (das ist ungefähr die Zeit, in der *Der Verfüg-*

bare in der Unterwelt spielt) wurde unser damaliger Kenntnisstand in der folgenden Szene wahrheitsgetreu wiedergegeben:

> *Der Naturalist* (fährt fort in seinem Vortrag über die unbekannte Spezies mit Namen Verfügbar): Aus juristischer und administrativer Sicht ist der Stellenwert des Tiers alles andere als geklärt... (Er wird brüsk unterbrochen).
>
> *Schwarzer Winkel* (mit starkem deutschem Akzent): Arbeiten, los, schnell!...
>
> *Chor der Verfügbaren*: Ist mir egal, du kannst mich mal!
>
> *Schwarzer Winkel* : Aber dann wirst du auf Transport geschickt...
>
> *Chor* : Ich geh' doch nicht auf Transport...
>
> *Schwarzer Winkel* (verdutzt): Warum nicht?
>
> *Chor* : Weil ich aus Block 32 bin...
>
> *Schwarzer Winkel* : Wieso bist du aus Block 32?
>
> *Chor* : Weil ich NN bin...
>
> *Schwarzer Winkel* : Was soll denn das heißen – NN?
>
> *Chor* : Es bedeutet, daß ich nicht auf Transport gehe...
>
> *Schwarzer Winkel* : Warum bist du NN? (wird sehr nachdenklich) NN – das heißt sicherlich irgend etwas...
>
> *Chor* : Natürlich. Es heißt »Nacht und Nebel«...
>
> *Schwarzer Winkel* : Ich verstehe nicht...
>
> *Chor* (singt nach der Melodie von »Drei Walzer«): Wir sind nicht das, was alle denken / Wir sind nicht das, was jeder schnackt / Denn unser großes Geheimnis / Gestapo hat's nicht ausgepackt...

In den Jahren 1945 und 1946 fragten sich meine Kameradinnen und ich noch, ob es wohl Himmler oder einer seiner Untergebenen war oder Hitler selbst, der auf die Idee gekommen war, diese barocke und unheilverkündende Terminologie zu benutzen, um über einen relativ kurzen Zeitraum damit geheime Unterlagen zu kennzeichnen, wovon uns 1944 nur bekannt war, daß uns diese Buchstaben von den anderen Häftlingen absonderten.

1970 erschien es mir aus dem Bemühen heraus, eine Erklärung dafür zu finden, warum die Buchstaben NN auf den Akten auftauchten und wieder verschwanden, noch am wahrscheinlichsten, daß es Bemühungen gegeben haben muß, drei miteinander in Zusammenhang stehende Dinge unter einen Hut zu bringen: Anfang 1942 schaffte es die Militärgerichtsbarkeit nicht mehr, die sich häufenden »Fälle« von Widerstandsleistung aufzuklären; dies war auch der Zeitpunkt, zu dem der Bedarf an Arbeitskräften vorrangig zu werden begann, und in etwa die Zeit, in der Himmler die Idee entwickelt haben könnte, zusammen mit einer sehr kleinen Gruppe vollständig abhängiger Leute die direkte Verwaltung der durch die Arbeitskräfte in den Konzentrationslagern erarbeiteten Gewinne zu übernehmen.

Fest steht, daß von einem bestimmten Datum an alle großen Fälle, die keiner »unverzüglichen gerichtlichen Lösung« zugeführt werden konnten, hinfort als NN eingestuft wurden, was es ermöglichte, aus den auf diese Weise verfügbar gemachten Arbeitskräften Nutzen zu ziehen.

Innerhalb der geschilderten These bedeutete »Nacht und Nebel« für die Leitung der Konzentrationslager praktisch Menschenmaterial, das genutzt werden konnte, das aber für den Fall einer eventuellen zusätzlichen gerichtlichen Beweiserhebung im Auge behalten werden mußte. Daher auch das Verbot für alle NN-Häftlinge, in Außenkommandos von Ravensbrück zu arbeiten und Sonderdienste außerhalb des unmittelbaren Lagergeländes zu verrichten, und sei es auch nur für einen halben Tag. Die Nazi-Behörden stellten bald fest, daß solche nachträglichen weiteren Beweiserhebungen niemals stattfanden (außerdem waren sie durch die große Anzahl von Verhaftungen überfordert), und verzichteten auf die Möglichkeit, einen Vorgang wiederaufzurollen. So tauchten die mysteriösen Buchstaben zwar auf neuangelegten Akten nun nicht mehr auf, auf den »alten« Akten zogen sie jedoch quer durch alle Sekretariate von Konzentrationslagern weiter ihre oftmals unheilvolle Bahn.

1944 und später 1945 und 1946 bin ich keiner einzigen deportierten Frau begegnet, die *nach Juli 1943* als NN eingestuft worden ist. Alles deutet darauf hin, daß die Kategorie »NN« außer Gebrauch gekommen war, aber das genaue Datum der entsprechenden Anordnungen ist nicht bekannt. Es hat den Anschein, als hätten die Gestapo-Beamten um diese Zeit herum einfach aufgehört, sich dieser Art von Kennzeichnung weiter zu bedienen, merkwürdigerweise geschah dies jedoch, kurz bevor diese Klassifizierung in den Lagern eine Rolle zu spielen begann.

Im November 1949 hatte meine Freundin und Résistance-Kameradin Yvonne Oddon (die am 17. Februar 1942 von dem deutschen Militärrichter Roskoten zum Tode verurteilt worden war) die Gelegenheit, diesen Richter zu befragen, der freiwillig erschienen war, um bei dem Prozeß gegen den Spitzel Albert Gaveau als Zeuge auszusagen. Den Angaben von Roskoten zufolge tauchte die Bezeichnung »NN« erst Anfang 1942 auf den Akten auf (zumindest ist sie ihm erst von dieser Zeit an aufgefallen); diese Bezeichnung wurde im übrigen nur von der Polizei angebracht und war geheim.

Die ersten französischen NN-Häftlinge trafen am 1. August 1943 in Ravensbrück ein. Sechs Tage zuvor hatten sie Paris verlassen und erhielten 21.000er-Häftlingsnummern, ohne daß ihnen an der Art, wie man sie behandelte, irgendwie hätte auffallen können, daß zwei Buchstaben auf ihren Akten sie zu einer besonderen Art von Häftling machten. Das gleiche traf auf unseren Transport mit den 24.000er-Nummern zu, zumindest zwischen Anfang November 1943 und Anfang Februar 1944, dem Zeitpunkt, zu dem die NN-Häftlinge separiert wurden.

Was bedeutete es nach Ansicht der Nazis, ein NN-Häftling zu sein?

Abbé Joseph de La Martinière (der am 12. Mai 1942 verhaftet und als NN-Häftling nach Hinzert deportiert wurde) hat deutsche Archive durchforscht, und aufgrund seiner Untersuchungen wissen wir, daß die Erfindung der Kategorie »NN« wohl auf Hitler zurückgeht, der sie Keitel aufzwang. Keitel kommentiert diese Anordnung am 24. Dezember 1941 so: »In Zukunft wird in den besetzten Gebieten mit größter Härte vorgegangen werden können; es müssen generell Todesstrafen verhängt werden (...). Das OKW hat darüber zu wachen, daß die Todesurteile schneller vollstreckt werden.« (Joseph de La Martinière, S. 4)

General Keitel erklärte bei seinem Prozeß in Nürnberg, daß das schlimmste aller durch ihn begangenen Verbrechen in seinen Augen auf den Nacht-und-Nebel-Erlaß zurückgehe, der ihm am 7. Dezember 1941 von Hitler persönlich aufgezwungen worden sei (W.L. Shirer, II, S. 341-342).

Die ersten NN-Transporte von Frauen wurden verstreut in Gefängnissen und Festungshaftanstalten untergebracht, die nicht der SS unterstanden. Diese Frauen waren nämlich durch Dienste verhaftet worden, die in den Bereich des Militärbefehlshabers von Frankreich oder Belgien, also zur regulären Armee, gehörten, und diese Dienste waren die Feldgendarmerie, die Geheime Feldpolizei und die Abwehr.

Der Erlaß selbst, datiert vom 7. und vom 12. Dezember 1941, ist von Keitel unterzeichnet. Er zielt darauf ab, »einen wirkungsvollen und dauerhaften Abschreckungseffekt« (...) zu erzielen, »der (...) nur durch die Todesstrafe herbeigeführt werden kann oder durch Maßnahmen, die geeignet sind, die Angehörigen und die Bevölkerung über das Schicksal der Schuldigen im Ungewissen zu lassen« (Joseph de La Martinière, S. 7-12 und 42).

Die ersten nach Deutschland deportierten NN-Kandidaten waren Lothringerinnen aus Joeuf und Jarny: Schwester Elisabeth (Joséphine Krebs), Schwester Eustache (Marie Wachs), Andrée François, Berthe Bonino, Emma Lalevée, Lucie Primot ...

Danach wurden die Gruppen in Festungshaft eingeliefert, die zusammen mit Anne-Marie Boumier, Anne Noury, Elisabeth Dussauze, Jeanne Sivadon verhaftet worden sind, dann die vom Musée de l'Homme, Sylvette Leleu, Yvonne Oddon usw. Sie wurden zum Tode verurteilt, nicht begnadigt, saßen aber in Haftanstalten ein, die der Justiz oder der Armee unterstanden...

Dies alles sollte nun 1942 unter der Federführung Himmlers aufgrund eines vom 4. August 1942 datierten Rundschreibens ein Ende haben, das mit Hoffmann unterzeichnet war (Hoffmann war im Reichssicherheitshauptamt mit allen den NN-Erlaß betreffenden Aufgaben betraut). Hier der Text:

Durch Erlaß des Leiters des OKW vom 12. Dezember 1941 über die Verfolgung von gegen das Reich gerichteten Handlungen ..., kurz Nacht-und-Nebel-Erlaß genannt, wurde verfügt, daß Personen in den besetzten Gebieten, die gegen das Reich gerichtete Handlungen begehen ..., zum Zwecke der Abschreckung in das Reich zu überführen sind. Sie sollen vor ein Sondergericht gestellt werden. *In Fällen, wo dies, aus welchen Gründen auch immer, nicht möglich ist, sollen diese Personen in Konzentrationslager verbracht werden...*

Auf diese Weise gerieten, »aus welchen Gründen auch immer«, alle NN-Häftlinge, wie andere auch, unter die ausschließliche Kontrolle Himmlers, der, mißtrauisch und vorsichtig, wie er war, Order gab, diese Häftlinge müßten im Falle einer Überprüfung tot oder lebendig wiederauffindbar sein. Und hier lag auch der Grund dafür, daß wir 1944 in Block 32 saßen und als NN-Häftlinge nicht zu Arbeitskommandos herangezogen werden durften.

Himmlers Anordnung betreffs der Hinrichtung von Ausländerinnen

In den Archiven des Museums von Mauthausen befindet sich eine als »Geheime Unterlage« gekennzeichnete und an die Kommandanten der Konzentrationslager gerichtete Order, datiert vom 22. Januar 1943 in Oranienburg:

.Betrifft: Vorschrift für die Anwendung von Todesstrafen

Sie finden anliegend die Kopie einer neugefaßten Anordnung, betreffend die Anwendung von Todesstrafen, deren strikte Beachtung durchzusetzen ist.

Unter Nummer III, Abschnitt g, wird gefordert, daß eine Kopie des Exekutions-Befehls sowie eine Kopie des Exekutionsprotokolls wie in der Vergangenheit auch unseren Dienststellen zu übermitteln sind.

Die Texte der bis dato in Kraft befindlichen Vorschriften sind an unsere Dienststellen zurückzusenden.

Betreffs der Hinrichtung von Frauen hat der Reichsführer SS und Chef der deutschen Polizei angeordnet, daß deutsche Frauen der Justiz wieder zu überantworten sind, wohingegen die Hinrichtung ausländischer Frauen wie bei Russen und Juden nach einem vereinfachten Verfahren zu erfolgen hat. Der Reichsführer

wünscht, daß die zum Tode verurteilten Frauen keinen Anhaltspunkt über den Zeitpunkt ihrer Hinrichtung bekommen sollen.
Die oben ausgeführten Anordnungen des Reichsführers sind
von nun an anzuwenden.

Der Leiter des Hauptbüros
SS-Obersturmbannführer

2. März 1945: Abtransport von NN-Häftlingen nach Mauthausen

Am 2. März 1945, der deutsche Zusammenbruch war – acht Wochen
vor Hitlers Selbstmord – bereits in vollem Gange, gelang es dem
Lagerkommandanten von Ravensbrück, einen ganzen Eisenbahnzug
zu requirieren und rund tausend Frauen und Kinder, die zu einem
Personenkreis gehörten, deren Ermordung die SS mit besonderem
Eifer betrieb, mit diesem Zug durch ganz Deutschland, von einem
Ende zum anderen, fahren zu lassen: es waren Zigeunerkinder mit
ihren Müttern und 700 französische und belgische Résistancekämp-
ferinnen und obendrein NN. Keiner glaubte daran, man würde sie
zum Skifahren nach Tirol schicken – diese Verlegung kann nur mit
einer globalen Anordnung Himmlers erklärt werden, zum Beispiel
mit jener, auf die man in Ohrdruf stößt (siehe Kapitel 2).

Neben anderen Fakten, die diese Vermutung rechtfertigen, möchte ich hier das Verhalten von Suhren einen Monat später, also am
2. April, nennen. An diesem Tag forderte das Genfer Rote Kreuz
mit einer Weisung Himmlers die Herausgabe von 300 Französinnen.
Der anwesende Suhren setzte sich persönlich dafür ein, daß dabei
kein einziger französischer NN-Häftling (von denen es noch viele im
Lager gab) in Freiheit kam, und ließ, um die geforderte Zahl voll zu
machen, statt dessen lieber Opfer ins Lager zurückbringen, die bereits im Vernichtungslager Uckermark »zwischengelagert« worden
waren. Ich war dort, ich bin NN gewesen, und ich habe es gesehen.

Am 1. März, als ihr Block umstellt war, wußten die Französinnen
bereits, daß der Transport nach Mauthausen gehen würde und daß es
»ein sehr schlechter Transport« war. Wie hatten sie das erfahren?
Ich weiß es nicht, aber man hat mir gesagt, daß es von Schwarzhuber
persönlich gekommen sei. Das ist nicht ausgeschlossen, denn dem

Anschein nach redete er viel und trank auch ganz ordentlich. So war zumindest der Ruf, den er in Auschwitz hatte.

Der einzige Gedanke, den die Häftlinge hatten, war der, nicht von der französischen Gruppe getrennt zu werden, und so hatten viele NN nicht im Sinne zu fliehen, wenn ihr ganzer Block mit auf diesen selben Transport gehen würde. Es gab sogar Häftlinge, denen es gelungen war, sich zu verstecken und die nun auf schnellstem Wege wieder zu denen zurückkamen, die sich aus Gleichgültigkeit oder Unkenntnis hatten in die Falle locken lassen. Auch mehrere Französinnen aus anderen Blocks rangen sich dazu durch, bei den NN zu bleiben.

Es gab viele NN-Häftlinge, die nicht aus dem Lager abfuhren und nach denen auch niemand suchte. Ich wußte, daß üblicherweise mehrere von ihnen in dem Zwischenraum zwischen Decke und Dach ihres Blocks versteckt saßen und weitere in einer anderen Baracke Unterschlupf gefunden hatten.

In jener Nacht jedenfalls schienen die »roten Armbinden«, die eigentlich zum Aufpassen da waren, beide Augen zuzumachen, vermutlich deshalb, weil die bösartigsten SS-Leute anderswo beschäftigt waren.

Trotz des Kommens und Gehens zwischen der Gruppe von Französinnen, die abfahren wollten, und denen, die bleiben wollten, fehlten eine Menge Häftlinge, und Schwarzhuber, der die Jagd leitete, griff sich wahllos irgendwelche anderen Frauen heraus, um die von Suhren vorgesehene Zahl voll zu machen.

Am nächsten Tag, im Verlaufe des Nachmittags, fand ein Generalappell und eine Selektion für die Vernichtung vor Ort statt, wovon, im Gegensatz zu der Treibjagd vom Vortag, vorher nichts durchsickerte.

Die französischen und belgischen NN-Häftlinge fuhren auf dem Weg nach Mauthausen zu je 80 in einem Eisenbahnwaggon drei Tage lang quer durch Deutschland und die Tschechoslowakei. Die sechs Kilometer lange Strecke zwischen Bahnhof und Lager hatten sie zu Fuß zurücklegen müssen, und mehrere wurden unterwegs erschossen.

Nach der Ankunft in Mauthausen landete ein Teil der körperlich am meisten geschwächten Frauen in der Leichengrube von Bergen-Belsen, wohingegen die jüngeren nach Amstetten geschickt wurden, um dort in Zwölf-Stunden-Schichten, von Mittag bis Mitternacht, Enttrümmerungsarbeiten zu leisten. Die erste Schicht wurde durch einen englischen Bombenangriff dezimiert, bei dem es 300 Tote gegeben haben soll.

Die am 2. März 1945 aus Ravensbrück abtransportierten Häftlinge sollten am 22. April 1945 vom internationalen Roten Kreuz befreit werden. Der deutsche Historiker Hermann Langbein beschreibt diese Befreiung folgendermaßen (1981, Seite 446):

> Zum allgemeinen Erstaunen tauchte eines Tages eine lange Reihe weißer Autos mit dem Zeichen des Roten Kreuzes in Mauthausen auf. Am 22. April wurden 756 Häftlinge – in der Mehrzahl Französinnen und Belgierinnen – sowie 65 Männer aufgerufen, um in diesen Autos in die Schweiz gebracht zu werden.

In ebendiesem Lager sollte die SS zwischen dem 21. und dem 25. April noch mehr als 1.000 männliche Häftlinge vergasen (siehe Anhang 3 der französischen Originalausgabe) und später, am Morgen des 28. April, 33 österreichische Kommunisten ermorden.

Raoul Hilberg[66] berichtet, daß für die Gefangenentransporte sowohl sogenannte Regelzüge als auch Sonderzüge eingesetzt wurden und daß auf dem Gebiet des Reiches (einschließlich Österreich und Polen) täglich 130.000 Güterwaggons abgefertigt wurden. Die Richtzahl transportierter Personen pro Zug scheint bei 1.000 gelegen zu haben (aber »1944 erreichten die Transporte ungarischer Juden Stärken von durchschnittlich 3.000 Personen«). In dem Zug, der unsere Kameradinnen nach Lublin-Maidanek brachte, befanden sich jedoch, der Berechnung der Schreiberinnen zufolge, nur 900 Personen, woraus sich die Frage ergibt, ob in diesem Zug nicht noch ein Transport mit 100 oder 200 männlichen Häftlingen mittransportiert worden ist.

---

66 Raoul Hilberg, Universität Vermont, Teilübersetzung von Michèle Carlier (»Nazideutschland und der Völkermord an den Juden«, Seiten 222 und 223).

VI

Überleben in Ravensbrück

Eine zweite Hierarchie

Überleben in Ravensbrück zwischen 1939 und 1942 implizierte sowohl eine große moralische und physische Widerstandskraft als auch ein Zusammentreffen mehrerer günstiger Umstände. Waren Widerstandskraft und günstige Umstände gemeinsam gegeben, so hatten die Häftlinge, auf die solches zutraf, Zeit, sich den Spürsinn anzueignen, der eine alte Ratte auszeichnet; und wenn die alte Ratte dann jemals noch Beziehungen zum deutschen Alphabet unterhalten hatte, dann konnte sie sich innerhalb der inoffiziellen Lager-Hierarchie etablieren, was ihre Überlebensschancen vorübergehend erhöhte, aber auch ohne auf einem »guten« Posten unterzukommen, genoß sie schon allein aufgrund ihrer niedrigen Häftlingsnummer unsere Beachtung und Rücksichtnahme.

Wir haben in Kapitel 4 Einzelheiten dieser »inoffiziellen Lager-Hierarchie« behandelt, deren höchster Rang in den Männer-Konzentrationslagern als die »Prominenten« bezeichnet wurde. In Ravensbrück waren, soviel ich weiß, die Posteninhaberinnen innerhalb dieser Hierarchie glücklicherweise fast alles »Politische«.

Über ihre Schreibmaschine liefen die Einnahmen und die Ausgaben des Lagers, die von der SS durchgeführten Vergasungen, der Briefwechsel und die ungezählten Listen für die Transporte. Sie hatten in alles Einblick, waren gesund, jung, elegant, bisweilen intelligent, mutig und hübsch, und die führenden SS-Leute des Lagers hatten, oftmals seit mehreren Jahren, täglichen Kontakt mit ihnen. Es gab jedoch ein ausdrückliches Verbot, das Fleisch schwach werden zu lassen, und dieses Verbot stammte von dem sehr gefährlichen Herrn und Meister Himmler...

Kurz gesagt: allem Anschein nach wurde das Fleisch auch nicht schwach, aber es wurde natürlich darüber geredet. Und ich glaube, daß ein Gutteil der im Lager umlaufenden Informationen aus dieser Quelle kamen. Woher sollten wir sonst wissen, was in Lublin oder in Mauthausen passierte? Denn wenn wir auch ein reges Kommen und Gehen von Häftlingen zwischen Ravensbrück und Auschwitz hatten, so weiß ich doch nichts von dergleichen zwischen Mauthausen oder Lublin-Maidanek und Ravensbrück.

Hier ein Beispiel für eine der merkwürdigen Unterhaltungen zwischen SS und Häftlingen: 1945 erfährt eine freundliche, neunzehn Jahre junge polnische Krankenschwester, daß rund hundert bei einem Bombardement verletzte Polinnen vernichtet werden sollen, und sie geht zu Treite mit der Bitte, die Frauen zu retten. »Ich kann es nicht«, antwortet Treite, »aber wenn Sie wollen, können Sie einen Namen auf jeder Seite ausradieren...« Iola kannte keine der verletzten Frauen, und so radierte sie nach Gutdünken zwei Namen aus. Heute ist sie Doktor der Medizin.

In den Blocks der »Privilegierten« hatten wir Kameradinnen, die keinerlei Kompromisse eingingen, Risiken auf sich nahmen und gegenseitige Hilfe und Beistand in die Tat umsetzten. Solches traf in Ravensbrück auf Kafkas Freundin Milena Jesenská zu, in Auschwitz auf Danielle Casanova und auf viele andere. Milena starb nach einer Operation und einer Bluttransfusion, denen zusammen sie vielleicht nicht standzuhalten vermochte, die aber nicht dazu unternommen wurden, sie zu töten. Wie Danielle Casanova auch, starb sie in einem richtigen Bett mit sauberer Bettwäsche und umgeben von der Liebe und Achtung fürsorglicher Freundinnen.

Charlotte Delbo beschreibt uns in einem Buch, in dem sich nachvollziehbare, treffende erzählerische Bilder mit überprüfbaren Daten paaren (*Der Transport vom 24. Januar*), daß neben dem Bett der sterbenden Danielle Casanova ein paar Scheiben Zitrone auf einer Untertasse lagen und in einem Wasserglas ein Veilchenstengel stand... An jenem 9. Mai gab es irgendwo in Auschwitz blühende

Veilchen, und jemand aus der Gartenkolonne konnte für sie eines pflücken – aber am selben Tag waren ein paar Schritte entfernt eben auch die vier Gaskammern in Betrieb.

Der Status der Blockältesten und Stubenältesten lag eindeutig unter dem der Schreiberinnen, aber auch hier waren die »Politischen« in der Mehrzahl, und in Ravensbrück traf man nur bei den Lagerpolizistinnen auf ähnlich brutale und perverse Typen, wie sie in den Männerlagern ihr Unwesen trieben. Leider Gottes hatten wir gerade mit ihnen am meisten zu tun – wir anderen, die Verfügbaren, die letzte Kategorie der Arbeitenden, und obendrein waren wir auch noch Französinnen, die unter den Nationalitäten den vorletzten Stellenwert einnahmen.

Die Unterschiede in den Lebensbedingungen, die bei einer Lagerpolizistin oder einer polnischen, tschechischen oder deutschen Blockältesten relativ üppig waren, und der französischen Plebs, zu der ich gehörte, waren größer als als die zwischen dem Lebensstandard der englischen Königin und der Bewohnerin eines Londoner Nachtasyls. Eine Blockälteste war gut gekleidet, hatte einen kleinen »Hofstaat« um sich und verfügte über eine effektive Macht gegenüber allem, was nicht kuschte. War sie etwa nicht in der Lage, einem Häftling, der sich nichts anderes hatte zuschulden kommen lassen, als ihr nicht zu gefallen, fünfundzwanzig Stockhiebe verabreichen zu lassen oder sechs Monate Strafblock, und verfügte sie damit nicht über eine Macht, die weiter reichte als die moderner Königinnen? Und ich wette darauf, daß der zerlumpteste und verhungertste weibliche Londoner Clochard besser dran war als einige meiner armen Kameradinnen.

Eines Tages werden wir die Zeugenaussagen über die Konzentrationslager zu einer Sammlung vereinigen, und an diesem Tag werden wir uns daran erinnern müssen, daß es tausend verschiedene Lager in jedem KZ gab und daß für einige Leute Dinge, die sie nicht unmittelbar betrafen, auch nicht existierten. So hat in Ravensbrück eine meiner Freundinnen, die gerade aus Auschwitz angekommen war, das Gespräch zweier deutscher »grüner Winkel« aus ihrem Transport mit angehört, die sich über ihre Art aktueller Befindlichkeit unterhielten und wo eine zur anderen sagte: »Was für ein dreckiges

Lager das hier ist. Da waren wir in Auschwitz weitaus besser dran.« In dieser Zeit wurden in Auschwitz massenweise Menschen ermordet, und diese Morde waren in keiner Weise verschleiert oder verheimlicht worden, wohingegen in Ravensbrück eine Massenvernichtung nicht – noch nicht – stattfand. Mit welcher Masche mögen diese beiden niederträchtigen Weibsstücke wohl in Auschwitz durchgekommen sein? Wir werden es nie erfahren, aber es hatte sicherlich etwas damit zu tun, daß sie sich Brotstücke sterbener Mithäftlinge unter den Nagel rissen.

Ein anderes Gespräch aus derselben Kiste:»Ach, wie ist er doch schön, unser Schutzhaftlagerführer!« (Es ging um Schwarzhuber.) Antwort der Gesprächspartnerin:»Und vor allem ist er so gut...« Die Freundin, die mir diese Unterhaltung weitererzählte, brachte uns damit ziemlich zum Lachen. Diese Geschichte hat sich, glaube ich, im Januar 1945 zugetragen.

Die Hierarchie innerhalb der verschiedenen Blocks

Die Lebenserwartung konnte je nach dem Block, in dem man untergebracht war, sehr unterschiedlich sein. In den Blocks, die die Schreiberinnen bewohnten, gab es für die Häftlinge Wasser in beliebiger Menge, ein Bett pro Person, saubere Kleidung, keine Läuse und regelmäßig Pakete, die ihnen auch keiner stahl. Zur selben Zeit, nur ein paar Meter entfernt, mußten sich in Block 32 je zwei NN-Häftlinge ein Bett teilen und bekamen nie Pakete, aber sie waren mit sehr zuverlässigen Kameradinnen zusammen, konnten sich waschen und tatkräftig gegen die Läuse ankämpfen. Und wir wissen (siehe Kapitel 4), wie die Lebensbedingungen in Block 27, einer »ganz normalen« Baracke, waren: dort erforderte der Kampf darum, sein Stück Brot auch behalten zu können, die Aufbietung aller Kräfte. Im November 1944 waren es vier Häftlinge, die sich einen Strohsack teilen und im Sitzen schlafen mußten. Sich zu waschen wurde demzufolge zu einer Heldentat, und gegen die Läuse zu kämpfen, darum scherte sich keiner mehr. Die ganze Kraft wurde ansonsten darauf gerichtet, seine Brot-Ration zu verteidigen, die sich im Januar 1944 auf einen viertel Brotlaib, also 250 Gramm, belief. Im November ging dann das Brot in fünf Teile oder in sechs Teile, also erst 200 Gramm, dann 160 Gramm – immer vorausgesetzt, es wurde gerecht geteilt.

In Block 7, dem Krankenblock, kamen fünf Häftlinge auf zwei Betten: eine Diphteriekranke, eine mit Wundrose, eine mit Angina, ein Ruhrfall, eine Grippekranke... Eine junge Frau mit Diphterie (sie war zwanzig Jahre alt und hieß Béatrix de Gontaut-Biron) traute sich nicht mehr, sich zu waschen:

> Es gibt so viel Arbeit im Lager, daß die Leichen oftmals einige Tage lang in den Waschräumen auf dem Boden liegen bleiben.
> Weil so viele im Raum liegen, können wir uns nicht richtig waschen und fertig machen.
> Schieb doch das Bein da beiseite, rät mir meine Nachbarin.
> Ich möchte am liebsten sterben, so durchdringend ist dieser schale Leichengeruch.
> Wenn dieser widerliche Geruch nicht wäre, würde ich mich liebend gern wie vorher auch jeden Tag waschen. (...) In der folgenden Nacht hatte ich so großen Durst, daß ich in den Waschraum Wasser trinken ging. Die Ratten, die an den Nasen und Ohren herumknabberten, stieben lautstark in wilder Flucht auseinander.[67]

War das alles? In keiner Weise. Denn zwischen Block 24 und Block 26 wurde auf einem Stück freier Fläche, wo aufgrund der Beschaffenheit des Untergrundes keine Fundamente für einen Block gelegt werden konnten, im Verlaufe des Herbstes 1944 ein Zelt aus Stoff errichtet. Dort brachte die SS ungarische Jüdinnen unter, die in sehr krankem Zustand aus ihrer Heimat ankamen;[68] sie sollen, so wurde mir jedenfalls gesagt, zu Fuß gekommen sein, was ich jedoch nicht belegen kann. Sie schliefen und sie starben auf dem nackten, schlammigen Boden, in ihren Exkrementen. Aber da sie ein und dasselbe Vaterland hatten und derselben Konfession angehörten, gingen sie nach meinem Eindruck freundlich und sanft miteinander um bei

---

67 Béatrice de Toulouse-Lautrec: *La Victoire en pleurant*
68 Am 23. März 1944 stimmte die ungarische Regierung unter Führung von Doene Sztoyay der Deportierung von 800.000 ungarischen Juden – Männern, Frauen und Kindern – zu. Die SS konnte davon mehr als die Hälfte umbringen.

den wenigen Worten, die sie zwischen ihren Klagerufen miteinander wechselten. Sie wurden auch in kein anderes Lager verlegt, und sie verschwanden alle, Ende 1944 und von einem Tag auf den anderen, also zwei oder drei Monate vor dem (falsch angegebenen) Zeitpunkt, den Suhren und Schwarzhuber für die erstmalige Nutzung ihrer Gaskammer nannten (siehe Kapitel 9). Es steht mit Sicherheit fest, daß sie 1944 alle in Ravensbrück vernichtet worden sind. Wir wissen jedoch nicht, wo und wie das geschah.

Wenn man die individuellen Lebensbedingungen innerhalb eines Lagers oder zwischen zwei Lagern miteinander vergleicht, wird man zu erfassen vermögen, inwiefern Statistiken gleichermaßen real und imaginär sind, denn das Leben wird immer individuell erlebt und empfunden, aber Angst ist eine empfundene Größe, und durch sie scheiden sich die Statistiken an unseren ganz individuellen Erfahrungswerten.

Der Unterschied zwischen Belzec, Sobibor sowie Treblinka, Lagern also, in denen nur die Mörder überlebten, und Auschwitz, von wo noch einige Hundert Zeugen unter uns weilen, scheint uns ein immenser zu sein. Aber welcher Unterschied besteht auch zwischen Auschwitz, wo achtunddreißig Monate lang vier Gaskammern in Betrieb waren,[69] und Ravensbrück, wo eine einzelne Gaskammer mit einer Kapazität von, wie Schwarzhuber angab, »nur« 150 Todeskandidaten arbeitete (in Wirklichkeit waren es nach Aussagen der Schreiberinnen, die sie jeden Tag zählten, 170 oder 180) und wo diese Gaskammer (sofern Schwarzhuber und Suhren nicht gelogen haben) nur zwei Monate lang in Betrieb war...

Wenn aber diese »armselig-kleine« Gaskammer wirklich nur 5.500 Menschen getötet hat, wie Wanda Kiedrzynska angibt, die die

---

69 Gemäß den Angaben des Kommandanten von Auschwitz vom 3. September 1941 bis zum 17. November 1944. Der französische Historiker Georges Wellers berichtet in seiner außerordentlich exakten Arbeit zu Auschwitz (veröffentlicht in Eugen Kogon et al., S. 176-217) von 1.334.700 durch Gas ermordeten Opfern, darunter 1.323.000 alte Menschen, Kinder und Frauen, die als Juden geführt wurden, 6.430 als Zigeuner bezeichnete Opfer, 3.665 als Christen geführte Polen und 1.065 russische Kriegsgefangene. Der Absicht des Autors zufolge wurden nur die *namentlich erfaßten* und durch Gas getöteten Häftlinge einbezogen.

Namen dieser Opfer noch einmal aufgeschrieben hat, dann sind die Namen der Zigeunerfrauen und ihrer Kinder sowie auch die aus einigen jüdischen Transporten (welchen? – wir wissen es nicht) hier nicht mit festgehalten worden... Und: wenn sie nicht als anonyme Masse in der Gaskammer vernichtet wurden – wo sind sie dann zu Tode gekommen?

Unter diesen 5.000 Frauen waren »die aus Warschau Evakuierten«, deren einzige »Schuld« darin bestand, Polinnen gewesen zu sein. Und was die Frauen anbelangt, die der französischen Résistance angehörten, so wurden sie nicht wegen ihrer Taten im Widerstand exekutiert, sondern allein deswegen, weil sie im Lager überflüssig waren...

Ich habe mir übrigens später die Frage gestellt, ob diese Floskel nicht den Kernpunkt von »Rassismus« beinhaltet. Hier bekommt man es wirklich mit der Angst zu tun, denn wer kann schon mit Sicherheit sagen, daß er nicht eines Tages auch »überflüssig« ist?...

Das Jahr 1943 markiert in der Geschichte des Lagers eine Zeit der Ruhe. Schon von 1942 ab, stärker dann seit März 1943 und bis in die letzten Wochen des Jahres 1944 hinein schien das oberste Ziel des Kommandanten von Ravensbrück die wirtschaftliche Rentabilität seines Lagers gewesen zu sein. Heute, wo wir die Möglichkeit haben, die Lager untereinander zu vergleichen, stellen wir fest, daß bei allen großen Konzentrationslagern das gleiche Phänomen anzutreffen war – einschließlich Auschwitz, dessen Lagerkommandant die Anweisung erhielt, in der Massenvernichtung fortzufahren, dabei aber die Produktion in seinen Betrieben zu erhöhen. Er beschränkte also die Vernichtungsaktionen auf Kinder, schwangere Frauen, Kranke und Schwache, also genau den Personenkreis, der im Falle eines Schiffbruchs von anständigen Seeleuten zuerst gerettet wird.

Dieses Rentabilitätsziel, kombiniert mit pedantischen Vorschriften und Kontrollen, stellt eine Erklärung für die zahlreichen Hin-und-her-Verlegungen männlicher und weiblicher Häftlinge zwischen den Lagern dar. Diese Verlegungen folgten jeweils einem hier oder dort plötzlich aufgetretenen Bedarf an Arbeitskräften oder einer Nichtauslastung derselben... Auch die Erlaubnis, Pakete zu erhalten, die allen Häftlingen gewährt wurde, die nicht NN waren, resultiert aus dem Ziel, Erträge zu erwirtschaften...

Dieses Ziel erklärt auch die »Schwarzen Transporte« und die Abschiebung der ausgelaugten Sklaven nach dem grausigen Schloß Hartheim.

Wenn jemand vor Erschöpfung und Entkräftung zugrunde geht, gibt es einen Punkt, von dem ab man nichts mehr aus diesem gequälten, am Ende seiner Kraft befindlichen Menschen herausholen kann. Während dieser Periode, die – abhängig von seiner Lebenskraft und mehr noch von effektiv dargebrachter Hilfe – zwischen ein paar Tagen bis hin zu einigen Monaten dauern kann, kostet der Mensch den Unternehmer Geld, so wenig es auch sein mag.

Um aus der »Vernichtung durch Arbeit« Gewinn zu schlagen, hätte man die Menschen genaugenommen nicht durch Arbeit vernichten dürfen, weil bei jeder Tätigkeit einmal eine Phase eintritt, in der die Arbeit weniger wird, während das Leben weitergeht.

Ab Mitte 1941 begann die unter dem Namen »Operation 14 f 13« bekannt gewordene systematische Massenvernichtung. (Davon wird in Kapitel 8 und in den im Anhangteil beigefügten Untersuchungen von Pierre Serge Choumoff [siehe Anhänge 2 und 3 der französischen Originalausgabe] und Anise Postel-Vinay die Rede sein.) »Schwarze Transporte« nannten die Häftlinge von Ravensbrück diese periodisch erfolgende Zerstörung von »Menschenmaterial«, das durch ein Zusammenwirken von zuviel und zu harter Arbeit, Hunger und Verzweiflung ausgebrannt und aufgezehrt war... 1944 schien mir dies auf ein Viertel der damaligen Lagerbelegung zuzutreffen.

Im folgenden ist zu lesen, was *Der Verfügbare in der Unterwelt* im Oktober 1940 zu diesem Thema sagte.

Über die Sterbewahrscheinlichkeit
(aus: »Der Verfügbare in der Unterwelt«)

Der Naturalist: (...) Obgleich man es gar nicht annehmen sollte, hat der Verfügbare nichts gemein mit dem Sklaven aus der Antike und dem Leibeigenen aus dem Mittelalter (nicht einmal mit dem, der sich während des Hundertjährigen Krieges von Ratten und

Löwenzahn ernährte). In diesen beiden Professionen (wenngleich sie alles andere als hoch angesehen waren) sind, so bestätigen die Historiker und Archäologen, Vertreter auszumachen, die dick und fett waren, Kinder in die Welt setzten oder ein beträchtliches Alter erreichten – alles Dinge, die einem Verfügbaren nicht widerfahren können...

Chor: Ich hab eine Idee!

Der Naturalist: Es sollte mich wundern, wenn sie was taugen sollte, aber sag sie trotzdem mal...

Chor: Die Historiker, die sich mit dem Mittelalter oder mit dem Altertum auskennen – man könnte sie hierher schicken...

Der Naturalist: Die sind vielleicht schon hier, denn mit den Historikern ist es wie mit den Läusen, vor denen ist man nirgendwo sicher. (...)
Nach unserer Einschätzung ist ein Verfügbarer, der den höchsten Ansprüchen gerecht wird, einer, der klein ist, weder fett noch mager, im Alter zwischen dreißig und fünfundvierzig, einer, der sich keinen Scharlach auflädt, wenn dergleichen grassiert, keinen Typhus, keine Diphterie und keine Lungenentzündung – und er sollte ungefähr zwei Jahre am Leben bleiben.

Chor: Unmöglich!

Der Naturalist: Doch, doch, das geht! Es handelt sich natürlich um den idealen, vernünftigen und vorsichtigen Verfügbaren, der nie eine Kolik kriegt und der weiß, wie er sich vor der Arbeit drücken kann. Sozusagen irgendein abstrakter Verfügbarer. Für einen, der Pakete kriegt oder Freunde in der Küche sitzen hat, gehen im übrigen unsere Rechnungen in anderer Hinsicht nicht auf. (...) Erinnert ihr euch an den Lord-Mayor aus Cork, der sechzig Tage brauchte, um freiwillig Hungers zu sterben? (...)
Und so, wie die Astronomen für den Weltraum eine Maßeinheit geschaffen haben, die sie als Lichtjahr bezeichnen, müssen wir, um die Lebensdauer eines Verfügbaren zu berechnen, eine Maßeinheit kreieren, die wir den »Lord-Mayor-Tag« nennen sollten. (...) Dann könnten wir angeben, daß ein durch Porridge und gebratenen Speck fett gewordener britischer Gentleman eine Überlebensreserve von sechzig »Lord-Mayor-Tagen« vor sich hat...

Chor: Kommt drauf an... Ich würde eher sagen, er hat sie hinten...

209

(Der Verfügbare klopft, um seinen Scherz zu verdeutlichen, jovial auf seinen nicht vorhandenen Hintern) (...)

Der Naturalist: Wir wollen uns an diesem traurigen Thema nicht länger festhalten und gehen nun dazu über, den Charakter des Verfügbaren zu beleuchten. Er ist von unruhiger, ängstlicher Gemütsverfassung. Man kann sogar sagen, er ist ein großer Angsthase. Obgleich keine Veranlassung besteht, der Erhaltung seiner wirklich wenig beneidenswerten Existenz viel Bedeutung beizumessen, weist er Anzeichen von Angst um die Zukunft auf, die nach seinem Dafürhalten einmal ganz abrupt zuende sein könnte...

Eine Stimme: Ich möchte nicht hier sterben.

Zweite Stimme: Aber es macht auch keinen Spaß, hier zu leben.

Erste Stimme: (...) aber zuhause sterben, im eigenen Bett mit richtiger Bettwäsche, und umgeben von denen, die man liebt, mit einem Arzt dabei, einem Glas Zuckerwasser und all diesen Dingen – das wäre schön!

Zweite Stimme: Red' bloß nicht davon, das Wasser läuft einem schon im Munde zusammen bei dem Gedanken... Vielleicht gibt's sogar noch einen Keks zu dem Zuckerwasser dazu. Na klar! Einem, der richtig privat stirbt, kann man doch einen Keks nicht abschlagen...

Die Kategorie »Schmuckstück«

1944 hatten, wie meine Kameradinnen vom Revier bestätigten, die französischen Frauen die höchste Sterblichkeitsrate im Lager. Um einiges darüber lagen jedoch noch die Häftlingskategorie »Schmuckstück« und zwei Gruppen, die unweigerlich zum Tode verurteilt waren – die ungarischen Jüdinnen (die nicht die *geringste* Überlebenschance hatten) und die Zigeunerinnen.

Das ganze Lager benutzte den Begriff *Schmuckstück* als Antiphrase, um die elenden menschlichen Wesen zu bezeichnen, die auf der letzten Stufe moralischen und physischen Verfalls angelangt waren. Das Wort »Schmuckstück« besitzt keine weibliche Entsprechung, denn die so bezeichnete Kategorie Mensch gehörte nicht mehr zu denen, die einem Geschlecht zugeordnet werden können, sondern zur Neutrums-Kategorie von Gegenständen, von »Stücken« also, und dergleichen habe ich nirgendwo anders als in Ravensbrück angetroffen, obgleich ich mich in Afrika mehrfach während grausamer Hungerperioden aufgehalten habe, aber in Afrika lebten solche Menschen, die sich im letzten, im tödlichen Stadium von Unterernährung befanden, noch in ihrer gewohnten Umgebung und inmitten ihrer Lieben.

Die »Schmuckstücke« von Ravensbrück waren schon meilenweit über einen Zustand hinaus, den man als Magerkeit bezeichnet, und standen kurz vor dem irreversiblen Stadium der Unterernährung. (Bei Autopsien fand man alle inneren Organe geschrumpft vor; die Leber hatte die Größe der eines Kaninchens.) Sie waren keiner internen oder sozialen Disziplin mehr fähig, wuschen sich nicht mehr, kümmerten sich nicht mehr um ihre Läuse, waren in unbeschreibbare Lumpen gehüllt, ihre Körper übersät von nie versorgten Wunden und von Krätze, sie litten an Avitaminose. Diese armen Kreaturen warfen sich flach auf den Bauch, um aus dem Schlamm einen Napf verschütteter Suppe aufzulecken – was für alle brutalen Typen des Lagers ein willkommener Anlaß war, sie mit Schlägen zuzudecken. Sie hatten keine Kameradinnen, waren ohne Hoffnung, ohne Würde, waren offensichtlich nicht mehr fähig zu denken und wurden nur noch getrieben von Hunger und Angst. Jeder Tag ihres Vegetierens war eine Herausforderung an all das, was man über Leben, Menschsein und Hygiene zu wissen geglaubt hatte. Es konnte also keinen wundern, daß sie starben wie die Fliegen, denn das eigentliche Leben hatten sie schon hinter sich gelassen.

Mehr noch als der Hunger und der körperliche Verschleiß führten moralische Vereinsamung und Selbstaufgabe zu dieser Destruktion, und hier sehe ich im Geiste Kameradinnen vor mir, die ohne Krankheit, einzig und allein aufgezehrt vom Hunger starben, die aber noch in der Stunde vor ihrem letzten Atemzug geistig voll da waren und ihren inneren Halt bewahrten (gleiches trifft, wie man inzwischen weiß, auch auf Menschen zu, die freiwillig infolge eines Hungerstreiks sterben). Die »Schmuckstücke« gingen an Vereinsamung zugrunde, und deshalb besteht Anlaß dazu, Angst zu empfinden, wenn man sieht, wie überall die Generationen auseinanderbrechen und wie Gemeinschaften von Menschen gedankenlos aufs Spiel gesetzt werden.

Die »Schmuckstücke« rekrutierten sich fast ausschließlich aus der Häftlingskategorie, die die SS als »Asoziale« eingestuft und mit einem schwarzen Winkel gekennzeichnet hatte. In den Männerlagern wurden diese menschlichen Wracks (gebrochene, zerbrochene Wesen im wahrsten Sinne des Wortes) von der SS »Muselmänner« genannt – sicherlich, um damit ihre Geringschätzung und ihren Haß auf ebendiese zum Ausdruck zu bringen (die sie, wären sie nicht durch das Mittelmeer geschützt gewesen, genauso gern ermordet hätten wie die Juden)...

Im Verlaufe bestimmter Sonderdienste bin ich mit »Schmuckstücken« aus dem Kreis der »Schwarzwinkel« in Berührung gekommen. Dabei hatte ich den Eindruck, als wären sie schon seit Jahren hinter Gittern, und sie befanden sich in einem durch Langzeitwirkung fixierten Zustand derartiger körperlicher und gefühlsmäßiger Armut, daß man annehmen konnte, sie seien schon vor ihrer Haftzeit so gewesen. Vielleicht hatte sie die SS auch deswegen gefangengesetzt: sie hatten sich des Verbrechens von Armut und Vereinsamung schuldig gemacht. Es ist jedoch auch vorgekommen, daß Häftlinge mit rotem Winkel in solch einen zerrütteten Zustand gerieten.

Die Zigeunerinnen

Die Zigeunerinnen trugen ebenfalls einen schwarzen Häftlingswinkel. Ich hatte Möglichkeiten, mit ihnen zu sprechen, denn es gab mehrere Französinnen oder Belgierinnen unter ihnen, und manchmal habe ich mich in ihrem Block versteckt.

Ganz offensichtlich hatten die Nazis nichts anderes mit ihnen im Sinne, als sie umzubringen, aber sie warteten vermutlich darauf, in einer Art »Sauregurkenzeit« Muße für diese Tötungen zu haben.

So machte ich die Bekanntschaft zweier belgischer Zigeunerfamilien und einer alten französischen Zigeunerin. Es waren Frauen, die das ihnen widerfahrene unbegreifliche Unglück nicht zu fassen vermochten, aber sie besaßen Grundschulbildung und hatten materielle Lebensgewohnheiten, die ihnen ein Zusammenleben auf engstem Raum mit deutschen Zigeunerinnen unerträglich machten. Die restlichen Zigeunerinnen (mit Ausnahme einiger tschechischer) waren erstaunlich wild und menschenscheu, weniger jedoch als einige Ukrainerinnen, aber in weit stärkerem Maße als die Frauen afrikanischer Stämme, mit denen ich in meinem Beruf als Ethnologin zu tun hatte. (Wobei ich letzteren natürlich nicht in einem Konzentrationslager begegnet bin.)

Die alte französische Zigeunerin erzählte mir ihre Geschichte. Sie waren eine Schaustellerfamilie und verdienten ihr Geld mit einem sehr gutgehenden kleinen Spielzeug- und Scherzartikel-Laden, den sie von den Eltern geerbt hatten (sie selbst, ihr Ehemann, ihre Enkelkinder und noch ein Schwiegersohn sowie ein verheirateter Bruder, insgesamt vierzehn Personen). Wenn die Saison zuende war, kehrten sie nach Paris zurück, in eine hübsche kleine Wohnung mit Radio und allem Komfort. Eines Abends (ich glaube, es war in Lille) verhafteten die Deutschen alle Schausteller auf dem Jahrmarkt und deportierten diejenigen, die dunkelhaarig waren. Zuerst verbrachte man sie in ein Gefängnis in Belgien, und dort erfuhren sie, daß sie nach Auschwitz kommen würden:

> Und die anderen sagten zu mir: »Sie Arme, das ist die Hölle, wo Sie hinkommen...« Aber was hätte ich tun können? Als wir in Auschwitz ankamen, steckte man uns in eine große Bretterbude mit schwarzem Schotter auf dem Erdboden und nichts weiter, kein Stroh, keine Zudecke, und zwei Tage lang nichts zu essen und zu trinken (...), und durch die Bretterritzen hindurch sahen wir große, ganz rote Flammen, wußten aber nicht, was das war. Nach Ablauf von zwei Tagen kam der Befehl, uns nicht zu töten, und dann gab man uns auch Suppe und Kessel mit Wasser, und dann brachte man uns woanders hin...

Danach grausige Not und Elend und Schläge, und dann starben sie nacheinander alle, bis nur mehr sie übrig blieb und – vielleicht, sie wußte es nicht – ihre jüngste Tochter in einem anderen Lager. »Aber warum, was haben wir denn getan?« wiederholte sie unaufhörlich. »Warum, warum?«

Aus der langen Liste der Naziverbrechen muß das Martyrium der Zigeuner besonders hervorgehoben werden: alle Tötungsarten sind an ihnen ausprobiert worden, häufiger als jedes andere Volk mußten sie als Versuchskaninchen für »wissenschaftliche» Experimente herhalten, und wenn in Ravensbrück auch einige deutsche Frauen einzeln und zur Strafe sterilisiert worden sind, so gab es doch keine Massensterilisationen – außer bei den Zigeunern, und hier auch bei allen kleinen Mädchen, die daran zugrunde gingen.

Und warum? Was hatten diese armen Leute denn verbrochen? Wenn ihr Kultur- und Bildungsniveau auch niedrig war: wer trug die Schuld daran, wenn nicht die, die sie jahrhundertelang unter ihrer Fuchtel gehabt hatten, ohne jemals etwas für sie getan zu haben, bevor sie sich anschickten, sie massenweise umzubringen?

Die Rassengesetze von 1935 machten die Zigeuner zu Parias. Von dieser Zeit an war ihnen die deutsche Staatsbürgerschaft entzogen worden, und ab 1938 wurde ihnen eine Aufenthaltsbeschränkung mit Meldepflicht auferlegt, und sie erhielten ein besonderes Ausweispapier. Die ersten Deportationen von Zigeunern fanden im Mai 1940 statt, und im Februar 1943 langte ein Transport mit Zigeunern in Auschwitz an. Den Angaben von Joachim Hohmann zufolge könnte die Gesamtzahl ermordeter Zigeuner bei 500.000 liegen.

Die jüdischen Ungarinnen

Noch schlechter als den »Schmuckstücken« und den Zigeunern ist es den jüdischen Ungarinnen ergangen. Weiter vorn in diesem Buch bin ich näher auf ihr Schicksal eingegangen.

Die Französinnen

In den Jahren 1943 und 1944 traten die beiden aktiven Haßobjekte der SS (also die Polen und die Juden) in den Bedeutungshintergrund: die Direktion des Lagers hatte nur noch die industrielle Arbeitsleistung im Sinn, und in bezug darauf erwiesen sich die Französinnen und die Russinnen auf Dauer als die enttäuschendsten Völkerschaften. Aus diesem Grunde wurden sie auch in den Fabriken und Werkstätten zu den bestgehaßten und am schlechtesten behandelten Häftlingen. Sie gehörten beide zu den zuletzt gekommenen großen nationalen Häftlingsgemeinschaften, und sie sahen sich dazu von allen sicheren Posten, von allen weniger harten oder mit Vorteilen verbundenen Arbeiten ausgeschlossen: keine einzige Französin war Blockälteste, Stubenälteste, Angehörige der Lagerpolizei, Köchin oder Leiterin einer Arbeitskolonne (mit Ausnahme von einer oder zwei Elsässerinnen und einer mit einem Polen verheirateten Französin). Hingegen fanden im Laufe des Jahres 1944 einige Französinnen, die Doktor der Medizin oder Krankenschwestern waren, Arbeit im Revier.

Es muß allerdings eingeräumt werden, daß wir Französinnen und das Lagerleben quasi von Grund auf nicht zueinander paßten: die SS-Disziplin, die von den Polinnen weitervermittelt wurde, war dazu angetan, die Französinnen aggressiv zu machen und in Rage zu bringen, die guten wie die schlechten, und in diese von uns eingenommene Haltung spielten unsere Fehler genauso hinein wie unsere guten Eigenschaften. So brachten in den Fabriken, an die das Lager Häftlinge vermietete, unsere Prostituierten und Arbeitsfreiwilligen die Deutschen durch ihre chronische Undiszipliniertheit gegen sich auf, aber auch dadurch, daß sie es ablehnten, Spitzeldienste zu leisten, während unsere Kameradinnen, die von Haus aus Fabrikarbeiterinnen waren (und die also wußten, wie gearbeitet wird) und die zudem oftmals Kommunistinnen waren oder zumindest unter dem Einfluß der Partei standen, sich darum bemühten, methodisch überall ein bißchen Sabotage zu betreiben. Die anderen (Lehrerinnen, Anwältinnen, Offiziersfrauen oder einfache »Heimchen am Herde«) waren nicht auf manuelle Arbeit eingerichtet, und wenn solche ihnen zufällig lag, hüteten sie sich aus purem Patriotismus wohl, dies merken zu lassen.

Im Revier standen in den Jahren 1943 und 1944 die französischen Frauen in dem Ruf, häufiger und schneller zu sterben als Häftlinge anderer Nationalitäten. In Wahrheit starben sie vor Hunger, denn in den Blocks, in denen Pakete erlaubt waren, bekamen sie weniger Sendungen als andere (und zwar, so glaube ich, vor allem aufgrund der Gleichgültigkeit der Vichy-Regierung gegenüber unserem Schicksal), und im NN-Block erhielten sie überhaupt keine. Die deutschen, polnischen und tschechischen Häftlinge empfingen ein oder zwei Pakete pro Monat (wobei ich jedoch nicht weiß, wie groß sie waren, weil ich nie eines zu Gesicht bekommen habe). Während meiner gesamten Haftzeit in Ravensbrück habe ich alles in allem ein einziges Paket erhalten, ein Standardpaket vom Internationalen Roten Kreuz, das ca. eine Woche nach der Befreiung der 299 Französinnen über die Schweiz an uns ausgegeben wurde. Es mag zwischen einem und zwei Kilo gewogen haben und war in einen hübschen Pappkarton verpackt... Aber an solchen zwei Kilo Paketen pro Monat (mit Butter, Sardinen und Kakaopulver mit Zucker) hing die endgültige Entscheidung zwischen Überleben und sofortigem Tod beim ersten Kälteeinbruch...

Meine tschechischen, polnischen und deutschen Freundinnen waren davon überzeugt, daß dieses schnelle Sterben auf eine wirklich vorhandene Empfindlichkeit und Schwäche unseres Volkes zurückzuführen sei. Sie trafen diese Feststellung mit Bedauern, aber ohne sich daran zu stoßen, denn wie ganz Mittel- und Osteuropa hatten auch sie über Jahre hinweg unter dem alleinigen Einfluß der intensiven deutschen Propaganda über die angebliche Degeneration der Franzosen gestanden, ohne daß von uns diesbezüglich jemals ein Dementi oder eine Erwiderung gekommen wäre. Ich habe mir seinerzeit die Mühe gemacht, die Fakten zu analysieren, auf die sich diese Propaganda stützte, und obwohl ich von vornherein wußte, daß sie allesamt unzutreffend waren, hatte ich den Wunsch, zuerst einmal die Sterblichkeitsraten jeder Nationalität exakt zu ermitteln und danach vor allem die so erhaltenen Zahlen unter Berücksichtigung der Lebensbedingungen zu analysieren.

Um die Gesamtzahl der Sterbefälle zu erhalten, führte ich in der Woche nach unserer Befreiung eine Befragung durch, die sich aus einleuchtenen Gründen sehr »handgeschnitzter« Mittel bediente.

Das schwedische Rote Kreuz (das uns am 23. April 1945 befreit hatte) brachte uns zusammen in Ferien-Camps unter. In dem Heim, in dem ich war, hatten mich meine Kameradinnen zu ihrer Sprecherin gewählt. Nachdem ich jede von ihnen einer Befragung unterzogen hatte (über das Datum ihrer Ankunft in Ravensbrück, über die Häftlings-Nummer, die ihr zugeteilt worden war, und, wenn möglich, über die Anzahl und die Namen von Mithäftlingen aus dem selben Transport), war ich in der Lage, eine annähernde Gesamtzahl der großen Transporte von französischen Frauen zu erhalten (wobei natürlich keine verläßlichen Angaben über die vollständige Erfassung von solchen Transporten möglich waren, die aus nur einer geringen Anzahl deportierter Frauen bestanden hatten). Ich legte für jeden Transport ein Blatt an und konnte auf diese Weise für Ravensbrück immerhin rund 7.000 Frauen erfassen. Die Gesamtzahl der Französinnen, die durch Ravensbrück gegangen sind, lag natürlich höher.[70]

Die Russinnen

Die riesige Menge von Russinnen wurde genauso schlecht behandelt wie wir, blieb uns aber fremd. Sie waren eine unübersehbare, aber kaum homogen zu nennende Menschenmenge. Zum Beispiel gab es eine ganze Baracke voll mit alten Bäuerinnen aus allen möglichen Regionen, von rührender Freundlichkeit und Duldsamkeit und ständig am Beten, wobei es ihnen ein besonderes Bedürfnis war, Gott Dank zu sagen für jedes Stückchen Kohlrübe, das sie in ihrer Suppe fanden – dies zum großen Erstaunen der frommen alten Damen aus französischem Adel, die keine Vorstellung von der damaligen UdSSR hatten und die einige Zeit den Block mit ihnen teilten... Es gab auch allerlei – vermutlich aufgrund von Großrazzien – zusammengesammeltes Volk, dessen Angehörige uns aufgrund ihrer Geschicklichkeit beim Stehlen in Erstaunen versetzten (aber sie waren leider Gottes von einer nicht weniger erstaunlichen Brutalität und Grausamkeit)... Dagegen das hohe Niveau der Mädchen von der Roten

70 Kürzlich erst (10. Dezember 1987) erhielt ich Kenntnis von einem Brief Himmlers vom Februar 1945 an Gravitz, den Präsidenten des deutschen Roten Kreuzes, in dem er davon spricht, daß sich 46.621 französische Männer und 6.404 französische Frauen in Haft befänden; im Februar 1945 bemühte er sich nämlich bereits um Unterhandlungen mit den westlichen Alliierten.

Armee, die zusammenhielten, weil sie schon vor ihrer Internierung organisiert gewesen waren; darüber hinaus waren sie jung, robust, reinlich und ordentlich, aufrichtig, ziemlich derb und unkultiviert. Es waren in ihren Reihen jedoch auch intellektuelle Elemente zu finden (promovierte Medizinerinnen, Lehrerinnen), von denen Wohlwollen und Gutwilligkeit ausging; wir liebten an ihnen auch ihre Widerstands-Haltung gegenüber den Deutschen. Was ihre internationale Kultur und Bildung anbelangte, so lag sie durch die Bank bei Null.

Die Verwaltung des Lagers, die es nicht für nötig befunden hatte, uns von den deutschen Häftlingen unterscheidbar zu machen (sie trugen wie wir auch einen roten Winkel ohne zusätzliche Kennzeichnung), hatte den Winkel der Ukrainerinnen mit einem »U« versehen, wodurch es uns ermöglicht wurde, ihre unbeschreibliche Grausamkeit, die sie in die Kategorie der als Nachbarin am wenigsten erwünschten Mithäftlinge einordnete, nicht den Russinnen anzulasten. Russinnen wie Ukrainerinnen wurden in großer Zahl durch eine zum Tode führende Tuberkulose hinweggerafft, der die französischen und tschechischen Häftlings-Ärztinnen zum ersten Male begegneten. Dagegen wurden sie relativ selten von Typhus heimgesucht.

Die Jugoslawinnen und Italienerinnen

Die Italienerinnen, die mir begegnet sind, waren alle in Frankreich verhaftet worden, und wir machten keinen Unterschied zwischen ihnen und den Französinnen. Nach dem politischen Schwenk Italiens hat es dann dem Anschein nach noch einen Transport mit Italienerinnen gegeben, die direkt in ihrem Lande festgesetzt worden waren, in Ravensbrück ankamen und dort sehr rasch starben.

Die Jugoslawinnen waren diejenigen, die sich mit uns bei weitem am besten verstanden. Und das, obwohl wir ihre Sprache nicht kannten und nur sehr wenige von ihnen die unsere beherrschten. Trotzdem haben wir einander jedesmal, wenn der Zufall uns zusammenführte, aufgrund der gleichen bäurischen Rechtschaffenheit, der gleichen ausgesuchten Höflichkeit der Mittelmeervölker und aufgrund des gleichen Unwillens, das Joch der Deutschen zu ertragen, Sympathie entgegengebracht. Was mir indeß besonders gefiel, war, daß diese angenehmen Eigenschaften sich nicht an einer sozialen Klasse festmachten, sondern daß sie, wie bei uns, in allen Schichten des Volkes anzutreffen waren.

Die Tschechinnen

Bei den Tschechinnen war ein Durchschnittsniveau an Kultur und politischer Bildung anzutreffen, das über dem der anderen Völker Mittel- und Osteuropas lag, mit (und das ist so wichtig für eine Gemeinschaft) vielen bedeutenden Persönlichkeiten. Da sie ihre Gaben der Politik widmeten, betrieben sie eine weitaus intensivere Partei-Tätigkeit als die anderen nationalen Gemeinschaften, und ihre kommunistische Partei erwies sich als diszipliniert, wirksam und couragiert. Eigenschaften, die auch ihre Schattenseiten haben...

Bedingt durch diese Disziplin und diesen Zusammenhalt gab es zwischen den tschechischen Kommunistinnen und ihren nichtkommunistischen Kameradinnen in der Tat unterschwellige und leidenschaftliche Gegensätze. Ich habe dies im Lager wenig gespürt, denn ich fühlte mich einig mit allen, ob Männer oder Frauen, die entschieden gegen die Nazis kämpften, aber es kam mir zu Bewußtsein, als in der Woche, in der die Kommunisten die Macht übernahmen (also im Februar 1948), eine unserer Ravensbrücker Kameradinnen verhaftet wurde und dann fünf Jahre lang hinter Gitter kam[71]... Ich hatte vier tschechische Freundinnen im Lager: die eine war Kommunistin und hat sich das Leben genommen; die drei anderen, einfache Patriotinnen, leben heute alle im Exil.

71 Ein weiblicher Häftling aus der tschechischen Widerstandsbewegung mit Namen Milada Horakova hatte mehrere Jahre unter den Nazis in Haft gesessen – wurde im Juni 1950 von der tschechischen Regierung zum Tode verurteilt und gehenkt. Achtzehn Jahre später, im August 1968, marschierten russische Truppen in Prag ein.

So wie die Polinnen waren auch die Tschechinnen schon langjährige Häftlinge; wie die Polinnen bekamen sie Pakete; viele von ihnen konnten Deutsch sprechen und schreiben, und sie setzten ihre Organisationsbegabung und ihr soziales Gewissen gemeinsam ein, die es ihnen oftmals ermöglichten, eine kluge Mischung von Sabotage (für die Ehre), von Arbeit (um Ruhe und Frieden zu haben), von gut getarnten Erholungsphasen und geschicktem Wiedereinsteigen in die Arbeit zu praktizieren, und dies alles sehr raffiniert dosiert.

Einer der schönsten Erfolge der Tschechinnen auf diesem Gebiet war die »Eroberung« des Reviers. Sich auf einem der Posten zu halten, die am meisten im Blickpunkt der Lageröffentlichkeit standen, dabei überwacht zu werden von der heuchlerisch-scheinheiligen, verhaßten alten Oberschwester Elisabeth Marschall, nichts von ihrer patriotischen Würde preiszugeben, ununterbrochen Dienst an ihren Kameradinnen aller Nationalitäten zu tun (was oft mit viel Mut verbunden war), jeder Kranken, zumal in Ermangelung von nicht immer zur Verfügung stehenden Medikamenten, ein Maximum an Aufmerksamkeit zu widmen, ein freundliches Lächeln zu schenken, geschickt und zartfühlend zuzugreifen... – dies alles brachte Zdenka fertig, die jeder in Ravensbrück beim Vornamen kannte und von der keiner wußte, wie sie mit Familiennamen hieß.

Nichtsdestoweniger gab es jedoch auch einige Blockälteste unter den Tschechinnen, die im Lager schamlos auf ihre Kosten zu kommen wußten. Insbesondere eine von ihnen, im Block 31, hielt sich (und das immer mit Methode) an das im Evangelium erwähnte, aber nicht empfohlene Prinzip: »Denn wer da hat, dem wird gegeben; wer aber nicht hat, von dem wird genommen auch das, was er meint zu haben.« (Lukas, 8,18)

Die Holländerinnen und Norwegerinnen

Fast alle Völker Europas waren in Ravensbrück vertreten und haben im Schmelztiegel des Lagers ihre Federn gelassen: Engländerinnen, Schweizerinnen, Spanierinnen, Amerikanerinnen (und Italienerinnen, wie ich schon berichtete), die oftmals in Frankreich festgenommen worden waren, Französisch sprachen, sich mit der Masse der Franzzösinnen vermischten und nicht anders reagierten als diese. Auch die Belgierinnen hoben sich nicht weiter ab, sondern gliederten sich bei uns ein.

Die Holländerinnen und Norwegerinnen, die generell Deutsch sprachen, erhielten viele Pakete und bildeten kleine, im Verhältnis zu uns ein wenig privilegierte, aber sehr homogene und sehr würdige Gemeinschaften, mit denen wir gut auskamen, wenn die Umstände uns zusammenführten.

Die Polinnen

Als größere Mengen französischer Frauen nach Ravensbrück kamen, also ab 1943, waren die Polinnen schon seit drei Jahren im Lager.

Im Verlaufe dieser drei Jahre waren sie durch Erschießungen, Hunger und willkürliche Selektionen zahlenmäßig dezimiert worden, und diejenigen, die das überstanden hatten, kannten die Regeln fürs Überleben. Da es keine gesetzliche Grenze gab zwischen Deutschland und Polen, bekamen die meisten von ihnen Pakete. Darüber hinaus blieben die Polinnen trotz der Dezimierungen die zahlenmäßig stärkste Nationalität im Lager – und das schweißt zusammen. Was eine Gemeinschaft auch stark macht, sind gemeinsam durchlebte Schicksalsprüfungen, und davon hatten die Polinnen ihr gerüttelt Maß.

Die Zeit hatte wie überall woanders auch wie ein Filter gewirkt und solche Frauen aus der Masse gelöst, die es verstanden, Unterwürfigkeit zu heucheln oder aus sich bietenden Gelegenheiten Profit zu ziehen. Seitens der SS war das gleiche zu beobachten: im Laufe der Jahre und trotz vorhandener starker Abneigung[72] hatte die

72 Da die Nazis nicht in der Lage waren, ein Volk von 30 Millionen Menschen auszurotten, vernichteten sie es selektiv: im Jahre 1945 fehlten in Polen die Hälfte aller Ärzte und ein Drittel der Priesterschaft; von der Abiturklasse eines Warschauer Gymnasiums, die 1939 fünfundvierzig Jungen gezählt hatte, waren im Jahre 1945 nur noch zwei Überlebende übrig. Die gleiche Politik einer selektiven Vernichtung wurde gegenüber der UdSSR betrieben – systematische Ermordung kriegsgefangener Offiziere.

Lagerleitung gelernt, mit den Polinnen auszukommen und dieser zahlenmäßig stärksten, am längsten im Lager befindlichen, robustesten und am meisten solidarischen nationalen Gemeinschaft kleine Posten innerhalb der lagerinternen Hierarchie zu übertragen. Es waren die Posten, an denen sich die zuletzt gekommenen Französinnen tagtäglich rieben.

Es gab also Feindseligkeiten zwischen den französischen und einem Teil der polnischen Häftlinge, und es trifft auch zu, daß einige Polinnen taten, was sie konnten, um dergleichen zu schüren, denn es waren ein paar gewaltbereite, obendrein snobistische Blockälteste darunter, die ein übersteigerteres Nationalgefühl besaßen, welches das unsere auch nicht eben geringe noch überstieg. Es stimmt auch, daß Franzosen oder Französinnen bei den Deutschen immer auf das Schlimmste gefaßt waren, während sie von den Polen Hilfe und Freundschaft erwarteten, denn die Polen stehen uns schon seit mehr als zwei Jahrhunderten sehr nahe. Das kommt in erster Linie durch die vielen Emigranten, die ab der zweiten Generation beide Völker näher zusammengebracht haben, aber auch durch die geopolitische Lage. Noch heute, wo sich die Europakarte so grundlegend verändert hat, fühlen sich die Franzosen persönlich angesprochen von allem, was sich in Polen ereignet.

Umgekehrt sind nur wenige Franzosen im Laufe dieses Jahrhunderts nach Polen eingewandert, das Erlernen der französischen Sprache ging dort immer weiter zurück, und 1939, als die Polen an zwei Fronten (mit einer Brutalität, die ihresgleichen sucht) angegriffen wurden, fühlten sie sich durch den Rest der Welt grausam im Stich gelassen – vor allen Dingen durch Frankreich, auf das sie gerechnet hatten (obwohl nach unserem Dafürhalten die Kriegserklärung an Nazideutschland keine Kleinigkeit war).

Bei den Besten verfestigte sich das Bewußtsein für ihre Religion und für ihr Vaterland in der Empörung über das Alleingelassenwordensein nicht noch weiter; bei den anderen diente es als Vorwand für Egoismus und Zügellosigkeit. Auf jeden Fall aber rechtfertigte es eine eindeutige Parteinahme: wenn ein Pole oder eine Polin die Suppe austeilte, behielten er oder sie ganz offen das Dicke davon für die eigenen Landsleute zurück. Und in Ravensbrück wurde jede vierte Suppe von einer Polin ausgegeben...

Die französischen Häftlinge hatten kaum Gelegenheit, hier gleiches mit gleichem zu vergelten, denn keine einzige war Blockälteste oder Stubenälteste, aber wenn sie zufälligerweise doch einmal in die Lage kamen, bevorteilten sie ihre Truppe nicht weniger leidenschaftlich. Dies jedoch mit einer gewissen Berechtigung, denn zusammen mit den Russinnen gehörten wir zu denen, die mit am meisten Hunger litten.

Als ich übrigens zwei Jahre später Gelegenheit hatte zu sehen, wie meine eigenen Landsleute mit Machtpositionen umgingen, wurde mir bewußt, daß auch sie davon über Gebühr Gebrauch machten, und aus diesem Grunde begnüge ich mich damit, wenn sich mir ein Anlaß dazu bietet, die wenigen, zwar in allen Ländern vorhandenen, aber überall selten anzutreffenden Menschen zu bewundern, die ihre Macht nicht mißbrauchen. Was die anderen anbelangt, so entschuldige ich sie nicht, aber ich hüte mich trotzdem davor, einer Nationalität etwas in die Schuhe zu schieben, was man dem Abschaum der gesamten Gattung Mensch anlasten müßte. Wenn mich im Jahre 1944 in Ravensbrück jedoch jemand um eine Meinung über mein Land gefragt hätte, so hätte ich, wie ich glaube, genügend Urteilsfähigkeit oder Höflichkeit oder auch Erfahrung aufgebracht, um zur Antwort zu geben, daß es, wie andere Länder auch, seine Höhen und Tiefen, Stärken und Schwächen besitze...

In der einen Hälfte von Block 32 schrie jeden Abend, nachdem das Licht gelöscht war, eine von uns: »Frankreich...«, und die anderen fielen ein: »...lebe hoch!« Es war ein täglicher Ritus, aus dem, tief im Inneren, ein heiliges Bild aufleuchtete.

Heute kommt es mir so vor, als sei diese Bestätigung auch eine Art von Weiterleben gewesen: ich lebe, denn ich bin Teil von diesem *etwas*, das mich überleben wird, und darum schreie ich seinen Namen. Denn man erträgt das, was wir ertragen haben, nicht, ohne sich an etwas höherem festhalten zu können. Und für das waren wir da, auch wir, die wir unser geschundenes, am Boden liegendes Land hingebungsvoll liebten.

Ganz genauso passioniert waren die Polinnen, und hinter einer Maske der Unterwerfung waren viele von ihnen dabei, innerhalb ihrer Reihen eine effektive gegenseitige Hilfe und echten Widerstand gegen die SS-Befehlsgewalt zu organisieren. So schmuggelten sie trotz der enormen Risiken heimlich Briefe aus dem Lager heraus (siehe auch Kapitel 5), die dazu bestimmt waren, die Alliierten über die Tatsache von Vivisektions-Experimenten an den Studentinnen aus Lublin in Kenntnis zu setzen. Auch direkt in Verbindung mit der Gruppe französischer Häftlinge hat es bewundernswerte Polinnen gegeben, und in dieser Meinung waren sich meine Kameradinnen einig, vor allem in bezug auf unsere liebe Jadja, die Stubenälteste im NN-Block. Sie war eine zarte, stille Frau, tatkräftig und mutig, arbeitete wieselflink vom Morgen bis zum Abend, um ein Maximum an Ordnung, Gerechtigkeit und Sauberkeit walten zu lassen, und stellte sich immer vermittelnd zwischen uns und unsere deutsche Blockälteste, die boshafte und brutale Knoll. (Jadja ließ auch Papiere verschwinden, die die Knoll konfisziert hatte und die sie der SS aushändigen wollte, was den Kameradinnen, denen die Papiere gehörten, den Abtransport in den Strafblock oder Schlimmeres eingebracht hätte.)

Ich denke auch an die couragierten Studentinnen aus Lublin, die »Kaninchen«, die so viel Würde und Tapferkeit bewiesen, als sie sich allesamt weigerten, aus ihren Reihen neue Opfer für die Vivisektions-Experimente von Professor Gebhardt holen zu lassen. Und ich denke an jene sehr aristokratische alte Dame, die von allen ihren Kameradinnen, die ich kannte, die nachdenklichste war und zu mir tieftraurig sagte:

> Wir sind jetzt das letzte Volk in Europa, und wir sind es durch unsere Schuld. Als ich jung war, lebte ich auf einem Gut, das wir in Rußland hatten. Heute habe ich eine Frau aus diesem Landstrich getroffen, und sie erzählte mir, was sich dort unten getan hat: Schulen, Krankenhäuser... Vor dreißg Jahren waren wir auf beiden Seiten der Grenze auf dem gleichen Stand.

Mehrere polnische Freundinnen haben mir auch gesagt, wie sehr sie unsere bedingungslos aufmüpfige Haltung gegenüber dem zweckbedingten Zickzackkurs einiger »Roter Armbinden« schätzten.

In den besetzten Gebieten Europas überließ es die Nazipolizei den lokalen Justizbehörden, sich mit der Unterwelt und dem Schwerverbrechertum auseinanderzusetzen, und sie verhaftete nur ein paar kleine Strolche, die sie persönlich angegriffen hatten. In ihrer Heimat hingegen fing sie alle Ganoven weg, die keine SS-Leute waren, und setzte sie mit Vorliebe in den Lagern dazu ein, sie unter die politischen Häftlinge zu mischen.

In den Männerlagern waren die Zusammenstöße zwischen »Politischen« und »Kriminellen« sehr hart und bisweilen tödlich; in einem weiblichen Milieu hingegen grenzte die seinerzeit obwaltende »Phallokratie« die Kriminalität noch ein auf einfachen Diebstahl und Mord innerhalb der Familie, und die Frauen, die sich bei dergleichen hatten erwischen lassen, waren normalerweise dumme Hühner (oder sie traten eben in die SS ein). In Ravensbrück ist mir jedenfalls kein einziger Bericht über einen durch einen Häftling begangenen Mord zu Ohren gekommen. Die einzige Geschichte, die dort die Runde machte, war die von einer Flucht aus dem Strafblock. Nachdem die SS den gesamten Block des geflohenen Häftlings zum Strafestehen verurteilt hatte, das sich über mehrere Tage hinzog, fing sie die Entwichene wieder ein und lieferte sie den Furien aus diesem Block aus, die sie in Stücke rissen.

In Block 27, im Revier und während meiner kurzen »Gastspiele« in den Werkstätten hatte ich öfter einmal Umgang mit den weiblichen Angehörigen der deutschen Unterwelt. Sie machten mir einen eher deprimierenden Eindruck, aber es gebrach mir vielleicht auch an der Gabe, sie richtig einzuschätzen, da ich mich nicht an ihrer Konversation beteiligte. Ich erinnere mich an eine etwas abgemagerte Kleine mit schwarzem Winkel, ein richtiges kleines Skelett von zwanzig Lenzen, das sich eines Tages, ohne mich zu kennen, beeilte, zu meinen Gunsten zu lügen. Glücklicherweise hatte ich mir in Afrika abgelauscht, wie ein weiser, alter Marabu zu reden, was auf die wenigen SS-Leute, mit denen ich Gelegenheit hatte zu sprechen, Eindruck machte, und ich konnte die Kleine auf die Schnelle davon abhalten. Danach wurde ich ohne Schaden aus dem betreffenden Kommando hinausgeworfen, was genau meiner Absicht entsprach, und ich fand leider keine weitere Gelegenheit mehr, die freundschaftliche Bekanntschaft mit diesem armen, kleinen Hascherle zu vertiefen.

Die deutschen Mitbewohnerinnen von Block 27, die mir auffielen, waren Diebinnen, moralisch verdorbene Frauen, vulgäre Personen und Spitzelinnen. Aber es wäre ungerecht, nicht auch anzumerken, inwieweit der Bezeichnung »Politischer Häftling« nur wenig Bedeutung in den Lagern zukam: da trug eine Frau, die sich geweigert hatte, für Hitlers Krieg Arbeit zu leisten (und die somit eigentlich eine »Politische« war), den gleichen schwarzen Winkel wie die Pennerinnen und die Prostituierten; aber eine Prostituierte, die mit einem Polen geschlafen hatte, besaß den roten Winkel als »Politischer Häftling«. Bei den Französinnen hatten alle Deportierten einheitlich einen roten Winkel, was einige wirklich politische Häftlinge sehr erboste.

Die deutschsprachigen Häftlinge, die studiert hatten, trugen in Ravensbrück den roten Winkel. Einige von ihnen waren schon acht Jahre zuvor arretiert worden, und die Österreicherinnen befanden sich seit 1939 im Lager, das heißt, sie hatten sich in reichlichem Maße das Recht auf die vier der »Lager-Aristokratie« vorbehaltenen Unterkünfte erworben.

Wir anderen, die Verfügbaren aus der französischen Plebs, hatten nur sehr selten mit diesen Schreiberinnen zu tun, und es war für unsereinen sogar möglich, gar nicht zu wissen, daß es sie gab. Die Anwesenheit der Blockältesten hingegen konnte man nicht übersehen, denn sie brachten sich einem durch ihre Macht immer wieder nachhaltig in Erinnerung.

Die sozialen Klassen

Es wäre interessant gewesen, das Verhalten der sozialen Klassen zu untersuchen, wenn die Möglichkeit bestanden hätte, darüber eine Studie zu fertigen, denn das Spektrum wäre ein komplettes gewesen. In der Tat waren von 8.000, 9.000 oder 10.000 französischen

Frauen, die durch die Bücher von Ravensbrück gegangen sind, zwei-
fellos annähernd ein Viertel dort wegen gewöhnlicher krimineller
Delikte: Prostituierte, die deutsche Soldaten angesteckt hatten, Zu-
gehfrauen, die für sie gearbeitet hatten und wegen Diebstahls ver-
haftet worden waren, weibliche Polizeispitzel, die allzu viel
Schwarzhandel betrieben hatten, Arbeiterinnen, die freiwillig zur
Fabrikarbeit nach Deutschland gekommen und wegen irgendeiner
Gesetzesübertretung inhaftiert worden waren, usw. Obgleich die
Prostituierten und die Arbeitsfreiwilligen so taten, als verachteten sie
sich gegenseitig, war der Unterschied zwischen ihnen bisweilen
außerordentlich gering, denn mit Ausnahme der dummen jungen
Dinger, die aus Leichtsinn auf die schiefe Bahn geraten waren, oder
von Frauen, die ihren »Mann« wiederfinden wollten, rekrutierten
sich die in Ravensbrück gelandeten Arbeitsfreiwilligen nicht aus der
Elite unserer Gesellschaft, und einige von ihnen waren irgendwann
in ihrem Leben auch schon mal bei der Sittenpolizei registriert gewesen. Was die Prostituierten anbelangte, denen angelastet wurde,
Besatzer angesteckt zu haben, so sollte man meinen, daß sie für diese
Herren nicht widerstrebend »gearbeitet« haben, denn es wäre wohl
eine unrechte Vorstellung zu meinen, ein Mikrobenbefall sei unter
»Sabotage« einzuordnen.

Die anderen Häftlinge konnten als Frauen angesehen werden, die
aus politischen Gründen deportiert worden waren und sie betrachteten sich auch als solche. Natürlich waren nicht alle effektiv im
Widerstand tätig gewesen – diese oder jene war die Schwester, Mutter oder Ehefrau eines Untergrundkämpfers, eine andere war Haus-
verwalterin oder Hausangestellte bei Leuten gewesen, die verhaftet
worden waren, oder sie war gar nur bei solchen Leuten zu Besuch
gewesen; eine andere besaß eine schöne Wohnung, auf die ein Gesta-
pomann scharf war, oder aber war durch einen Erben, der es nicht
abwarten konnte, oder von einem mißgünstigen Nachbarn denunziert
worden, usw.

Es war normal, daß diese Frauen, die so unvermutet hierher geraten waren, wie man von einem Auto überfahren wird, nicht darauf
vorbereitet oder eingerichtet waren, Risiken auf sich zu nehmen, und
so wurden sie oftmals zu einem Klotz am Bein für die anderen, die

aktiven Angehörigen der Résistance. Aber auch unter diesen gab es welche, die nicht in den Kreis paßten: einige Frauen waren aus reiner Abenteuerlust tätig geworden oder um zwielichtige Geschäfte zu bemänteln; andere gab es, die vom Charakter und von der Persönlichkeit her nicht in der Lage waren, den grausamen Belastungen standzuhalten, denen bei den Verhören, in der Einzelhaft oder bei den Anfechtungen von Hunger und Angst jeder ausgesetzt war.

Trotz dieser (nicht sehr ins Gewicht fallenden) Verschiedenheiten gab die Résistance in allen französischen Blocks den Ton an, und in einigen von ihnen tat sie es mit einem solchen Gewicht, daß die komplette Häftlingsbesatzung, obgleich vor dem Hungertod stehend, einstimmig die zusätzlichen Essensgaben in den Rüstungsbetrieben verweigerte. Nach meiner Kenntnis hat es auch keine Französinnen gegeben, die in Ravensbrück Spitzeldienste leisteten.

Weil es für alle möglichen politischen Propagandarichtungen eingängiger ist und auch aus geistiger Trägheit heraus hat es sich eingebürgert, Spektrum und Anzahl sozialer Milieus viel zu sehr zu simplifizieren. Das ist schade, denn eine so überzogene Vereinfachung ist ein schlechter Ausgangspunkt für die Untersuchung. Aus welcher Art von Menschen setzen sich realiter die Belegschaft einer Fabrik, die Mitarbeiter eines Ministeriums, Leute, die einem Laster frönen, die Mitglieder eines literarischen Salons, die Leute in einem Bordell, die Angehörigen einer Partei oder die Leser einer Zeitung zusammen? Um so etwas herauszubekommen, wäre man in Ravensbrück am richtigen Platz gewesen, wohl aber schlecht ausgerüstet, um fortlaufend daran zu arbeiten, und so kommt es, daß ich auch bezüglich unserer eigenen Zusammensetzung, also der der Angehörigen des französischen Widerstandes, nur über näherungsweise Angaben verfüge.

Wenn auch etwas vereinfacht, so kann ich doch einige Anmerkungen dazu machen: da gab es das intellektuelle und liberale Bürgertum (Ärzte, Lehrer), Angehörige des verarmten und militärischen alten Adels (die das ganze Jahr über in riesigen, aber kalten und zugigen Schlössern lebten), Katholiken aus der Bretagne oder aus dem Elsaß, praktizierende Protestanten, kommunistische Gruppen – es waren, mit einem Wort gesagt, Menschen aus eingebundenen gesellschaftlichen Milieus und gewohnt, ihre Pflicht zu tun, die, so will ich sagen, quantitativ und qualitativ gut in unseren Reihen vertreten waren. Seltener anzutreffen und anfälliger waren dem Anschein nach isoliert Lebende. So hatten wir in unseren Reihen einige sehr reiche Frauen aus den gesellschaftlichen Kreisen, die man »Tout-Paris« nennt, und unter ihnen gab es zwei oder drei, die – mehr durch ein Mißgeschick in Haft gekommen denn aus Berufung – zu wahrhaften »Schmuckstücken« wurden. Aber vielleicht sind sie uns auch mehr aufgefallen.

Es gab gleichfalls einige Gruppen von Frauen, die nur aus dem Grunde verhaftet worden waren, weil sie jüdischer Herkunft waren, und es ist mir nie gelungen, die Gemeinsamkeiten zwischen ihnen herauszufinden: da waren die gebildeten, wohlerzogenen türkischen Jüdinnen mit angenehmen Umgangsformen und sehr geschickt und findig; die ungarischen Jüdinnen, die so bedauernswert und arm waren, daß man sie sich nicht unter normalen Bedingungen vorzustellen vermochte; die deutschen Jüdinnen, die von den anderen Deutschen nicht zu unterscheiden waren; polnische Jüdinnen gab es nicht (sie waren in Polen vernichtet worden); und einige holländische und dänische Jüdinnen, die sich in nichts von ihren nichtjüdischen Kameradinnen unterschieden. Was die französischen Jüdinnen anbelangte, so waren sie alle aus der Résistance,[73] und niemandem von uns wäre in den Sinn gekommen, in ihnen eine besondere Gattung von Patriotinnen zu sehen.

Was mich – verglichen mit den anderen Nationen – persönlich an der französischen Gruppe wirklich am meisten beeindruckte, war ihre Homogenität. Der Unterschied zwischen einer polnischen Studentin und einer Frau aus dem Volke war so groß, daß er dem zwischen verschiedenen Nationen gleichkam – in der Art zu essen, zu trinken, zu sprechen, sich die Nase zu putzen usw. Im Gegensatz dazu bin ich davon überzeugt, daß kein Ausländer hätte eine Pariser Studentin im gestreiften Häftlingskittel von einer ebenso gekleideten Arbeiterin aus Paris unterscheiden können.

73 Im August 1944 traf ein Transport mit weiblichen Häftlingen ein, die kurz zuvor in Frankreich aus rassischen Gründen verhaftet worden waren; sie blieben nicht lange in Ravensbrück.

Ich habe oft feststellen können, bis zu welchem Grad die intellektuellen Kreise sich über ihre nationalen Schranken hinwegsetzen und sich annähernd auf demselben Niveau bewegen. Die Arbeiterklasse aber, die wir vollkommen zu Recht »das Volk« nennen, ist geprägt von ihrem Land: an ihr zeigt sich die Höhe der zivilisatorischen Entwicklung einer Nation – sie ist eigentlich ein Vermögen der Tischler und Mechaniker, nicht der Professoren. Und es ist ein Fakt, daß die französische Arbeiterklasse, mit der ich in Berührung gekommen bin, mir damals in intellektueller, moralischer und sozialer Hinsicht sehr hochstehend erschien.

In den Frauen-Konzentrationslagern spielten politische oder religiöse Solidargemeinschaften eine weniger große Rolle als die verschiedenen nationalen Solidargemeinschaften, die allesamt sehr stark waren. Das bedeutet nicht, daß Kommunistinnen oder Christinnen ihrer jeweiligen Überzeugungen verlustig gegangen wären und sich nicht zusammengefunden hätten, um miteinander zu beten oder zu diskutieren, und nicht starken Trost und Zuspruch gefunden hätten in ihren winzigen, über Grenzen hinausgehenden Gemeinschaften, sondern daß die Besten aus jedem politisch oder religiös geprägten Kreis sich miteinander vertrugen, weil sie in gutem Glauben nach einem gemeinsamen Nenner strebten. Auf jeden Fall war dies bei den Französinnen zu beobachten, die in der überwiegenden Mehrzahl nicht politisch motiviert waren, was dazu beitrug, die Verständigung mit den Frauen zu verbessern, die sich der »Partei« verschrieben hatten und die im übrigen genauso leidenschaftliche Patriotinnen waren wie die anderen, denn alle Franzosen sind Patrioten, und sie sind es alle im Übermaß. Ihre Entschuldigung dafür (deren es schon bedurfte, um dieses Übermaß zu rechtfertigen) war die, ein Vaterland zu haben, das während der Dauer eines einzigen Menschenlebens dreimal überfallen worden war.

Bei den Tschechinnen waren die politischen Abgrenzungen schärfer ausgeprägt als bei den Französinnen, denn jede unverbindliche linke Auffassung war überschattet von einem sehr nahen, allzu nahen Nachbarn, der zu mächtig war, um weiter eine unentschlossene Haltung einnehmen zu können. Von daher herrschte zwischen den Vertretern der beiden tschechischen Flügel zwar Gesprächskontakt, und manchmal unterstützte man einander auch, aber das war schon das höchste. Was die Polinnen anbelangte, so kannten sie nur eine einzige Partei, und die hieß Polen schlechthin. Und das mindeste, was man darüber sagen könnte: diese Partei war keine kommunistische.

Die deutschen und die österreichischen Kommunistinnen hatten viele Posten inne, die man als Schlüsselfunktionen bezeichnen konnte, und mit ihrer Hilfe, wie ich denke, fanden dort einige französische Kommunistinnen noch einen Platz, was ihnen die Möglichkeit gab, oftmals anderen Französinnen zu helfen, die in Gefahr waren.

Im übrigen lebten wir zu lange dicht zusammengepfercht beieinander, und die Lebensbedingungen waren zu hart, als daß man noch hätte Irrtümern über menschliche Qualitäten unterliegen können und um nicht Schluß zu machen mit Voreingenommenheiten und Konventionen. Diese Umgebung setzte die wahre Natur einer jeden von uns frei: da entpuppte sich die große Dame als Diebin, die Kommunistin als Hamsterin und Betrügerin, die patriotische de-Gaulle-Anhängerin einer Suppe wegen als arbeitsbeflissen in der Rüstung usw. Das Verhalten gegenüber diesen Schwächen war wirklich hart und streng, und zwar um so stärker, als unsere kollektive Würde durch die entsetzlichen seelisch-moralischen Nöte und den körperlichen Verfall immer mehr bedroht war. Aber dies führte dazu, daß sich der eigentliche, wahre und echte innere Wert eines jeden Häftlings herausstellte, und jede von uns wurde von den anderen an diesem alleinigen Kriterium gemessen, ungeachtet jegliches politischen oder konfessionellen »Außenanstrichs«.

Es stimmt allerdings auch, daß die diesbezüglichen Reaktionen in den Männerlagern anders aussahen und daß die Parteipolitik dort eine ungute Spalterfunktion ausübte: Spaltung auf nationaler Ebene, aber Zusammengehen auf internationaler. Ersteres war schädlich, letzteres segensreich, denn es ermöglichte erfolgreiche Sabotageaktionen (siehe Anhang 4 der französischen Originalausgabe).

Die Männer hatten technisch versierte Leute in ihren Reihen, über die wir nicht verfügten, und mit deren Hilfe konnten sie auch wirkungsvolle Anschläge durchführen, aber sie litten (bei gleichen oder selbst bei höheren Rationen) noch mehr an Hunger als wir, waren schlechter dran und kamen schneller zu Tode. Dies lag zunächst einmal daran, daß die SS ihnen noch mehr Mißtrauen entgegenbrachte, aber vor allem daran, daß sie oftmals mit gewöhnlichen Kriminellen zusammengesperrt waren, echten professionellen und perversen Killern, wohingegen unser weiblicher Abschaum aus simplen Diebinnen, Spitzelinnen oder brutalen Weibern bestand... Es scheint mir aber auch so, daß ihre persönlichen Beziehungen untereinander rüder und rücksichtsloser waren, sogar unter den »Politischen«, und sie oftmals kaum miteinander auszukommen vermochten. Und wie wir auch, stellten sie sich schützend vor die jüngsten Mithäftlinge und versteckten und retteten einen Teil ihrer Kranken.

Bis zum Ende des Jahres 1944, in dem die hauptsächliche Vernichtungsmethode in schwerer Arbeit bestand, vermochten die kräftigsten Häftlinge unter der Bedingung zu überleben, daß sie Pakete bekamen, daß ihnen keinerlei Mißgeschick widerfuhr (beispielsweise in Gestalt einer Blockältesten oder einer Kolonnenleiterin, die einen nicht ausstehen konnte) und daß sie nicht von den anderen getrennt wurden: eine Französin, die eine »Politische« war und die es in einen Block von »Grünwinkligen« oder »Schwarzwinkligen« verschlagen hatte, besaß kaum eine Chance, hinterher von ihren dortigen Erfahrungen berichten zu können, aber ihre Aussichten waren immer noch besser als die eines männlichen politischen Häftlings. Sensible Männer wie mein Freund Louis Martin-Chauffier, wie Robert Antelme oder Primo Levi haben mit knapper Not überlebt – aber nur dank einiger hilfreich ausgestreckter Hände. Ich habe den Eindruck, daß freundschaftliche Hilfe und Beistand in den Frauen-Konzentrationslagern ausdauernder, stärker und mehr verbreitet waren.

VII

Profit und Vernichtung

Der Aktionär Himmler

Anfang des Jahres 1944 erfuhr ich bei der Befragung einer der Gefangenen, die seit vielen Jahren in den Sekretariaten des Lagers eingesetzt waren, daß ihre persönliche Arbeitsaufgabe darin bestand, tagtäglich mit der Schreibmaschine die Gewinne niederzuschreiben, die einem »Besitzer« oder »Aktionär« des »Unternehmens Ravensbrück« entstanden waren. Und der Name dieser Person war Heinrich Himmler.

War Himmler demnach also nicht nur – als Chef der Polizei und der SS – der oberste Verwaltungsleiter der Aufseher für die Sklaven des Lagers, war er vielmehr zur gleichen Zeit auch entweder der Eigentümer des Geländes – vielleicht hatte er es vom Staat gepachtet? – oder der Hauptaktionär eines Unternehmens, das unsere Arbeit ausbeutete? Eines stand auf jeden Fall fest: nämlich daß dieses Unternehmen viel Geld einbrachte und daß ein erheblicher Teil dieses Geldes den Reichsführer Himmler zum Empfänger hatte. Zu der damaligen Zeit konnte ich noch nicht genau wissen, in welcher Form das geschah und zu welchem Prozentsatz, aber daß Himmler und seine unmittelbaren Mitarbeiter teilhatten an den Erträgen, die von den Arbeitskräften der Konzentrationslager erarbeitet wurden, das war ein Fakt – und diesen Fakt habe ich in Ravensbrück im März 1944 in der eben beschriebenen Art und Weise erfahren.

Sehr viel später hatte ich Gelegenheit, noch einmal über diese Information zu sprechen – und zwar mit einer Kameradin, die gerade frisch aus Auschwitz eingetroffen war, wo sie in den Gewächshäusern gearbeitet hatte. Diese Frau berichtete mir, daß die

233

Gewächshäuser von Auschwitz persönliches Eigentum eines Privatmannes seien, aus welchem Grund auch eine besondere Buchführung erforderlich war. Selbstverständlich wurde diese Buchführung von einem Häftling, einem dort einsitzenden Buchhalter, ausgeführt. Der Privatmann und Eigentümer war Heinrich Himmler.

Die Informationen, die hier zu Himmlers Gewinnen von den Sekretärinnen aus Ravensbrück und aus Auschwitz geliefert worden sind, sind von diesen selbst und in ihrer Verantwortlichkeit errechnet und mit Maschine niedergeschrieben worden. Darin bestand ihre tägliche Arbeitsaufgabe, der sie sich mit Fleiß zu widmen hatten und die sie, wenn es nötig war, auch noch einmal überarbeiten mußten. Diese Informationen beruhen also nicht auf einer Geschichte, die sie irgendwo aufgeschnappt hatten, oder auf einem nebenher wahrgenommenen Ereignis, sondern auf gesicherten, in einem berufstrainierten Gedächtnis gespeicherten Fakten.

Ich weiß noch, wie mich ein Schauder ergriffen hat damals, als ich 1944 in Ravensbrück diese Zusammenhänge durchschaute.

Da gibt es also einen Privatmann namens Himmler, der Eigentümer unbebauter Ländereien ist. Dieser Privatmann erbringt für einen gewissen Himmler, der Polizeichef ist, die Dienstleistung, daß er ihm – und zwar endgültig – seine Feinde vom Halse schafft. Zum Ausgleich dafür liefert der Polizeichef Himmler dem Eigentümer Himmler beachtliche Dividenden in Form von neuem menschlichem Schlachtvieh, womit das, was er inzwischen durch Hochleistungs-Arbeitstempo verschlissen hat, ausgetauscht werden kann. Welch fabelhafte Nutzung von unbebautem Ödland und von Bruch- und Sumpfgebieten durch einen einfallsreichen Kapitalisten: dort, wo nichts wächst, wird ein Konzentrationslager eingerichtet, und das wird zu einer wahren Goldgrube!

Dieser Nutzeffekt war sogar derart fabelhaft, daß man ab 1944 den Eindruck haben konnte, das Streben nach Dividenden habe dem Bestreben, die Feinde Deutschlands auf rationelle Art zu vernichten, den Rang abgelaufen. Tatsächlich geht es zu diesem Zeitpunkt los, daß die mysteriösen Buchstaben »NN« nach und nach aus den Akten verschwinden und daß die mit dieser Zuordnung vorab schon feststehenden Hinrichtungen seltener werden... Umgekehrt gibt es keine

Freilassungen mehr – selbst dann nicht, wenn deutlich erkennbar ein Irrtum vorliegt. Und so stellte sich zumindestens uns die Lage im Jahre 1944 dar: da wurden haufenweise und systemlos aktive und erfolgreiche Terroristen deportiert, die durch jede nur denkbare Militärgesetzgebung zum Tode verurteilt worden wären, und vermischt mit ebenfalls deportierten armen, völlig unschuldigen Leuten... Und anschließend wurden sie dann alle zusammen zum Tode verurteilt – durch Erschlagen, durch Gas, durch Verhungern.

Bis 1942 gab es im wesentlichen zum einen die politisch motivierten Hinrichtungen (die Tötung von Feinden Deutschlands) und zum anderen die »wirtschaftlich bedingten« (die Tötung von Menschen, deren Gesundheit durch die Arbeit für Deutschland ruiniert worden war). Nach diesem Zeitpunkt dann bestand die Gefahr, getötet zu werden, eher für jemanden, der weißes Haar oder auch nur ein schlechtes Aussehen hatte, als für jemanden, der heimlich eine Bombe in seiner Handtasche mit sich herumtrug. Der Polizeichef Himmler war mittlerweile empfänglich geworden für die Dividenden seines anderen Ich.

Tatsächlich gab Himmler seine Zustimmung Pohl vom Wirtschafts- und Verwaltungs-Hauptamt am 29. Mai nachdem dieser ihm mitgeteilt hatte, daß die Konzentrationslager vom 30. April 1942 an der Ökonomie zu dienen hätten. Trotzdem bedenkt Himmler, daß es keinen Sinn haben würde, das Reichssicherheitshauptamt vor den Kopf zu stoßen, dessen Vormachtstellung sich so manches Mal bewiesen hatte – deutlich zum Beispiel im Fall des Lagers Herzogenbusch (Niederlande): es war das einzige Konzentrationslager, das auf das Schleifen von Diamanten spezialisiert war – auf Grund der jüdischen Spezialisten, die auf diese Weise der Deportation entgingen – aber nur bis zum 18. Mai 1944. Denn an diesem Tag sollte Eichmann sich mit seinen Ansichten gegenüber dem SS-Wirtschafts- und Verwaltungs-Hauptamt durchsetzen (Joseph Billig, S. 152 f., S.176).

Auch wenn wirtschaftliche Gesichtspunkte nun den Primat haben sollten, so wirkte doch ein Faktor strikt dagegen, nämlich die zu hohe Sterblichkeitsrate in den Konzentrationslagern. In einer Umlaufinformation vom 28. Dezember 1942 wurde zu diesem Tatbestand ausgewiesen, daß innerhalb eines bestimmten Zeitraums zwar

136.000 Neuzugänge zu verzeichnen waren, denen jedoch 70.000 Todesfälle gegenüberstanden (Joseph Billig, S. 157).

Dies waren meine Vorstellungen und Erkenntnisse vom Anfang des Jahres 1944. Sie waren praktisch richtig, ganz offensichtlich richtig – aber die Tatbestände waren im einzelnen sehr viel komplizierter. Denn im Jahre 1944 hatte die Gestapo nicht mehr die Zeit dafür, Akten regelmäßig zu führen; die Abwehr war auseinandergebrochen, und was Himmler anbelangt, so scheint er mir aus heutiger Sicht in jener Zeit weit mehr machthungrig als geldgierig gewesen zu sein.

Die NN-Häftlinge von Block 32 verbrachten oftmals ihre zwölf Stunden täglicher Arbeit damit, die Straßen des Lagers instandzuhalten, indem sie eine Steinwalze über die Wege zogen, um damit die daraufliegende Schlacke zu planieren. Es kam auch vor, daß die Aufseherin, die uns bewachte, einmal verschwand, um sich mit einem SS-Mann zu treffen, der vielleicht empfänglich war für ihre Reize – oder daß sie einfach nur wegging, um sich auszuruhen, und uns unter der Aufsicht der »Roten Armbinden« zurückließ, manchmal also auch unter der unserer jungen polnischen Kameradinnen, die wir »Kaninchen« nannten. Wenn diese drei Dinge zusammenfielen – die Steinwalze, die Abwesenheit der Aufseherin und die Aufsicht durch die »Kaninchen« –, dann hatte man die Möglichkeit, direkt vor den Fenstern von Block 15, dem französischen Quarantäneblock, einmal gründlich und zusammenhängend etwas aufzuschreiben. Und genau das habe ich an jenem Märztag 1944 getan, in der Zeit also, als der »27.000er«-Transport dort in Quarantäne saß. (Es war ein Glück, daß es keine Denunziantinnen unter uns gab – weder im Block 15 noch unter den Verfügbaren im Block der NN-Häftlinge.)

Meine Niederschrift enthielt einige Ansichten über die Massentötung und über die Arbeit, und sie führte dann weiter mit detaillierten Zahlenangaben zu unserer Vermietung an Fabriken (unter Berücksichtigung der Abzüge für unsere Bewachung, unsere Ernährung und die Lumpen, die wir am Leibe trugen – auch dies alles zahlenmäßig ausgewiesen). Schließlich enthielt meine Arbeit ausführliche Darlegungen zu den Erträgen, die Himmler aus dem Lager zuflossen, und sie schloß mit den »Schwarzen Transporten«, also mit der letztendlichen Vernichtung. Es gab in dieser Niederschrift nichts, was froh gemacht hätte – und doch haben mir alle meine Kameradinnen gesagt, sie hätten sie als »tröstend und stärkend« empfunden...

Wenn man die Mechanismen versteht, die einen vernichten, wenn man ihre Triebfedern analysiert und mental demontiert, wenn man eine augenscheinlich hoffnungslose Situation in ihre Details zerlegt und diese Details einzeln betrachtet – dann hat man eine kraftspendende Quelle dafür, ruhig Blut zu bewahren, innere Ruhe zu finden und Seelenstärke zu entwickeln. Nichts hat größeren Schrecken an sich als das Widersinnige, Absurde. Ich wußte: indem ich die Gespenster verscheuchte, konnte ich ein bißchen eine moralische Hilfe sein für die besten unter uns.

Darüber hinaus hatten wir noch unsere Empörung und unseren leidenschaftlichen Willen, daß diese Empörung uns überleben möge und daß eine solche Fülle von Verbrechen nicht zum »perfekten Verbrechen« werden dürfe. Es war damals allerdings schon deutlich, daß nur wenige von uns überleben würden. Der Gedanke daran, daß die Wahrheit gerettet und »hinübergebracht« werden müsse, hat mich besessen von meiner Ankunft in Ravensbrück an. Dieser Gedanke verfolgte nicht nur mich allein derart massiv; aus ihm heraus erklären sich auch die leidenschaftlichen – nach meiner Meinung allerdings überzogenen – Reaktionen, die auf die widersinnigen Versuche erfolgten, das Geschehene abzustreiten und zu leugnen.

Wie kann man denn sagen, daß es die Wahrheit nicht gibt, wenn man sie doch so liebt, so umfassend, so sehr?...

Die Unterhaltskosten für die Sklaven

Die Kosten für die Unterhaltung des Lagers waren gering, denn es unterhielt sich vollständig selbst, wodurch die Ausgaben auf ein Minimum reduziert blieben. Die Bewirtschaftung des Bodens, die Trockenlegung des Brachlandes, der Anbau von Kohlrüben, Gärtnereibetrieb, Tischlerei, Klempnerei, das Nähen der Häftlingskleidung und die Anfertigung der Holzpantinen – alles das war das Werk der Häftlinge. Durch die Kameradinnen, die in der Buchhaltung arbeiteten, bekam ich die Summe von 35 Pfennigen genannt als den Preis für unseren Unterhalt je Tag, eingerechnet die Margarine, die von der Verwaltungsdirektion geliefert wurde, und eingerechnet das Brot, das bis zum 11. April 1945 im Lager Sachsenhausen bei Oranienburg gebacken und mit Lastwagen nach Ravensbrück gebracht wurde.

Suhren erklärte (bei seinem Verhör am 6. Dezember 1949):

> Die Firmen überwiesen dem Lager für die Verpflegung der Häftlinge eine Tages-Pauschalsumme von 70 Pfennigen je Häftling – und soweit mir bekannt ist, wird dieser Satz noch heute in Deutschland in den Gefängnissen zum Ansatz gebracht.

Er hat hier also ausnahmsweise einmal die Wahrheit sagen können – erhob er doch diesen Betrag von den Leuten, die seine Häftlinge beschäftigten. Wohl verständlich aber auch die Entrüstung seitens der Arbeitgeber, die sich bestohlen vorkamen, wenn sie diese 70 Pfennige zusätzlich zu der Leihgebühr zu entrichten hatten und als Gegenleistung dafür sterbende Frauen zur Verfügung gestellt bekamen.

Eugen Kogon, der zu dem Zeitpunkt, da Buchenwald befreit wurde, sofort Zugang zu den Archiven des Lagers erlangte, berichtet uns eine buchhalterische Abrechnung, wie sie von der SS aufgestellt worden war und die den durchschnittlichen Gewinn ausweist, der aus einem Häftling erwirtschaftet werden konnte. Ich fasse diese Aufstellung nachfolgend zusammen:

Tages-Leihpreis (zwischen 6 und 8 Mark)

Mittelwert		6,00 Mark
davon sind abzuziehen für		
– Ernährung	0,60 Mark	
– Abschreibung auf Bekleidung	0,10 Mark	
		– 0,70 Mark
		5,30 Mark

Das bedeutet bei einer durchschnittlichen Lebensdauer von neun Monaten einen Gewinn von 5,30 Mark x 270 = 1.431,00 Mark.

Dieser Gewinn erhöhte sich noch durch die rationelle Verwertung der Leichen (Goldzähne, Kleidung, Wertgegenstände), wodurch Beträge zwischen zweihundert und mehreren Tausend Mark einkamen. Allerdings reduzierten sich diese Beträge um die für die Einäscherung jeder Leiche anfallenden Kosten, die mit 2,00 Mark angesetzt wurden. (Eugen Kogon, 1970, S. 33)

Eine gewisse Anzahl von Lagerinsassinnen wurde für diese Arbeiten eingesetzt; die anderen wurden an die Leiter von Unternehmen verliehen, die sich in der Nähe des Lagers oder direkt im Lager befanden.

Das Lager selbst beherbergte einen Komplex von Betrieben, der wirtschaftlich selbständig war und von einem gewissen Opitz geleitet wurde. Dieser Opitz bezahlte ungefähr 3,50 bis 4,00 Mark je Tag für eine Gefangene, die an ihn vermietet wurde; ich glaube aber, daß er außerdem eine bestimmte Summe rückzuerstatten hatte für die Beköstigung seiner Häftlinge. Diese Beköstigung ging theoretisch zu seinen Lasten, wurde aber praktisch aus Gründen größerer Bequemlichkeit vom Lager geliefert. Es hatte hierüber zwischen Opitz und der Lagerverwaltung heftigen Streit gegeben, deren am deutlichsten zu spürendes Ergebnis das war, daß die unglücklichen Frauen der Betriebe (Schneiderwerkstätten) noch schlechter ernährt wurden als die im großen Lager – und das wollte schon etwas heißen!

Neben dem Lager befand sich das Siemens-Werk, das höher bezahlte (4,50 Mark, 5,00 Mark und manchmal sogar bis zu 7,00 Mark für Spezialisten oder für Frauen, die hohe Arbeitsleistungen aufwiesen). Das führte dazu, daß es für das Revier (Krankenstation) eine Dienstanweisung gab, nach der nur die Gefangenen behandelt wurden, die bei Siemens eingesetzt waren. Für alle anderen war es besser, nicht zur Behandlung zu gehen, solange sie weniger als 40° Fieber hatten.

Die deutschen Archive verwahren große Mengen von Verwaltungspapieren, die die enormen Einnahmen ausweisen, über die das WVHA (Wirtschafts- und Verwaltungs-Hauptamt) verfügte – jenes Amt, das vermittels zwischengeschalteter Firmen für die wirtschaftliche Ausbeutung von Häftlingen verantwortlich war (Joseph Billig, Zweiter Teil, Kapitel III).

Es handelt sich hierbei vor allem um die DEST, die im April 1938 gegründet wurden zum Betreiben von Granitsteinbrüchen und Ziegeleien sowie für die Fertigung behauener Bruchsteine.

Umsatz der DEST (in Millionen Reichsmark)			
1941	1942	1943	Jan. bis Okt.1944
4,3	8,2	14,5	29,8 (davon 21 in Steinbrüchen)

Im Geschäftsjahr 1944 belaufen sich die wichtigsten Umsätze auf die folgenden Werte (gegliedert nach Lagern):

Umsatz (in Millionen Reichsmark)		
Granit:	Ziegelei:	Behauene Bruchsteine:
Mauthausen 11,0	Neuengamme 2,0	Sachsenhausen
Flossenbürg 6,9	Sachsenhausen 1,6	und Mauthausen 2,5
Natzweiler 1,7		

Ab 1943 sollte die DEST zunehmend in ein Unternehmen der Rüstungsproduktion umgewandelt werden. Sie arbeitete direkt für Messerschmidt, Heinkel, Steyr-Daimler-Puch und andere.

Am 3. Mai 1939 war das Unternehmen »Deutsche Ausrüstungswerke« (DAW) gegründet worden, das hauptsächlich im Gebiet von Dachau angesiedelt war und dessen Aufgabe die Versorgung des Öffentlichen Dienstes war – Büromöbel, Brotfertigung.

Umsatz der DAW (in Millionen Reichsmark)		
1941	1942	1943
5,4	9,5	23,2

Die Texled wurde am 21. Juni 1940 gegründet – und zwar ausschließlich zur Nutzung der weiblichen Arbeitskräfte von Ravensbrück.

Umsatz der Texled (in Millionen Reichsmark)			
1940	1941	1942	1943
0,6	0,8	1,3	8,4

Die Zahlen der Gefangenen, die zur Texled abkommandiert waren, sind bekannt:

Anzahl der Gefangenen bei Texled						
1940	Juli	141		1942	September	5082
	Oktober	613			Dezember	4512
1941	März	699		1943	Januar	4113
1942	Januar	1934			Dezember	2994

Zieht man nun die andere große Quelle für Einnahmen in Betracht, die die SS hatte, dann wird einem um so besser bewußt, was im Vergleich zu den hier vorgelegten Umsätzen der »Schatz der Aktion Reinhard« für eine Dimension darstellt, hinter dem sich die riesige Menge der Plünderungsgüter verbirgt, die der unglücklichen jüdischen Bevölkerung geraubt wurden, als sie im Rahmen dieser Aktion (Belzec, Sobibor, Treblinka) dezimiert worden war. Wertangaben dazu weist die Bilanz aus, die der mit dieser Aktion beauftragte Brigadeführer Odilo Globocnik aufgestellt hat:

Geldeinnahmen in RM und Zloty	73.852.080 RM
Edelmetalle	8.973.651 RM
Devisen in Banknoten	4.521.224 RM
Devisen in Gold	1.736.554 RM
Goldschmuck	43.662.450 RM
Textilien	46.000.000 RM
	178.745.959 RM

Es ist allerdings anzumerken, daß Höß angab, dieser Schatz umfasse auch Auschwitz mit. Joseph Billig meint aber, daß dies unwahrscheinlich sei, wenn man die territoriale und auch die organisatorische, verwaltungsmäßige Trennung berücksichtige. So oder so aber kann diese Bilanz erst nach dem 19. Oktober 1943 aufgestellt worden sein, denn das war der Tag, an dem Globocnik seine Aufgabe als beendet erklärte. (Eugen Kogon, S. 174)

Wenn man sich die Mühe macht, auf der Grundlage der Zahlen, die ich hier dargelegt habe, den Gewinn zu errechnen, den Ravensbrück erbracht hat – und zwar für die Zeit vor der Umwandlung von Ravensbrück in ein Todeslager, also beispielsweise für den Monat August 1944 – dann wird man feststellen, daß zu diesem Zeitpunkt 58.000 Frauen registriert waren. Von diesen wurden im Verlauf der ersten beiden Jahre 300 bis 400 freigelassen, und um die 18.000 befanden sich nicht im Lager, sondern waren an auswärtige Fabriken verliehen – oder aber tot. Auf die verbleibenden 40.000 Lagerinsassen ist dann der tägliche Gewinn zu kalkulieren, wobei jedoch die recht zahlreichen »keinen Ertrag bringenden Häftlinge« abgezogen werden müssen.

Unter »keinen Ertrag bringenden Häftlingen« sind diejenigen zu verstehen, die in den Dienststellen des Lagers selbst verwendet wurden (und die im übrigen immer aus den Reihen der qualifiziertesten Arbeiterinnen ausgesucht wurden), daneben die älteren Frauen (die in einem Kommando von Strickerinnen zusammengefaßt waren, aus dem sich einige Monate später Suhren die Opfer auswählen sollte, die er ins Jugendlager schickte), und schließlich die »Verfügbaren«, die die Aufseher von Ravensbrück für die Ausführung der härtesten Arbeiten einsetzten, um damit zu bewirken, daß niemand sich vor der Arbeit in den Werkstätten drückte. Jauche transportieren, Wege instandhalten – das brachte ja tatsächlich keinen Gewinn...

Verleih von Arbeitskräften an Fabriken

Das Lager stellte billige Arbeitskräfte nicht nur den Leitern von Unternehmen zur Verfügung, deren Werkstätten in der Nähe von Ravensbrück lagen – auf Anforderung wurden diese Arbeitskräfte auch innerhalb ganz Deutschlands verschickt. Das war es, was als »Transporte« bezeichnet wurde. Für den vereinbarten Preis erhielt ein Handeltreibender oder Industrieller die 500 oder 1.000 angeforderten Frauen sowie die Aufseherinnen, die mit Knüppeln und mit dressierten Hunden ausgerüstet waren und die dafür sorgten, daß die erschöpften und unterernährten Frauen zwölf Stunden am Tag Arbeit leisteten, bis sie daran starben. Dann wurden sie durch andere ersetzt, ohne daß dem Arbeitgeber daraus zusätzliche Kosten entstanden. Durch den Einsatz der Hunde und durch die Schläge wurden sie aber, ehe sie starben, bis ans Ende ihrer Kräfte genutzt – in diesem makellosen Kreislauf gab es keine Vergeudung.

Die Sekretärinnen, die in den Büros des Arbeitseinsatzes arbeiteten, haben 55 Fabriken oder Werkstätten gezählt, in die Ravensbrück Häftlings-Arbeiterinnen schickte. Und wir wissen nicht, ob diese ihre Auflistung vollständig war.

Der größte Teil dieser Nebenlager hing in administrativer Hinsicht an Ravensbrück, einige aber (beispielsweise Braunschweig, Hannover) lagen auch in der Einflußsphäre von Neuengamme oder waren an andere große Hauptlager angebunden – an Buchenwald, Dachau, Flossenbürg oder Mauthausen. In solchen Fällen wurden die Gefangenen als abgängig angesehen und erhielten, wenn sie zurückkamen, eine neue Häftlingsnummer. Die Anzahl dieser Häftlinge mit zwei Nummern ist von unseren Kameradinnen aus dem Arbeitseinsatz auf 2.000 und von den Kameradinnen aus dem Politischen Büro auf 3.000 geschätzt worden.

Die Anzahl kann in Wahrheit ein wenig höher gelegen haben, wenn man bedenkt, daß zahlreiche Rückführungen in den letzten Tagen erfolgt sind und daß zu jener Zeit dann schon erhebliches Durcheinander herrschte.

Noch heute, mehr als vierzig Jahre nach der Befreiung, gibt es keine Gesamt-Untersuchung zu diesen Außenkommandos, doch liegen uns zu einigen von ihnen zuverlässige Zeugenaussagen in publizierter Form vor.

Es ist keinesfalls sicher, daß die nachfolgende Liste vollständig ist, über die ich verfüge. Sie wurde – gezwungenermaßen, denn Ravensbrück hat keine Archiv-Unterlagen hinterlassen – auf der Grundlage von Erinnerungen aufgestellt.

Fabriken, bei denen die Ravensbrücker Arbeiterinnen in andere Lager überstellt wurden

– *Buchenwald* (von hier sind einige Häftlinge wieder nach Ravensbrück zurückgekehrt – sie erhielten demzufolge zweimal eine Häftlingsnummer)
Altenburg (bei Dresden)
Leipzig (Unternehmen AEG)
Leipzig (Unternehmen Hasag)
Meuselwitz (nach Ravensbrück zurückgekehrt)
Neustadt (Coburg) (nach Ravensbrück zurückgekehrt)
Polte (Magdeburg) (nach einem Bombardement nach Ravensbrück zurückgekehrt)
Schlieben
Taucha
Torgau

– *Dachau* (keine Rückkehrenden nach Ravensbrück)
Augsburg
Lebensbornheim (München)
Plausee

– *Flossenbürg* (keine Rückkehrenden nach Ravensbrück)
Grasslitz
Holleischen
Neurohlau
Zwodau

– *Neuengamme* (wenige Rückkehrende nach Ravensbrück)
Bartensleben
Braunschweig (ein Transport am 14. April 1945 zurückgekehrt)
Hamburg-Ost

Hannover
Helmstedt
Salzgitter
Salzwedel (nach Ravensbrück zurückgekehrt)
Watenstedt (830 hintransportiert, 155 zurückgekehrt)
Wittenberg

- *Sachsenhausen*
Berlin (AEG)
Berlin (Pertrix)
Berlin (Siemens)
Belzig
Genshagen
Glöwen
Königswusterhausen
Oberschöneweide
Oranienburg (Auer)
Schönefeld (600 Häftlinge, davon 200 Französinnen)
Velten

Fabriken, die administrativ zu Ravensbrück gehörten

- Neubrandenburg
- Barth
- Luftstützpunkte Königsberg i.d. Neumark und Rechlin

Auseinandergerissen und im Lande verteilt

Im Rahmen einer Studie, wie ich sie in Ravensbrück durchgeführt habe, war es nicht möglich, alle Einzelheiten über die Ereignisse, die den Tausenden von Frauen begegneten, die durch das Lager ausgebeutet wurden und die vom Lager aus in ganz Deutschland verteilt worden sind. Aber ein kurz umrissener Überblick zu diesen Ereignissen macht doch deutlich, wie Ravensbrück bei der Deportation

245

von Frauen aus ganz Europa und bei ihrer Ausbeutung in der Industrie die Rolle einer Drehscheibe gespielt hat. Und ein solcher Überblick ist noch in einer anderen Hinsicht interessant – er verschafft die Möglichkeit, sich vorzustellen, daß es eine wahre Katastrophe war, durch die die Gruppen von Schicksalsgenossen auseinandergerissen wurden.

Man findet natürlich bei jeder Deportation die gleichen Gegebenheiten: die moralische und seeliche Prüfung durch die Gefangenschaft, die Gewaltanwendung und die Vermischung mit Häftlingen aus dem Kriminellen-Milieu, das extreme physische Elend durch den chronischen Hunger, durch Mangel an Schlaf, durch Kälte, zu hohe Arbeitsbelastung und Überbelegung in den Quartieren – aber das sind die Elemente, die allen repressiven Systemen gemeinsam sind.

Die traurige Einmaligkeit der deutschen Lager liegt darin, daß sie ihre Tötung industriell organisiert hatten. Man täusche sich da nicht: sie haben nicht nur Geist und Seele geschlagen – sie haben die Mehrzahl der Häftlinge getötet: *unsere Toten sind in den letzten drei Monaten der Hitler-Unterdrückung umgekommen, und sie sind mit Überlegung und in voller Absicht getötet worden.*

Die Herauslösung aus dem Lager durch Einteilung in ein Arbeitskommando konnte (nach Ansicht der am besten informierten Lagerinsassinnen) das Risiko der Vernichtung verringern, das in Gestalt der »Schwarzen Transporte« von 1942 an als Bedrohung über jedem Lagerinsassen schwebte. Diejenigen Frauen, die so aus dem Lager herauskommen konnten (für NN-Häftlinge war dies nicht möglich), taten auf jeden Fall gut daran, diese Möglichkeit zu nutzen, denn die Kommandos waren für reihenweise Tötungsaktionen weniger gut ausgerüstet als die Hauptlager. Aber es gab einen anderen Grund als den der Vernunft, der das Handeln und das Entscheiden der Deportierten bestimmte, und zwar das der Männer wie das der Frauen, der Franzosen wie der Polen, der Häftlinge von Auschwitz wie der Lagerinsassinnen von Ravensbrück: *Jeder und jede war in erster Linie darum bemüht, nicht von ihrer ursprünglichen Gruppe getrennt zu werden.* Selbst in den grausamsten Bereichen von Auschwitz noch

hatte man Angst davor, verlegt zu werden. (Siehe Hermann Langbein: *Männer und Frauen in Auschwitz*, S. 86)

Das ist auch verständlich, denn die Gruppe gab jedem ein Min-
destmaß an Schutz (daß man sein Brot essen konnte, ohne daß es
einem entrissen wurde; daß man in der Nacht seiner Ecke auf der
Pritsche sicher war). Und die Gruppe bot freundschaftliche Betreuung – unverzichtbare Voraussetzung für das Überleben. Ohne die
Gruppe blieb nur Hoffnungslosigkeit, und das bedeutete den Tod.

Die Französinnen, die sich in Ravensbrück darum bemühten, mit
einem Transport aus dem Lager herauszukommen, haben das *immer*
aus dem Grunde getan, daß sie bei ihrer Gruppe bleiben wollten, und
nie in der Hoffnung, anderswo ein weniger hartes Lager zu finden.
Wir werden im übrigen später sehen, daß es schreckliche Kommandos gegeben hat, die in ihrem Grauen dem kleinen Vernichtungslager
Uckermark oder dem Massengrab von Bergen-Belsen vergleichbar
waren.

Die am 15. August 1944 deportierten Französinnen – ein Beispiel für Verlegungen

Ich kann hier nur ein Beispiel geben für die »sklavenhalterische«
Aufteilung und Umschichtung von Häftlingen quer über ganz
Deutschland. Es ist das einzige Beispiel, zu dem ich recherchiert
habe – das der Französinnen, die am 8., 11. und 15. August 1944
deportiert worden sind und die in Ravensbrück Häftlingsnummern in
der 57.000er-Reihe zugeteilt bekamen. Es geht dabei um drei Eisen-
bahn-Transportzüge:
– um den, der am 15. August 1944 vom Bahnhof Pantin aus abgefahren und am 22. August in Ravensbrück angekommen ist;
– um den, der am 11. August 1944 in Lyon abfuhr und am
  22. August in Ravensbrück angekommen ist;
– um den, der am 8. August vom Bahnhof Paris-Est abfuhr und am
  22. und 26. August in Ravensbrück ankam.

Die Archive, in denen Informationen zu den Fabriken liegen, sind noch nicht zusammengefaßt. Aber es gibt solche Archive, und wenn man anfängt, sie zu nutzen – was ja noch nicht begonnen hat –, wird eines das andere erklären. Ich persönlich verfüge jedoch nur über Informationen zu solchen Fabriken, in denen die Französinnen relativ zahlreich vertreten gewesen sind.

Es hat unter den Fabriken einige gegeben, in denen weibliche Häftlinge den mehr oder weniger methodischen Vernichtungen der letzten Regime-Wochen entgangen sind. *Nur und ausschließlich dieser Tatsache* – und nicht etwa einer weniger harten Gefangenschaft – *verdanken sie, daß ihre durchschnittliche Überlebensrate höher lag als die anderer Häftlinge.*

Holleischen (300 km von Ravensbrück entfernt)
Am 4. Juni 1944 treffen in Holleischen 150 Französinnen mit Häftlingsnummern der 35.000er-Reihe wieder mit 122 Häftlingen von den »27.000ern« zusammen, die ins Sudetenland abkommandiert worden waren. Sie sind jung und bei guter Gesundheit, sie sind voller Gemeinschaftsgeist, und sie finden in Holleischen saubere Unterkünfte, für jede ein Bett, Kleidungsstücke ohne Läuse; sie finden Wasser, um sich zu waschen, und sogar eine Suppe und Teller, um sie daraus zu essen, obwohl es morgens 3.00 Uhr ist. Der Direktor, ein alter österreichischer Offizier, ist zwar schrullig, aber er ist mitfühlend.

Die Fabrik ist eine Munitionsfabrik, und den Französinnen graut es davor, dort zu arbeiten. Es gibt Sabotageakte, und die Pressen fliegen in die Luft. Diejenigen Gefangenen, deren Pressen zu Bruch gehen, werden vor aller Augen mit Stockschlägen bestraft und dann in das Hauptlager nach Flossenbürg zurückgeschickt, um dort gehängt zu werden. Der Direktor geht und wird durch eine Bestie ersetzt; die Häftlinge frieren und hungern. Aber sie sind jung und überleben Kälte und Hunger.

Hier der Bericht zur Befreiung von Holleischen, wie er von Catherine Roux in dem anrührenden Buch niedergeschrieben ist, das sie im Jahre 1986 neu herausgegeben hat (»Triangle rouge« – »Roter Winkel«, S. 278):

> Durch den kühnen Handstreich der tschechischen und polnischen Partisanen, die ihre Widerstandsnester in den Bergen hatten, sind wir nun also hier – befreit, während unser Lager in die Luft gesprengt wird. (...) Die Partisanen, die uns befreit haben, befürchten, daß die SS-Truppen von anderen Punkten der Böhmen-Front möglicherweise noch einmal hierher zurückkommen, und wollen daher wieder in die Berge zurück. Dorthin wollen sie uns auch mitnehmen. Sie befragen unsere russischen und polnischen Kameradinnen – die wollen ihnen folgen. (...)
>
> (...) Wir haben uns geweigert – wir brechen nicht auf. In diesem Land gibt es Hunderte französische Kriegsgefangene. Auf die wollen wir warten.
>
> »Sie« sind endlich gekommen. Dem Instinkt folgend findet sich alles zusammen nach Provinzen, nach Gegenden, nach Städten. Los doch, ihr Männer von Lyon, kommt endlich auch hier an! Es gibt so viele Frauen aus Lyon in Holleischen!
>
> Ein Kriegsgefangener sucht nach Landsleuten: Mädels aus Lyon hier? Hier doch, Kamerad, hier sind welche und da und hier auch! Wir sind mindestens zwanzig im Lager, die aus Lyon stammen!
>
> (...) umringen wir unseren guten Freund Pernodet, der aus Oullins herstammt, wie er uns schüchtern einige Riegel Schokolade hinhält: »Hab' ich für euch aufgehoben aus meinem letzten Päckchen – speziell für diesen Tag!«

Leipzig

Am 19. Juli 1944 verließen Französinnen mit Häftlingsnummern der 42.000er-Reihe das Lager Ravensbrück und fuhren in die Hasag-Werke in Leipzig-Schönefeld. Dort wurden Granaten hergestellt – was sie bewußt sabotieren, zuweilen mit Unterstützung deutscher Zivilisten.

Am 14. April 1945, zwei Uhr morgens, setzen die SS-Leute 4.000 Gefangene, darunter auch 250 Französinnen, in Marsch – mit einer Portion Brot und einem Stück Margarine. Sie sind in Holzpantoffeln, und zur Bewältigung der sechzig Kilometer benötigen sie eine Marschzeit von 27 Stunden. Das sind Stunden, deren Takt von Revolverschüssen geschlagen wird – Lebensende für die, die niederstürzen –, aber auch Stunden, die unterbrochen werden durch Bombenangriffe. Einige Frauen nutzen diese Bombenangriffe zur Flucht. Sie werden wieder eingefangen und können erneut fliehen. Unter ihnen ist auch meine Freundin Lise Lesèvre, die in ihrem Buch (*Face à Barbie. Souvenirs-cauchemars de Montluc à Ravensbrück* – »Mit dem Blick auf Barbie. Erinnerungen über einen Alptraum zwischen Montluc und Ravensbrück«) die Etappen ihrer Gefangenschaft beschreibt – von der Gefangennahme durch Barbie in Lyon bis zu einem Essen, das die kleine Gruppe von Französinnen am 4. Mai 1945 kocht: in einem Eimer auf zwei Ziegelsteinen, am Ufer eines Flusses, dessen Brücke gesprengt war. Der Fluß heißt die Müde, die Amerikaner sind am anderen Ufer, und auf ihrer Seite kommen ab und an SS-Truppen vorbei, die alles umbringen, was sie erwischen.

Die Frauen, die dort am Ort verblieben sind, erleben mit, wie die sowjetischen Truppen einmarschieren. Es gelingt ihnen, sich mit einem der russischen Offiziere zu verständigen. Der zeigt ihnen einen Punkt am Horizont und sagt dazu: »Odessa – das liegt in dieser Richtung...«. Dann läßt er sie allein aufbrechen. An der ersten Straßenecke wenden sie ihren Weg in Richtung West – sie hoffen doch sehr, daß sie einen direkteren Weg nach Frankreich finden werden. Tatsächlich treffen sie auf amerikanische Truppenteile und werden recht schnell in die Heimat zurückgeführt.

Schlieben

In Schlieben übernahm der Werksdirektor am 15. April nach der Flucht der SS-Aufseher die Verantwortung für das Lager und bot allen, die das wollten, die Möglichkeit, zu Fuß loszugehen und zu den Amerikanern zu stoßen – mit zwei Pferdekarren für das Gepäck und einer Schutzgarde von sechs gutmütigen Soldaten. Gut dreißig Französinnen und einige Zigeunerinnen setzten sich auf diese Weise in Marsch. Die anderen erlebten die Freude zu sehen, wie ein russischer Panzer die Mauer des Lagers eindrückte. Danach lebten sie auf Kosten der Einheimischen und ließen sich schließlich von den Westalliierten in die Heimat zurückführten, nachdem es ihnen gelungen war, zu diesen durchzukommen.

Watenstedt

Ein Teil der Gefangenen von Watenstedt, nämlich die, die nach Hannover geschickt worden waren, erlebten dort das Schicksal ihrer Vorgängerinnen. Die anderen kamen nach einem sechs Tage und sechs Nächte dauernden Transport in Viehwagen wieder nach Ravensbrück, wo sie nach dem 1. April eintrafen. Zu diesem Zeitpunkt waren wir (fälschlicherweise) der Meinung, die Gaskammer sei außer Betrieb gesetzt worden. Sie hatten aber das Glück, dieser noch in Betrieb befindlichen Gaskammer zu entgehen. Und da sie am 23. April 1945 im Lager anwesend waren, wurden sie zusammen mit den anderen Französinnen durch das schwedische Rote Kreuz befreit.

Zwodau

In Zwodau erfolgte an einem Apriltag eine erste teilweise Evakuierung des Lagers. Zu Fuß gingen die Frauen nach Neurohlau (siehe dazu den Bericht weiter unten), wobei die gesunden Frauen die kranken trugen. Auf diese Weise verließen ungefähr 800 ungarische Jüdinnen, einige tschechische Frauen und 50 Französinnen das Lager...

Am 1. Mai werden die Frauen, die noch im Lager verblieben waren, auf den Weg nach Dachau gebracht: 1.000 Frauen, zu Fuß und in Fünferreihen. Da der Weg nach Dachau durch den Vorstoß der Alliierten abgeschnitten ist, führen die Deutschen die Frauen vier Tage später wieder zurück nach Zwodau, wo sie am 7. Mai nach einer Übereinkunft zwischen Russen und Amerikanern befreit werden; die Übereinkunft besagte, daß ihre Heimführung den Amerikanern anvertraut werden und die Besetzung des Lagers den Russen zufallen sollte.

Hier endet der Bericht von Evakuierungen, die »gut ausgegangen« sind. Es gab aber auch andere.

Salzbergwerk Beendorf

Das Salzbergwerk Beendorf nordöstlich von Helmstedt wird in den Registern von Ravensbrück unter der Bezeichnung »Bartensleben« geführt. Die Evakuierung der dort befindlichen Häftlinge war eine Schreckensreise, die zwölf Tage dauerte – in Viehwaggons und unter derart unmenschlichen Bedingungen, daß die Strecke des schaurigen Eisenbahnzuges bei seiner Ankunft in Neuengamme von mehr als 1.000 Toten gesäumt war.

Die gefangenen Frauen arbeiteten in einem Betrieb unter Tage, der in einem früheren Salzbergwerk eingerichtet worden war, sechshundert Meter unter der Erde. Hier der Bericht, den Luce C. am 31. Mai 1945 an ihre Freundin Maguy B. geschrieben hat:

> Ich habe erst vor zwei Tagen erfahren, daß unsere arme Miron gestorben ist. Was war das für ein Kummer für mich... Wir sind so unglücklich gewesen in Beendorf – jedesmal, wenn wir Ärger hatten, habe ich mir gesagt: welch ein Glück, daß unsere arme Miron nicht hier ist – sie hätte das alles nicht ausgehalten... Was haben wir doch auf diese Weise für gute Kameradinnen verloren – man kann gar nicht ermitteln, wie viele es sind, und wir werden sicher noch unsere Überraschungen erleben, wenn wir wieder zurückgekommen sind nach Frankreich. Du mußt mir in Deinem nächsten Brief schreiben, was Du hast arbeiten müssen und unter welchen Bedingungen Ihr gearbeitet habt. Was mich angeht, so bin ich am 10. August zusammen mit Kameradinnen aus Auschwitz weggekommen – aber ohne Charlotte und Mado (wir waren fünfunddreißig echte Freundinnen, Du weißt das ja), alles in allem kein ganz schlechter Konvoi. Von August bis Ende April haben wir in einem Salzbergwerk arbeiten müssen. Dort hatten wir sechshundert Meter unter der Erde Flugzeugteile herzustellen. Schläge und Mißhandlungen haben uns nicht daran gehindert, die Fertigung zu sabotieren. Bei schätzungsweise 24 von 100 Teilen der Produktion gab es Sabotagehandlungen. Unsere Chefs waren wie verrückt unseretwegen. Um uns zu besserer Arbeit zu bringen, haben sie Prämien verteilt – und das war schon etwas wert, denn es ging um Lebensmittel, und wir hatten mächtigen Hunger. Aber trotzdem haben wir die Annahme dieser Prämien verweigert. Ich war unter den ersten, die dem Blockführer gegenüber die Annahme solcher Prämien abgelehnt haben – ich

war sogar als allererste bei der Austeilung dran. Er war sehr verwundert, hat aber überhaupt nichts gesagt. Er bestand nur darauf, daß ich die Waren annehme, und versuchte, sie mir in die Arme zu legen. Als ich aber meine Arme längs nach unten streckte, bestand er nicht weiter auf Annahme und ließ mich gehen. Als aber auch die fünfte von meinen Freundinnen die Annahme verweigerte, hörte er mit der Verteilung auf und ging den Scharführer holen. Die beiden diskutierten miteinander, und die ganze Angelegenheit endete damit, daß sie die Sachen hinwarfen und daß sich alle deutschen Gefangenen darauf stürzten, um etwas davon zu erwischen. Mittlerweile war die Tagschicht angetreten, und wir sagten ihnen, daß die Annahme der Prämien verweigert werden solle, und ohne eine Ausnahme hielten sie sich daran. Sie waren ihrer dreißig, und die Drohung, daß sie fünfundzwanzig Schläge mit dem Gummiknüppel kriegen würden, hat sie nicht mürbe gemacht. Später dann haben sie die Verteilungsmethode geändert – die Prämien wurden uns unten im Bergwerk ausgehändigt. Aber alle unsere Freundinnen verweigerten auch weiterhin die Annahme.

Das Tageslicht haben wir nur gesehen in der Zeit, in der wir Nachtschicht hatten – das war wirklich schrecklich. Wir haben auch alle abgenommen und sind verfallen, und wenn wir uns so sahen mit unserem erdfarbenen Teint, dann haben wir voreinander das Fürchten bekommen. Aber jetzt kommen wir langsam wieder zu uns, und es ist wirklich ein Vergnügen, an seinen Nachbarinnen mitzuerleben, wie wir von Tag zu Tag besser auusehen. Aber da ist auch noch viel nötig, ehe wir wieder unseren Normalzustand erreicht haben – wir haben eine Menge von unseren Kameradinnen im Sanatorium und im Krankenhaus lassen müssen, und viele von uns sind herzleidend. Das kommt vom Bergwerk. Wir haben, bedingt durch den Luftmangel, aufgequollene Gesichter und geschwollene Beine. Ein paar Tage, die wir im Krankenrevier verbrachten, halfen gegen die Schwellung, aber zwei Tage danach ging es wieder los.

Am schlimmsten für uns war der Transport von Beendorf (bei Magdeburg) nach Hamburg. (...) Unsere Fahrt dauerte zwölf Tage und zwölf Nächte – ein wahrer Alptraum. Sie hatten mit der Vernichtung des Konvois begonnen. Wir waren etwa 5.000, und wir haben mehr als 1.000 Kameraden verloren. Am zweiten Tag lagen 380 Kameradinnen tot auf einem Haufen, um beerdigt zu werden. Von diesen 380 waren 120 erschossen worden, andere sind an Hunger gestorben. Aber der größte Teil der Juden und der Jüdinnen sind an den Folgen von Schlägen gestorben ... das war einfach schrecklich, weißt Du – trotz all meines Optimismus, der mich nie verlassen hat ...

Hannover-Limmer

Die 750 bis 800 Frauen, die am 3. April 1945 noch in der Gasmaskenfabrik bei der Continental in Hannover-Limmer waren, kamen alle aus Ravensbrück, hatten aber in Neuengamme neue Häftlingsnummern erhalten. Am 3. April bekamen sie ein kleines Stück Brot und wurden zu Fuß in Richtung Bergen-Belsen in Marsch gesetzt. Der Weg dorthin dauerte drei Tage.

Sie wurden in Bergen-Belsen bei ihrer Ankunft gezählt. So wußten die Überlebenden, daß 80 von ihnen nicht mehr dabei waren. Man kann vermuten, daß die, die jetzt fehlten, unterwegs gestorben waren. Aber es ist auch nicht ausgeschlossen, daß es einigen gelungen ist zu entkommen.

Die anderen kamen am 8. April 1945 in das Massen-Todeslager von Bergen-Belsen, wo eine Woche später, am 15. April, die englische Armee diejenigen befreien sollte, die überlebt hatten.

Bergen-Belsen

Als die englische Armee es – am 15. April – wagte, in das gigantische Massen-Todeslager einzudringen, stieß sie dort auf 33.000 verwesende Leichname, die einen unerträglichen Gestank verbreiteten, und mitten unter diesen fanden sie 10.000 todgeweihte Typhuskranke, die von entsetzlichem Durst gequält waren. Es hat gleichwohl Männer und Frauen gegeben, die überlebten...

Neubrandenburg

Micheline Maurel gehörte zu den 1.500 bis 2.000 Frauen, die durch das Lager Ravensbrück an die Metallfabriken in Neubrandenburg vermietet worden waren, und sie hat (in *Un camp très ordinaire* – »Ein ganz gewöhnliches Lager«) von den zwanzig Monaten erzählt, die sie in diesem Straflager verlebt hat, das sie als »ganz gewöhnliches Lager« bezeichnet, weil es über keine Gaskammer verfügte. In regelmäßigen Zeitabständen kamen die »Vernichter« – die gleichen wie in Ravensbrück – , »selektierten« die verbrauchtesten und erschöpftesten Frauen und brachten sie im Lastwagen weg. Sie nahmen auch eine junge Französin mit, die völlig verzweifelt war über den Tod ihrer Zwillingsschwester. Unsere Kameradinnen, die als Krankenschwestern im Revier von Ravensbrück arbeiteten, wußten zu berichten, daß sie mit zu einem der »Schwarzen Transporte« kam, der nach Linz (das heißt nach Hartheim) ging.

Am 27. April wurden die noch verbliebenen Frauen mit Knüppelschlägen auf die Straße getrieben, wo ihre Bewacher sie am übernächsten Tag ihrem Schicksal überließen. Viele Frauen starben. Die anderen, die völlig ausgehungert waren, lösten sich in kleine Gruppen auf und irrten einige Tage umher. Es gab welche unter ihnen, die auf die Vorhut-Truppen der Roten Armee stießen. Die wiesen diese mit Wunden, Dreck und Läusen bedeckten Skelette in Lumpen nicht ab. Glücklicherweise wurden sie bald darauf von französischen Kriegsgefangenen geborgen...

Die am schlimmsten Erkrankten, die für tot im Krankenrevier liegengelassen worden waren, wurden vom schwedischen Roten Kreuz gerettet.

Ein umfangreicher Transport aus Neubrandenburg kam Ende März 1945 in Ravensbrück an. Heute mag man sich darüber wundern, daß diese »Kranken« nicht in die Gaskammer geschickt worden sind oder in deren Vorzimmer, als welches das Lager Uckermark ja fungierte (bestimmt waren sowohl die Gaskammer als auch Uckermark überfüllt und überlastet, denn beide befanden sich bereits seit einigen Wochen voll in Betrieb).

Man kann sich auch die schlechte Laune des »Planers« Suhren vorstellen, als er dieses »Geschenk« von einem Kollegen in Neubrandenburg erhielt. Und wir werden wohl nie erfahren, was sich die beiden Kommandanten am Telefon gesagt haben; noch auch, wer von beiden – am 25. März, mitten im Durcheinander des Zusammenbruchs – die Viehwagen beschafft hat, die Suhren die Möglichkeit eröffneten, die Sendung, die er vom Kommandanten von Neubrandenburg erhalten hatte, an den Kommandanten von Neurohlau weiterzureichen.

Neurohlau

Die mit toten und mit sterbenden Frauen vollgestopften Waggons liefen am 1. April in Neurohlau ein – zwei Wochen vor dem schaurigen Konvoi, der zu Fuß aus Zwodau kam...

In Neurohlau, wo man Sterbende und Tote durcheinander in riesige Gruben warf, wo man seit Tagen zu allen Tageszeiten einzelne Revolverschüsse hörte, die einigen unter diesen Elenden erspart haben mögen, lebend begraben zu werden, in Neurohlau mußten die Frauen, die überlebt hatten (es waren etwa 1.600), und die überlebenden Männer am 19. April in der Nacht aufbrechen. Drei Wochen lang irrte die schreckliche Kolonne über die Gebirgsstraßen und ließ eine Spur von Leichen auf ihrem Weg zurück, und sie befand sich am 8. Mai 1945 nahe Prag, wo die Befreiung diejenigen rettete, die noch zu retten waren.

Rechlin

Dieses kleine Lager war in Wahrheit ein Tötungslager, das in seiner Grausamkeit dem Vernichtungslager Uckermark und dem Massen-Todeslager Bergen-Belsen vergleichbar ist. Ich habe Frauen – solche, die nach Ravensbrück zurückgebracht wurden – zurückkommen gesehen von dort. Sie waren nicht mehr wiederzuerkennen, und sie sahen alle in gleicher Weise aus wie Tiere im Todeskampf, mit zitternden Leibern. In der Zeit zwischen ihrer Ankunft im Verlaufe des Nachmittags und der Stunde, in der sie einen Block bekamen, sind fünf oder sechs Frauen aus ihren Reihen gestorben. Einige von ihnen kamen im Jugendlager um, und einige haben noch weitergelebt bis zum 2. April 1945. Ich habe sie in den Gruppen wiedergetroffen, die vom schweizerischen Roten Kreuz gerettet worden waren.

Es gab dann noch andere Lastwagen, die von Rechlin kommend erst gar nicht ins Lager hereinfuhren...

Diese Lastwagen wurden gesehen von Französinnen, die aus den Siemens- und den Bekleidungswerken kamen. Sie konnten einige Worte mit ihren Landsleuten wechseln, die auf diesen Lastwagen eingesperrt saßen. Unter diesen befand sich eine von den Französinnen genau identifizierte Kameradin, Frau Dr. Maria Peretti della

Rocca. Von ihr stammte die Information, daß die Lastwagen von Rechlin kamen.

Frau Dr. Maria Peretti della Rocca und ihre Kranken kamen nicht herein in das Lager Ravensbrück und auch nicht in das kleine Lager Uckermark.

Unsere Kameradinnen haben nicht gesehen, daß die Lastwagen in den eingezäunten Bereich hineinfuhren, der die Verbrennungsöfen umgab, aber sie hielten vor der Einfahrt zu diesem abgeschlossenen Bereich...

Es gibt keine Schreiberin, die aufgefordert worden war, die Nummern dieser Frauen aufzuschreiben (wie das sonst im Lager Uckermark bei den Abholaktionen für die Gaskammer geschah), aber man kann annehmen, daß die entsprechende Aufstellung bereits vor der Abfahrt in Rechlin gefertigt worden war – und es ist auch möglich, daß das Sekretariat des Krematoriums damit beauftragt gewesen ist. Auf jeden Fall gibt es auch nicht die Spur einer Identitätsliste zu diesem Transport. Deshalb kann man davon ausgehen, daß die von den Schreiberinnen aufgestellten Berechnungen (in denen die Frauen erfaßt sind, die in Ravensbrück durch Gas getötet wurden und die aufgestellt wurden auf der Grundlage der von ihnen vor den Abholaktionen gefertigten Identitätslisten) niedriger als die tatsächlichen Zahlenangaben in den Aufstellungen liegen, die in den Totenbüchern des Krematoriums standen. Aber die Krematorien sind zerstört, und die Häftlinge, die das Krematorium in Betrieb hielten, sind vergiftet worden (siehe auch Kapitel 10).

Als die SS-Leute Rechlin evakuierten, ließen sie dort Schwerkranke zurück, die ihrer Meinung nach keine Überlebensaussicht hatten. Von diesen waren einige noch am Leben, als die russische Armee am 2. Mai in das Lager eindrang. Sie wurden mediznisch versorgt, und einige von ihnen haben überlebt.

In dem Buch, das Maisie Renault, die Schwester von Oberst Rémy, bei ihrer Rückkehr verfaßt hat (*La Grande Misère* – »Das große Elend«), beschreibt sie die erbärmlichen Blocks von Ravensbrück und den Leidensweg von Rechlin.

VIII

Die Verwaltung des Todes:
Schwarze Transporte, rosa Karten und Krematorium

Die Selektionen für die Gaskammern
zwischen Dezember 1941 und November 1944

Die erste Massen-Selektierung von Frauen, die nicht mehr in der Lage waren, Arbeit zu leisten, fand im Dezember 1941 statt. Die Frauen wurden in rund einem Dutzend von »Schwarzen Transporten« weggebracht, die sich zeitlich von Februar bis März 1942 staffelten. Danach wurden die »Schwarzen Transporte« in Ravensbrück in einem Rhythmus von drei Transporten je Monat fortgesetzt, und zwar bis Ende November oder Anfang Dezember 1944. Sie fanden aber in der Nacht, sozusagen heimlich, statt und umfaßten immer nur fünfzig bis siebzig Frauen aus dem »Idiotenstübchen«.

Es wäre absurd, wollte man die Sterbezahlen von Ravensbrück betrachten und würde dabei diese periodisch durchgeführten »Säuberungsaktionen« nicht mit in Betracht ziehen. Was besagen denn realiter in einem Konzentrationslager Sterbezahlen, die ermittelt werden unter Ausklammerung von all den Morden, die begangen wurden wegen Alters (und das »Alter« begann bei fünfundvierzig Jahren), wegen unheilbarer Krankheiten oder wegen Krankheiten, die als solche angesehen wurden, und wegen existentieller Erschöpfung der Kräfte? Nicht zu sprechen von denjenigen Frauen, die von Angst oder großem Kummer verschreckt waren und daher als irre abgestempelt wurden.

Diese Kriterien – Alter, Krankheit, Erschöpfung, Hoffnungslosigkeit und Irresein – bildeten die Grundlage für das, was durch die Kanzlei des Führers als »Aktion 14 f 13« bezeichnet wurde.

»Auf Befehl von Glücks, Gruppenführer SS, mußten die entkräf-
teten Häftlinge als Geisteskranke eingestuft und als solche vergast
werden« (Befehl wiedergegeben von Ziereis, dem Kommandanten
von Mauthausen – siehe auch Anhang 2 der französischen Originalausgabe).

In dem kleinen Saal des Krankenreviers pflegte Zdenka Nedvedova
die ansteckend Kranken, die die Diphterie ereilt hatte – und von
Januar 1944 an habe ich in diesem Raum von Zdenka und ihrer
Freundin Hilda erfahren, was sie über die »Transporte ohne Wiederkehr« wußten. Und sie wußten eine Menge... Sie klärten mich insbesondere darüber auf, daß man diese »Schwarzen Transporte« nicht
mit den »Arbeitseinsatz-Transporten« verwechseln dürfe, da erstere
im absoluten Schnellverfahren von den Ärzten zusammengestellt
würden, letztere aber vom Arbeitsbüro. Und sie berichteten mir
auch, daß die Opfer, die für die »Schwarzen Transporte« aussortiert
wurden, zusammen mit den geistesgestörten Frauen in ein Zimmer
des Reviers gesperrt werden, daß man sie danach auf Lastwagen
verlade und daß diese Lastwagen, wenn sie das nächste Mal kämen,
die Kleidungsstücke derjenigen Frauen zurückbrächten, die mit dem
vorigen Transport weggefahren worden waren...
   Sie wußten darüber hinaus auch, daß diese Transporte – es gab
ihrer mehrere im Verlauf eines Monats – nach Linz in Österreich
gingen. Bezüglich der großen »Schwarzen Transporte« des Winters
1942 sprach die Lagerchronik auch von Bernburg und von Buch bei
Berlin.
   Maria Adamska, die in der Politischen Abteilung beschäftigt war,
hatte ihrerseits erfahren, daß solche Transporte zur selben Zeit auch
aus dem Männerlager abgegangen waren (300 oder 400 Häftlinge in
zwei Gruppen, etwa Mitte März). Und ein männlicher Häftling aus
der Küche hatte gesehen, wie die Kleidungsstücke ziemlich lange
danach mit einem Lastwagen der Landeskrankenhaus Buch bei Berlin
zurückgekommen waren.
   Die diesen Transporten zugeteilten Juden mußten vorher erst noch
zum Zahnarzt, der ihnen ihre Goldzähne ausbrach. Es wurde
darüber geredet, daß die armen Männer als Versuchskaninchen her-

halten mußten oder daß sie mit elektrischem Strom getötet wurden. Ein ehemaliger Blockältester, Peter Dürnholz, berichtet, daß zu einem von ihm nicht näher angegebenen Datum vierzig Homosexuelle das Lager verließen. Man hatte sie neu eingekleidet und ihnen mitgeteilt, daß sie für die Wehrmacht gemustert würden. Am selben Abend kamen die Kleidungsstücke zurück. Im Lager sprach man davon, daß diese Männer für Vergasungsversuche verwendet worden seien.

Alle diese Nachrichten waren ungenau und nicht sicher, und erst heute erlauben uns die Unterlagen der SS Feststellungen dazu, wie viele richtige Informationen damals haben durchsickern können (siehe dazu Anhang 2 der französischen Originalausgabe).

Grete Buber-Neumann, die ich etwas später kennenlernte, war am 2. August 1940 in Ravensbrück eingeliefert worden (sie erhielt die Häftlingsnummer 4208). Sie wurde ziemlich schnell zur Blockältesten bei den Bibelforscherinnen bestimmt. Grete erinnert sich, daß der Kommandant sie mit allen anderen Blockältesten zusammengerufen und ihnen vorgeschrieben hatte, alle in ihren Bereichen anzutreffenden biologisch minderwertigen Frauen zu melden – eine bizarre Kategorisierung von Häftlingen, die insbesondere solche Personen umfaßte, denen ein Glied amputiert war, aber auch Frauen, die Bettnässerinnen waren, und alle diejenigen, die irgend jemand einmal für geisteskrank erklärt hatte. Die offizielle Erklärung dafür war die, daß man diese Frauen in ein »Erholungslager« schicken wolle. Warum haben zu jener Zeit bereits[74] verschiedene Lagerinsassinnen gemeint, es gehe in Wirklichkeit darum, diese Frauen zu töten? Tatsache ist, daß es zu dieser Frage schon Diskussionen gegeben hatte und daß die Mehrzahl der Lagerinsassinen an solche Erholungslager glaubte – vor allem eine deutsche »Politische«, die Doktor der Medizin war und einen Arm amputiert hatte, aber auch die Österreicherin Käte Leichter, eine entschlossene Optimistin. Von den ersten »Schwarzen Transporten« an wurden die Kleidungsstücke an die Ravensbrücker Kleiderkammer zurückgeschickt, wo sie von den dort

74 Wir haben in Kapitel 1 gezeigt, daß man in den Jahren 1941 und 1942 selbst in Paris davon sprach, daß kranke Deutsche reihenweise getötet würden. Um wieviel mehr dann erst in Deutschland.

beschäftigten Häftlingen sofort identifiziert wurden. Im Anhang 1 wird aufgezeigt werden, wie die Häftlinge in den Kleidungsstücken einen Hinweis auf den Endbestimmungsort dieser Transporte gefunden haben.

Daß Häftlinge in einem »Schwarzen Transport«, einem »Konvoi ohne Wiederkehr«, abgingen, erkannten wir nicht nur daran, daß die Selektion durch das medizinische Personal vorgenommen wurde und nicht vom Arbeitseinsatz-Büro, sondern vor allem daran, daß die Kleidungsstücke einige Tage später zurückkamen – spätestens eine Woche danach.

Unter den Unglücklichen, die auf diese Weise »beseitigt« wurden, befanden sich theoretisch solche Frauen, die als geistesgestört eingestuft worden waren. Ausgewählt hatte sie zum Teil Treite persönlich, zum anderen Teil irgendeine deutsche Krankenschwester vom Revier. Es wurden aber auch andere Häftlinge in das unheimliche »Idiotenstübchen« gebracht, und zwar aus dem einfachen Grunde, weil sie körperbehindert oder am Ende ihrer Kräfte waren, weil sie die Arbeit verweigert hatten oder weil sie das Mißfallen irgendeiner Lagerautorität erregt hatten. So war es insbesondere jener jungen Französin ergangen, der Tochter eines Notars aus Fontainebleau, die geistig absolut gesund, aber verzweifelt war ob des Todes ihrer Zwillingsschwester.

Die Häftlinge haben zwei »Schwarze Transporte« nach Lublin-Maidanek schriftlich festgehalten – einen Ende März 1942 und den anderen am 30. Januar 1944.

Ich bin persönlich Zeugin des einen Selektionsvorganges gewesen (siehe dazu Kapitel 4). Der eine wie der andere Transport umfaßte an die tausend Frauen, wahrscheinlich etwas weniger, denn die SS hatte nämlich die Gewohnheit, tausend Menschen oder mehr je Eisenbahnzug zu rechnen. Und sie hängten Waggons mit Deportierten nicht an normale Reisezüge an – außer in den sehr seltenen Fällen einiger ganz kleiner Konvois von Nacht-und-Nebel-Häftlingen. Die Deportierten wurden in speziellen Zügen transportiert, die Vorrang vor den Militärtransporten hatten.

Was haben die 400 Frauen (darunter 200 »Kriminelle« aus dem Strafblock und 180 Häftlinge aus »rassischen« Gründen), die im August 1942 weggebracht wurden, auf ihrem Abtransport erlebt?

Die 1.000 Frauen, die am 23. März 1942 das Lager mit Ziel Auschwitz verließen, wurden nicht umgebracht, jedenfalls nicht sofort und nicht alle. Für sie war ganz sicher ein Sonderzug erforderlich.

Was ist aus den 622 Frauen geworden, die am 5. Oktober 1942 nach Auschwitz geschickt worden sind (unter ihnen befanden sich 522 Jüdinnen und 90 Bibelforscherinnen)? Wer wurde noch in den Zug eingeladen, der sie beförderte, damit er auch voll war?

Was ist aus den Zigeunerkindern geworden, die am 2. März 1945 von Ravensbrück aus zusammen mit ihren Müttern und den Nacht-und-Nebel-Häftlingen mit Ziel Mauthausen losfuhren? Wir wissen, daß die Nacht-und-Nebel-Häftlinge vom Internationalen Roten Kreuz gerettet worden sind. Und die Zigeunerkinder? Auf den Listen stand, sie würden mit ihren Müttern nach Bergen-Belsen überstellt werden – was ist aus ihnen geworden?

Schloß Hartheim

Seit 1942 schon hatten alle Ravensbrück-Häftlinge von »Schwarzen Transporten« reden gehört – und es gab Frauen, die wußten, daß die kleinen Transporte von »Irren« nach Linz gingen, der Hauptstadt von Oberösterreich. Es scheint mir hingegen, daß nichts bekannt war von der Existenz jenes klobigen, alten, von Türmen umrahmten Schlosses, in dem die Nazis seit 1940 durchgängig Vergasungen durchführten. Und wir wußten selbstverständlich auch nichts davon, daß diese Massentötungen durch Gas in der Sprache der SS »Operation 14 f 13« hießen – 14 mit der Bedeutung »Tod« und 13 mit der Bedeutung »durch Gas«.

Heute weiß man, daß für die Opfer der »Operation 14 f 13« Linz lediglich die letzte Zwischenstation vor dem Tod war. Der Tod erwartete sie in dem hohen und massiven Schloß Hartheim, das ein Fürst von Starhemberg 1893 hatte erbauen lassen. Das Schloß liegt etwa 14 km von Linz entfern in der Nähe des Dorfes Alkoven, an der Straße nach Passau, und im Jahre 1939, als die Hitlertruppen Österreich okkupierten, pflegten Vincentinerinnen hier 200 Geistesschwache.

Ebenfalls ganz in der Nähe von Linz, aber in einer anderen Richtung gelegen, hatten die Nazis am 8. August 1939 (also weniger als fünf Monate, nachdem sie in Österreich eingefallen waren) ein Konzentrationslager eröffnet: das Lager Mauthausen, in dem 197.000 Häftlinge gefangen gehalten wurden, von denen 18.000 umgekommen sind, vor allem durch Gas. Zwischen Mauthausen und Hartheim liegen dreißig Kilometer, weniger als dreißig Minuten Fahrtzeit – und das erklärt uns das vielfältige Gehen und Kommen zwischen Hartheim, Mauthausen und Gusen, dem großen Nebenlager in der Nähe von Mauthausen. Man versteht dies, wenn man die Studie gelesen hat, die Pierre Serge Choumoff diesem Thema gewidmet hat (siehe die Anhänge 2 und 3 der französischen Originalausgabe).

In einem Text, den mir Pierre Serge Choumoff im Jahre 1970 hat zukommen lassen, zitiert er den Befehl, den Ziereis von SS-General Glücks erhielt und der lautete, daß er arbeitsunfähige weibliche Häftlinge zu vergasen habe. Nämlich:

... Zu Beginn seines Prozesses im Februar 1970 in Frankfurt hat Dr. Renno, der Chefarzt von Hartheim, zugeben müssen, daß in Hartheim nicht nur Geistesschwache vergast worden sind, sondern auch Arbeitsunfähige aus Mauthausen... (siehe *Frankfurter Allgemeine Zeitung*, 12. Februar 1970, Seite 25, zitiert von Pierre Serge Choumoff, 1972, S. 39).

Am 12. Dezember 1944 ordnete ein Befehl der Führerkanzlei, der von Ziereis übermittelt wurde, die Umwandlung des Schlosses in ein normales Wohn-Gebäude an. Ein Kommando von zwanzig Häftlingen wurde mit dieser Aufgabe betraut und zu diesem Behufe von Mauthausen aus dorthin beordert. Die Namenliste dieses Kommandos ist bekannt, und ein Angehöriger dieser Mannschaft, Adam Golembski, beschreibt das, was er von den Installationen im Verlauf dieser Abkommandierung hat sehen können. Dieser Zeugenbericht ist im Anhang 2 der französischen Originalausgabe ausführlich wiedergegeben.

Soviel ist daraus hier zu berichten: Die Operation fand am 13. Dezember 1944 statt. Das Schloß befindet sich 27 Kilometer westlich von Linz. Vor dem Tor befindet sich ein offener Bretter- schuppen (vermutlich, damit sich die Opfer dort entkleiden). Dahin- ter ist der Eingang, und man sieht einen Schornstein von 26 Meter Höhe – den Schornstein der Verbrennungsöfen.

Am 2. Januar 1945 kommt das Kommando von Mauthausen noch einmal für zehn Tage nach Hartheim zurück. Eine Tür wird zuge- mauert, eine andere Tür wird in das Mauerwerk gebrochen... Da- nach bringt die SS dort Kinder unter – mit Pflegerinnen und einer Lehrerin.

Ende 1943: die »rosa Karten«

Mir ist so – aber ich kann es nicht sicher behaupten – , als ob es die »rosa Karten« schon im Januar 1944 gegeben hätte, also zu dem Zeitpunkt, zu dem ich praktisch begonnen habe, Ravensbrück zu »betrachten«.

Zu jenem Zeitpunkt hatten ältere, körperbehinderte oder kranke Frauen die Möglichkeit, in ihrem Block zu bleiben und, auf einem Schemel sitzend, zwölf Stunden am Tag aus grauer Wolle Socken zu stricken. Frauen, die dies wollten, konnten auch eine »rosa Karte« anfordern, und die Oberschwester, die Französisch sprach, hatte ihnen gesagt, daß sie dank solcher Karte die Möglichkeit hätten, in ein »Erholungslager« zu kommen. Habe ich zu jener Zeit wohl schon gewußt, daß neben dem Namen der Inhaberinnen solcher rosa Karten von den Schreiberinnen das Kennzeichen »RK« auf den Listen einge- tragen wurde, die sie täglich führten? Ich entsinne mich nicht mehr, und ich habe das natürlich auch nicht aufgeschrieben. Sicher ist jedenfalls, daß wir viele waren, die die Überzeugung hegten, es sei hochgefährlich, auf einer wie immer beschaffenen Liste von Arbeits- unfähigen zu stehen. Und wir hatten schon damals gute Gründe für diese Besorgnis. Zuerst einmal waren es die »Schwarzen Trans- porte«, es war aber auch der große Transport, der in den letzten Januartagen in das Vernichtungslager Lublin-Maidanek abgegangen war und für den die Selektion vor unseren Augen stattgefunden hatte, wenige Stunden vor Ankunft der Französinnen mit den 27.000er-Häftlingsnummern.

Sobald ich mit diesen Kontakt aufnehmen konnte (das heißt also, seit den ersten Februarstunden), habe ich allen Französinnen nahegelegt, keine rosa Karten in Anspruch zu nehmen. Aber es gab damals schon welche.

Januar 1944: der große Transport nach Lublin-Maidanek

Drei Monate nach Ankunft des Transportes, zu dem ich gehörte (also in den letzten Januartagen des Jahres 1944[75]), gab es im gesamten Lager eine große Jagd zur Auffindung von »Arbeitsuntauglichen« (siehe Kapitel 4) ...

Diese Jagd fand nur wenige Stunden vor Eintreffen jenes französischen Transportes statt, der in Ravensbrück unter der Bezeichnung »die 27.000er« bekannt wurde (und zu dem sich Untersuchungen im Kapitel 12 finden). Die Jagd diente dazu, etwa 900 Häftlinge aus dem Lager herauszuziehen (einige Schreiberinnen haben 800 gezählt, eine von ihnen aber, Wanda Kiedrzynska, spricht von 1.000, unter denen sich 300 Polinnen und vierzig jüdische Kinder befunden hätten). Dieser Transport ging nach Maidanek, wo er nicht gleich bei Ankunft der Vernichtung zugeführt wurde. Vielmehr erfolgte eine Dezimierung der Häftlingszahl durch die Härte des Lagerregimes und durch häufige Selektionen. Diejenigen, die dies alles überlebt hatten, wurden nach Auschwitz evakuiert, von wo einige lebend herausgekommen sind.

An dieser Stelle sollte erwähnt werden, daß immer dann, wenn ein Transport von Arbeiterinnen in eine Fabrik aufbrach, das ganze Lager vorab davon Kenntnis hatte und daß bei dem Transport vom Januar 1944 das gesamte Lager sehr schnell wußte, daß es sich hier

---

75 Zum selben Zeitpunkt ging ein Zug mit Körperbehinderten von Buchenwald ab, und drei Züge mit Körperbehinderten gingen von Dora ab nach Lublin-Maidanek (siehe den Bericht von Dr. Maurice Lemière, S. 66-67).

um eine Abreise nach Lublin-Maidanek handelte, also in ein Lager, das allen als Vernichtungslager bekannt war.

Oktober 1944: ein zweiter Verbrennungsofen wird gebaut

In einer seiner Aussagen (im Verhör vom 8. Dezember 1949 in Rastatt) erklärte Suhren:

> ... gab es einen Verbrennungsofen schon, ehe ich im Oktober 1942 die Funktion des Lagerkommandanten übernahm; ein zweiter Verbrennungsofen[76] wurde unter meinem Kommando zu einem Zeitpunkt gebaut, den ich nicht mehr genau angeben kann ...

Wir unsererseits haben in den ersten Dezembertagen festgestellt, daß es diesen zweiten Verbrennungsofen gab. Das erlaubt eine Fixierung des Zeitpunktes, den Suhren »nicht mehr genau angeben kann«, auf Oktober, spätestens November.

Ab Dezember 1944 brannten die beiden Verbrennungsöfen Tag und Nacht – und schafften es selbst dann nicht, alle Leichen einzuäschern, so sehr auch die Lagerleitung die Temperatur der Öfen höher fahren ließ. Als Folge dessen ist einer der Öfen geborsten und setzte das Dach des Krematoriums in Brand (25. Februar 1945).

In Ravensbrück selbst habe ich kurz vor der Endphase (leider besitze ich keine schriftliche Notiz dazu, um den Zeitpunkt dieser Information genau angeben zu können) Kenntnis davon gehabt, daß große Gräben ausgehoben wurden für die Leichen, die man nicht bewältigte. Bei der Befreiung des Lagers hat man vor der Kommandantur ein Massengrab entdeckt. Folgt man dem Bericht von Erika Buchmann (*Die Frauen von Ravensbrück*, Seite 106), einem deutschen politischen Häftling, die in Block 10 eingesetzt war, also in der Baracke, wo die Tuberkulosekranken und die Geisteskranken eingesperrt waren, so sollen die überschüssigen Leichen mittels Flammenwerfern in den an das Lager angrenzenden Wäldern verbrannt worden sein. Weitere Leichen seien in das Krematorium der kleinen

76 Der Baubeginn für den zweiten Verbrennungsofen von Mauthausen geht zurück auf August 1944.

Nachbarstadt Fürstenberg verbracht worden. In ihrem Lagertagebuch hat eine unserer Kameradinnen die gleiche Tatsache beschrieben, und sie hatte die Information darüber von einer deutschen politischen Gefangenen, die man Kurt nannte. Anschließend mußten die Leichen vergraben werden, und Suhren gab den Befehl, auf dem Territorium der Nachbargemeinde einen riesigen Graben auszuheben. Und er soll dazu gesagt haben: »Setzt ein Kreuz drauf, damit das auch ordentlich aussieht...«

Im Februar 1945 war die Sorge Suhrens darum, daß etwas ordentlich aussehen sollte, nahezu das einzige, was uns noch zum Lachen bringen konnte.

Suhren hatte solide Erfahrungen in der Massentötung von Menschen, und er war ein umsichtiger Mensch. Außerdem war sein Lager Ravensbrück in direkter Nachbarschaft eines netten und pieksauberen kleinen preußischen Dorfes gelegen; es ist also sehr wahrscheinlich, daß die gesamte Vernichtungsmaschinerie von Ravensbrück – im wesentlichen also das Nebenlager Uckermark und die Gaskammer, oder vielmehr die Gaskammern (denn es gab zwei davon – bei der zweiten hat die Zeit nicht mehr gereicht, sie in Betrieb zu nehmen), von ihm kalkuliert worden war nach der täglichen Durchsatzmenge seiner beiden Krematorien. Und diesen Durchsatz kennen wir nicht.

Für diese Arbeit setzte Suhren Häftlinge ein (nach Aussagen der SS-Leute waren es Kriminelle, nach der anderer männlicher Häftlinge sollen es Juden gewesen sein), die er sich aus dem kleinen Männerlager holte, das ebenfalls ihm unterstand. Die Häftlinge hielten die Krematoriumsöfen in Betrieb und leerten die Gaskammer. Zur Erledigung seiner Korrespondenz verwendete Suhren allerdings nur weibliche Häftlinge mit rotem Winkel. Das hatte zur Folge, daß die Nachrichten, die aus seinen Briefen stammten, nur im Frauenlager umliefen, wohingegen die Informationen zur Anzahl der in jedem Krematorium vorhandenen Feuerstätten und zur Anzahl der darin täglich verbrannten Leichen nur im Männerlager bekannt waren.

Über die Krematorien von Auschwitz hingegen gibt es umfangreiche Informationen. Und der Kommandant Rudolf Höß sagte dazu aus: »Wie ich schon gesagt habe, waren die Krematorien I und II in der Lage, in 24 Stunden etwa 2.000 Leichen einzuäschern.« Später dann präzisierte er, daß jeder Ofen drei Feuerstätten umfaßte und daß es fünf Öfen gab. Und er führt weiter aus (Seite 236): »Die maximale Anzahl an innerhalb von 24 Stunden Vergasten und Eingeäscherten belief sich auf etwas über 9.000.«

Die Verbrennung der Leichen in Auschwitz unter freiem Himmel war störend und unangenehm, obgleich das Lager sich ja über mehrere Quadratkilometer erstreckte und obwohl die zivilen Anrainer des Lagers ja polnische Bauern waren, Menschen also, die in den Augen der SS weniger als nichts darstellten. In Ravensbrück hingegen kam es doch sehr darauf an, in Fürstenberg keine Verwirrung zu stiften. Der Auschwitz-Kommandant Höß äußerte (Seite 163) zur Verbrennung von Leichen ohne Krematoriumsöfen:

> Schon bei den ersten Verbrennungen im Freien zeigte es sich, daß auf die Dauer dies nicht durchzuführen sei. Bei schlechtem Wetter oder starkem Wind trieb der Verbrennungsgeruch viele Kilometer weit (...).

Die Höchstzahl von täglich vorgenommenen Tötungen ist in Auschwitz 1944 allem Anschein nach etwa fünfzehn- bis zwanzigmal höher als das für Ravensbrück bekannte Maximum täglich vorgenommener Tötungen des Jahres 1945 gewesen. Realiter kann die letztere Zahl mit 500 durch Gas getöteten Menschen (insbesondere am 30. März und am 1. und 2. April) angesetzt werden. Dazu kommen dann täglich fünfzig an Hunger Gestorbene des Lagers Ravensbrück und mindestens doppelt so viele aus dem Lager Uckermark, ohne daß hierbei die Toten des Männerlagers mitgezählt wären. Von diesen weiß man (aufgrund einer Aussage der Neudeck) nur, daß diejenigen, die vergast worden sind, zusammen mit den Frauen vergast wurden.

Sechs Monate vorher, Anfang August 1944, war das einzige Krematorium des Lagers mit seinen zwei Verbrennungsöfen zweimal in der Woche für einige Stunden in Betrieb, und mir war damals bekannt, daß es nur dieses Krematorium gab und daß es zwei Feuerstätten hatte. Die Anzahl der Feuerstätten, die der zweite Verbrennungsofen aufwies, und seine Größe sind mir unbekannt, aber es dürfte mit Sicherheit andere geben, die dies erfaßt und aufgeschrieben haben und die diesen Punkt darlegen und beschreiben können. Ich meinerseits möchte lediglich darauf hinweisen, daß es der Mühe wert ist, die Zahl der Toten zu erfassen – sei es auch nur des Nachweises wegen, daß es keine geringe Gefahr darstellt, wenn man ein Land mit gefesselten Fäusten und gefesselten Füßen an eine Bande von Mördern ausliefert.

Die Ansicht des »Verfügbaren in der Unterwelt«

Der Naturalist: Ein paar der zahllosen Ungereimtheiten, die an diesem Tier zu beobachten sind, wollen wir hier einmal kurz nennen: es ist schwach, kraftlos und kann sich kaum auf den Beinen halten – wird aber nur zu Schwerstarbeit eingesetzt; es ist ständig ausgehungert, hat nichts zu beißen und zu brechen – aber wenn man ihm zusätzlich etwas zum Essen anbietet, dann lehnt es das ab... Es ist andauernd krank – zeigt aber Anzeichen panischer Angst bei dem Gedanken, ärztlich behandelt zu werden...

Der Chor (singt nach der Melodie von »Madame Sans-Gêne«): Wenn Du simulierst / keine Angst dabei hast / bist Du Simulant / – aber auch ein Phantast / denn warte / es winkt zur »Belohnung« sofort / die rosa Karte / ein Schwarzer Transport...

Nenette: Aber ich simuliere nicht, ich bin wirklich krank...

Der Chor (mit Grabesstimme): Ein Grund mehr... (...) Wissen Sie, Frau Generalin, wieviel Milch eine Kuh am Tag gibt?

Nenette: Sie hat's mir nicht gesagt. (...)

Der Chor: Das genügt! Sie haben nun ein Anrecht auf die rosa Karte und auf einen Schwarzen Transport...

Nenette: Egal, wie das heißt, ich komme in ein Musterlager mit allem Komfort – mit Wasser, Gas und Strom.

Der Chor: Ja, vor allem mit Gas...

(ein Frösteln geht durch die Reihen...)

Die »natürlichen« Sterbefälle

Die Häftlinge, die im Sekretariat des Reviers eingesetzt waren, haben von sich aus, und daher sehr genau, die Frauen gezählt, die an jedem Tag eines sogenannten »natürlichen Todes« starben – wenn es denn normal sein soll, daß man an Hunger stirbt... Ich weiß nicht, ob die Frauen, die in Block 10 von Schwester Martha vergiftet worden sind, in diesen Zahlen miterfaßt wurden. Es ist aber gut möglich, denn ihre Leichen waren ja vorhanden, und demzufolge konnte man sie zahlenmäßig erfassen. Diejenigen Frauen allerdings, die direkt in den abgeschlossenen und eingezäunten Bereich überführt wurden, der die Verbrennungsöfen umgab – es steht fest, daß es solche Verbringungen gab, aber wir wissen nicht, wie viele Frauen so verbracht worden sind und von welchem Zeitpunkt an so verfahren wurde –, waren der Kontrolle und der Erfassung durch unsere Kameradinnen entzogen...

Wenn die Toten gezählt wurden, die im Revier vergiftet worden waren, hatten sie das Recht, in den Listen (Listen, die der entsprachen, die wir in Kapitel 12 dieses Buches untersuchen) neben ihrem Namen ein kleines Tintenkreuz mit einem Datum zu tragen. Das ist ihr einziges Grabdenkmal: ein Kreuz in einem Aktenstück.

Auch das aber war ihnen nicht sicher – wir wissen mit Bestimmtheit, daß Treite seinen Sekretärinnen untersagt hatte, die »natürlichen Sterbefälle« von Uckermark mit aufzulisten, und anhand der Liste der »27.000er«, die ein kostbares Musterexemplar darstellt, können wir feststellen, daß ab 26. Februar 1945 dort keine »natürlichen Todesfälle« (gestorben durch Hunger, Schläge, Vergiften) mehr verzeichnet sind. Aus noch viel triftigeren Gründen finden wir dort auch keine Gaskammer-Toten – die standen auf den »Mittwerda«-Listen.

Ob Treite wohl seine Zustimmung gegeben hatte zu den Vergiftungen im Revier? Hatte er sie möglicherweise nicht gegeben, war er vielleicht »schockiert« über diese Vergiftungen? In diesem Falle dürften die so entstandenen Toten natürlich nicht in den Listen erfaßt worden sein...

Kurz: was auch immer man schließen und ableiten mag – fest stehen die nachfolgenden Zahlen für »korrekte und erfaßte« Todesfälle, wie sie im Revier errechnet wurden (wobei hier nicht einmal die Exekutionen mit erfaßt worden sind, die in jenen drei Monaten auch sehr zahlreich waren).

Unsere Kameradinnen, die in den Sekretariaten des Reviers eingesetzt waren, sollen im September abgerechnet haben: 111 »natürliche Todesfälle« und vier Hinrichtungen, im Oktober 185 »natürliche Todesfälle« und sieben Hinrichtungen – und es ist wohl angebracht, zu diesen Zahlen noch sechs bis acht »Schwarze Transporte« hinzuzuzählen – die genauen Zahlen hierzu fehlen mir.

Im Jahre 1945 ist die Zahl der »natürlichen« Sterbefälle aber viel höher als Ende 1944, denn die Belegungsstärke ist geringer geworden und die Zahl der Toten angewachsen. Im September 1944 waren bei einem Appell 41.802 Frauen angetreten, im Oktober waren es nur noch 35.260 und im November 34.608... Bedauerlicherweise habe ich nicht das genaue Datum des Monats, an dem die Sekretärin, in deren Auftrag die Abrechnung lag, diese Tagesmeldung unter der Hand notiert hat, um sie zu behalten.

Es ist bekannt, daß die »Schwarzen Transporte« zwei- oder dreimal im Monat körperbehinderte und geisteskranke Frauen wegschafften – oder auch solche, die einfach nur am Ende ihrer Kräfte waren. Ohne daß ich das sicher weiß, ist mir so, als hätte sich die Anzahl pro Lastwagen auf vierzig belaufen, und im Revier war auch bekannt, daß in dem Moment, wo eine (im voraus feststehende) Menge komplettiert werden mußte, irgend jemand herausgegriffen wurde...

Ende November 1944 fand ein »Schwarzer Transport« statt – und zwar der letzte – , und bei diesem ist mehrmals gezählt worden. Er belief sich auf 120...

Seit langem schon hieß es, daß die Lastwagen mit dem Ziel Linz in Österreich losfahren. Hingegen habe ich vor meiner Befreiung nicht ein einziges Wort von Schloß Hartheim oder von der »Operation 14 f 13« gehört.

14. Januar 1945: das »weiße Pulver« von Schwester Martha

Am 14. Januar 1945 kam Schwester Martha zur Visite bei den Kranken von Block 10 (das war der Block mit den Tuberkulosekranken) und bot denen, die schlecht schlafen konnten, ein Schlafmittel an. Mehrere Dutzend Frauen baten um dieses Mittel – und die Mehrzahl von ihnen wachte am nächsten Morgen nicht mehr auf. Die anderen wurden krank, überlebten aber. Es muß wohl nicht gesagt werden, daß von nun an im Lager niemand mehr an Schlaflosigkeit litt. Der SS-Arzt Dr. Treite erklärte, es habe sich um einen »Fehler in der Dosierung« gehandelt. Dieser »Fehler in der Dosierung« gab uns zu denken.

Dieses »weiße Pulver gegen Schlaflosigkeit« ist gezielt am Abend vor der Abfahrt der »rosa Karten« in das Jugendlager verteilt worden – also zu dem Zeitpunkt, an dem die Vernichtung schon beschlossene Sache war, die Häftlinge aber noch nichts davon wußten. Ich habe zu jener Zeit vermutet, daß diese Unternehmung damals einen Versuch darstellte. Die Krankenschwestern im Revier datieren diese Vergiftungsaktion auf die Nacht vom 14. zum 15. Januar.

Ebenfalls am 15. Januar wurde (nach ihren eigenen Aussagen), die Aufseherin Neudeck zur Leiterin des Lagers Uckermark ernannt, von wo aus sie jeden Abend die Todeskandidatinnen bis ans Krematorium begleitete.

15. Januar 1945: Aufbruch der »rosa Karten« nach Uckermark

Im Oktober, November und Dezember wurde im Lager groß die Werbetrommel dafür gerührt, daß Frauen über fünfzig, Erschöpfte und Kranke eine »rosa Karte« anfordern sollten. Man versprach ihnen eine weniger schwere Arbeit in einem »Erholungslager«... Viele mochten das mit aller Verbissenheit glauben und meldeten sich freiwillig dafür an...

Am 15. Januar 1945 verließen die Frauen, die rosa Karten erhalten hatten, zu Fuß und in Fünferreihen Ravensbrück, durchquerten das Gebiet, in dem sich die Werkstätten befanden, die Industriehof genannt wurden, und erreichten das kleine Nachbarlager Uckermark. Noch bis vor kurzem waren hier ganz junge deutsche, straffällig gewordene Mädchen inhaftiert gewesen, weshalb das Lager Uckermark oft als »Jugendlager« bezeichnet wird. Vom großen Lager Ravensbrück lag es etwas mehr als einen Kilometer entfernt.

Wir wissen – und zwar von den Schreiberinnen, die an jedem Tag »Appell machen«, das heißt die anwesenden Lebenden abhaken und die Häftlingsnummern der Gestorbenen erfassen mußten – , daß dieses kleine Lager bis zu 6.000 Häftlinge aufs Mal aufgenommen hat. Nach Aussage der beiden Kommandanten von Ravensbrück faßte es 5.000. Offensichtlich ist die erstgenannte Zahl die richtige.

Als die »rosa Karten« aus Ravensbrück im Jugendlager ankommen, finden sie das Lager teilweise belegt mit Frauen aus der polnischen Bourgeoisie, denen die SS angeboten hatte, sie zu evakuieren, »um sie vor den Russen zu retten«, wobei ihnen geraten worden war, alle ihre Wertgegenstände mit sich zu nehmen. Bei ihrer Ankunft in Ravensbrück wurden sie alles dessen beraubt, was sie besaßen. Danach sperrte man sie in das kleine Lager Uckermark, wo sie allem Anschein nach im Verlauf des Dezembers 1944 angekommen sind. Dies erlaubt uns den zeitlichen Rückschluß, daß die von Suhren geführten Verhandlungen mit dem Ziel, die Verfügungsgewalt über das Jugendlager zu erhalten, im Oktober oder in den ersten Novembertagen stattgefunden haben.

Damit ist klar, daß alle die Schritte, die er unternommen hat, um zu erreichen, daß ihm das Lager Uckermark wieder unterstellt wird, exakt zum selben Zeitpunkt erfolgten wie diejenigen, die ihm die Möglichkeit verschafften, ein zweites Krematorium zu bauen. Und es ist mehr als wahrscheinlich, daß alle beiden Bemühungen auf den Befehl Himmlers zurückzuführen waren, die Sterbezahlen »zu verbessern«...

Als sie in Uckermark ankamen, wurde ihnen ihre gesamte Unterwäsche abgenommen, ihr Mantel und die Wollsachen, die sie etwa aus Heimatpaketen hatten erhalten können. Alle diese Sachen wurden vor ihren Augen draußen auf einen Haufen geworfen. Danach mußten sie, nackt unter einem Baumwollkleid, in Reihe angetreten im Schneegestöber aufrecht stehenbleiben zu einem täglich durchgeführten »Appell«, der den ganzen Tag lang dauerte. Ihre Ernährung – die nicht gänzlich fallengelassen wurde – bestand theoretisch aus der Hälfte einer Ravensbrück-Ration. Das ist jedenfalls die Information, die wir aus der Aussage des Dr. Treite gewinnen:

> Die Frauen in Uckermark, die noch am Leben waren, wurden auf halbe Ration gesetzt und hatten fünf bis sechs Stunden am Tag im Freien aufrecht zu stehen: ganz offensichtlich zielte diese Maßnahme auf die Vernichtung einer großen Zahl von Häftlingen ab. Unter diesen Bedingungen starben in diesem Lager jeden Tag an die fünfzig Häftlinge.

Nun muß man wissen, daß 1944 und 1945 die Essens-Ration in Ravensbrück aus einer Schöpfkelle voll ziemlich dünner Kohlrübensuppe und aus einem runden Brot für jeweils fünf Personen bestand, manchmal aber auch für sechs und sogar für sieben. In den letzten Tagen wurde die Suppe ersetzt durch »eine halbe Margarine«, also durch einen Margarinewürfel von der Größe eines großen Stücks Zucker. Morgens bekamen die Häftlinge auch weiterhin eine Kelle schwarzer Flüssigkeit, die keinerlei Nährwert aufwies, aber warm war. Das war eine Hungerration, und die Sterberate aus Unterernährung lag hoch. Ich kann nicht sagen, aus was nun die Hälfte einer solchen Ration bestand – aber ich bin überzeugt davon, daß die Hälfte dieser Hälfte noch von der Salveguart gestohlen wurde, die das Gift verteilte.

Die Zahl der Frauen, die an Hunger und Kälte zugrunde gingen, lag laut Treite bei 50 pro Tag. Das ergibt in drei Monaten eine Anzahl von ungefähr 4.500 Leichen. Die Informationen Treites beziehen sich wahrscheinlich nur auf die Monate Januar und Februar, da er sich für die Zeit danach weigerte, sich darüber zu informieren – ganz sicher, um damit eine wenn auch zaghafte Mißbilligung zum Ausdruck zu bringen. Der damit belegte Zeitraum ist dem Anschein nach aber dann auch nicht derjenige, in dem die Belegung des Lagers ihre größte Stärke erreicht hatte. Und es ist demzufolge noch weit schwieriger, die Zahl der durch Uckermark durchgelaufenen Frauen zu schätzen, als auch nur annähernd die Gesamtzahl der hier gestorbenen zu ermitteln.

Sicher ist auf jeden Fall, daß Transporte in Uckermark eingelaufen sind, *ohne daß sie vorher Ravensbrück passiert hatten*, daß sie hier auf Platz gezählt wurden, ohne daß aber ihre Personalien erfaßt wurden und ihnen eine Häftlingsnummer gegeben worden wäre. Wir können über das zahlenmäßige Gewicht dieser ankommenden Transporte nur Vermutungen äußern; wir wissen lediglich, daß es sie gab und daß sie erheblich waren.

In Anbetracht der Gewissenhaftigkeit und Genauigkeit von Suhren kann man auch annehmen, daß zusammen mit den Frauen einiger dieser Vernichtungstransporte nach Ravensbrück auch eine Begleitliste ins Lager gelangte, in der ihre Personalien aufgeführt waren. So mag das vielleicht auch bei dem Kommando gewesen sein, das aus Rechlin zurückkam...

Die nicht buchhalterisch erfaßten Opfer gehörten vielleicht auch jenen Häftlings-Kategorien, die Suhren als anonyme Masse töten durfte. Ob »die aus Warschau Evakuierten« Häftlingsnummern erhalten haben, weiß ich nicht. Ich weiß nur, daß sie in großer Zahl nach Uckermark gebracht wurden, um dort vergast zu werden oder Hungers zu sterben. Bei den ungarischen Jüdinnen (von denen ganz sicher keine überlebt hat) möchte ich bezweifeln, daß sie Häftlingsnummern erhalten haben, denn ihr Zelt lag neben Block 24, und ich habe dort nie eine Sekretärin eine Aufstellung vornehmen sehen. Aber ich habe nicht alles gesehen, und ich bin selbst sehr krank gewesen. An den Frauen, die direkt in Uckermark ankamen (die also, das will ich damit sagen, nicht erst das Lager in Ravensbrück und die dortigen Formalitäten durchliefen), läßt sich gut das sehr merkwürdige Kommen und Gehen zeigen, wie es sich zwischen Uckermark und dem Hauptlager abspielte: mehrfach kamen nämlich Häftlings-Transporte von *Uckermark nach Ravensbrück zurück* und gingen später wieder von Ravensbrück nach Uckermark. Warum? Vielleicht, um für neu ankommende Häftlinge Platz zu schaffen, die gleich in großen Mengen vergast wurden, ehe man dann die bürokratisch verwaltete Vernichtung der verbrauchten Ravensbrücker Frauen wieder aufnahm.

Wie hoch ist die offensichtliche Sterbequote in Uckermark wirklich gewesen – der Tod von Frauen, die dort vor Ort starben durch Hunger, durch Kälte, durch Entsetzen, vergiftet durch Salveguart, die Blockälteste vom Revier, totgeschlagen durch die SS-Sanitäter Rapp und Köhler? Ich weiß es nicht, ich weiß nur, daß *Treite es nicht hat wissen wollen* und daß er in seiner Aussage geschätzt hat, es seien 50 pro Tag gewesen.

Wir wissen aber von den Schreiberinnen, daß bis zu 6.000 Frauen zur selben Zeit in Uckermark gewesen sind – aber wie viele Frauen haben insgesamt Uckermark durchlaufen? Wir wissen es nicht. Alles, was wir wissen, ist, daß kein Transport von Uckermark abgegangen ist, daß aber einige Frauen, die Uckermark durchlaufen haben, am 5. April 1945 durch das Internationale Rote Kreuz und am 23. April 1945 durch das schwedische Rote Kreuz befreit worden sind. Um den 15. April herum wurden die Überlebenden – etwa tausend – in das große Lager rücküberführt. Zum Skelett abgemagerte Menschen mit verstörtem Blick, nackt unter einer Decke, standen da am Tor und warteten auf Einlaß.

Im großen Lager von Ravensbrück gab es Ende März 1945 nur mehr um die 11.000 Lagerinsassinnen, und die offensichtliche Sterbequote lag bei *10% pro Monat*. Aber auch diese Zahl ist noch manipuliert und damit niedriger als die tatsächliche Gesamt-Sterbequote.

Bezüglich der tatsächlichen Gesamt-Sterbequote haben wir keinen einzigen Zahlenwert zur Verfügung, denn Suhren und Schwarzhuber haben nur das ausgesagt, was sie meinten, keinesfalls verbergen zu können, und das war das, was uns im großen und ganzen schon bekannt war.

Aussage des SS-Arztes Treite bei seinem Prozeß

Frage: Es ist behauptet worden, daß Sie an einer Inspizierung des Jugendlagers teilgenommen haben.

Antwort: Ja, das war etwas später, gegen Mitte Februar. Ich war der diensthabende Arzt, und mir wurde von jemandem mitgeteilt, daß ich sofort zum Jugendlager kommen solle.

Frage: Und was hat sich da ereignet?

Antwort: Etwa 5.000 Häftlinge waren zum Appell angetreten. Ich habe Dr. Trommer und Sauer gesehen, und letzterer teilte mir mit, daß diese Häftlinge durch Erschießen liquidiert werden sollten. Dr. Trommer sagte zu mir, ich solle vorher einmal nachsehen, ob ich unter ihnen welche finde, die noch arbeiten können. Er mußte ja dem Lagerkommandanten gegenüber schriftlich bestätigen, daß diese Häftlinge nicht mehr arbeitsfähig sind, und diese Erklärung mußte von zwei Ärzten unterzeichnet werden. Ich habe mich selbstverständlich geweigert, an einer solchen Selektion teilzunehmen, und ich habe keinerlei Zertifikat unterschrieben.

An anderer Stelle gibt Treite zu, daß er selbst zusammen mit der Oberschwester die 900 Frauen selektiert hat, die dann nach Lublin-Maidanek geschickt wurden.

An wieder anderer Stelle gibt er zu, daß man ihn eines Abends zum Krematorium beordert habe, wo er den Zahnarzt antraf (Ende Februar).

An jenem Abend, so sagt er aus, seien 50 Opfer durch Genickschüsse hingerichtet worden, und zwar durch kriminelle Häftlinge, die unter Aufsicht von Moll standen. »Diese Schweine von Häftlingen haben sie in die Verbrennungsöfen geworfen, ehe sie richtig tot waren – jedenfalls viele von ihnen ...«

Frage: In welchen Bereich des Jugendlagers haben Sie sich begeben? In den Bereich für die Liquidationen oder in den Bereich der Jugendlichen, also in den, der nicht für die Liquidation bestimmt war?

Antwort: Es handelte sich hier um ein und dasselbe Lager, und in der Mitte der Lagerstraße, ganz nahe am Tor, standen Sauer und Dr. Trommer.

Frage: Und hinter ihnen die 5.000 Frauen?

Antwort: Ja.

Frage: Und am Tor hat Ihnen Dr. Trommer die Situation erklärt? Sie sind also nicht in das Lager hineingegangen?

Antwort: Doch, ich bin hineingegangen, zusammen mit Sauer und Dr. Trommer (...).

Frage: Haben Sie die 5.000 Frauen einer Untersuchung unterzogen?

Antwort: Wir drei und die Aufseherin Neudeck haben die Frauenparade abgenommen (...).

Frage: Wozu sollte das Ihrer Ansicht nach dienen?

Antwort: Ich wußte es nicht. Erst später hat mich Sauer informiert (...).

Frage: Und als Ihnen Sauer gesagt hat, daß es sich darum handelte, die noch arbeitsfähigen Frauen herauszusuchen, was haben Sie da getan?

Antwort: Das hat mir Sauer nicht gesagt. Er hat mir lediglich gesagt, daß diese Häftlinge getötet werden sollen (...).

Frage: Also, was haben Sie getan?

Antwort: Danach hat mir Dr. Trommer gesagt, daß, da wir an den aufgestellten Frauen vorbeigegangen sind, wir diese nunmehr selektiert haben, und er forderte mich auf, die Liste zu unterzeichnen, die besagte, daß sie alle arbeitsunfähig seien.

Frage: Und wußten Sie, daß die Frauen alle hingerichtet werden würden?

Antwort: Häftlinge, die nicht arbeitsfähig waren, wurden hingerichtet.

Frage: Was haben Sie also getan?

Antwort: Ich habe mich dagegen verwahrt, daß das, was wir da gerade getan hatten, also der einfache Vorbeigang vor den Frauen, als Inspektion oder als Selektion bezeichnet wurde, und ich habe erklärt, daß ich nichts zu tun haben wolle mit diesen Liquidierungsabsichten (...).

Frage: Und dann haben Sie »Guten Abend« zu Dr. Trommer gesagt und sind nach Hause zurückgekehrt, ja?

Antwort: Nein. Dr. Trommer hat sich auf dem Absatz umgedreht und ist gegangen, ohne mich zu grüßen.

IX

Mittwerda und die Gaskammer

Die Appelle im Jugendlager dauerten den ganzen Tag, und die Teilnahme an ihnen war Pflicht, denn sie waren Bestandteil des Tötungsprogramms... Einige Häftlinge brauchten jedoch daran nicht teilzunehmen, vorausgesetzt, sie sangen der Salveguart zur Unterhaltung Lieder vor oder bestickten ihr eine Bluse. Diese absonderliche »Krankenschwester« mußte allerdings jeden Tag eine bestimmte Anzahl Toter haben, und die wählte sie nach Lust und Laune unter ihren Kranken aus, denen sie gewaltsam das berüchtigte weiße Pulver zu schlucken gab. Alle Häftlinge des Jugendlagers wußten das, und sofern sie sich noch auf den Beinen halten konnten, gingen sie lieber Appell stehen.

Zweite Januarhälfte: täglich werden 50 bis 60 Opfer
nach Uckermark gebracht und ermordet

Von der zweiten Januarhälfte an kam ein Lastwagen abends eine Ladung voll (50 bis 60) Todeskandidatinnen abholen. Die Namen und die Häftlingsnummern dieser Frauen wurden von den österreichischen Häftlingen aufgenommen, die das Sekretariat versahen, aber sie hatten Order, diese nicht auf die Liste der Toten zu übertragen, sondern mußten sie auf eine besondere Liste schreiben, auf der stand »Überführung von Häftlingen in das Lager Mittwerda«. Sie hegten keinen Zweifel darüber, wohin die Opfer tatsächlich gebracht wurden, und waren davon überzeugt, daß es ein Mittwerda gar nicht gab. So sagte die Lagerführerin von Uckermark bei ihrem Prozeß, daß der Name eine Erfindung von Schwarzhuber gewesen sei, um die

Frauen ruhig zu halten. Und beim Prozeß von Suhren suchte das Gericht ein Mittwerda vergeblich im Ortsverzeichnis von Deutschland.

Die betreffenden Transporte fanden bei Einbruch der Dunkelheit statt. Die Frauen waren halbnackt (sie trugen nur den einen Fetzen auf dem Leibe, den man ihnen für den Appell gelassen hatte), und weder sie selbst noch irgend jemand im Lager Uckermark konnte auch nur den geringsten Zweifel daran haben, was auf sie zukam – der unmittelbar bevorstehende Tod. Aber was für ein Tod? Das wußten die Häftlinge von den SS-Leuten selbst, die darüber unverhüllt makabre Scherze machten.

Zwischen dem Jugendlager und dem großen Lager herrschte ein reges Kommen und Gehen. Da waren zunächst einmal Dora Rivière, ein französischer Häftling und Ärztin von Beruf, und einige Krankenschwestern, die Dr. Treite unter Vorspiegelung falscher Tatsachen in der ersten Woche in Uckermark einsetzte, alsdann die Schreiberinnen, die für jeden Block die Anzahl der beim Appell anwesenden Häftlinge festhielten und die jeden Tag zwischen den beiden Lagern hin und her pendelten. Wenn sie mitbekamen, daß ungefähr fünfzig der kränkesten Frauen abends ins Jugendschutzlager abtransportiert wurden, benachrichtigten sie einige ihrer Kameradinnen, die wiederum andere davon in Kenntnis setzten.

Die Bedingungen, unter denen sich der Abtransport vollzog, schlossen in der Tat die Annahme aus, es handele sich um einen »Schwarzen Transport«: *man schritt jetzt zur Vernichtung vor Ort!* Die Häftlinge, die über Informationen verfügten, dachten zunächst an eine Gaskammer im Kleinformat, beispielsweise an einen zu Tötungszwecken hergerichteten Eisenbahnwaggon oder auch an einen Lkw in der Art eines Kühlwagens, denn ein solches Tötungsverfahren war ja schon einmal angewendet worden, vor allem bei den 1942 in Ravensbrück hingerichteten Bibelforscherinnen. Diese waren aus Auschwitz nach Ravensbrück zurückgeschickt worden, um hier getötet zu werden. Warum waren sie nicht in Auschwitz zu Tode gebracht worden? Wir wußten es nicht.

Das einzige, was wir im Februar 1945 sofort und mit Sicherheit wußten, war, daß die fünfzig oder sechzig Frauen, die man jeden

Abend ins Lager Uckermark abtransportierte, getötet wurden. Um den März herum wurde dann offenbar, daß auf den Selektionslisten keine deutschen Häftlinge auftauchen durften.

Genau zwei Jahre später, als ich das Geständnis von Schwarzhuber las, der berichtete, daß die Opfer zu Beginn der Massenvernichtung durch die Truppe von Moll mittels Feuerwaffen getötet wurden, glaubte ich dem, was er sagte, und ich nahm an, daß der Zeitraum, von dem er sprach, der gewesen sei, zu dem unsere Kameradinnen mit angesehen hatten, wie abends immer zwischen 50 und 60 Frauen abtransportiert worden waren...

Wenn man die Zeugenaussage des Lagerchefs Schwarzhuber als in vollem Maße stimmig ansieht, könnte man zu der Annahme gelangen, die Tatsache, daß deutsche Häftlinge in unüblicher Weise von den Aktionen ausgenommen wurden, sei allenfalls dadurch zu erklären, daß die mit der Tötung beauftragten Männer, die nur gelegentlich als Henkersknechte fungierten, möglicherweise eine Verwandte oder eine Freundin im Frauenlager hatten und dann riskierten, diese unter den Opfern wiederzufinden. Wie hätte wohl die Reaktion eines bewaffneten Mannes in dieser Situation ausgesehen? (Das ist natürlich nur eine hypothetische Frage, von der ich nicht einmal weiß, ob sie im Hirnstübchen von Nazis überhaupt aufgetaucht wäre.)

Eine andere, plausiblere Hypothese könnte jedoch diese merkwürdige und unübliche Aussparung der Deutschen erklären: in ebendieser Endphase des Krieges hatten die Sekretärinnen Kenntnis von einer an die Kommandantur ergangenen Order, bestimmte Kategorien von weiblichen deutschen Häftlingen in die Freiheit zu entlassen. Es ist vorstellbar, daß die fürsorgliche Direktion von Ravensbrück angesichts der Tatsache, daß die Unterlagen dieser Häftlinge noch nicht durchgesehen waren, während der Zeit bis zur Beendigung der Sichtung alle deutschen Häftlinge vorübergehend von der Einbeziehung in die Vernichtungsaktionen ausschloß, um nicht durch ein administratives Versehen Häftlinge zu töten, die freigelassen werden sollten.

Aber auch die Insassen des kleinen Männerlagers von Ravensbrück wurden – wie die Frauen auch, aber wahrscheinlich noch vor diesen, da man sie für eher fähig zu einer Revolte hielt – zwischen

Januar und April 1945 in regelmäßigen Schüben methodisch ermordet. Diese gesicherte Tatsache (die aus der Zeugenaussage von Neudeck hervorgeht) macht es wahrscheinlich, daß bereits *vor* dem Zeitpunkt, der mir 1970 als wahrscheinlich erschien, also vor dem 1. März, eine Gaskammer im Einsatz gewesen ist.

Aus diesem Grunde dürfen wir, wenn wir den Zeitpunkt bestimmen wollen, an dem die Gaskammer ihren Betrieb aufnahm, nicht mehr nur die Anzahl der Frauen in Betracht ziehen, die jeden Tag in das Jugendlager und in die Krankenblocks des großen Lagers gebracht wurden, denn es besteht die Möglichkeit, daß die fünfzig Frauen, die während der ersten Phase (Januar und Februar) abtransportiert wurden, jeden Abend *gleichzeitig mit einer Gruppe von Männern* getötet worden sind, und zwar möglicherweise durch Gas, wenn es zu viele Männer waren.

Es ist auch durch nichts bewiesen, daß die Gaskammer genau 150 Opfer faßte, denn auch in diesem Punkt deckt sich das, was wir wissen, nicht mit dieser Zahl.

Haben SS-Leute die ungarischen Jüdinnen ermordet, die alle verschwanden, bevor wir wußten, was sich im Lager Uckermark abspielte? Waren sie dort noch einige Tage in Haft? Waren sie die ersten Opfer von Moll? Es gab Ungarinnen, die in das kleine Vernichtungslager Rechlin verschickt wurden. Waren das wirklich unsere Ungarinnen, oder waren es andere, direkt aus Auschwitz gekommene Häftlinge?

9. Februar: Abtransport von 73 Kranken aus dem Tuberkulose-Block

Die Historikerin Wanda Kiedrzynska (1961; S. 106, 125, 127, 247), eine von den »Alten« im Lager und wohlinformiert, sagt, daß schon vor 1945 Frauen in kleinen Gruppen in Ravensbrück vergast worden sind, wozu eine sogenannte »Grüne Minna«, ein Fahrzeug mit abgeteilten Zellen, verwendet wurde. Eine Aufseherin und mehrere Häftlinge – Männer und Frauen – haben erklärt, diese geschlossenen Lastkraftwagen gesehen zu haben, die einen im Männerlager nahe beim Revier, die anderen im Frauenlager oder vor der Kommandantur oder auch in der Garage der Kommandantur. Desgleichen soll ein alter holländischer Lastwagen, der im Wald oder in der Nähe des Krematoriums abgestellt war, weiteren Zeugenaussagen zufolge zum Vergasen genutzt worden sein, wenn die Gaskammer selbst überfüllt war. Es existiert eine Rechnung aus dem Jahre 1943, der zufolge die Firma Tesch und Stabenov an das Lager Ravensbrück 351,5 Kilogramm Zyklon-B-Gas geliefert hat.

Wanda Kiedrzynska gibt den Tag, an dem eine Gruppe von 73 weiblichen Häftlingen aller Nationalitäten *mit Ausnahme deutscher Häftlinge* durch Gas ermordet worden sind, mit dem 9. Februar 1945 an.

Über dieselbe Abtransport-Aktion hat Marie-Claude Vaillant-Couturier, damals Schreiberin im Revier von Ravensbrück, beim Nürnberger Prozeß (Sitzung von Montag, dem 28. Januar 1946) mit folgenden Worten ihre Zeugenaussage gemacht:

> (...) Da Marie Rubiano nach dem Dafürhalten der SS nicht schnell genug starb, wurde sie von Dr. Winkelmann, dem Selektions-Spezialisten in Ravensbrück, dann doch noch auf die Schwarze Liste geschrieben, und am 9. Februar 1945 wurde sie zusammen mit 72 weiteren tuberkulosekranken Frauen, darunter sechs Französinnen, auf das Lastauto der Gaskammer hinaufgezerrt.
>
> Während dieser Periode wurden in allen Revieren Selektionen durchgeführt, und man schickte alle die Kranken ins Gas, von denen man annahm, daß sie nicht mehr zur Arbeit würden verwendet werden können. Die Gaskammer von Ravensbrück befand sich direkt hinter der Lagermauer, neben dem Krematorium. Wenn die Lastautos die Kranken abholen kamen, hörten wir durch die Mauer hindurch das Geräusch des Motors, und dieses Geräusch verstummte direkt neben dem Verbrennungsofen, dessen Schornstein die hohen Mauern des Lagers überragte.
>
> Bei der Befreiung habe ich diese Orte aufgesucht, und ich habe die Gaskammer besichtigt, die eine hermetisch verschlossene Baracke aus Brettern war und in deren Innerem noch ein unangenehmer Gasgeruch herrschte. Ich weiß, daß in Auschwitz das gleiche Gas verwendet wurde, das man auch zur Bekämpfung von Läusen einsetzte, und dieses Gas hinterläßt Spuren in Form blaßgrüner Kristalle, aber erst wenn man nach dem Öffnen der Fenster der Blocks den Raum auskehrte. Diese Details sind mir bekannt, weil die zur Desinfizierung der Blocks gegen Läuse

eingesetzten Männer Kontakt hatten mit denen, die Menschen vergasten, und diese sagten ihnen, daß es das gleiche Gas war.

Andere Kranke wurden untertags aus den Krankenblocks (Blocks 6, 7, 8, 9, 10 und 11) abgeholt und unter den gleichen Bedingungen weggebracht. Dieser Fakt konnte bei den Prozessen von Hamburg und Rastatt durch zahlreiche Zeugen abgeklärt werden, die bei diesen Abtransporten dabeiwaren. Etwas später erfolgten die Abtransporte dann auch auf direktem Wege, aber nachts und von Block 23 aus, in den man die »Schwachen und Hinfälligen« zusammengepfercht hatte. Ich habe dies selbst mit angesehen, denn zu diesem Zeitpunkt war Block 24 der Block, in den nachts die NN-Häftlinge eingeschlossen wurden, und durch die Fenster dieses in völliges Dunkel gehüllten Blocks konnte man unter den SS-Scheinwerfern die Szenen der Verzweiflung sehen, die mit diesen Abtransporten einhergingen. Wanda Kiedrzynska hat die Zahl der zwischen dem 22. Januar und dem 14. April 1945 vergasten Frauen auf 5.500 geschätzt.

Die beiden Ärzte, die die verschiedenen Selektionen durchführten, hießen Trommer und Winkelmann.

Eine wahrheitsgetreue Schilderung darüber, wie Kranke durch Winkelmann weggeschafft wurden, findet sich in einer der besten Beschreibungen Ravensbrücks, in der Arbeit von Denise Dufournier.[77] Ein besonderes und hochzuschätzendes Verdienst dieser Publikation besteht darin, daß sie bereits 1945 veröffentlicht worden ist:

> Er begab sich in den Block, begleitet von der Oberschwester und dem Chefarzt. Er durchstreifte den Schlafsaal, indem er zwischen den Bettreihen hin und her ging. Mit einer Handbewegung bezeichnete er die Häftlinge, die ihm als am schwersten krank erschienen. Eine Krankenschwester notierte ihre Häftlingsnummern auf einer Liste in zweifacher Ausfertigung: ein Exemplar wurde an das Büro gegeben, das andere verblieb im Block. Zweifelsohne war ihm eine festgelegte Anzahl vorgegeben worden, denn nachdem er seine Auswahl beendet hatte und die Anzahl der Namen durchzählte, äußerte er des öfteren den Wunsch, der Aufstellung noch einige weitere Namen hinzuzufügen. Er machte sich nicht einmal die Mühe, den Häftlingen ins

---

77 *La maison des mortes,* Paris, Hachette, 1945.

Gesicht zu sehen. Er bestimmte einfach die sechs oder sieben vordersten Betten einer Reihe...

Einige Tage nach dieser »ärztlichen Visite« hielt »das Lastauto«, das meistens mit einer Plane abgedeckt war, vor der Tür des Blocks. Ihm entstiegen die blonde, vollbusige Aufseherin,[78] die es für gewöhnlich fuhr, und der SS-Mann, der im Wageninneren gesessen hatte. Der SS-Mann ging in den Block hinein und, die Liste schwenkend, rief er die Häftlingsnummern auf, die auf dieser Liste standen. Die kranken Frauen, die aufgerufen worden waren, hatten sofort aufzustehen. Man bedeutete ihnen, es sei nicht nötig, daß sie sich die Mühe machten, sich anzukleiden – trotz der Kälte, die damals herrschte. Die meisten Frauen besaßen aber ohnehin nichts anzuziehen, da man ihnen bei ihrer Einlieferung in die Krankenstation alle Sachen abgenommen hatte.

Ab 2. März : täglich werden 150 bis 180 Häftlinge fortgeschafft

Nach der großen, am Nachmittag des 2. März 1945 durchgeführten Selektion im Hauptlager stieg die Anzahl der jeden Abend abtransportierten Opfer auf das Dreifache an: anstatt bislang 50 bis 60 waren es jetzt 150 bis 180. (Wir haben festgestellt, daß daß die Anzahl der zu tötenden Personen in allen Konzentrationslagern im voraus festgelegt war, und wenn die Zahl nicht stimmte, griff man sich wahllos irgend jemanden heraus.)

Den ganzen März und den größten Teil vom April hindurch wurden durch die Aufseherin Neudeck jeden Abend 150 bis 180 Frauen aussortiert und mit Gewalt auf einen Lastwagen geworfen. (Später erfuhren wir, daß sogar an dem Tag, an dem wir durch das schwedische Rote Kreuz befreit wurden, also am 23. April 1945, die Gaskammer noch in Betrieb war, zweifelsohne aber zum letzten Male. Der für die Selektionen zuständige Arzt Winkelmann räumte bei seinem Prozeß ein, noch am 23. April eine Selektion durchgeführt zu haben.)

78 Es handelte sich um Ruth Neudeck, Lagerführerin des Jugendlagers.

Wir meinten damals, die Gaskammer (über die auch die SS-Leute selbst redeten) wäre, wie Schwarzhuber es sagte, auf Anordnung von Suhren am 1. März in Betrieb genommen worden, aber diese Hypothese kann nicht mehr aufrechterhalten werden, wenn man sich die Aussagen der Aufseherin Ruth Neudeck vergegenwärtigt, die zwischen dem 15. Januar und Ende Februar, dem Zeitpunkt, zu dem sie zum Kommando in Barth versetzt wurde, selbst bei allen oder bei fast allen Tötungsaktionen – sowohl bei den Erschießungen als auch bei den Vergasungen – zugegen war, nachdem sie zuvor persönlich Hilfsdienste für die Selektionsverantwortlichen geleistet hatte. Ruth Neudeck hat in dieser Zeit die Häftlinge des Männerlagers gesehen, die ihrerseits ebenfalls der Vernichtung entgegensahen – *zur selben Zeit wie die Frauen und am selben Ort* –, worüber weder Schwarzhuber noch Suhren oder Treite je ein Wort verlauten ließen.

Die Tatsache, daß in der Nachbarschaft von Ravensbrück auch ein Männerlager existierte, war den Frauen bekannt, denn es kam bisweilen vor, daß es einem weiblichen Häftling bei der Arbeit gelang, einige Worte mit einem der männlichen Häftlinge aus diesem Lager zu wechseln, der zur Durchführung einer Reparatur dort war, aber derartige Kontakte waren in aller Form verboten und demzufolge kurz und selten.

Nach der Befreiung wurde mehr von den 110.000 weiblichen Deportierten im Frauenlager als von den 20.000 Häftlingen des Männerlagers gesprochen, über die wir sehr wenig wissen, weil sie fast vollständig vernichtet worden sind.

Erklärungen des Kommandanten Suhren
und seines Adjutanten Schwarzhuber

Natürlich ist Kommandant Suhren mehrmals betreffs der Gaskammer in Ravensbrück verhört worden. Anfänglich leugnete er, daß es überhaupt eine gegeben habe, später räumte er ihr Vorhandensein ein, aber außerhalb seiner Amtszeit, und diese Position behielt er trotz Nachweis des Gegenteils bei. Im Laufe seines Verhörs vom 8. Dezember 1949 erklärte er:

Ich schätze die Anzahl der in Ravensbrück vergasten Frauen auf ungefähr 1.000. Das ist die Zahl, die ich Ihnen vor wenigen Minuten genannt habe, als ich über mein Gespräch mit Dr. Trommer berichtete. Die Zahl von 1.500 Toten im Jugendlager, die ich Ihnen nannte, ist in der Tat die der Gaskammer-Toten.

Es steht fest, daß Suhren in zwei Punkten die Unwahrheit gesagt hat: in bezug auf das Datum der Inbetriebnahme der Gaskammer und in bezug auf die Gesamtzahl der Opfer...

Im Gegensatz zu Schwarzhuber (der sich mit Ergebenheit und Mut mit seinem Los abgefunden zu haben schien) dachte sich Suhren ein ganzes Verteidigungssystem aus, dessen Hauptargument wie folgt lautete: »Ja, es hat in Ravensbrück eine Gaskammer gegeben, aber damit hatte ich nichts zu tun, denn sie wurde zu einem Zeitpunkt betrieben, zu dem ich dem Lager nicht mehr vorstand...« Suhren hat niemals die Existenz der Anordnung von Oktober 1944 geleugnet, die durch Anni Rudroff bekannt geworden ist. Er sagte einfach nur, diese sei nicht von Himmler gekommen, sondern von Glücks oder Heissmeyer.

Es steht fest, daß Suhren in ausgiebigem Maße mit seinen Mitangeklagten kommunizierte, und es ist auch sicher, daß er versucht hat, sie dazu zu bewegen, seine Behauptungen zu bestätigen. Diejenigen, die mit ihm im selben Gefängnis saßen – Schwarzhuber und Pflaum – erwiesen ihm diese Gefälligkeit, aber nicht ohne zu einem früheren Zeitpunkt andere Erklärungen abgegeben zu haben...

Der stellvertretende Kommandant Schwarzhuber gab das Datum der Inbetriebnahme einer Gaskammer mit Ende Februar an (Verhör vom 15. August 1946). Hier nun eine Passage aus seiner Aussage:

Ende Februar wurden Dr. Trommer und ich zum Lagerkommandanten Suhren persönlich gerufen. Suhren sagte zu uns, er habe von Reichsführer Himmler eine Anordnung erhalten, aufgrund derer alle Frauen, die krank sind oder nicht laufen können, getötet werden sollten. Bevor er uns dies sagte, fragte er uns, wie viele kranke Frauen es im Lager gäbe.

Ich sagte dem Lagerkommandanten, daß ich glücklich sei, Auschwitz verlassen zu haben, und daß ich so etwas (wie dort) nicht ein zweites Mal machen möchte. Bezüglich dessen erklärte er mir, daß Sturmbannführer Sauer dazu bestimmt worden sei, diese Anordnung auszuführen. Sauer war ein stellvertretender Lagerkommandant. In den folgenden Tagen selektierte Dr. Trommer in den verschiedenen Blocks 2.300 Frauen. Zu Anfang wurden diese Frauen mit Feuerwaffen exekutiert. Die Exekutionen wurden durch Hauptscharführer Moll erledigt. Acht männliche Häftlinge halfen ihm. Diese Methode schien dem Lagerkommandanten nicht schnell genug zu gehen. Er sagte in meiner Gegenwart: »Das geht nicht schnell genug, wir müssen andere Methoden einsetzen.« Sauer ordnete an, in einer nahe beim Krematorium gelegenen Baracke eine Gaskammer einzurichten.

Einer »Vergasung« habe ich beigewohnt. Mit Gewalt wurden 150 Frauen aufs Mal in die Gaskammer hineingebracht. Moll befahl ihnen, sich zu entkleiden, um sich entlausen zu lassen. Dann wurden sie in die Gaskammer geführt und die Tür verriegelt. Ein männlicher Häftling, der eine Gasmaske trug, stieg auf das Dach hinauf und warf von oben eine Dose mit Gas durch eine Öffnung, die er danach sofort wieder verschloß. Aus dem Innenraum hörte ich Murmeln, Quengeln und Jammern. Nach Ablauf von zwei oder drei Minuten trat Ruhe ein. Ich weiß nicht, ob die Frauen tot waren oder ohnmächtig. Als die Kammer ausgeräumt wurde, war ich nicht dabei; Moll erklärte mir nur, daß die Leichen direkt zur Verbrennung ins Krematorium gebracht werden würden.

Die ganze Aktion wurde unter Leitung von Sturmbannführer Sauer, Dr. Trommer und Hauptscharführer Moll durchgeführt, die immer bei den »Vergasungen« anwesend waren. Die gesamte Arbeit wurde von Internierten aus dem Männerlager geleistet.

Der Henker Otto Moll

In Ravensbrück war mir der Name Otto Moll kein Begriff, und erst in Hamburg erfuhr ich durch die Erklärungen von Schwarzhuber, daß Moll es war, der während der ersten vier Monate des Jahres 1945 die Aufgabe des Henkers innehatte.

Für die mit der Deportation befaßten Historiker ist er kein Unbekannter. So berichtet uns Hermann Langbein (1975; S. 295), daß Moll in Auschwitz eine Sonderrolle spielte. Er war – gemeinsam mit Kommandant Höß (dem Erfinder der Vernichtung durch Gas) und Joseph Klehr (der die Kranken mit Phenolspritzen tötete) – einer von drei »Spezialisten«, die Himmler auszeichnete, indem er ihnen das Ritterkreuz mit Eichenlaub und Schwertern verlieh.

Auch der ungarische Arzt Miklos Nyiszli (1961) hat über Otto Moll geschrieben. Hier ist sein Text:

> In dem Hof eine Menschenmenge von ca. 5.000 Geschöpfen in Todesangst. Um sie herum dichte Kordons von SS-Leuten mit an der Leine gehaltenen Polizeihunden. Sie werden in Gruppen von 300 bis 400 in den Entkleidungsraum geführt. Dort ziehen sie, angetrieben durch zahlreiche Stockschläge, ihre Kleider aus und verlassen den Raum durch eine auf der Rückseite des Hauses befindliche Tür, wodurch sie für die Nächstfolgenden Platz machen.
>
> Sie passieren die Tür, haben aber nicht einmal dazu Zeit, einen Blick um sich herum zu werfen und sich ihrer grauenvollen Situation bewußt zu werden, denn gleich darauf packt sie ein Mann vom Sonderkommando am Arm und schiebt sie zwischen zwei Reihen von SS-Leuten hindurch einen einhundertfünfzig Meter langen, verschlungenen Waldweg entlang bis hin zu einer qualmenden Grube, die durch die Bäume bis dahin nicht zu sehen gewesen war.
>
> Diese Grube ist ein fünzig Meter langer, sechs Meter breiter und drei Meter tiefer Graben, angefüllt mit Hunderten brennender Leichen. Am Rande des Grabens und auf der zum Weg hin liegenden Seite stehen in symmetrischer Anordnung alle fünf Meter SS-Soldaten und harren ihrer Opfer. Sie haben 6-mm-Kleinkaliber-Waffen in der Hand, wie sie im KZ für Genickschüsse verwendet werden. Am Ende des Weges packen zwei Männer des Sonderkommandos die unglücklichen Opfer am Arm und schleppen sie fünfzehn bis zwanzig Meter weiter, den SS-Leuten direkt vor die Flinte. Schreie des Schreckens übertönen das Schußgeräusch; man hört nichts weiter als ein Klicken. Gleich darauf wird das Opfer, auch wenn es noch gar nicht tot ist, in die brennende Grube geworfen. Fünfzig Meter weiter ist an einer weiteren Grube, die der ersten in jedem Punkt gleicht, auch die Arbeit in vollem Gange. Hier, an den Verbrennungsgruben, hat Oberscharführer Moll das Kommando.
>
> Als Arzt und als Augenzeuge versichere ich, daß dieser Mann der niederträchtigste, besessenste und gefühlloseste Mörder des Dritten Reiches ist. Selbst Dr. Mengele hat von Zeit zu Zeit etwas Menschliches an sich. Wenn er bei den Selektionen an der Rampe eine junge und gesunde Frau bemerkt, die um jeden Preis zusammen mit ihrer Mutter in die Gruppe nach links gehen will,

dann beschimpft er sie grob und befiehlt ihr, sich wieder in die Gruppe nach rechts einzureihen. Auch der beste Schütze von Krematorium Nummer 1, Oberscharführer Mussfeld, schießt eine zweite Kugel auf jemanden ab, den die erste nicht gleich getötet hat. Oberscharführer Moll aber verliert mit derlei Dingen nicht seine Zeit. Bei ihm wird die Mehrzahl der Opfer noch lebend in die Flammen geworfen. Wehe demjenigen aus dem Sonderkommando, durch dessen Versehen der Fließbanddurchlauf der Todeskandidaten unterbrochen wird und der demzufolge einen der Schützen am Rande der Grube zwingt, einige Augenblicke auf sein neues Opfer warten zu müssen.

Oberscharführer Moll ist überall präsent. Unermüdlich pendelt er von einer Verbrennungsgrube zur anderen, von dort zur Kleiderkammer und wieder zurück.

Die meiste Zeit über lassen sich die Häftlinge widerstandslos vom Auskleideraum bis hin zur Verbrennungsgrube führen. Sie sind vor Schrecken und Angst so starr, daß sie sich nicht einmal mehr dessen bewußt werden, was da mit ihnen geschehen wird. Das ist bei der Mehrzahl der alten Männer und der Kinder der Fall. Aber unter denen, die hierher gebracht werden, sind auch Jugendliche. Die versuchen, aus Selbsterhaltungstrieb mit dem Mut der Verzweiflung Widerstand zu leisten. Wenn Moll eine solche Szene mitbekommt, zieht er sofort seinen Revolver aus der stets offenen Tasche. Ein Knall, eine oftmals aus zwanzig oder dreißig Metern Entfernung abgeschossene Kugel fliegt durch die Luft, und der Aufmüpfige fällt tödlich getroffen dem Mann vom Sonderkommando in die Arme, der ihn dann zur Verbrennungsgrube schleift. Moll ist ein Meisterschütze. Schon oft hat eine Kugel von ihm einen Arm der Männer vom Sonderkommando durchschlagen, wenn er mit ihrer Arbeit unzufrieden war. In derartigen Fällen zielte er immer auf den Arm, ohne seine Unzufriedenheit anderweitig kundzutun, aber auch ohne vorherige Ermahnung.

Noch ein weiterer Zeuge hat Moll in Auschwitz erlebt (A. Lettich, zitiert durch Georges Wellers; 1946). Er schreibt:

Dann schüttete Unterscharführer Moll durch eine kleine Dachluke das Gas ein. Die Schreie, die wir hörten, waren fürchterlich (...) Zwanzig oder fünfundzwanzig Minuten danach wurden zum Lüften Fenster und Türen aufgemacht und die Leichen sofort in Gräben geworfen, wo sie verbrannt wurden; aber zvor hatten die Zahnärzte prüfend in jeden Mund hineingeschaut, um die Goldzähne herauszuziehen (...).

Horst Schmidt,[79] ein Häftling aus dem Arbeitskommando Krematorium von Ravensbrück, erklärte am 4. Mai 1968:

> Diese Frauen wurden gegen 19 Uhr auf einem Lastwagen hergebracht. Es war schon dunkel. Der Lastwagen blieb auf dem Weg vor dem Krematorium stehen, ohne den Motor abzustellen.
>
> Zwei Männer, zwei SS-Leute, deren Namen ich nicht kannte, ließen die Frauen immer paarweise in den ersten Hof des Krematoriums eintreten. Diese Frauen mußten vor dem engen Durchgang zwischen zwei Mauern, der links in den Hof einmündete, stehenbleiben. Sie mußten mit dem Gesicht zur Mauer stehen. Während die SS-Leute, die die Frauen hergebracht hatten, zum Lastwagen zurückgingen, um die nächsten zu holen, richtete ein dritter SS-Mann den Strahl einer Taschenlampe auf den Nacken der Frauen. Zwei weitere dort befindliche SS-Leute schossen den Frauen ins Genick. Die zwei SS-Leute schossen mit Karabinern. Die Schüsse machten sehr wenig Lärm, so daß ich vermute, daß die SS-Leute hier Spezialkugeln verwendeten oder daß ihre Karabiner mit einem Schalldämpfer versehen waren.
>
> Wir anderen Häftlinge mußten die getöteten Frauen beiseite ziehen. Wir legten sie zuerst einmal vor dem Krematoriumsgebäude ab, links vom Eingang. Dort wurden die Leichen zu Haufen aufgestapelt.
>
> Bei der ersten Exekution waren unter anderen der ehemalige Kommandant von Auschwitz, Höß, Kommandant Suhren und zwei Ärzte anwesend. Die Ärzte waren bei jeder Exekution dabei. Höß und Suhren jedoch waren nicht immer da.

Vor ganz kurzer Zeit erst brachte eine von unseren tschechischen Kameradinnen Anise Postel-Vinay in Kontakt mit Emmanuel Kolařik, einem ehemaligen Häftling aus dem Männerlager von Ravensbrück, wo er als Tischler eingesetzt war. Er bestätigte, daß er an einem bestimmten Tag, den er nicht genau benennen konnte, unterwegs war, um Wandbretter in einem unmittelbar an der Mauer des Frauenlagers und in einem Mauerwinkel des Krematoriums ste-

---

79 Horst Schmidt wurde bei dem Dachstuhlbrand des Krematoriums vom 25. Februar 1945 schwer verletzt und kehrte nicht mehr ins Arbeitskommando Krematorium zurück.

henden Schuppen[80] anzubringen, damit dort von den Feuerwehrleuten von Ravensbrück benötigtes Material aufbewahrt werden konnte. Leiter der Feuerwehr war Walter Schenk, Kommandoführer im Krematorium.

Aufmerksam geworden durch einen süßlich-faden Geruch, bog er den Schilfzaun auseinander, der die Gaskammer tarnte – die Schilfrohre hatten Häftlinge des Männerlagers bis zur Brust im Wasser stehend aus dem schönen See holen müssen, der sich am Krematorium entlangzog.

Da bemerkte er einen Häftling, der eine Schürze aus grobem Jutestoff trug, und sah, wie dieser mit einem langen Haken eine Frauenleiche von der Schwingtür der Vergasungsbaracke her zog und sie auf dem Boden bis zur Mauer des Krematoriums schleifte. Auf dem Rückweg biß dieser Mann in eine Scheibe Brot, und Kolařik mußte sich erbrechen. Er rief dann seinen SS-Wachposten (einen Slowaken) und zeigte ihm die Szene. Da mußte sich auch der Wachposten übergeben.

Wie viele Menschen sind durch Gas gestorben?

Angesichts der Aussagen anderer SS-Leute und aufgrund dessen, was wir durch zahlreiche wohlinformierte Häftlinge erfahren haben, erwähne ich hier die durch Suhren genannte Zahl von 1.500 durch Gas ermordeten Frauen nur noch einmal zur Erinnerung, denn sie ist garantiert falsch. Legt man die Angaben Schwarzhubers zugrunde, der von einer Baracke in den Maßen von 9 mal 4,50 m und einem Fassungsvermögen von 150 Opfern spricht, dann würde dies bedeuten, die Gaskammer wäre genau zehn Tage lang genutzt worden, und das widerspricht allem, was wir wissen. (Genauere Angaben dazu finden sich im Anhang 1.)

---

80 Dieser Schuppen wird von der Französin aus der Malerkolonne, die dort arbeitete, und von Lagerführer Schwarzhuber erwähnt: in diesem Schuppen wurden die Frauen entkleidet, bevor sie die wenigen Meter bis in die zur Gaskammer umgebauten Baracke zurücklegten.

Schwarzhuber schätzt die Anzahl der durch Feuerwaffen ermordeten Häftlinge auf 150 oder 200 und die Zahl der Opfer der Gaskammer auf 2.300 oder 2.400, aber er sagt selbst, nur einmal damit befaßt gewesen zu sein (was ich auch geglaubt habe, bis ich die Aussage der Aufseherin Neudeck kannte). Wenn der Rest seiner Zeugenaussage richtig ist, dann soll die Gaskammer siebzehn Tage lang in Betrieb gewesen sein.

Jedesmal, wenn die österreichischen Schreiberinnen (im Januar oder Februar) über die Abtransporte Buch führten, waren es 50 bis 60 Frauen, die da fortgeschafft wurden. Im März und Anfang April kamen sie auf 170 oder 180.

Soll man glauben, daß übermäßig diensteifrige, subalterne Diensträge (wie Otto Moll) von der Einschätzung ausgingen, daß dort, wo 150 Opfer Platz haben, mit ein bißchen gutem Willen auch 170 oder sogar 180 hineinpassen? Oder aber hat Molls Truppe, die die Frauen paarweise mit dem Revolver abschlachtete, im Wettbewerb mit der Gaskammer noch weiter ihres Amtes gewaltet? Das werden wir zweifelsohne nie erfahren. Bezüglich der genauen Zahlenangaben stehen die Ziffern, die von den intelligenten und wachen Häftlings-Sekretärinnen erfaßt wurden, im Widerspruch zu denen, die Schwarzhuber liefert. Das bedeutet nicht, daß er in allen Punkten gelogen hat: die Punkte, in denen er *ganz bestimmt die Unwahrheit* sagte, sind dort, wo sie sich mit den Lügen von Suhren decken. Das betrifft vor allem das Datum der Inbetriebsetzung der Gaskammer. Suhren wollte weiterleben, und so stellte er sein Verteidigungssystem ab auf das Datum, von dem ab die Gaskammer in Betrieb war – den Tag, an dem er durch seinen Kollegen Sauer ersetzt worden sein soll.

Wenn die Gaskammer auch nicht in Schwarzhubers direkten Zuständigkeitsbereich gehörte, so gehörte es doch sehr wohl zu den unmittelbaren Arbeitsaufgaben unserer österreichischen Kameradinnen, die Häftlingsnummern der unglücklichen Frauen festzuhalten, die abends gewaltsam in diese Gaskammer gebracht wurden. Und sie taten diese Arbeit zwar zitternd, aber mit gespannter Aufmerksamkeit.

Zwei österreichische Schreiberinnen, alle beide vertrauenswürdig und an den richtigen Orten beschäftigt gewesen, um die Wahrheit zu kennen, haben folgende Zahlen errechnet: eine kam auf 3.600 vergaste Frauen und die andere auf 3.660. Sie kannten einander und hätten die Möglichkeit gehabt, ihre geschätzten Ergebnisse untereinander zu diskutieren, aber in diesem Falle hätten sie wohl dieselben Näherungswerte angegeben, denn die erste Frau, die Sekretärin in den Büros vom Arbeitseinsatz war, gehörte normalerweise zu der Gruppe, die auf der Schreibmaschine die Listen mit der Überschrift »Überführung nach Mittwerda« tippte, während die zweite, Blockälteste im Lager Uckermark, *mit angesehen hat,* wie die Frauen zur Gaskammer losgingen, und sie hat zweifelsohne mitgeholfen, die Listen aufzustellen, die die erste Frau dann abtippte.

Die eine wie die andere wußten absolut nichts von der Vernichtung der Insassen des Männerlagers von Ravensbrück sowie auch nichts von der mutmaßlichen Ermordung von Gruppen von Frauen, *die nicht auf ihren Listen erfaßt worden waren* – das waren kleine Trupps entkräfteter Frauen, deren Ankunft der Kommandantur telefonisch signalisiert wurde und die auf Lastwagen oder zu Fuß aus den unzähligen Lagern und Außenkommandos eintrafen, die die SS evakuiert hatte. Einige kamen gar nicht erst in das Lager Ravensbrück oder ins Lager Uckermark hinein, sondern wurden direkt zu den Plätzen gebracht, wo die Vernichtungsaktionen stattfanden; andere konnten für eine oder zwei Nächte vorübergehend in einer der Baracken des Lagers Uckermark oder sogar im Hauptlager Unterbringung finden, ohne daß irgend jemand von uns etwas davon mitbekommen hätte. Und die Sekretärinnen sahen (und merkten sich) nur das, was die Frauen anbelangte, deren Namen und Häftlingsnummern sie aufschrieben und bei denen sie miterlebten, wie sie halbnackt vor ihren Augen abtransportiert wurden. Denn es konnten ja nicht alle Transporte, die ins Gas gingen, von denselben Sekretärinnen registriert werden, und bestimmte Transporte konnten überhaupt nicht erfaßt werden (dies trifft nach meiner Meinung auf die Transporte mit den evakuierten Polinnen zu oder auch auf die Transporte mit ungarischen Jüdinnen). Und dann darf man das Lager Uckermark und die Gaskammer auch nicht in einen Topf werfen, denn: *nicht alle Frauen, die ins Lager Uckermark gebracht wurden,*

sind vergast worden, und es wurden auch Frauen vergast, die nicht
durch das Lager Uckermark gegangen sind...

Es ist schon erwähnt worden, daß französische Häftlinge, die auf dem Rückweg von der Arbeit jeden Abend an der Umzäunung des Krematoriums vorbeigingen, gesehen haben, wie dort haltende Lastautos standen. Sie wechselten einige Worte mit einem der darin befindlichen Häftlinge, weil die betreffende Frau mehreren von ihnen bekannt war (Dr. Peretti della Rocca). Dabei erfuhren sie, daß dieser Transport aus Rechlin kam. Das Krematorium lag ein Stück hinter der westlichen Begrenzungsmauer von Ravensbrück und das Lager Uckermark rund tausend Meter weiter, aber in östlicher Richtung. Es ist also wahrscheinlich, daß diese Opfer dort weder das Hauptlager Ravensbrück noch das Lager Uckermark je betreten haben.

Kurz gesagt: es gibt noch viele Dinge, die einer Aufklärung harren, was aber nicht heißt, daß dies nicht möglich wäre, denn es sind noch nicht alle erhalten gebliebenen Dokumente und Teile von Dokumenten gesichtet worden, vor allen Dingen in Ostdeutschland und in der UdSSR, und die Bestandsaufnahme aller Akten der Prozesse gegen das SS-Personal von Ravensbrück wurde gleichfalls noch nicht abgeschlossen.

Den Angaben der Aufseherin Neudeck zufolge (sie ermittelte ihre Zahlenangaben durch Subtraktion) waren Mitte Januar, als sie ihren Dienst im Lager Uckermark antrat, 4.000 Frauen dort, und Ende Februar, zum Zeitpunkt ihrer Versetzung nach Barth, waren davon noch 1.000 übrig. Demnach sind in diesem Zeitraum – etwa zwischen dem 15. Januar und dem 28. Februar – 3.000 Frauen vergast worden... Und wie viele waren es im März? Und im April? Denn das waren die Zeiten, in denen die Gaskammer bis zum 24. April jeden Abend in Betrieb war und wo die unheilbringenden Lastautos außer aus dem Lager Uckermark ihre Opfer auch aus den Krankenblocks und aus der Krankenstation des Hauptlagers, aus dem Block 23, in den man die »Hinfälligen« gesteckt hatte, und aus einigen Außenkommandos wie Rechlin und Neubrandenburg abholte.

Nachfolgend nun eine im Jahre 1988 unter Zugrundelegung der Aussagen der wichtigsten SS-Leute von Ravensbrück erstellte Zusammenfassung der Ereignisse, wie sie sich möglicherweise abgespielt haben könnten:

Im Oktober 1944 erhält Fritz Suhren, Kommandant eines Konzentrationslagers mit damals 35.000 weiblichen Häftlingen und eines Männerlagers mit ca. 5.000 Häftlingen, die Anordnung, rückwirkend für einen Zeitraum von sechs Monaten 12.000 Frauen zu töten.[81] Auch die Häftlingzahl seines Männerlagers soll er dezimieren. Um wie viele? Das wissen wir nicht...

Sofort fordert er die Verfügungsgewalt über das kleine Nachbarlager, das Jugendlager, in dem sehr junge deutsche Straftäterinnen und junge, »eindeutschungsfähige« Sloweninnen umerzogen und Kinder deutscher, elsässischer und polnischer Häftlinge gedrillt werden. Diese Kinder und diese »eindeutschungsfähigen« Jugendlichen werden sehr streng behandelt, aber ernährt. Der Teil des Lagers Uckermark, in dem sie eingesperrt sind, wird vom restlichen Teil des Lagers durch Stacheldraht und durch von den männlichen Häftlingen gefertigte Schilfrohrmatten abgetrennt. Mit ebensolchen Schilfrohrmatten sollte dann auch der Hof der in östlicher Richtung liegenden Vergasungsbaracke eingezäunt werden.

In Umsetzung dieses Programmes ordnet Suhren auch den Bau einer Gaskammer an, und läßt diese, wie in allen Konzentrationslagern üblich, von (männlichen) Häftlingen bauen. Weil es zu diesem Zeitpunkt jedoch an unbedingt notwendigen Materialien mangelt, kommt der Bau nur sehr langsam voran. Oder war dies, wie in Buchenwald, bedingt durch ausgeklügelte Sabotageaktionen? Das wissen wir nicht...

Was wir jedoch durch zahlreiche Zeugenaussagen wissen, ist, daß das Lager Uckermark bereits voll ist, als die »rosa Karten« von

---

81 Das bedeutete sicherlich, daß die Sterbefälle über die letzten sechs Monate verteilt werden sollten. Bei der ersten Serie von Vergasungen Anfang 1942 waren die Sterbefälle, als deren Ursache vorschriftsmäßig eine Krankheit angegeben war, auf die darauffolgenden sechs Monate verteilt worden.

Ravensbrück am 15. Januar 1945 dorthin gebracht werden. Die bereits in Uckermark »abgestellten« Frauen sind keine Französinnen – die sind in anderen Blocks eingesperrt, und die am 15. Januar eingetroffenen Französinnen sehen sie zwar, aber sprechen nicht mit ihnen.

Wer sind die betreffenden Frauen? Ungarische Jüdinnen? Polnische Christinnen, die aus Warschau evakuiert wurden? »Verbrauchte« Ukrainerinnen? Wir wissen es nicht... Was ist aus ihnen geworden?

Ab 15. Januar (oder auch früher?) leitet Suhren in Uckermark die Massenvernichtung in die Wege, und zwar gleichzeitig durch *Verhungern*, mit *Gift* und durch *Einzeltötungen mit dem Revolver*. So schlachtet Moll jeden Abend eine bestimmte Anzahl entkräfteter Frauen ab.

Suhren findet, das alles gehe nicht schnell genug, und seine »Gaskammer« (die zweimal durch Pohl und durch den ehemaligen Kommandanten von Auschwitz, Höß, inspiziert wird) kommt auch nicht voran. Also läßt er im Februar – oder, wahrscheinlicher noch, im Januar – einen einige Meter vom Krematorium entfernt liegenden Schuppen umbauen, den uns Schwarzhuber, Treite, Neudeck beschrieben und den mehrere unserer Kameradinnen in der Zeit unmittelbar vor seiner Inbetriebnahme gesehen haben.

Neudeck (die nicht in der Nähe von Suhren in Haft saß) weiß nicht, daß sie Suhren kompromittiert, als sie beschreibt, was sie getan und was sie gesehen hat, und darum ist das, was sie sagt, glaubwürdiger als die Erklärungen von Schwarzhuber, Pflaum und Treite. Wenn sie bestimmte Aussagen (hinterher) widerrufen hat, muß sie wohl Kontakt mit ihren Mitangeklagten gehabt haben (siehe Anhang 1).

Vor der Periode der Massentötungen mit Feuerwaffen und durch Gas war der Ort des Krematoriums außerhalb der Stunden, wo die Exekutionen stattfanden, ein Platz wie jeder andere auch, wohin jeder Häftling zum Sonderdienst geschickt werden konnte. Ab Januar 1945 durfte niemand von den Häftlingen mehr dorthin gehen, und sogar die bei Siemens, auf dem »Binsenplatz« oder in der Bekleidung tätigen Arbeiterinnen mußten einen Weg benutzen, der nicht mehr an der Umzäunung des Krematoriums entlangführte. Infolgedessen hatten sie täglich einen langen Umweg zu machen.

Wo die Gaskammer sich befand, wußten wir auch durch eine junge Polin, der es gelungen war, aus einem Lastwagen des Lagers Uckermark zu fliehen, und zwar in dem Moment, als der Lkw vor dem Krematorium anhielt. Dieser Fakt wurde unter anderem von einer Österreicherin, Irma Trksak, einer Stubenältesten aus dem Jugendlager, weitererzählt. Die Vergasungen fanden immer bei Einbruch der Dunkelheit statt, und die Opfer stiegen vor der Umzäunung des Krematoriums vom Lastwagen ab. Das war der Moment, in dem diese junge Polin fliehen und sich weiter unten am See in der Kläranlage verstecken konnte. Nachdem man sie rasch wieder eingefangen hatte, wurde sie ins Jugendlager zurückgebracht, wo sie ihren Kameradinnen von ihrem Fluchtversuch berichtete, und am darauffolgenden Abend wurde sie wieder auf einen Lkw verfrachtet.

All die sehr vielen Zeugen, die ins Jugendlager kamen, gelangten zu Fuß dorthin, und alle – Männer und Frauen – berichteten, daß das Jugendlager in der genau entgegengesetzten Richtung des Krematoriums lag, in einer Entfernung von etwas mehr als einem Kilometer vom Hauptlager, ein Stück hinter den als Industriehof bezeichneten Werkstätten. Die für das Jugendlager selektierten Frauen gingen also meistens zu Fuß dorthin und durch den Industriehof, wohingegen die Frauen, die bei ihrem Aufbruch in Richtung Krematorium gesehen wurden, auf dem Lastauto durch das Haupttor weggefahren worden sind. Was die Transporte zwischen dem Jugendlager und dem Krematorium anbelangt, so erfolgten sie mit dem Lkw und führten *niemals* durch das Lager hindurch, und kein einziger Zeuge hat eine solche Passage je erwähnt. Sogar die zahlreichen Toten aus dem Jugendlager, die eines »natürlichen« Todes gestorben waren, wurden auf einem Weg weggebracht, der das Lager nicht berührte.

Als wir in Ravensbrück im Januar 1945 erfuhren, was sich im Lager Uckermark abspielte, konnte man annehmen, daß die 50 pro Tag ermordeten Frauen (diese Zahl nannte der SS-Mann Dr. Treite bei seiner Zeugenaussage) als »nahezu« natürliche Todesfälle getarnt werden sollten...

Aber warum sollte es Suhren 1945 von dem Tag ab, wo er quasi öffentlich erst 50 bis 60 und später 150 bis 180 Frauen täglich töten ließ, noch nötig gehabt haben, Tatsachen, welcher Art auch immer sie gewesen seien, zu verschleiern?

Und dennoch: in einer Zeit, als *Tausende* Frauen wußten, daß sie an diesem Ort waren, um zu sterben oder umgebracht zu werden, in einer Zeit, wo sie jeden Abend miterlebten, wie die Opfer, die Ruth Neudeck am Nachmittag mit ihrem Stöckchen in der Hand aussortiert hatte, auf Lastwagen abtransportiert wurden, in derselben Zeit, in der die SS-Leute ganz unverhüllt und laut darüber redeten, was sie machten, mußten die gequälten Geschöpfe im Lager Uckermark auch weiterhin ohne Mantel und ohne Strümpfe den ganzen Tag im Schnee stehen... Und die Salveguart gab weiterhin ihre Gift-Portionen aus...

Warum?

Offensichtlich ging es de facto darum, *Gas zu sparen*. Aber 1945 vermochten wir uns das noch nicht vorzustellen. Erst vor kurzem, als ich das Geständnis der Aufseherin Neudeck las, in dem sie diese Art von Sparsamkeit als banale Selbstverständlichkeit hinstellt, begriff ich den wahren Zweck der Appelle im Schnee und der Tötungen durch Gift in einer Periode, in der jeden Abend aufs neue wieder 150 oder mehr Menschen durch Gas ermordert wurden.

Was ich jedoch seit langem ziemlich unbegreiflich finde, ist die Praxis der »Schwarzen Transporte«. Wozu ließ man zwei- oder dreimal pro Monat Lastwagen mit je 40 oder 80 Frauen einmal quer durch Deutschland fahren, nur um sie zu töten? Geschah das nur aus Formalismus? Oder vielleicht eher aus Sparsamkeitsgründen? Wir wissen es nicht.

X

Die letzten Tage

Während dieser letzten Periode des Lagers, der Periode der methodischen Vernichtung, führte ich regelmäßig Buch über die wichtigsten Fakten, über Dinge, die ich meinem Gedächtnis nicht mehr anzuvertrauen wagte. Ich wußte oder sah vieles, was ich nicht aufgeschrieben habe, und ich notierte vor allem Fakten, die mich unmittelbar bewegten und erschütterten und die ich darum ganz genau festhalten wollte. Die nachfolgenden wenigen Notizen mögen dazu ausreichen, sich ein Urteil zu bilden über die Zuverlässigkeit und die Unsicherheit der Informationen, die einige Kameradinnen und ich uns bemüht haben, im März und April 1945 in Ravensbrück zusammenzutragen und zu ordnen. Sie spiegeln nur einen winzigen Teil der Verbrechen wider, die in Ravensbrück im Zeitraum zwischen dem 1. März und dem 23. April de facto verübt worden sind, aber sie haben den Vorteil, sich auf am Ort des Geschehens und am Tag oder Folgetag des betreffenden Ereignisses niedergeschriebene stichpunktartige Notizen zu stützen.

Donnerstag, 1. März 1945
Heute abend verbringen ca. 1.000 Frauen die Nacht im Strafblock.

Im Strafblock sind jetzt hauptsächlich alle NN-Häftlinge (ein großer Teil von ihnen hält sich allerdings versteckt), alle Zigeunerfrauen mit ihren Kindern, französische Häftlinge, die mit den (mehrheitlich auch französischen) NN-Häftlingen zusammenbleiben wollen, und andere Häftlinge, die zufällig im Lager aufgelesen worden sind, »damit die Rechnung stimmt«. Was für eine Rechnung? Vielleicht, damit eine bestimmte Anzahl von Eisenbahnwaggons voll wird.

300

Es ist bekannt, daß der Transport nach Mauthausen gehen soll, aber wenn wir auch alle sehr gut über Auschwitz im Bilde sind, so wissen wir über Mauthausen nur das, was die SS-Leute sagen, und das ist bedrohlich, aber wenig konkret. Alle französischen »Politischen« haben die feste Absicht, sich nicht von ihrer Gruppe trennen zu lassen. Was mich anbelangt, so habe ich nur den Wunsch, nicht von meiner Mutter getrennt zu werden, und ansonsten bin ich zu krank, um sagen zu können, an welchem Ort ich am liebsten sein möchte (seit mehreren Tagen habe ich starke Schmerzen im Kieferknochen, hohes Fieber, und ich bekomme die Zähne nicht mehr auseinander, kann also weder essen noch sprechen).

Daß die Zigeunerfrauen mit ihren Kindern hier sind, läßt das Schlimmste vermuten, denn es liegt klar auf der Hand, daß die SS, während die militärische Niederlage in vollem Gange ist, nicht einen Eisenbahnzug requiriert, um Zigeunerinnen in die Sommerfrische nach Tirol zu schicken.

Anička, einer tschechischen Freundin, ist es gelungen, sich mit den »Roten Armbinden«, die den Strafblock bewachen (die SS-Leute sind anderswo beschäftigt) dahingehend zu arrangieren, daß ich mich im Revier behandeln lassen kann – Anička holt auch meine Mutter und Anise heraus, die sich in Block 27 verstecken.

Im Revier erfahren wir am späten Vormittag zu unserem Schrecken, daß im Verlaufe des Nachmittags ein Appell stattfinden soll. Ein Appell am Nachmittag bedeutet eine generelle Bedrohung für das gesamte Lager. Ich befinde mich unerlaubterweise im Revier, aber auch hier sind nur sehr wenige SS-Leute. Der Zufall will es, daß Grete Buber-Neumann krank ist und und in einem kleinen Zimmer liegt, in dem die Häftlinge gepflegt werden, die in den Sekretariaten arbeiten. Grete nimmt das enorme Risiko auf sich, mich an ihrem Fußende zu verstecken.

Während ich im Revier unter Gretes Zudecke verborgen liege, »selektieren« Dr. Trommer und Dr. Winkelmann gründlich die Blocks, und sie sollen an diesem Tag rund tausend Frauen herausgeholt haben. Die Häftlinge wissen schon Bescheid über die Abtransporte, die abends in Gruppen zu je fünfzig Frauen im Lager Uckermark stattfinden, und sie wissen auch, daß man dort Hungers stirbt (die Ration beträgt »ein Brot in zehn Teile geteilt«, also ca. 100 Gramm Brot pro Tag). Einige versuchen noch zu fliehen, aber meine Mutter wird erwischt.

Als es dunkel ist, kommt Anise ans Fenster im Revier. Zuerst warnt sie Grete auf Deutsch vor, und dann sagen sie es mir. Zu Tode erschrocken versuche ich (über meine tschechischen und deutschen Freundinnen) die österreichischen Schreiberinnen zu erreichen, die jeden Tag zwischen Ravensbrück und Uckermark hin und her pendeln. Ich begegne ihnen an diesem Abend zum ersten Mal. Die eine von ihnen heißt Irma.

Freitag, 2. März
Wieder eine »Selektion«, aber diesmal in Block 28. Gleich danach laufen die, die erwischt worden sind (sehr viele, vielleicht 1.000) zu Fuß Richtung Uckermark.

Ich erfahre, daß seit gestern die Todeskandidatinnen nicht mehr in Gruppen zu 50 aus dem Lager Uckermark weggebracht werden, sondern in Gruppen von mindestens 170 bis zu 180 Personen.

Ab darauffolgenden Sonnabend ist es mir gelungen, einer von ihnen eine Nachricht für meine Mutter mitzugeben, um sie zu warnen und um ihr zu sagen, wie man »durchhält« (ein ganz kleines Paket, schmaler als ein Kartenspiel, war auch dabei mit zwei oder drei Sulfonamid-Tabletten, einer Scheibe Brot, drei Stückchen Zukker und einem Keks, den mir meine tschechischen Freundinnen geschenkt hatten). Am Montag, dem 5., und am Dienstag, dem 6., gelang es mir, eine andere Sekretärin zu erreichen und ihr einen zweiten und einen dritten Brief und ein zweites und drittes winziges Paket mitzugeben... Am Donnerstag, dem 8. März, gab mir Micky Poirier, die einzige französische Schreiberin im Lager, die drei Päckchen und die drei Briefe wieder zurück. Es war Wahnsinn, noch weiter zu hoffen: ich *wußte* es, aber ich wollte es nicht *glauben*.

Zwischen den Notizen, die ich bei unserer Befreiung durch das schwedische Rote Kreuz aus dem Lager herausgebracht habe, befand sich einer dieser kleinen Briefe, die nie angekommen sind, wahrscheinlich der letzte. Zusammengefaltet war er kaum größer als eine Briefmarke:

Montag

Meine geliebte Mama, wir hoffen, Dich[82] heute abend oder morgen nach soviel Angst und Bangen wiederzuhaben. Wenn Du Schwierigkeiten haben solltest, wende Dich bitte an Betty, die leitende Blockälteste, die eine Freundin von Marie-Claude ist. Laß Dich auf alle Fälle sofort bei ihr sehen. Paß gut auf Deine Gesundheit auf, und schau frisch und heiter drein. Hast Du Nachricht von Evelyne und Madame Bailly? Unsere Situation ist wieder sehr gut in Ordnung gekommen, und mir geht es besser. Ich hoffe, daß die kleine Operation heute abend durchgeführt wird. Wie sagt Françoise immer so schön: »Alle gesund, Leben ruhig«. Ich umarme Dich ganz, ganz fest.

Dienstag

Evelyne ist zurückgekommen, und nun warten wir auf Dich, meine Liebste. Gestern haben sie meinen Abszeß aufgemacht. Für den Fall der Fälle: wenn Du Holzkohle nehmen mußt, dann muß sie ganz fein zerrieben werden, damit der Darm nicht gereizt wird.

Dienstag, 6. März

Eine Transportliste für Mittwerda, die dieses Datum trägt, enthält 700 Namen. Meine Kameradinnen helfen mir dabei, unverzüglich herauszubekommen (und ich schreibe das, was sie ermittelt haben, gleich an Ort und Stelle auf), daß es sich hierbei realiter um eine Gesamtsumme handelt, die Anzahl aller in den letzten drei oder vier Tagen verübten Morde. Diese Liste ist heute nicht mehr da, zumindest glaube ich das.

Mittwoch, 7. März

An diesem Abend sind genau 180 Frauen abgeholt worden. Ich habe diese Angaben noch am selben Tag von der Frau erhalten, die sie selbst gezählt hat. Heute sollen außerdem 1.200 Frauen das Lager Uckermark mit unbekanntem Ziel verlassen haben, aber diese Information ist suspekt (es handelt sich vermutlich nochmals um eine

---

82 Anmerkung der Übersetzerin: Alle hier als Zitat wiedergegebenen Briefe der Autorin an ihre Mutter bedienen sich als Anrede im Original der 3. Person Plural. Aus Lesbarkeitsgründen erfolgte die deutsche Übertragung in der 2. Person Singular.

Liste, in der die Gesamtsumme der Tötungen der letzten Tage aufgeführt ist).

Freitag, 9. März
Beim gestrigen Appell waren *realiter* noch 870 Frauen im Jugendlager, *offiziell* hingegen 2.895. Beide Angaben sind zuverlässig.

Sonnabend, 10. März
Diskussion zwischen dem Chef des Arbeitseinsatzes und seinem Personal. Er brüllt wütend ins Telefon: nach seinen Angaben sollen die
2.895 Frauen noch da oben sein.

Pflaum, der widerliche Rohling, der den Arbeitseinsatz leitet,
hatte Kenntnis über die Zahl vom gestrigen Appell – nicht auf direktem Wege, aber über eine französische Sekretärin aus seiner Abteilung, die in unserem Block wohnt und die mich gleich informiert
hatte (wir nennen sie Micky; sie ist die Nichte der Haushälterin von
Madame de Ganay). Es ist nämlich, wie wir wissen, in jeder Abteilung des Lagers (in der Politischen Abteilung, im Revier, im
Arbeits-Büro, in der Kommandantur und im Krematorium) eine
Zählung der Häftlinge vorgenommen worden; und die Zahlen, die
Pflaum an diesem Tag erhielt, *wichen* ab von denen, die die anderen
Abteilungen erhalten hatten. So wurden heute, am 10. März 1945,
2.895 halbe Rationen Brot ins Jugendlager geliefert. (Die Brotration
war die Währungseinheit der Konzentrationslager und Gegenstand
unglaublicher Schmuggelgeschäfte, bei denen die SS-Leute mitmach-
ten.) »Was ist aus den 289 Kilo Brot geworden?« hat Pflaum vermutlich gedacht, und das war wahrscheinlich auch der Grund für
seinen Tobsuchtsanfall.

Das Lager Uckermark soll demzufolge an diesem Tag 289 Kilo
Brot für 2.000 Tote und 870 Todeskandidaten erhalten haben, von
denen (vielleicht) 87 Kilo ausgegeben wurden. Der Rest (200 Kilo)
dürfte dem illegalen Handel von Salveguart, Neudeck oder den zwei
brutalen Typen anheimgefallen sein, die Salveguart helfend zur Seite
stehen.

Wenn jetzt noch 870 Frauen übriggeblieben sind – was ist dann
aus den 2.025 Frauen geworden, die in den Registern des Arbeits-

einsatzes noch als lebend geführt werden und die beim Abendappell vom 9. März nicht mehr dort waren? Realiter waren diese Frauen nämlich dort. Diese Zahl habe ich von der österreichischen Stubenältesten, die den Appell selbst durchgeführt hat.

Sonntag, 11. März
Beim Morgenappell stand ich neben einer alten Polin, die gerade aus dem Jugendlager zurückgekommen war. Sie sagte mir, sie sei Frau Ossendowski, die erste Ehefrau eines bekannten polnischen Schriftstellers, des Autors von *Tiere, Menschen und Götter*. Sie war kein Häftling, sondern eine »Evakuierte«, und sie gehörte der Kategorie von Frauen an, die die Deutschen mitgenommen hatten, als sie Warschau verließen, wobei sie ihnen zugeraten hatten, all ihre Wertgegenstände und ihren ganzen Schmuck mitzunehmen, »um sie vor den Russen zu schützen«. Die Frauen wurden nach Ravensbrück gebracht, all ihrer Habe beraubt, sie wurden kahlgeschoren und erhielten Häftlingsnummern. Die jungen und gesunden Frauen wurden zum Ausheben von Schützengräben losgeschickt und die anderen ins Jugendlager gebracht, wo sie zu Hunderten ermordet wurden. Dann kam unerwartet eine Anordnung, die Überlebenden ins alte Lager zurückbringen, und dieser verdankte die arme Frau Ossendowski, daß sie noch am Leben war.

Sie wagte kaum, ein bißchen von dem zu erzählen, was sie im Laufe der Wochen erlebt hatte, die sie bis eben noch in dieser Hölle verbracht hatte, und ihre Gesichtszüge verzerrten sich buchstäblich, wenn sie davon sprach. Die Authentizität ihrer Aussage scheint mir unbestreitbar und dürfte vom Wahrheitsgehalt her eher untertrieben als übertrieben sein.

Hier nun die Geschichte, die sie mir erzählte:

Während des Winters (Januar oder Februar 1945) sperrten SS-Leute in den Waschraum eines Blocks, dessen Fenster und Türen sie zuvor zugenagelt hatten, so viele Frauen ein, wie dort zusammengepreßt dicht an dicht überhaupt nur hineingingen. Dann verschlossen sie die Tür und überließen die Frauen sich selbst. (Einige Einzelheiten dazu hat mir Frau Ossendowski in ihrer Erzählung genau genannt, aber die wollte ich seinerzeit nicht aufschreiben, um damit nicht Gefahr zu laufen, sie zu kompromittieren. Diese Details wage ich darum heute nicht als gesicherte Daten anzugeben. Sie betreffen das *genaue Datum* dieses Experiments, die *Anzahl der Tage*, die es gedauert hat, und die *Essensration*, die die Frauen während dieser Tage erhielten bzw. nicht erhielten.)

Wie dem auch sei, als das Experiment zu Ende ging, schickten die SS-Leute alle anderen Häftlinge zurück in ihre Blocks und verboten ihnen, den Block zu verlassen oder aus dem Fenster zu schauen (was natürlich nicht befolgt wurde). Dann machten sie die Tür zu dem Waschraum sperrangelweit auf und stellten sich mit einer Kamera davor, um den Auszug der armen Überlebenden zu filmen. Die Frauen hatten Ziegel aus dem Schornstein herausgebrochen, um Luft zu bekommen, und all ihre Kleider ausgezogen. Mehrere waren tot oder ohne Bewußtsein, und andere waren offensichtlich irre geworden...

Sie filmten die Szene lang und minutiös ab, und nachdem der Film im Kasten war, wurde ein Lastauto vollgeladen – mit den Toten und den anderen – und fuhr direkt zum Krematorium.

Frau Ossendowski wußte nicht genau, welcher Nationalität die Opfer angehörten. Sie meinte, es seien Französinnen gewesen.

Aller Wahrscheinlichkeit nach wurde diese makabre Vorführung nur zu dem Zweck so ausgiebig inszeniert, um ein paar Meter Film drehen zu können. Aber was für ein Film sollte das werden? Ein »Unterhaltungs«-Film? Ein Propaganda-Film? Um das herauszubekommen, müßte man alle Filmarchive des Dritten Reiches durchsehen, vorausgesetzt, sie sind nicht vernichtet worden.

Es wäre aber auch denkbar, daß es sich sich hier um ein von ganz oben, also von Suhren selbst oder einer noch höheren Instanz, angeordnetes Experiment gehandelt hat, unternommen, um zu ermitteln, wieviel Zeit Menschen brauchen, um unter diesen Bedingungen zu sterben. Ein solches Experiment ist jedenfalls nicht wiederholt worden.

Nachmittags die Stubenälteste gesehen (immer noch dieselbe Irma Trksak), die mir von der polnischen Überlebenden erzählt. Spätabends erstes Erbrechen.

Irma war im Jugendlager Zeugin einer grausamen Szene, die auch von zwei überlebenden Französinnen beschrieben worden ist: Eines Abends, als die Lastautos die selektierten Frauen abholen kamen, fehlten mehrere. Daraufhin wurde eine Menschenjagd abgehalten. Man entdeckte die armen Geschöpfe unter einem Haufen vollgeschmutzter Strohsäcke. Unter ihnen befand sich eine Französin aus dem 27.000er-Transport, Aline Arhel, die sich schreiend mit ihren Fingernägeln an der Erde festkrallte, als die SS-Sanitäter sie wegschleiften und schlugen. Sie wurde mit den anderen zusammen auf den Lkw geworfen.

Am Sonntag, dem 11., hatte ich, untergekrochen in Aničkas Block, die Möglichkeit gehabt, lange mit Irma zu reden, einer der Sekretärinnen, die zu den Appellen zwischen den beiden Lagern hin und her pendeln. Damit mir auch ja kein Wort von dem, was sie sagte, entgeht, habe ich mir Stichpunkte aufgeschrieben, und so notierte ich am Montag, dem 12. März:

Mamas Name steht auf einer Liste mit 700 Personen, die am Dienstag, dem 6., weggekommen sind. Mit der falschen Häftlingsnummer 27993, die die Nummer einer Russin (Ochewska) sein soll... Jetzt sind noch 700 Frauen dort, darunter 50 gestern gekommene... Ich treffe J.d'A., die mir freundlicherweise sagt, daß es gute Nachrichten von dort gibt, usw. Ich höre sie gar nicht an. Ich renne hierhin und dorthin in dem Versuch, die Sekretärinnen zu finden. Um 12 Uhr die beiden Sekretärinnen gesehen. Verstört weisen sie das Päckchen zurück, das ich trotzdem gepackt hatte (drei Kekse, etwas Zucker, Kohle, eine Ampulle Cardiasol)...

In dieser Periode wurden zu beliebigen Zeitpunkten Menschenjagden quer durch das Lager veranstaltet, damit das schaurige Lastauto voll wurde, das, nunmehr offen, zwischen den verschiedenen Blocks, Revier und Krematorium hin und her pendelte. Die Krankenschwestern *sahen*, wie ihre Patientinnen im Hemd abgeholt wurden, sie *sahen* die Lastwagen abfahren, sie hörten sie bis zu den Verbrennungsöfen fahren, sahen dann die Lastwagen leer zurückkommen und neue Fracht aufnehmen. Weiter wußten wir nichts.

Einer Krankenschwester gelang es, die Zeit zu stoppen, die es brauchte für die Strecke zwischen Revier und Krematorium, für Ausladen und Rückfahrt: sieben Minuten. Wir konnten auch die Tag und Nacht rauchenden Schornsteine des Krematoriums sehen.

Als ich keine Hoffnung mehr hatte, suchte ich verzweifelt nach einer Spur, nach einem Hinweis auf meine Mutter, nach jemand, der sie gesehen haben könnte, nach einer unter den 6.000 ins Jugendlager verbrachten Frauen, von denen manche vielleicht mit ihr in Berührung gekommen waren und die nicht alle tot waren. (Denn von Zeit zu Zeit sahen wir welche zurückkommen, damit eine Arbeitsbrigade vollständig besetzt werden konnte, um Platz zu schaffen oder zu irgend etwas sonst.) Und hier liegt natürlich auch der Grund dafür, daß ich eine Erfassung und Bestandsaufnahme des Transports der 27.000er-Häftlingsnummern erarbeitet habe, die sich am Ende dieses Buches findet.

Montag, 12. März
Eine Liste über 700, am Dienstag, dem 6., weggekommene Personen, ... aber diese Zahl ist eine Gesamtzahl, und das beweist nicht, daß sie am Dienstag weggekommen sind...

Es sind noch 700 Frauen dort, davon 50 gestern angekommene...

(Am 8. März waren 870 Frauen beim Appell und beim Appell vom 11. noch 700, davon 50 am selben Tag eingetroffene.)

Während dieses Zeitraumes trafen Transporte im Jugendlager ein, und es ist unmöglich, ihre Anzahl zu schätzen; über die Gruppen hinaus, die jeden Abend nach dem Appell abgeholt wurden, hat kein Transport das Jugendlager verlassen.

Einige Häftlinge kehrten nach Ravensbrück zurück, ohne daß man wußte, warum dies geschah, und eine kleine Anzahl deutscher Frauen ist tatsächlich freigelassen worden.

Donnerstag, 15. März
Am Nachmittag messe ich mit Ritas (bei der »Bekleidung« gestohlenem) Thermometer meine Temperatur. Ich habe 41° Fieber. Nachts breche ich unter Schmerzen ein bißchen Galle aus... Kommenden Sonnabend oder Sonntag will man die Leute, die gesund

sind, evakuieren (zu Fuß natürlich, und die, die nicht weitergehen können, werden auf der Stelle umgebracht).

Angesichts meiner Temperatur dachten meine Mediziner-Freundinnen an eine Blutvergiftung und schätzten ein, daß man da nichts weiter tun könnte. Ich persönlich meinte, Typhus zu haben. Meine Beine trugen mich nicht mehr, aber ich hatte nicht das Empfinden zu delirieren, und während ich lange Stunden schlaflos dalag, ließ ich, nicht ohne in gewisser Hinsicht mit mir abgeschlossen zu haben, alles noch einmal in Kurzform vor meinem geistigen Auge vorüberziehen: die Gesamtheit der Situation erschien mir panoramaartig in einem fremdartigen Licht, in dem die Fakten und Argumente mit der Leichtigkeit eines Traums hin und herschwammen. Ich fühlte, daß ich in den Tod hinabglitt wie ein Taucher ins Wasser: »Jetzt würde ein Nadelstich ausreichen, damit sich das ganze große Meer des Todes ergießt... voll in den Mund hinein und in die Nase...« Ich kann es nicht genau beschreiben, aber ich fühlte mich wohl in diesem Zustand, das erste Mal seit etlichen Tagen. In jener Nacht kam ich nach reiflicher Überlegung zu dem Entschluß, weiterleben zu wollen, und zwar in Gleichgültigkeit, wobei ich mich voll über mich selbst lustig machte, weil ich so dreist gewesen war, mir vorzustellen, es hinge hier irgend etwas von meinem Willen ab. Ich beschloß jedenfalls, mich so zu verhalten, wie es je nachdem, was passierte, am vernünftigsten war. Diese Entscheidung war das einzige, was mir bis zur Befreiung inneren Halt geben sollte, d.h. mehr als einen Monat lang. So kam es auch, daß auf viele von uns die Befreiung schreckliche Auswirkungen hatte, denn bei diesen Geschöpfen, deren gesamte Lebenskraft zerbrochen war, fiel nun plötzlich der durch die Gefahr bedingte innere Halt und Antrieb fort.[83]

83 Eine weitere Ursache dafür könnte der unvermeidbare Mangel an Verständnis und Einfühlungsvermögen sein, auf den die Häftlinge bei ihrer Rückkehr trafen. Eine Gesamtstatistik dazu ist noch nicht möglich, aber ein Freund, der im KZ Dora deportiert war, gab mir folgende fragmentarische Zahlenangabe: von dreißig Lagerkameraden, an deren Schicksal er weiterhin Anteil nahm, begingen fünf nach der Befreiung Selbstmord. Ich persönlich weiß von nur wenigen Suizidfällen unter den deportierten französischen Frauen nach der Befreiung und von keinem Fall davor.

Freitag, 16. März
Jagd.

Diese Jagd war das, was man in Auschwitz »Selektion« nannte, wahrhafte Treibjagden während der Arbeitsstunden quer durch das gesamte Lager, im Verlaufe derer die SS alle Frauen, die, wie ich auch, nicht an einem Arbeitsplatz waren, für die Gaskammer zusammenlasen. Wurde man rechtzeitig gewarnt, konnte man sich verstecken.

Vor und nach der Jagd gehe ich, ziemlich mühsam auf meinen Beinen, zum Revier (um zu versuchen, mich von einer Mitgefangenen-Krankenschwester verbinden zu lassen).

Sonnabend, 17. März
Jagd. Morgens Alarm im Block (das heißt, in unserem eignen Block fand eine Generalinspektion statt, und wir mußten alle unsere Gebrechlichen zwischen Decke und Dach –wir sagen: in der vierten Etage– oder unter den Betten verschwinden lassen).

Montag, 19. März
Morgens Lastwagen gegenüber (Block 23).

Seit einigen Tagen finden die Razzien für die Gaskammer nicht mehr direkt im Revier statt. Dr. Trommer und Dr. Winkelmann kamen wie immer ihre unheilverkündenden Visiten in den Krankenblocks abhalten, aber die Frauen, die sie dabei herausgesucht hatten, wurden, anstatt gleich auf das Lastauto verladen und auf den eingezäunten Hof des Krematoriums gefahren zu werden, nunmehr als »aus dem Revier entlassen« eingetragen und im Block 23 abgeladen, der auf diese Weise nun zum »Block der aus dem Revier Entlassenen« geworden ist. Von dort aus kommt dann der Lastwagen jeden Abend eine Ladung Frauen abholen, und einige schreien vor Angst und Schrecken, denn im ganzen Lager hat niemand mehr Zweifel daran, wo die Fahrt hingeht.

Nachmittags Selektion in den Blocks 31 und 30.

Es ist allerdings auch wahr, daß man sich im Lager nicht selbst ums Leben bringen mußte, um zu sterben, trotzdem ist der Fakt an sich recht auffallend.

Am Montag, dem 19. März, habe ich auch noch folgendes aufgeschrieben: *Von Block 7 aus haben France Odoul und Marguerite
Solal am Freitagabend Mama vorbeigehen sehen. An die Frauen, die
mit ihr zusammen waren, erinnern sie sich nicht.*

Dienstag, 20. März
*Morgens vierte Etage. Nachmittags kommt der Lastwagen gegenüber
wieder zurück.*

Donnerstag, 22. März
*Visiten des Dicken mit dem Schnurrbart in den Blocks 23, 6, 7 und
9.*
Es handelte sich um den furchtbaren Dr. Winkelmann, der seine
Opfer in den Krankenblocks auswählte. Es versteht sich wohl von
selbst, daß es den Kranken, denen er sich zuwandte, allen sehr gut
ging, daß sie weder der Ruhe bedurften noch Medikamente brauchten und nur einen Wunsch hatten: wieder an ihre Arbeit zurückzu-
kehren. Eine unserer Kameradinnen (Jeannie de Clarens), eine junge,
blonde und hübsche Studentin, die eine schlimme Läsion in der
Lunge, einen Pneumothorax, und dauerndes Fieber hatte und sich an
jenem Tag ganz besonders schlecht fühlte, erzählte mir, daß er sehr
liebenswürdig und lachend auf ihr Bett zugekommen sei: »Sie fühlen
sich doch sehr gut, nicht wahr?« Antwort: »Aber ja, sehr gut.« –
»Sind Sie wieder vollkommen gesund?« Antwort: »Ja, vollkommen.«
– »Dann können Sie in Block 23 gehen...« Und da hatte er schon ein
kleines Zeichen in sein Notizbuch gemacht. (Auf dem Weg in den
Block brachte sie sich in Sicherheit.)

Freitag, 23. März, 23 Uhr
Lastautos bei Block 23.
Drei Lkw starten von Block 23 nach Uckermark.

Sonntag, 25. März
*Auszug aus Block 24. Wir machen Appell im neuen Block, Block 26.
Wir rechnen mit einem Appell mit namentlichem Aufruf für das
ganze Lager, der nicht stattfindet.*

Im ehemaligen NN-Block (nunmehr zum Block für die evakuierten Frauen aus Warschau geworden) waren wir etwa fünfzig und aufgrund dieser hohen Anzahl viel zu gefährdet. Außerdem war die Atmosphäre aufgrund der ständigen Alarme und durch das Empfinden, wie eine Ratte in der Falle zu sitzen, unerträglich geworden. Ein halbes Dutzend Kameradinnen und ich faßten deshalb den Entschluß, in einer Holzeinschlags-Kolonne unterzuschlüpfen, die jeden Tag aus dem Lager herauskam und erst abends heimkehrte. Dank der Beihilfe durch unsere tschechischen Freundinnen und durch Micky Poirier, die als Sekretärin beim Arbeitseinsatz tätig war, sowie aufgrund der im Lager herrschenden Unordnung schafften wir es auch, und das ermöglichte es uns, sowohl in einen Arbeiterinnen-Block umzuziehen (in dem es ruhig und friedlich zuging) als auch, aus dem Lager herauszukommen.

Montag, 26. März
Erster Arbeitstag.

Dienstag, 27. März
Selektions-Appell während unserer Abwesenheit. Bei der Rückkehr am Abend finden wir 1.000 Frauen vor Block 24, abfahrbereit zum Jugendlager, wohin sie bei Einbruch der Dunkelheit gefahren werden.

Zum selben Zeitpunkt befand sich ein aus Rechlin ankommender Transport auf der Lagerstraße.

Um 18 Uhr, bei der Rückkehr von der Arbeit, gehen wir dicht an ihnen vorbei, und ich erkenne vor allem Souris de Bernard wieder. Die Frauen liegen gegenüber den Duschen auf der Erde, fünf oder sechs sind während der paar Stunden, in denen man sie hier hat liegenlassen, schon gestorben. Die anderen sind furchtbar abgemagert, ganz braungebrannt von der Sonne und gleichzeitig blutleer, ihre Blicke verängstigt und verstört...

Mittwoch, 28. März
Rückkehr von der Arbeit (ausnahmsweise) zu 14 Uhr: »Geht nur schön langsam und ruhig... Ihr habt Herzklopfen, nicht wahr?«

An jenem Tag fand ein Generalappell statt, und alle Blocks, einer nach dem anderen, defilierten an Schwarzhuber vorbei. Die Frauen sollten barfuß sein, damit man sehen konnte, ob ihre Knöchel angeschwollen waren. Natürlich gab sich kein Mensch mehr irgendwelchen Illusionen darüber hin, was mit denen geschehen würde, die dabei herausgepickt werden, und Schwarzhuber wußte dies. Er war buchstäblich aufgeblüht und floß über vor Herzlichkeit und Freundlichkeit. Als meine Reihe »zu fünf« an ihm vorbeimarschierte, beugte er sich scheinheilig lächelnd zu uns vor und sagte auf Deutsch: »Geht nur schön langsam und ruhig...«, und dann, mit einem verderbten Blick des Sichverstehens ohne Worte: »Ihr habt Herzklopfen, nicht wahr?...«

Donnerstag, 29. März
Bei der Rückkehr von der Arbeit um 18 Uhr begegnen wir einem Lastauto mit alten Frauen, das zum Jugendlager hinauffährt. Es sind heute schon drei solcher Lastwagen von Block 27 abgefahren. Eine zierliche alte Frau winkt uns im Vorbeifahren zu. Sie sieht aus, als ob sie eine Französin wäre, hat tieftraurige Augen, aber versucht dennoch, tapfer zu sein und geradeaus zu schauen... Und sie ist so alt!

Karfreitag, 30. März
Heute findet eine »Vergasungs-Aktion« statt, die die zahlenmäßig bislang größte ist (ca. 350 Opfer, davon ungefähr fünfzig Französinnen). Der Lastwagen ist zu diesem Behufe siebenmal die Strecke zwischen dem kleinen Lager und dem Krematorium hin und her gefahren. Zum ersten Mal hatten die Opfer versucht sich zu wehren: neun hatten sich versteckt und wurden im Verlaufe einer dramatischen Hetzjagd wieder eingefangen. Dann sperrten die SS-Leute die unglücklichen Frauen in eine Zelle, wo sie sich wie üblich entkleiden mußten (denn man durfte ja nicht riskieren, die schäbigen Fetzen, die noch weiter getragen werden konnten, mit zu verbrennen). Um die Frauen zum Einsteigen auf die Lastwagen zu bewegen, hielten sie ihnen ein Stück Brot hin, das sie ihnen nachher wieder abnahmen – auch das Brot konnte ja noch weitere Verwendung finden. Bei eini-

313

gen Frauen sind jedoch Angst und Schrecken stärker als der durch den Anblick des Brotes ausgelöste Reiz: sie wehren sich und schreien laut. Einige Meter entfernt verfolgen ihre entsetzten, in ihren Blocks eingeschlossenen Kameradinnen die ganze Szene durchs Fenster. Und zu ebendieser Stunde hält der weißlackierte Ford des Genfer internationalen Roten Kreuzes vor dem Eingang zum Lager (der schweizerische Arzt, der die Mission leitet, beginnt seinen ersten Vorstoß hinsichtlich des Austausches von 300 französischen Häftlingen, aber er kann nicht mit Kommandant Suhren zusammentreffen, denn der ist beschäftigt).

Sonnabend, 31. März
Bei der Rückkehr von der Arbeit gehen wir hinter Nicoles[84] Block entlang (Block 6)... Sie sagt uns, daß wir schnell gehen sollen, da vor dem Block der Lkw steht. An der Ecke des Blocks sehen wir ihn (und beeilen uns wegzukommen).

Halbe Portion Margarine. Brot in fünf Teile geteilt. Keine Suppe.

Bei Einbruch der Dunkelheit stand der unheilbringende Lastwagen vor Block 10 und wartete auf seine Ladung Todeskandidaten – die Gaskammer ist also noch voll in Funktion.

Im Lager Uckermark werden einige von den Frauen, die die Szene vom Vorabend durchs Fenster beobachtet hatten, zu einem Sonderdienst eingeteilt: sie sollen die Kleidungsstücke auf den Speicher bringen, die den zu Tode gequälten Frauen brutal weggenommen worden waren. Sie erkennen diese Kleidungsstücke als die ihrer Kameradinnen wieder.

Die Deutschen verbrannten generell die Leichen ihrer Soldaten, aber erst, nachdem sie ihnen die Kleider ausgezogen hatten (es gab in Ravensbrück ein Kommando, das solche blutgetränkten und vollgeschmutzten Kleidungsstücke wieder in Ordnung brachte, damit sie wiederverwendet werden konnten). In den Konzentrationslagern ließen sie ihre Todeskandidaten sich ausziehen, *bevor* sie sie ermordeten.

---

84 Nicole Michaud, achtzehn Jahre alt und an Tuberkulose erkrankt, war bei einer vorherigen Selektion aus dem Fenster von Block 10 gesprungen. Versteckt von einer sowjetischen Ärztin, Antonina Nikiforova, lebte sie illegal in Block 6.

Ostersonntag, 1. April
Brot in fünf Teile geteilt. Halbe Margarine-Portion. Keine Suppe.
Kein Appell. Es heißt, daß wir morgen nicht arbeiten werden.
Abends kommt die Mitteilung, daß alle Französinnen sich morgen
früh um neun Uhr auf der Lagerstraße einfinden sollen. Wir fragen
uns, warum.

Haben die täglichen 170 Ermordungen stattgefunden? Wie wir wissen, ja.

Auch die französischen Frauen aus dem Lager Uckermark wurden in diesen Appell einbezogen und kamen wieder ins große Lager herüber. Aber das kleine Lager war deswegen nicht leer: Polinnen, Russinnen, Tschechinnen, Deutsche und Holländerinnen blieben dort, zusammen mit den Belgierinnen, den Luxemburgerinnen, den Saarländerinnen und auch den Frauen aus dem Elsaß und aus Lothringen, die die Deutschen in jene erste Freilassungsaktion nicht mit einbezogen hatten. (Drei Wochen später, am 23. April, sollten die überlebenden Französinnen, einschließlich der NN-Häftlinge, durch das schwedische Rote Kreuz gerettet werden.)

Montag, 2. April
Um neun Uhr sind alle versammelt. Es dreht sich um Häftlingsaustausch. Heute und gestern »nghen«[85] 500 (haben sie 500 Frauen umgebracht).

Diese Zahl von 500 ermordeten Frauen innerhalb von zwei Tagen sollte die höchste je erreichte sein, aber diese Zahl entspricht der Wahrheit. Die Zahl von 180 pro Tag umgebrachten Frauen entspricht ebenfalls der Wahrheit. Es sind dies die Zahlen, die durch die als Buchhalterinnen tätigen Häftlinge im Auftrage der SS-Dienststellen ermittelt wurden, um den Abtransport der Opfer zu regeln. Die Zahlen wurden mir unverzüglich übermittelt, und ich habe sie sofort aufgeschrieben.

Die Gesamtliste über 496 vergaste Frauen, die einzige, die wir besitzen, trägt das Datum von Dienstag, dem 6. April. Auf ihr ist, so

---

85 Ein Wort aus der Berbersprache, das »sie haben ermordet« bedeutet.

hat es den Anschein, die Gesamtzahl der Ermordungen mehrerer Tage aufgeführt.

Der 25. April 1945 in Ravensbrück: letzte Ermordungen

Ein Häftling, Mina Lepadies, eine Zeugin Jehovas, die bei der Essenausgabe im Bunker arbeitete, hat beim Hamburger Prozeß eine Zeugenaussage über die Ermordung von 11 im Krematorium beschäftigten männlichen Häftlingen gemacht:

> Diese Männer waren im Laufe der letzten Wochen in den Zellenbau gebracht worden, wo sie auf ihre Hinrichtung warteten (...). Am 25. April[86] fand eine große Umverlegung statt, man brachte sie jeweils zu zweien in getrennte Zellen. Zur selben Zeit war plötzlich die Kaffeekanne verschwunden. Ich suchte sie, fand sie aber nicht. Also nahm ich mir eine andere Kanne. Als ich jedoch in die Zelle der Krematoriumsarbeiter kam, gab mir die Aufseherin Möwes die fehlende Kanne in die Hand und sagte mir, ich solle ihnen den Kaffee bringen. Im Moment dachte ich mir nichts dabei und goß den ersten Kaffee ein, dann begriff ich mit einem Schlag, daß der Kaffee vergiftet sein konnte. Die Aufseherin nahm mir die Kanne aus den Händen und goß den Häftlingen den Kaffee selbst ein.
>
> Um zehn Uhr kamen sie die Leichen abholen, und wir mußten verschwinden. Alles war merkwürdig still (...). Mittags erschien der SS-Mann Trasser, um beim Austeilen des Essens zu helfen. Erst ließ er auf sich warten, dann kam er mich holen, um das Eßgeschirr zu tragen. Er ging direkt in die Zelle 47, in der die Männer waren, und sagte zu mir: ›Tun Sie ihnen das Essen auf.‹ Mir wurde vollkommen klar, daß die Männer morgens bemerkt hatten, daß der Kaffee vergiftet war, daß sie nichts getrunken hatten und daß auch Gift im Mittagessen drin war. Ich weigerte mich also, ihnen das Essen aufzutun. Trasser sah mich erstaunt und voller Wut an, wobei er sich wohl fragte, was ich wußte. Ich

---

86 Fünf männliche Häftlinge, die im Krematorium von Auschwitz gearbeitet hatten, wurden am 3. April 1945 in Mauthausen gleichzeitig mit drei Piloten (zwei Amerikanern und einem Engländer) durch Genickschuß ermordet, und zwar in Gegenwart des Gauleiters Eigruber und des SS-Mannes Martin Roth, Kommandoführer des Krematoriums (Untersuchung von Pierre Serge Choumoff, siehe Anhang 3 der französischen Originalausgabe).

ging hinaus und er auch. Später kam er zurück und tat den Häftlingen das Essen selbst auf.

Zwei Männer hatten nichts bemerkt und hatten daher gegessen; am Abend waren sie tot. Abends teilte ich wieder das Essen aus, schaute in die Zelle 47 hinein und fragte, ob sie essen wollten. Sie gaben alle zur Antwort: ›Ja, wenn Sie uns das Essen auftun.‹ Sie waren sehr nervös und beteuerten, man werde sie trotz alledem hinrichten (...). Am nächsten Morgen erfuhren wir, was wir befürchtet hatten: die Zelle war leer, alle waren fort (...), es lag ein Hammer auf dem Tisch, und es war ein Blutfleck da, den man versucht hatte, mit schwarzer Erde abzudecken. Auch der Schuppen war voller Blutflecke und die Wände auch (...).

XI

Vom Umgang mit Zeugenaussagen:
Erinnerungsvermögen – und Kontrolle

Erinnerungsvermögen

Eine gegen die Zeugenaussage gerichtete Kampagne brach gerade in der Zeit los, als die Mittel und Methoden zur Messung und maschinellen Aufzeichnung von Informationen ihren gewaltigen Aufschwung begannen: das Tonbandgerät zur Aufzeichnung von akustischem Material, die Fotografie und der Film für die Aufzeichnung von Bildern und all die mechanisch (heute elektronisch) betriebenen Stempel- und Stechuhren, deren Präsenz das gesellschaftliche und soziale Leben unserer Zeit unbemerkt durchdrungen hat und die den Menschen mehr oder weniger deutlich zu einem Vergleich mit unserem nicht fehlerfrei arbeitenden Gehirn herausforderten – bis wir durch die maschinell möglich gewordenen Trickaufnahmen und Verfälschungen sowie durch den riesigen Wust von Papierbergen, der unser Jahrhundert überflutet, wieder auf das menschliche Maß zurückverwiesen.

Wenn wir die Experimente genauer unter die Lupe nehmen, die die Unzuverlässigkeit von Zeugenaussagen ermitteln wollen, so werden wir feststellen, daß sie genau zum Nachweis dieser Unzuverlässigkeit durchgeführt wurden (mit diesem Vorgehen erwiesen sie der Sache der Wahrheit einen Dienst, indem sie nämlich die Meinungsforscher in Habachtstellung brachten), aber es sollte ein leichtes sein, heutzutage experimentell das Gegenteil zu beweisen, nämlich daß man mit Hilfe von sehr wenigen guten Zeugen Fakten zu ermitteln vermag, die der Wahrheit entsprechen.

Wenn in einem berühmten Experiment der Schweizer Psychologe Edouard Claparède, anstatt nachweisen zu wollen, daß nur acht seiner vierundfünfzig Studenten ein bestimmtes kleines Fenster, an dem sie jeden Tag vorübergingen, tatsächlich gesehen haben, – wenn er sich statt dessen bemühte, die Existenz oder Nichtexistenz des bewußten Fensters zu ermitteln, dann hätte es ausgereicht, wenn er die Putzfrau oder den Hausdiener befragt hätte, zu deren Aufgaben es in der Universität gehörte, die Fenster zu putzen (und dies, wie bekannt, sehr sehr oft, denn die Geschichte spielt in Genf, einer Stadt, die berühmt ist für ihre Saubermach-Leidenschaft). Er hätte sich diese eine Zeugenaussage vom zuständigen Hausverwalter bestätigen lassen können und damit zwei übereinstimmende – und exakte – Antworten erhalten.

Wenn sich eine Umfrage auf einen gleichbleibenden, sich wiederholenden oder einfach eine gewisse Zeit andauernden Sachverhalt bezieht und es viele Zeugen gibt (beispielsweise für die Lebensbedingungen in einem bestimmten Konzentrationslager zu einem bestimmten Zeitpunkt), so wird man ohne große Mühe zu sehr genauen Ergebnissen kommen – vorausgesetzt, man hat sich ein paar sachkundige Zeugen ausgesucht. (Wir haben ja in der Tat bereits gehört, daß in den Konzentrationslagern alle Arbeiten von den Häftlingen ausgeführt wurden und es überall Wäscher und Wäscherinnen, Tischlerinnen oder Tischler, Buchhalter, Architekten, Zeichner, Putzfrauen und Putzmänner, Klofrauen, Bardamen und Sargträger gegeben hat.) In Ravensbrück kamen die Reinigungs- und Instandhaltungs-Kommandos überall herum – auch in die Nähe des an das Lager angrenzenden eingezäunten Bereiches, in dem sich die Verbrennungsöfen und das Sekretariat befanden, das die Leichen zählte. Dort war es auch, wo den Häftlingen der Malerkolonne auffiel, daß eine kleine Baracke umgebaut wurde – jene Baracke, die Marie-Claude Vaillant-Couturier nach der Befreiung des Lagers durch die Russen aufsuchte. Das für die Wartung und Instandhaltung der Öfen verantwortliche Arbeitskommando rekrutierte sich jedoch nicht aus Häftlingen unseres Lagers, sondern aus solchen des kleinen Männerlagers. Nach dem Hamburger Prozeß des Jahres 1946 (bei dem die Gefangene, die im Bunker das Essen austeilte, ihre Aussage über das machte, was sie von der Ermordung der elf im Krematorium beschäftigten männlichen Häftlinge wußte) war ich demzufolge der Meinung, daß alle männlichen Zeugen, die diesem Kommando angehört hatten, hingerichtet worden seien. Das war aber nicht richtig – wir haben in Kapitel 9 die Zeugenaussage eines zwölften, von Anise Postel-Vinay wieder ausfindig gemachten Zeugen gelesen.

Ein Ereignis zu beschreiben, es zu rekonstruieren bleibt eine gewagte Angelegenheit, auch wenn Zeugen vorhanden sind – und Leute, die ein Verbrechen oder einen Unfall zu untersuchen haben, wissen das sehr wohl. Das charakteristische Merkmal eines Ereignisses besteht ja doch darin, daß es kurz ist und etwas Außergewöhnliches und daß es demzufolge etwas ist, was das konkrete – visuelle und akustische – Erinnerungsvermögen anspricht. Und dieses Erinnerungsvermögen ist unter den Menschen sehr ungleich verteilt. Wir verlangen von unserem Gedächtnis, flüchtige oder verschwommene Wahrnehmungen zu speichern, und es ist normal, daß dabei zahlenmäßig mehr Fehler und Irrtümer vorkommen als gute Beobachtungen, so daß wir uns diesbezüglich der Behauptung anschließen können: »Irrtümer stellen die Mehrheit dar.« Die Mehrheit ja, aber nicht die Gesamtheit.

Besonders ungenau sind die meisten Wahrnehmungen in bezug auf Bewegungen, Farben, Formen, Zahlen und die geschätzte Dauer eines Vorgangs. Es gibt aber auch im letztgenannten Bereich keine gleichmäßig vorhandenen Ungenauigkeiten, so daß Angaben über die Form und die Farbe eines Kleidungsstückes mit größerer Wahrscheinlichkeit exakt sind, wenn wir sie von einer Schneiderin bekommen, als wenn sie von einem Buchhalter oder einem Briefträger stammen. Und wenn wir uns an die Schneiderin wenden, die das betreffende Kleidungsstück genäht oder geflickt hat, oder an die Wäscherin, die es gereinigt und gebügelt hat, dann setzen wir damit unsere Unsicherheitsquote noch mehr herab. Mit einem Wort gesagt: die Möglichkeiten, eine falsche oder eine wahrheitsgetreue Zeugenaussage zu erhalten, hängen nicht vom Zufall ab.

Die deutschen Aufseher haben gesehen, worüber außer ihnen nur noch die Toten Auskunft geben könnten. Ihre Zeugenaussagen liegen nicht in Form von Memoiren vor, die von frommer Hand veröffentlicht wurden, und ihre Meinungen kennen wir bloß durch ein paar Briefe und durch die Aussagen, die sie vor jenen Gerichten machten, die sie als Kriegsverbrecher verurteilten. Gerade diese genannten Aussagen müssen für uns doppelt suspekt sein, denn die Menschen, die diese Aussagen zu Protokoll gaben, hatten nicht nur von vornherein eine eindeutig tendenziöse Grundeinstellung, sondern dazu noch ein offensichtliches, dringliches und vitales Interesse zu lügen, und viele von ihnen machten davon ausgiebig Gebrauch. Aber nicht alle, und vor allem nicht in allen Punkten, wie der Leser an mehreren Stellen dieses Buches lesen konnte, und es ist mit Hilfe dieser Informationsquellen sogar möglich geworden, Licht in Dinge zu bringen, die wir ohne sie nicht hätten rekonstruieren können. Wenn ich bei Nennung der Gründe, warum man hinsichtlich dieser Kategorie von Zeugenaussagen nicht unvoreingenommen herangehen kann, ein moralisches Kriterium außer acht lasse (das in der Meinung, die sich jeder a priori von einer Zeugenaussage bildet, ja eigentlich eine so bedeutsame Rolle spielt), dann geschieht dies genau deshalb, weil ich glaube, daß keine Zeugenaussage *a priori* akzeptiert werden darf.

Einer, der sich für einen Deportierten ausgab und nach der Befreiung so raffiniert war zu behaupten, er sei in einem Lager gewesen, in dem es keine Überlebenden gab, war imstande, eine ganze Umfrage zu verfälschen (wobei allerdings nur ein ehemaliger SS-Aufseher genügend Sachkenntnisse haben konnte, um dergleichen zu versuchen). Im Gegensatz dazu bereitete es ehemaligen Häftlingen beiderlei Geschlechts keine gravierenden Schwierigkeiten, mutwilligen Unwahrheiten von männlichen und weiblichen »Märchenerzählern« unter ihren Kameraden auf die Schliche zu kommen.

Diese »Märchenerzähler« bleiben selten unerkannt, denn sie sind Gewohnheitslügner und als solche in ihrem Umfeld rasch zu ermitteln, vor allen Dingen, wenn es sich bei diesem Umfeld um ein

Konzentrationslager handelt. Nun gibt es schon in der sogenannten normalen Welt mehr Gewohnheitslügner, als man gemeinhin annimmt, und diese von den Nazis erschaffene Welt des Wahnsinns war sehr wohl dazu angetan, sado-masochistische Vorstellungen zu stimulieren: im Laufe der ersten Monate nach unserer Befreiung haben wir Geistesgestörte kennengelernt, die aus einer eingebildeten Deportationsgeschichte Kapital schlugen, und andere Menschen, die wirklich deportiert gewesen waren und sich befleißigten, die abscheulichen Verbrechen, die sie erlebt hatten oder von denen man ihnen erzählt hatte, noch aufzubauschen. Es haben sich sogar Verleger gefunden, die die Elaborate solcher Leute druckten, was unentschuldbar ist, denn es hätte die einfachste Zeugenanhörung ausgereicht, um den Schwindel auffliegen zu lassen. Soweit ich weiß, hörten solche Hirngespinste aber ziemlich rasch auf.

Kontrolle

Es war in den Wirrnissen, die auf die Befreiung der Konzentrationslager folgten, notwendig, die in gutem Glauben gemachten Falschaussagen, die Betrugsmanöver der falschen Deportierten und die Hirngespinste von ein paar anderen zu eliminieren und ergo zu einigen Basiskenntnissen für die Überprüfung von Aussagen zu kommen. 1945 gab es nichts dergleichen.

Am 23. April 1945, als das schwedische Rote Kreuz und Graf Bernadotte uns in Ravensbrück abholen kamen, habe ich gewiß nicht dieses so notwendige Kontroll-Instrumentarium im Hinterkopf gehabt, und trotzdem: bereits vom folgenden Tag an befaßte ich mich, ohne daß es mir damals bewußt gewesen wäre, gründlich mit dieser Aufgabe, indem ich eine Überlebende nach der anderen befragte, die sich mit mir zusammen in Göteborg befanden.

Eine jede von ihnen fragte ich nach ihrer Häftlingsnummer, ihrem Namen, nach dem Datum ihrer Ankunft in Ravensbrück, nach der ungefähren Anzahl der mit demselben Zug aus Frankreich eingetroffenen Häftlinge und nach den Personalien der Kameradinnen, an die sie sich erinnerte. Diejenigen Frauen, die danach das Hauptlager verlassen hatten, um in einem Außenkommando zu arbeiten, nannten mir auch das Datum, an dem dieser Transport abgegangen war, sowie die Anzahl und die Namen der Französinnen, die dort mit dabeigewesen waren. Als ich dies alles aufzeichnete, hatte ich damals nur unsere toten Kameradinnen im Sinn und ihre Familien. Ich dachte daran, wie schlimm es ist, Menschen, die man liebt, nicht einmal im Geiste in den letzten Augenblicken ihres Lebens begleiten zu können. Und dieses bange Gefühl teilte ich mit ihnen. Ich habe es noch heute.

Später bat mich in Paris Albert Béguin um eine Zeugenaussage über das Lager, und – weil ich damit schon einmal angefangen hatte und zumal meine ganze Arbeit über Afrika verloren gegangen war – so beantragte ich etwas später beim CNRS (Centre National de Recherche Scientifique – Nationales Forschungszentrum. D. Übers.), mich vorübergehend dem Bereich Moderne Geschichte zuzuteilen, der unter Leitung von Lucien Febvre stand. Ich begann damit, innerhalb jeder gesammelter Zeugenaussage verschiedene Etappen zu unterscheiden: die Zeit in der Résistance, die Verhaftungen, die Gefängnisaufenthalte in Paris und in der Provinz, die Umverlegung nach Fresnes, Romainville und Compiègne, die Überführung auf dem Schienenweg von Frankreich nach Deutschland, die Aufteilung auf die verschiedenen Blocks oder Haftzellen, die Abfahrt zu Außenkommandos und schließlich die Rückkehr von dort, auf die gegebenenfalls eine erneute Abfahrt folgte, usw.

Bei jeder dieser Etappen entstanden mehr oder weniger homogene Gruppen und brachen danach (zwangsläufig) wieder auseinander. Mehrere Male in meinem Leben hatte ich Gelegenheit, von Grund auf Verfahren für die gesellschaftlich-soziale Erforschung von Menschengruppen zu erarbeiten, zwischen denen keinerlei Bindung existierte: dauerhafte Gemeinschaften von afrikanischen Bauern oder Nomaden oder vorübergehende, aus einem Ereignis heraus entstandene und sich mit ihm wieder auflösende Gemeinschaften.

Die bäuerlichen Gemeinschaften waren lebendig, spürbar präsent und besaßen eine Struktur, die sich langsam und stetig auf tiefreichenden Wurzeln fußend herausgebildet hatte; sie gehörten zu der Art von Gemeinschaften, die wir als archaisch bezeichnen. Die anderen Gemeinschaften, die aus der Welt des Konzentrationslagers, hatten miteinander eine nur kurze Gegenwart, quasi keine gemeinsame Vergangenheit und nahezu keine Zukunft.

Greifen wir die kürzeste Etappe heraus, die der Fahrt von Paris nach Ravensbrück. Sie dauerte durchschnittlich vier bis sieben Tage. Im Verlaufe einer (acht Jahre später durchgeführten) Befragung und dank einem Dutzend Zeuginnen, die mir ihre sehr ausführlichen Erinnerungen diktiert hatten, erfuhr ich, daß ein einzelner Transport aus fünf, vielleicht sechs Eisenbahnwaggons bestand. In jedem dieser Waggons gab es zwei oder drei Häftlinge, die aus irgendwelchen Gründen die Aufmerksamkeit ihrer 70 Kameradinnen auf sich gezogen hatten. Anhand derer wurde es nun möglich, die Gruppe zu identifizieren, in der sie sich befunden hatten. Dadurch konnte bei jeder neuen Zeugin, die ich befragte, der Waggon ermittelt werden, in dem sie ihren Platz gehabt hatte.

Bezogen auf jene so kurze Etappe lieferte mir jede befragte Frau mindestens drei Namen, oftmals ein Dutzend, selten (aber auch das kam vor) mehr als zwanzig, und das für eine Gruppe, die höchstens eine Woche lang bestanden hatte und siebzig Mitglieder zählte.

Durch Befragen von einem Dutzend weiterer überlebender Frauen aus jeder Gruppe gelangten wir zu einer ausreichenden Anzahl übereinstimmender Angaben, um alle Gruppen wieder rekonstruieren zu können, und als wir dann die ermittelten Personen zusammenzählten, konnten wir in fast jedem Falle feststellen, daß die Gruppen größer waren als die Anzahl der Häftlinge, die sich tatsächlich in dem Waggon befunden hatten. Wir rechneten zwar mit fehlerhaften Angaben, mit Irrtümern, die bedingt waren durch Vergessen, mit Mindermengen-Angaben durch Gedächtnislücken. Aber wir rechneten nicht mit Mengenangaben, die durch Übertreiben, durch Hinzufügen über den wirklichen Zahlen lagen. Doch dieses Hinzufügen war keinesfalls ein Ergebnis freier Erfindungsgabe, sondern das einer krankheitsbedingten Bildübermittlungsstörung. So etwas kommt vor, wenn das Gedächtnis, einem Fotoapparat gleich, Aufnahmen gespeichert hat, die es danach nebeneinander- und übereinanderlegt, um sie alle zusammen auf die Leinwand der Erinnerung zu projizieren.

Die Häftlinge, die da fünf bis sieben Tage lang die paar Quadrat-meter Fläche ihres rollenden Gefängnisses teilten, kannten einander zum Zeitpunkt der Abfahrt im allgemeinen nicht, und so war die Anwesenheit von zwei oder drei Zellennachbarinnen oder einigen Kameradinnen, die mit ihnen zusammen vor Gericht gestanden hat-ten, für sie von ganz großer Bedeutung. Zudem begegneten sie zum ersten Male einer gewissen Anzahl von neuen Gesichtern mit interes-santen Charakteren, und wenn ich in ihren Zeugenaussagen Irrtümer oder Fehler finden konnte, dann bezogen die sich immer auf diese ihnen vorher nicht bekannten Frauen. Das läßt sich erklären, denn die Eindrücke, die sie im Moment der Verladung in die Waggons zu verkraften hatten, vermischten sich mit den Gefühlen, die sie hatten, als sie unter Quarantäne gestellt wurden. Es war das Gefühl, hier wird etwas mit einem gemacht, man ist nicht Aktiver, sondern Zuschauer und irgendwie passiv, wohingegen die Tatsache, daß man zum ersten Male diese oder jene Bekannte aus der Résistance wieder-gesehen hatte, in einen stark situationserinnerlichen, ganz persön-lichen Bereich einzuordnen war, bei dem man jedes Erinnerungsver-sagen ausschloß. Punktum.

Wie sollten wir nun in einem solchen Falle eine Zeugenaussage analysieren und ihre Fehler herausfinden? Es brauchte nichts anderes als Zeit und die Geduld, alle von einem Dutzend Zeuginnen genann-ten Namen untereinander in eine Spalte zu schreiben (beispielsweise für einen Waggon mit 70 bis 72 Häftlingen 85 Namen), und danach neben der ersten Spalte zwölf weitere Spalten einzurichten, wobei jede für eine einzelne Zeugenaussage bestimmt war.

Eine Überlebende aus einem bestimmten Transport, Madame A. Ab., hatte mir genau zwölf Namen angegeben, darunter den einer jungen Frau, die Deutsch konnte, sich während der Fahrt als Dolmet-scherin zur Verfügung gestellt hatte und aus diesem Grunde allen ihren Kameradinnen aufgefallen war. Keine einzige der elf anderen Frauen, die sie mir nannte, erinnerte sich an diese junge Dolmet-scherin.[87] Das war unerklärlich, denn sie war in einer Widerstands-gruppe mit vielen Mitgliedern festgenommen worden und hatte eine

87 Jeannie de Clarens.

starke persönliche Ausstrahlung. Außerdem schien keine einzige Frau, auch wenn sie noch so unauffällig war, von all den anderen völlig unbemerkt geblieben zu sein. Mir fiel dann auch auf, daß die Zeugin außer der jungen Dolmetscherin (die sich ihrerseits auch nicht an Madame A. Ab. erinnerte) mir auch die Namen von fünf oder sechs Zellengenossinnen oder Gefährtinnen aus der Résistance nannte, die der Aufmerksamkeit der elf anderen von mir konsultierten Erinnerungsberichte gleichfalls vollständig entgangen waren. Ich konnte also davon ausgehen, daß hier ein partieller Irrtum vorlag: Madame A. Ab. war auf der Fahrt tatsächlich mit fünf oder sechs Gefährtinnen zusammen gewesen, die sie von früher kannte, aber nicht in dem Waggon, in dem sich die junge Dolmetscherin befand. Danach wurde der Transport, wie alle anderen Transporte auch, unter Quarantäne gestellt, und zwar in einem Block, in dem so viele Menschen auf kleinstem Raum zusammengepfercht waren, daß sich darin genau dieselbe Atmosphäre einstellte, wie sie während der Fahrt geherrscht hatte. Acht Tage nach der Ankunft verließen Madame A. Ab. und die junge Dolmetscherin das Lager mit unterschiedlichen Zielen, und sie haben sich, soweit ich weiß, niemals wiedergesehen.

Ich könnte hier noch mehr Irrtümer dieser Art aufzählen, die genauso aufklärbar waren, wenn man sie analysiert hatte, und die durch die von mir eben beschriebene Vorgehensweise genauso leicht auszuschalten waren. Das angewendete Verfahren ermöglichte es in gewisser Weise, Umriß und Kegel jenes unscharfen, schwachen Lichtstrahls wahrzunehmen, den jeder Mensch, solange er atmet, auf Vergangenes richtet (aber ich könnte auf der anderen Seite auch weit zahlreichere Fälle aufzählen, in denen das Erinnerungsvermögen der Zeugen fehlerlos intakt war und jede neue Zeugenaussage eine Bestätigung des Wahrheitsgehaltes der anderen Aussagen erbrachte).

Als Zusammenfassung hatte ich dann noch eine Klassifizierung in zwei Ebenen zu erstellen: die am breitesten angelegte mußte sich zwar trotz aller meiner Bemühungen auf die nationale Ebene beschränken, aber ihre Ort/Zeit-Tabelle (in der für die jeweiligen Orte in den jeweiligen Zeiträumen die zeitlich begrenzt dort befindlichen, aber identifizierten Gruppen von Menschen aufgeführt sind) bietet die Möglichkeit, die Authentizität jedes beliebigen Dokumentes oder jeglicher Zeugenaussage betreffend die Deportation von in Frankreich festgenommenen Frauen zu überprüfen.

Für zwei Transporte (den mit den 27.000er-Häftlingsnummern und den der »57.000er«) hatte ich mir danach zum Ziel gesetzt, dem Schicksal jedes einzelnen daran beteiligten Menschen nachzuspüren und dabei auch auszuloten, was – um beide Extreme zu nennen – jeder an Belastungen zu tragen hatte, als auch, was einer an Schuld auf sich geladen hatte.

In dieser Untersuchung wollte ich auch aufzeigen, wie unvernünftig und absurd es ist, sein Urteil generell auf »statistische Durchschnittswerte« zu stützen, eine Tendenz, die heutzutage einer administrativen »Vermassung« von Menschen sowie der generellen Verwendung von Maschinen zum Denken Vorschub leistet und auch der ebenso generellen Anwendung von großen Gruppenstudien und Meinungsumfragen, – das sind alles Techniken, die zu Faulheit und Bequemlichkeit verleiten.

Als ich die Analyse der »27.000er«-Liste schrieb, deren Zusammenfassung der Leser im vorliegenden Buch findet, standen mir hierfür alle über die Deportation französischer Frauen vorhandenen Informationen zur Verfügung, aber darüber hinaus umfaßten meine Untersuchungen und Befragungen eine methodische Bestandsaufnahme von individuellen Reaktionen in drei Transporten: in einem Befreiungstransport (336 Personen, die durch das schwedische Rote Kreuz befreit wurden), in einem Deportationstransport, dessen Häftlinge 1943 verhaftet worden waren (958 Personen), und in einem weiteren Transport, dessen Häftlinge 1944 verhaftet worden waren (676 Personen). Die beiden letztgenannten wurden durch eine rekonstruierte Auflistung des Insassenbestandes der Haftanstalten zu den entsprechenden Zeitpunkten ergänzt (diese Aufstellung ist leider nicht vollständig, wurde aber Zelle für Zelle durchgeführt).

In Ravensbrück verwendeten die SS-Leute noch viel mehr Sorgfalt als in den anderen Lagern darauf, die Archive zu verbrennen, in denen sie über ihre Verbrechen gewissenhaft Buch geführt hatten; die Vichy-Regierung kümmerte sich noch nicht einmal darum, unsere Namen ermitteln zu lassen (geschweige denn sich danach zu erkundigen, was mit uns geschah), und was wußten die Menschen selbst, die in jener »anderen Welt« versunken waren?

Viele genaue Fakten, bisweilen in codierter Form, von denen einige auf den ersten Seiten der vorliegenden Arbeit aufgeführt sind, aber auch andere Dinge: zum Beispiel, daß die Ausmaße dieser »anderen Welt« weit über das hinausgingen, was der normale Mensch mit seinen Mitteln zu erfassen vermag; daß der für die Bewältigung derartiger Menschenmassen unabdingbare Verwaltungsapparat voller Schwächen und Betrügereien war; und daß die Archive, die die SS zusammengetragen hatte, selektiv verbrannt werden sollten – die geheimsten zuerst, also die aussagekräftigsten, die belastendsten.

Diese Welt des Horrors erschien uns auch als eine Welt von Wirrnis und Zusammenhanglosigkeit, angsterregender als die Visionen von Dante und unsinniger als ein Ringelspiel. Anfänglich waren die Chancen für einen Deportierten möglicherweise gleich, eher auf die eine denn auf die andere Bahn geschleudert zu werden, aber wenn er erst einmal die Weiche des Schicksals passiert hatte, gab es keinen Weg mehr herunter von dem Abhang, den er nun hinabstürzen sollte Richtung Leben oder Richtung Tod: in der einen Gruppe hatte man fünf Prozent Chancen zu überleben, in der anderen bestanden nur fünf Prozent Chancen zu sterben. Und darüber besitzen wir allenfalls verwirrende, aus allen zusammen gewonnene Mittelwertsberechnungen.

In dieser Welt von Ungewißheit und Finsternis, die genauso irreal und genauso schrecklich war wie ein Alptraum, gab es keine Orientierungsmöglichkeit in bezug auf Ort und Zeit: unter Lebensgefahr notierte sich manchmal jemand ein Datum, behielt seine Uhr bei sich oder schaute einmal in eine Karte, aber diese wenigen konkreten Bezugspunkte konnten in der Unendlichkeit dieser in völlige Nacht getauchten Terra incognita nur seltene Einzelfälle darstellen.

Als das letzte deutsche Konzentrationslagers seine Tore öffnete, hörte diese »andere Welt« auf, ihre Substanz aus der realen Welt zu beziehen. Sie ordnete sich ein in die Reihe der Phantome »historischen Ausmaßes«, aber sie reihte sich mit leeren Händen ein, nackt wie ihre Toten.

Engagement und Unparteilichkeit

Es liegt auf der Hand, daß die Aussagen unmittelbar von der Deportation Betroffener eine Neutralität ausschließen, ja sie sogar in höchstem Maße ausschließen, denn ein Spezifikum des Konzentrationslager-Betriebs bestand darin, daß ihn nie ein unbeteiligter »Zuschauer« von innen gesehen hat.

Die englischen Soldaten, die Bergen-Belsen befreiten, die Amerikaner, die in Dachau einmarschierten, die Russen, die als erste Auschwitz betraten, und die Angehörigen neutraler Staaten, Schweizer oder Schweden, die die Überlebenden von Mauthausen oder Ravensbrück befreiten, haben ein Konzentrationslager nie selbst erlebt, sie haben nur das gesehen, was von einem solchen Lager noch übrig geblieben war. Sie können demzufolge nicht als unparteiisch angesehen werden, denn sie haben nach meiner Kenntnis sehr bald die starken Gefühle der Opfer geteilt, vielleicht in noch stärkerem Maße als diese, denn sie waren seelisch in weit besserer Verfassung.

Wir können nicht darauf rechnen, Zeugen zu finden, die ohne »Parteinahme« sind, aber Parteilichkeit, auch wenn sie aus redlicher Absicht heraus geschieht, ist nur eine der unzähligen Ursachen für unabsichtliche Fehler und Irrtümer, die zu befürchten stehen, und die allgemeinen Vorsichtsmaßnahmen, die wir gegen alle Arten von Fehlern ergreifen müßten, lassen uns gleichzeitig im voraus davor zurückschrecken. Was eine Parteilichkeit aus unredlichen Absichten heraus anbelangt, so ist sie in die Kategorie Lüge und Betrug einzuordnen, und dergleichen ist in diesem Falle um so leichter herauszu-

finden, als diese Lügen maß- und bodenlos sind und das dahinterstek-
kende System erkennen lassen.

Dem parteilichen Zeugen bleibt natürlich der Bereich der Interpretation eines Ereignisses, und es ist schwierig, ihn dessen zu überführen – aber auf der anderen Seite ist die vollständige Ausschaltung
gefühlsmäßiger Anteilnahme an einem Ereignis ein Grundzug quasi
absoluten Mangels an Einfühlungsvermögen. Der Grat zwischen
Parteinahme und Gefühllosigkeit ist schmal, aber diese Gratwande-
rung gehört zu den Gegebenheiten einer historischen Problematik
dazu, sie gehört, kurz gesagt, einfach zu den Problemen des Mensch-
seins.

Wenn durch den Lauf der Zeit das einstmals vorhandene Interesse
an bestimmten Ereignissen geschwunden ist, hat dies allzu oft eine
Verhärtung einmal bezogener Positionen zur Folge. Die Empfind-
samkeit seitens der Bevölkerungsgruppen, die von der Menschenvernichtung in Konzentrationslagern direkt betroffen waren, ist extrem
groß; alle Beiträge dazu, die Urheber der Verbrechen in noch stärkerem Maße an den Pranger zu stellen, werden kritiklos akzeptiert,
und der geringste Vorbehalt dagegen ruft Entrüstung hervor. Im
Gegensatz dazu ist in den Kreisen der Bevölkerung, die sich, selbst
wenn auch nur indirekt, mit Hitlerdeutschland arrangiert hatten, die
Reaktion völlig entgegengesetzt, und diese Leute ziehen auch die am
wenigsten strittigen Fakten in Zweifel. Alles, was in Frankreich mit
der politischen Geschichte zwischen 1939 und 1945 zu tun hat, ruft
Emotionen hervor, die so lebhaft sind, daß sie wahrscheinlich die
Menschen, die diese Geschichte erlebt haben, noch überdauern werden.

Gleiches trifft auf alle Ereignisse zu, die die Gefühle und die
Interessen ihrer Zeit in Wallung bringen: Wer war denn 1793 in
Paris »neutral«? Und wer steht selbst heutzutage den revolutionären
Ereignissen von damals absolut neutral gegenüber? Mehrere Gene-
rationen nach dem Tod der letzten Zeugen und Tausende Kilometer
von dem Ort entfernt, an dem diese Zeugen ihren Wohnsitz hatten,
erleben wir heute, wie auf dem amerikanischen Kontinent eine
Republik den 14. Juli als ihren Nationalfeiertag begeht und ein ehe-

maliges britisches Dominion geltend macht, die Lilie in den Wappen seiner Provinzen zu haben.

Aber ein Leben und Handeln ohne Parteinahme ist nicht vorstellbar: das Leben besteht nur aus Entscheidungen, und je weniger klar diese Entscheidungen getroffen werden, um so mehr führen sie uns in die Irre. Wir alle, wie wir sind, wählen und entscheiden nicht nur zwischen Parteien, wir treffen unsere Auswahl auch immer wieder zwischen Menschen, zwischen Handlungen, zwischen Erklärungen von Menschen und Handlungen, und wir werden doch immer wieder und mit jeder Faser hin auf dieses riesige Netz von Ereignissen und Zusammenhängen gelenkt, aus dem die Geschichte gewebt ist. Und ebenso wenig, wie es in moralischer Hinsicht echte Durchschnittsmenschen gibt, sondern nur Menschen, die nicht mit Ereignissen konfrontiert wurden, bei denen sie Farbe bekennen müssen, so gibt es auch keine wirklich gleichgültigen und unbeteiligten Menschen, keine wirklich neutralen, sondern nur welche, die sich aus Mangel an Erfahrung für neutral halten. Die Erfahrung ist ein verborgenes, sehr schwer zu beschreibendes Erbe, das jenen feinen, durchdringenden Scharfblick erklärt, wie man ihn zwischen Gegnern beobachten kann, die das Erlebnis ein und desselben Dramas verbindet, und der manchmal die Schwester schmerzlicher, einsichtiger Anteilnahme ist.

XII

Die Geschichte des »27.000er«-Transports,
rekonstruiert auf der Basis
eines amtlichen Beweisstücks

Eine Liste mit 959 Namen

Die Archive von Ravensbrück sind nach der Befreiung nicht wiederaufgefunden worden. Um die verschiedenen Etappen des Lagers und
vor allem die der Massenvernichtung zum Schluß zu rekonstruieren,
habe ich den Versuch unternommen, diese Etappen unter Zuhilfenahme eines deutschen Beweisstückes,[88] eines »amtlichen« Doku-
ments, nachzuzeichnen, das die SS für ihren Dienstgebrauch erstellt
hatte; es stammt aus dem Revier von Ravensbrück und wurde von
einem Häftling aus der tschechischen Widerstandsbewegung, Frau
Dr. Zdenka Nedvedova, vor der Vernichtung bewahrt.

Die Sekretärinnen, die diese Liste laufend aktualisiert hatten, teilten mir nach 1946 mit, daß darin die durch Vergasung herbeigeführ-
ten Todesfälle nicht eingetragen worden sind. Diese Todesfälle
waren der Einschätzung des Chefarztes Dr. Treite zufolge unerlaubt,
denn Treite besaß eine Moral, die sowohl von der gängigen Moral
als auch von der Himmlers oder Suhrens abwich. Wir wissen also,
noch bevor wir diese Liste überhaupt gelesen haben, daß dieses Dokument, obgleich es voller exakter Details steckt, letztlich ungenau
sein muß. Trotzdem ist es natürlich nicht erstellt worden, um jeman-

---

88 Erstmals veröffentlicht unter dem Titel »Überlegungen zur wissenschaftlichen
Aufarbeitung der Deportation« (S. 3-38).

den in die Irre zu führen, sondern um einen Zweck zu erfüllen, und dazu wollen wir es nutzen, wie genau oder ungenau es auch sei.

Seine neunundzwanzig maschinegeschriebenen Seiten auf Durchschlagpapier sind makellos im Anschlag und weisen weder eine einzige Streichung noch eine Korrektur auf: es handelt sich also offensichtlich nicht um ein Konzept oder einen Entwurf, sondern um eine endgültige Fassung, die in mehreren Exemplaren für die fünf selbständigen Dienststellen des Lagers sorgfältig ausgefertigt wurde. Unser Exemplar ist ein mit Kohlepapier gefertigter Durchschlag. Es enthält zusätzlich handschriftliche Anmerkungen in mehreren verschiedenen Handschriften, die zweifellos je nach den angegebenen Fakten in Tinte oder mit Bleistift hinzugefügt wurden.

Dieses Dokument liefert uns keine geschätzten Zahlen, sondern enthält die definitive personelle Zusammensetzung eines Deportations-Transports aus Frankreich. Von den, wie ich ab Ende 1945 zu ermitteln vermochte, 245 Eisenbahnzügen, in denen französische Frauen nach Ravensbrück deportiert wurden, habe ich für nur zwei diese Art von Dokument wiederauffinden können: nämlich für die am 30. Januar und am 15. Juni 1944 abgegangenen Züge.

So, wie es falsche Zeugen gibt, gibt es auch falsche Dokumente, aber authentische Dokumente sind in zweifacher Hinsicht von Nutzen: sie sind, zumindest im allgemeinen, zu derselben Zeit verfaßt, auf die sich auch die darin beschriebenen Fakten beziehen, und sie sind nicht aus der Intention heraus verfaßt worden, dem Interesse von irgend jemand zu dienen. Sie sind unveränderlich und neutral wie Gegenstände, was bedeutet, daß sie für dieses Gebiet neuzeitlicher Geschichte, bei dem die emotionalen Wellen noch außerordentlich hoch schlagen, von großem Wert sind.

Ein leider Gottes charakteristisches Merkmal dieser Texte (bestimmte Verfälschungen, die ziemlich leicht auszumachen sind, einmal beiseite gelassen) sind ihr dürrer Stil und ihre sprachliche Armut. Es gibt sie nur in Form von Dienstanweisungen, administrativen Rundschreiben, von Häftlingslisten, die für die Überführung von einem Lager in ein anderes verfertigt wurden, in Form von »Personalakten« für jeden einzelnen Häftling, von dienstlicher Korrespondenz oder privatem Briefwechsel, von Material-Bestandslisten,

Notizbüchern oder Terminkalendern und gegebenenfalls von Fotografien.

Man darf sich nicht einer Illusion hingeben und meinen, man könnte aufgrund einzelner Dokumente die Geschichte der Deportation schreiben. Zuerst einmal sind diese Dokumente unvollständig, denn die Nazis haben sie in allen Fällen, wo ihnen dies möglich war, systematisch vernichtet. Und die Dokumente, die der Vernichtung entgangen sind, befinden sich heute noch überall verstreut.[89] Der Löwenanteil befindet sich im Besitz der Vereinigten Staaten und Rußlands und wird auf dem Territorium jedes der beiden Länder aufbewahrt, der geringe Rest verteilt sich auf die verschiedenen kriegführenden Staaten oder sogar auf nicht am Krieg beteiligte. Ich selbst habe solche Dokumente in Schweden und in der Schweiz wiederaufgefunden.

Aber auch wenn wir alle Archive der Konzentrationslager in ihrer Gesamtheit besitzen würden, wäre es trotzdem noch nötig, auf Zeugenaussagen zurückzugreifen, schon allein aus dem generellen Grunde, daß ein von Behörden vollgeschriebener Papierwust, so exakt und so vollständig er auch sein möge, nicht imstande ist, das persönliche Miterleben eines Ereignisses in seiner ganzen Komplexität widerzuspiegeln und zu erfassen.

Darüber hinaus sind in dem Fall, der uns hier beschäftigt, diese Archivunterlagen oftmals von Anfang an und mit voller Absicht »getürkt«: so unterscheidet sich beispielsweise die Liste für eine Massentötung in keinem besonderen Merkmal von einer Transportliste, und im amtlichen Briefwechsel der Nazis verbergen sich die verabscheuungswürdigsten Dinge hinter einer harmlos-nichtssagenden Terminologie, deren Code-Schlüssel man kennen muß, um zu begreifen, worum es sich dabei in Wirklichkeit handelt.

---

89 Mit Ausnahme der Dokumente, die die Alliierten an den Internationalen Suchdienst des Roten Kreuzes in Arolsen übergeben haben. Ein Zugang zu diesen Unterlagen ist jedem wissenschaftlich Arbeitenden jedoch leider seit Jahren untersagt. Im Gegensatz dazu bekommt man leicht Zugang zu den Archivunterlagen der Prozesse gegen die Nazi-Kriegsverbrecher, die bei der Zentralen Stelle der Landesjustizverwaltungen in Ludwigsburg in Deutschland gesammelt sind.

Wenn man diesen Schlüssel entdeckt hat, muß sich daran unbedingt erst einmal eine seriöse Untersuchung und Nachprüfung anschließen, damit die gefundene Interpretation nicht anfechtbar bleibt. Aber diese ganze vorbereitende Arbeit impliziert keine unüberwindbaren Schwierigkeiten.

Viel gefährlicher sind die unabsichtlichen Fehler: wenn man unter Berücksichtigung der Ergebnisse unserer mündlichen Befragungen deutsche Dienstunterlagen von unbestreitbarer Echtheit studiert, die vollständig sind, keine absichtlichen Verfälschungen aufweisen und unter den bestmöglichen Bedingungen geprüft worden sind, dann erhalten wir den Beweis dafür, daß diese Dokumente voller Lücken, Auslassungen und Ungenauigkeiten stecken, wovon einige von Anzahl und Art her sehr gravierend und schon deshalb sehr gefährlich sind, weil künftige Historiker ja auf sie zurückgreifen könnten.

Aufgrund einer Dienstanordnung (sie trägt das Datum des 2. Juli 1941) wurden in den Sekretariaten der deutschen Konzentrationslager Häftlinge eingesetzt. Dadurch war ich in der Lage, die betreffende Liste nicht nur gemeinsam mit den Häftlingen zu analysieren, deren Namen sich auf dieser Liste fanden, sondern auch mit den Häftlingen, zu deren Aufgaben es gehörte, laufend diese Listen zu führen. Letztere erkannten die Liste wieder und bestätigten ihre Echtheit. Neben diesem Authentizitätsnachweis erbrachte die von mir durchgeführte Untersuchung den Nachweis dafür, daß an der Liste keine Verfälschungen vorgenommen worden sind, weder zum Zeitpunkt, da sie geführt worden ist, noch danach, und daß sie in Ravensbrück selbst über einen längeren Zeitraum zu Kontrollzwecken der Deutschen erstellt und verwendet wurde. Das bedeutet, daß sie allen Ansprüchen externer Kritik genügt.

Die in dem vorliegenden Text enthaltenen Fehler und Irrtümer sind nicht willentlich verursacht und infolgedessen unsystematisch, ohne Abzielung und unvorhersehbar. Das macht es um so schwieriger, sie zu entdecken. Es sind zahlreiche Fehler, und sie erstrecken sich auf nahezu alle Arten von Informationen, die in dem Dokument enthalten sind. Die Fehler dürfen uns indessen nicht davon abhalten zu erkennen, zu was für einem hervorragenden Forschungsgegenstand dieses Dokument werden kann, nachdem es der unabdingbar notwendigen kritischen Behandlung unterzogen worden ist.

Analyse der maschinengeschrieben Liste der »27.000er«

Die deutsche Liste, über die wir verfügen, umfaßt 959 Namen. Es sind die Namen von 958 am 30. Januar 1944 von Compiègne aus deportierten französischen Frauen. Als sie in Ravensbrück ankamen und ihre Häftlingsnummern erhielten, bekam die erste Frau aus diesem Transport die Nummer 27.030 und die letzte die Nummer 27.988, und aus diesem Grunde nannte sie das ganze Lager »die 27.000er«. Ich habe diese Liste Wort für Wort mit anderen deutschen Dokumenten verglichen, mit standesamtlichen Urkunden und mit Zeugenaussagen überlebender Frauen, um ihre Spur bis zur Befreiung oder bis zum Tode nachzuzeichnen.

(Es sei an dieser Stelle jedoch daran erinnert, daß das Konzentrationslager Ravensbrück nahezu sechs Jahre bestanden hat – von Mai 1939 bis April 1945 – und daß die Haftzeit der »27.000er« weniger als fünfzehn Monate betrug. Denken wir aber auch daran, daß die letzte Häftlingsnummer, wie mir mitgeteilt wurde, die 123.000er-Reihe[90] erreicht hat und daß die »27.000er« nur den einhundertzwanzigsten Teil davon darstellten.)

Diese Liste mit 959 Namen wurde zwar nicht verfertigt, um die Historiker zu täuschen, sondern um den SS-Aufsehern zu dienen, aber sie ist nichtsdestoweniger voller Lücken und Fehler.

Als Überschrift trägt sie nur eine mit der Maschine getippte Datumsangabe: 3.2.1944. Dieses Datum entspricht in der Tat dem Tag, an dem der Transport eintraf, mitnichten jedoch dem Datum,

---

90 Anise Postel-Vinay hat mir mitgeteilt, daß in der in der ehemaligen DDR erarbeiteten Chronologie angegeben ist, daß die 110.000 Namen enthaltende Hauptkartei Anfang April von der SS mitgenommen worden ist. Nach Ino Arndt (Institut für Zeitgeschichte, München) gibt Arolsen an, daß in Ravensbrück 107.753 Häftlings-Nummern vergeben worden sind. Die höchste Häftlings-Nummer in meiner eigenen Liste mit maschinell erfaßten Daten lautet auf 107.722. Es ist die Nummer einer aus Leipzig wieder zurückgekommenen Frau, die auf diese Weise zweimal eine Nummer bekam.

zu dem die Liste geschrieben worden ist (was um den 10. Februar herum geschehen sein muß). Rechts ausgeworfen findet sich, mit Bleistift geschrieben, das Wort »Revier« (und wie wir gerade gehört haben, wurde das Dokument auch just aus dem Revier wieder geborgen). Alsdann folgt eine Aufstellung von 959 Nummern, begleitet von 959 Namen und 959 Inhaftierungsgründen – alles auf der Maschine geschrieben.

Wir können mit Sicherheit davon ausgehen, daß aus Frankreich kommende Frauen am 3. Februar 1944 in Ravensbrück waren und daß sie dort Häftlingsnummern aus der 27.000er-Reihe erhalten haben. Aber das ist aus dem ganzen Dokument auch schon der einzige gesicherte Fakt. Wir haben von 958 und nicht von 959 Frauen gesprochen, denn neben der Häftlingsnummer 27.260 steht hinter den Personalien eines Häftlings der deutsche Satz geschrieben »ist nicht zur Einlieferung gelangt«. Damit beläuft sich die Gesamtzahl derer, die da im Morgengrauen des 3. Februar in Zehnerreihen auf jener Lagerstraße standen, auf der die neueingelieferten Häftlinge ihre erste Begegnung mit dem Lager erlebten, auf 958 und nicht auf 959. (Die fehlende Gefangene soll mit einem der nächsten Züge deportiert worden und verstorben sein – die näheren Umstände ihres Todes sind mir nicht bekannt.)

Neben der ersten Nummer ist jeweils eine zweite eingetragen, aber diese Numerierung fängt mit 1 an und geht bis 975 statt bis 958, was eine Differenz von 17 Nummern bedeutet.

Bis zur Seite 3 stimmen beide Numerierungen im Verhältnis zueinander vollständig überein, aber auf Seite 3 finden wir neben der Nummer 89 anstelle der Personalien und danach einer Häftlingsnummer aus der 27.000er-Reihe eine ausgepunktete Linie und das Wort »gestrichen«. Auf Seite 4 tauchen neben den Nummern 105 und 119 die Punkte und das mysteriöse Wort wieder auf, aber es gibt noch mehr solcher Stellen. Insgesamt finden wir das Wort »gestrichen« an 17 Stellen.

Es ist wenig wahrscheinlich, daß 17 namenlose, unbekannte Frauen vor der Vergabe der Häftlingsnummern von der Liste heruntergenommen worden oder sich während der Überführung 17 Todesfälle ereignet haben sollten, ohne daß die überlebenden Frauen, die ich dazu befragt habe, etwas davon mitbekommen haben. Im Gegenteil: mehrere von ihnen erinnern sich daran, nach ihrer Ankunft in Ravensbrück an einem Appell mit namentlichem Aufruf teilgenommen zu haben, was beweist, daß die deutschen Aufseher bereits über eine Namensliste verfügt haben, welche demzufolge bereits erstellt worden sein muß, bevor der Transport aus Frankreich abging.

Diese Hypothese wird erhärtet durch die auf den ersten Blick ziemlich verwirrende und beunruhigende Einklassifizierung der Häftlinge selbst, die aus fünf Aufstellungen in alphabetischer Reihenfolge bestand, was die Recherchen nicht eben erleichterte. Auf die erste Aufstellung mit 279 Namen[91] (27.030 bis 27.309) folgten noch vier weitere alphabetische Aufstellungen (27.310 bis 27.570 mit 261 Namen, Häftlingsnummern 27.571 bis 27.863 mit 293 Namen, Nummern 27.864 bis 27.929 mit 66 Namen und 27.930 bis 27.988 mit 59 Namen).

Durch die mündliche Befragung haben wir ermittelt, daß mehrere Hundert Häftlinge, die mit dem betreffenden Zug deportiert wurden, bereits einen Monat vor der Abfahrt in Compiègne gewesen sind. Alle die, die ich auf diese Weise identifizieren konnte, finden wir ausschließlich auf der ersten alphabetischen Aufstellung wieder.

In mündlicher Befragung haben wir gleichfalls in Erfahrung gebracht, daß eine umfangreiche Gruppe nur wenige Tage vor dem Abgang des Transports in drei großen Bussen von Fresnes nach Compiègne überführt worden ist. Es scheint so, als sei diese Gruppe mit einer anderen (am selben Tag aus Romainville eingetroffenen) zusammengetan worden, um damit die Gruppe zu bilden, die in der zweiten alphabetischen Aufstellung aufgeführt ist.

In der dritten Aufstellung finden wir Frauen, die ebenfalls sowohl aus Fresnes als auch aus Romainville gekommen waren, allerdings achtundvierzig Stunden später, sowie auch die Mitglieder eines Transports aus Clermont-Ferrand.

Bezüglich der Zusammensetzung der vierten Aufstellung hat die Befragung keine schlüssigen Ergebnisse erbracht, aber in der fünften

---

91 In dieser Aufstellung taucht auch die Frau mit der Häftlings-Nummer 27.260 mit auf, die nicht am Zielort angekommen ist. Aus diesem Grunde beläuft sich die Liste nur auf 279 Namen (und nicht auf 280).

und letzten tauchen die Häftlinge auf, die aus der Provinz, insbesondere aus Poitiers und aus Toulouse, herantransportiert wurden.

In gleicher Weise, aber noch viel genauer, erinnern sich die Zeuginnen an eine alte Dame, Madame Marie-Louise Monnet, deren Name aufgerufen worden war, als die zweite Aufstellung (der Häftlinge, die von Romainville nach Compiègne überführt worden waren) zusammengestellt wurde, und die dann in der letzten Minute ins Krankenhaus gebracht wurde. Demzufolge mußte sie von der Liste der Abfahrenden gestrichen werden. Und tatsächlich finden wir an der Stelle im Alphabet, an der innerhalb ihrer Gruppe eigentlich hätte Madame Monnets Name stehen müssen, eine gepunktete Linie und die Anmerkung »gestrichen«. (Madame Monnet ist dann etwas später deportiert worden und gestorben.)

Zusammenfassend läßt sich sagen, daß diese erste Zuerteilung von Nummern an die Häftlinge des Transports vor ihrer Abfahrt aus Frankreich, genaugenommen direkt in Compiègne, erfolgte. Die als »gestrichen« vermerkten Personen entsprechen auch denen, die in letzter Minute ihre Abfahrt zu verhindern vermochten.

Die auf der Liste auftauchenden Namen sind die Namen, die von den Häftlingen selbst angegeben wurden, und sie entsprechen denen, die in ihren Ausweispapieren standen – ob der Ausweis echt war oder falsch. Frauen, die gestorben sind, hatten natürlich keine Möglichkeit mehr, diese Art von Fehler hinterher richtigstellen zu lassen, und aus diesem Grunde hat es minutiöser und langer Nachforschungen bedurft, um diese Falschangaben herauszufinden, ohne daß wir jemals absolute Gewißheit darüber haben können, ob wir ihnen auch wirklich allen auf die Spur gekommen sind.

Meine andere Untersuchung, die sich mit dem Transport der Häftlinge mit den 57.000er-Nummern beschäftigt, erbrachte unter 593 deportierten Frauen elf mit falschen Namens- und Personenangaben,[92] aber daraus darf nicht der Schluß abgeleitet werden, daß

92 Darunter sind Pseudonyme zu verstehen, hinter denen richtige Personalien standen – nicht zu verwechseln mit »Decknamen«, die benutzt wurden, um Berichte zu unterzeichnen oder unter denen sich Leute von der Résistance ihren Mitstreitern vorstellten. So ein zeitweilig angenommener anderer Name hinderte den Träger oder die Trägerin jedoch keineswegs daran, mit seinem oder ihrem echten Ausweis

es sich im vorliegenden Fall etwa um annähernd die gleichen Größenordnungen handeln könnte, denn in den Anfängen der Résistance war der Gebrauch veränderter Personalien weitgehend unbekannt (und der Grund dafür resultierte im übrigen aus ernsthaften Schwierigkeiten, denen Leute gegenüberstanden, die, wenn sie nur über private Geldmittel verfügten, die Résistance mit ihrem eigenen Einkommen unterhielten und deren Mitglieder in ihrem Haus beherbergten). In dem Maße, wie sich der Untergrundkampf verschärfte und ausbreitete, fand auch diese Praktik dann weitere Verbreitung.

Die Mitglieder des »57.000er«-Transports rekrutierten sich aus Frauen, die in der letzten Phase des Widerstandskampfes verhaftet wurden (also im Jahre 1944), wohingegen die Häftlinge des »27.000er«-Transports alle im Laufe des Jahres 1943 festgenommen worden waren und einige sogar schon 1942 – in einer Periode also, in der die Verwendung falscher Personalien vor allem für diejenigen aktuell war, die einer ersten Festnahme entgangen waren oder die hätten als Juden identifiziert werden können. Und diese Gruppe war noch nicht sehr groß. Was den letztgenannten Personenkreis anbelangt, so waren sich diese Menschen selbst der entsetzlichen Gefahren noch nicht in ausreichendem Umfang bewußt, die aufgrund ihrer Abstammung auf sie zukamen, um wirklich effektive Vorkehrungen dagegen zu treffen: ihre falschen Personalien hielten 1943 nicht immer einer polizeilichen Überprüfung stand.

Als Grund für die Festnahme wird auf der Liste für den gesamten »27.000er«-Transport der gleiche angegeben, nämlich »polit.« – eine Bezeichnung, die unterschiedslos auf die Frauen angewendet wurde, ob sie nun wegen Widerstandskampfes verhaftet worden waren oder als Geiseln oder auch irrtümlich, andere wegen Prostitution, Landstreicherei oder Diebstahls. Das Etikett »polit.« scheint hier schlicht und einfach die Bedeutung von »nicht aus rassischen Gründen« zu haben, und so wurde der ganze Transport in diese Kategorie eingestuft, ohne daß dies auf jede einzelne zugetroffen hätte, denn unsere Kameradinnen jüdischer Abstammung, die wegen Widerstandskamp-

in der Tasche draußen herumzulaufen. Was hätte der betreffende Mensch im übrigen auch anderes tun können, wenn er, wie das 1942 und bis 1943 noch oft der Fall war, weiterhin dort wohnte, wo er früher schon gewohnt hatte?

fes festgenommen worden waren, wurden glücklicherweise nicht von uns getrennt. In dem Transport, dessen Schicksal ich hier nachzuzeichnen versuche, befanden sich mehrere von ihnen. Einige hatten neben ihrem Namen das Wort »Jüdin« stehen.

Die handschriftlichen Anmerkungen

Den maschinenschriftlichen Angaben sind handgeschriebene Anmerkungen hinzugefügt, die gleichfalls eine Reihe interessanter Informationen liefern. Dies sind hier folgende: in 262 Fällen die Angabe eines Ortsnamens, das Wort »entlassen« in 74 Fällen, in 88 Fällen ein Kreuz und schließlich ein einfacher Buchstabe, ein »U«, in 52 Fällen. Viermal steht hinter dem »U« noch ein Kreuz.

Die Gesamtsumme dieser 476 Informationen bezieht sich auf 472 von insgesamt 958 Häftlingen, von denen (gemäß den Angaben in unserem Dokument) 74 freigelassen worden sein sollen und 92 tot.

Die Information, die als allerletzte eingetragen worden ist, ist eine Datumsangabe, der 21. April 1945, und dahinter ein Kreuz. Der Name, bei dem diese Angaben stehen, ist Jeanne Wagner. Es kann also angenommen werden, daß ab diesem 21. April 1945 das Dokument nicht mehr auf dem aktuellen Stand ist, und es ist unter diesen Bedingungen normal, darin kein Wort über die zwischen Graf Bernadotte und Heinrich Himmler ausgehandelte Freilassung aller noch lebenden französischen Häftlinge vom 23. April 1945 zu finden.

Wir können auch nicht erwarten, in einer im Revier von Ravensbrück geführten Liste Hinweise auf den Verbleib und das Schicksal von Häftlingen zu entdecken, die in die oft weit entfernten Arbeitskommandos geschickt worden waren. Daraus folgt, daß wir uns nun hier zwei Arten von Informations-Leerstellen gegenübersehen, einer mit temporärem Bezug für die Zeit nach dem 21. April 1945 und einer mit lokalem Bezug für das Gebiet außerhalb des Hauptlagers.

Meine Umfrage bei den Sekretärinnen, denen es oblag, das Dokument auf dem neuesten Stand zu halten, erbrachte eine Bestätigung dessen, was wir schon gleich vermutet hatten: die als »entlassen« angegebenen Häftlinge sind tatsächlich freigelassen worden, und die, hinter deren Namen ein Kreuz steht, sind gestorben, und zwar wirklich in etwa an dem Tag, der dort angegeben ist. Was die Ortsbezeichnungen anbelangt, so entsprechen sie alle den Orten, an denen sich die Arbeitskommandos befanden.

Demzufolge wären also 486 Frauen (mehr als die Hälfte) nicht tot, auch nicht in ein Arbeitskommando gefahren, nicht freigelassen worden und hätten auch nichts mit der mysteriösen und angsterregenden Angelegenheit zu tun, die mit dem Buchstaben »U« gekennzeichnet ist. Was also ist mit ihnen geschehen?

Tatsächlich sind alle uns hier gelieferten »amtlichen« Zahlenangaben fehlerhaft, aber eben *unabsichtlich fehlerhaft*, und das verwirrt uns noch mehr.

Eine systematisch unter den überlebenden Frauen der »27.000er«-Gruppe durchgeführte mündliche Befragung vermochte rasch die Feststellung zu erbringen, daß die Gruppe in noch mehr kleinere Splittergruppen aufgeteilt worden ist, wovon sich in unserem Text kein Wort findet. So sind zum Beispiel, wenn ich mich nicht irre, 122 dieser Frauen am 13. oder am 14. April 1944 nach Holleischen verfrachtet worden. Es gibt keine plausible Erklärung dafür, warum das nicht vermerkt worden ist, denn Holleischen war als Arbeitskommando nicht schlimmer als Leipzig oder Zwodau. Zudem fand die Abfahrt dorthin nicht in einem Zeitraum statt, in dem die Bücher nicht mehr ordentlich geführt wurden, und in anderen Unterlagen gleicher Art wie das uns vorliegende Dokument finden sich sicherlich nähere Angaben zu diesem Transport, aber diese Unterlagen sind verschwunden, und in dem Dokument, das wir haben, sind diese Informationen ausgelassen. Es kann also davon ausgegangen werden, daß hier nur ein Versehen vorliegt.

Das bei 74 Namen stehende Wort »entlassen« läßt die Annahme zu, daß die betreffenden Häftlinge freigelassen wurden. Nun sind 6 Häftlinge einzeln zu unterschiedlichen Zeitpunkten des Jahres 1944 (am 19. und am 29. März, am 19. April, am 10. und am 19. Mai und am 3. August) sowie 68 am 2. April 1945 in das Internierungslager Saint-Denis verlegt worden, um dort zu entbinden... Tatsächlich einzeln verlegt im Laufe des Jahres 1944 wurden sechs Häftlinge aus dem »27.000er«-Transport, und genau 68 nahmen am 5. April 1945

Platz in den Lastwagen des Genfer Internationalen Roten Kreuzes. Diese Lastwagen brachten exakt 299 französische Frauen heraus, wovon die »27.000er« alle am 2. April in Ravensbrück als »entlassen« eingetragen worden sind (obgleich ihre Abfahrt realiter erst am Morgen des 5. April stattfand).

Glücklicherweise haben auch noch weitere Frauen ihr Vaterland wiedergesehen, wenn auch zu anderen Zeitpunkten und an Orten sowie auf Wegen, über die das Dokument keine Auskunft gibt. Aber die, denen dieses Glück zuteil wurde, befanden sich damals weit weg von Ravensbrück in Arbeitskommandos, die die »Zentrale Ravensbrück« an Fabrikdirektoren vermietete.

Beispiel für eine Einzelfreilassung ist die von Geneviève de Gaulle-Anthonioz, Häftlingsnummer 27.372: Nachdem sie sich wegen einer Rippenfellentzündung einer speziellen Behandlung unterzogen hatte und im Oktober 1944 in den Bunker gesteckt worden war, wurde sie am 28. Februar 1945 freigelassen. Bis zur schweizerischen Grenze begleiteten sie drei höflich-rücksichtsvolle SS-Leute. Mit ihr zusammen war noch eine zweite Frau, eine junge Amerikanerin aus dem französischen Widerstand, Virginia d'Albert Lake aus dem »57.000er«-Transport. Auf der Liste steht neben Geneviève de Gaulles Namen keine Bemerkung »entlassen«.

Die in der Liste erwähnten Arbeitskommandos

Wie wir bereits gehört haben, enthielt die Liste der »27.000er«-Häftlinge handgeschriebene Anmerkungen, und ein Teil dieser Anmerkungen bezog sich auf die Abfahrtsdaten zu den Fabriken, an die die Häftlinge vermietet wurden (zu den Preisen für diese Leiharbeitskräfte siehe Kapitel 7).

Diese Anmerkungen (bezüglich der Daten, an denen die Abreise in die Fabriken erfolgte) sind nicht fehlerhaft, aber sehr unvollständig, und wenn auch einige dieser Auslassungen absichtlich erfolgt sind (die, die mit dem Buchstaben »U« in Bezug stehen, resultieren aus einer von Treite persönlich an die Sekretärinnen des Reviers erteilten Anordnung), so sind doch die anderen bestimmt nicht

343

willentlich verursacht und dem Versehen eines einzelnen oder dem übergroßen Arbeitsanfall in der Verwaltung zuzuschreiben.

Von Eintragungen mit dem Buchstaben »U« einmal abgesehen (auf die später noch näher eingegangen wird), sind in dem Dokument acht Transporte erwähnt, und zwar zu sechs verschiedenen Arbeitsorten und betreffend 262 Häftlinge aus der »27.000er«-Gruppe. Diese Arbeitsorte sind folgende:

- Bartensleben (23. Juni und 7. August 1944);
- Leipzig (2. September 1944);
- Neubrandenburg (15. Mai und 28. August 1944);
- Oranienburg (20. September 1944);
- Watenstedt (28. August 1944);
- Zwodau (2. Oktober 1944).

Die in der Liste nicht erwähnten Transporte

Durch Befragung der überlebenden Häftlinge des »27.000er«-Transports gelang es meinen Kameradinnen und mir, die in der deutschen Liste enthaltenen Informationen zu ergänzen. Nachfolgend nun eine Aufstellung der Fabriken, die in dem deutschen *Originaldokument nicht verzeichnet sind* (obgleich Angehörige der »27.000er« dorthin geschickt worden waren). Die Aufstellung ist chronologisch nach dem Datum der Abfahrt geordnet.

- Holleischen, Abfahrtsdaten 13. und 14. April 1944 (bei den Transporten in dieses Werk an diesen Tagen waren 122 Französinnen aus der »27.000er«-Gruppe dabei);
- Hannover-Limmer, Abfahrt 22. Juni 1944;
- Braunschweig, am 7. Juli 1944;
- Schlieben, am 22. Juli 1944;
- Neubrandenburg, am 9. August 1944;
- Flossenbürg, am 31. August 1944;
- Graslitz, am 31. August 1944;
- Genthin, am 15. Oktober 1944;
- Bergen-Belsen, am 3. und 18. Februar 1945;

– Rechlin, am 14. Februar 1945;
– Salzwedel, am 1. und 5. April 1945.

Diese Liste nicht erwähnter Angaben erhebt keinen Anspruch auf Vollständigkeit: ich konnte nicht alle überlebenden Frauen befragen, und es besteht auch die Möglichkeit, daß es Transporte gegeben hat, in denen zwei oder drei Angehörige der »27.000er«-Gruppe allein unter lauter Ausländerinnen waren und dort umgekommen sind, ohne daß sich jemand noch daran erinnert...

Es ist schließlich auch noch festzuhalten, daß die (richtigen oder falschen) Personalien, neben denen diese Daten und Namen von Arbeitskommandos eingetragen waren, nicht einmal immer die der Frauen waren, welche dem betreffenden Transport tatsächlich angehörten. Alle Deportierten wissen darum, daß in der letzten Minute vor einer solchen Abfahrt Häftlinge ausgewechselt und einer unter dem Namen eines anderen auf Transport geschickt wurde.

Nach diesem kurzen, stark komprimierten und zwangsläufig unvollständigen Einblick in das Schicksal, dem die »27.000er«-Häftlinge außerhalb von Ravensbrück entgegengingen, wollen wir uns nun wieder denen zuwenden, die im Lager geblieben sind und über die das Dokument keine Auskunft gibt.

Achtundachtzig Kreuze

Es wurde bereits dargelegt, daß es statt der angegebenen 959 französischen Frauen nur 958 waren und daß die 959. später eintraf und verstorben ist.

Zum anderen wissen wir, daß der für uns hier maßgebliche Text bis zum 21. April 1945 zu Teilen aktualisiert worden ist. An diesem Tag fuhren 262 Häftlinge zu ihren Arbeitsstätten ab (in Wirklichkeit waren es viel mehr), und von den verbliebenen Namen steht hinter 88 ein Kreuz und hinter 52 ein »U«. Unter diesen 52 mit einem »U« versehenen Namen tragen vier zusätzlich noch ein Kreuz, was eine Gesamtzahl von 92 Kreuzen ergibt.

Die 88 Kreuze stehen natürlich für »gestorben«. Was die 52 Frauen anbelangt, neben deren Namen der Buchstabe »U« steht, so kann vermutet werden, daß sie zu den Unglücklichen gehörten, die in jenes der Vernichtung vorgeschaltete Zwischenlager verfrachtet worden sind, das das kleine Lager Uckermark tatsächlich darstellte. Folgt man dieser Hypothese, dann wären die vier Häftlinge, bei deren Namen sowohl ein »U« als auch ein Kreuz steht, die einzigen gewesen, die im Lager Uckermark gestorben sind ...

Ich bin keinesfalls sicher, alle Arbeitstransporte zahlenmäßig erfaßt zu haben, die aus Ravensbrück abgingen und bei denen Angehörige der »27.000er«-Gruppe dabeiwaren. Immerhin habe ich 22 solcher Transporte ermitteln können, wovon das aus dem Revier stammende Dokument nur acht erwähnt... Und wenn das Dokument schon in bezug auf die zahlenmäßige Erfassung der Arbeitstransporte unvollständig ist (ein Bereich, der für den Leitungsstab des Lagers in keiner Weise belastend war), dann steht doch wohl fest, daß die Zahlenangaben erst recht nicht stimmen werden, wenn es um die massenhafte Tötung von Menschen geht. Und genau darum geht es hier.

Zunächst einmal müssen wir den Frauen in den Sekretariaten Gerechtigkeit widerfahren lassen: die Häftlinge, neben deren Namen ein Datum und ein Kreuz steht, sind wirklich verstorben, und wenn nicht an dem angegebenen Tag, so doch zumindest in der entsprechenden Woche. Aber die so gekennzeichneten Todesfälle stellen bei weitem nicht die Gesamtzahl der Toten innerhalb der Gruppe dar, der sie angehörten. Das Dokument war nämlich seitens der Lagerleitung dazu gedacht, diese Gesamtsterbezahl vorab anzugeben, und der SS-Arzt aus dem Revier hat darauf während der strafrechtlichen Voruntersuchung zu seinem Prozeß auch Bezug genommen, denn er verfügte nicht nur über das Dokument, das wir hier gerade analysieren, sondern über ein gleiches Dokument für alle im Lager eingetroffenen Transporte. Diese Liste wurde von seinen Dienststellen geführt und aktualisiert, und die von ihm erwähnten Sterbezahlen sind ein aus allen Texten zusammen gebildeter Mittelwert. Dr. Treite gab vor, das alles als korrekt und stichhaltig anzusehen,[93] und Kommandant Suhren tat desgleichen. Letzterer erklärte (Niederschrift des Vernehmungsprotokolls vom 5.12.1949, Seite 12):

> Für den Zeitraum eines Jahres nach meiner Übernahme der Funktion als Lagerkommandant bewegte sich die Lagersterblichkeit in Ravensbrück zwischen 0,20 und 0,23 % pro Monat.[94]

Dr. Treite erklärte seinerseits folgendes:

> Anfang 1945 wurde das Lager außerordentlich überfüllt, und es war notwendig, darauf zu sehen, es leerer zu machen; alle Häftlinge, die nicht in der Lage waren zu arbeiten, mußten raus. In meiner Funktion als Lagerarzt hatte ich diese Häftlinge in kürzestmöglicher Frist auszusondern. Da die dafür vorgegebene Zeit unzureichend bemessen war, weigerte ich mich, diese Auswahl zu treffen, deren Bedeutung mir klar war.

Im Gegensatz zu dem stellvertretenden Lagerkommandanten Schwarzhuber hoffte Dr. Treite, sich im Laufe des Prozesses, in dem er wegen Kriegsverbrechen angeklagt war, rechtfertigen zu können. Infolgedessen hatte er sich den Standpunkt zu eigen gemacht, alles das auszusagen, was er über die Bereiche wußte, die in die Hauptverantwortlichkeit der Leitung des Lagers fielen, und nur in den Punkten zu lügen, wo er sich persönlich als mitverantwortlich ein-

93 Ich wußte durch die Sekretärinnen, daß sogar die an Hunger und Kälte zugrunde gegangenen Frauen aus dem kleinen Lager Uckermark (Todesfälle also, die man notfalls als »natürliche« einstufen könnte) von Ende Januar ab in den Sterbeverzeichnissen des Reviers nicht zahlenmäßig erfaßt worden sind, und zwar auf persönliche Anordnung von Dr. Treite.
94 Milena Jesenska☐', die Freundin von Kafka, zwang sich bis zu ihrem Tode (sie starb im Mai 1944 im Hauptlager), jeden Tag in die hinter dem Revier befindliche Leichenkammer zu gehen und die Toten zu zählen. In diesem Zeitabschnitt (der der am wenigsten schlimme für das Lager war) waren die vor Ort gestorbenen Frauen nicht durch Ermordung ums Leben gekommen – sie gingen einfach an Erschöpfung, Krankheit oder Verzweiflung zugrunde. Im Laufe der darauffolgenden Winters (1944/1945) wurden die noch immer am selben Ort aufgetürmten toten Frauen nackt und so vollständig gefroren, daß sie so hart und schmal wie Holzscheite waren, zu einheitlichen Fünf-mal-fünf-Stößen aufgeschichtet. Und genau wie man Holzscheite stapelt, wurde jede Schicht kreuzförmig auf die jeweils darunterliegende gelegt. Die Kameradin, die diese Stapel gesehen hat (eine in Paris festgenommene Rumänin), verlor dabei dermaßen die Fassung, daß sie die Anzahl der Schichten nicht zählte.

schätzte. Und es trifft in der Tat zu, daß er mit Ausnahme der ersten an keiner Selektion für Uckermark beteiligt war. Warum sollte er unter diesen Bedingungen nicht sagen, er habe es abgelehnt, diese Auswahl zu treffen, weil er vorhersah, wie das weitere Schicksal der dort ausgesuchten Frauen sein würde? Dies geschah nicht aus Achtung vor der Wahrheit, denn in anderen Punkten hat er gelogen (siehe weiter unten die Transporte nach Linz). »Häftlinge auszusondern« – erschien ihm das nur deswegen unvertretbar, weil diese Auswahl so »huschhusch« zu erfolgen hatte?

Während desselben Prozesses war ich geschockt von dem, was eine Aufseherin zu ihrer Verteidigung anführte: Sie gab problemlos zu, Frauen für die Gaskammer ausgesucht zu haben, unterstrich aber dabei, daß alle diese Frauen wirklich alt gewesen seien oder krank und nicht in der Lage zu arbeiten. Aber diese Aufseherin war ungebildet und beschränkt, wohingegen Dr. Treite ein kultivierter und intelligenter Mann war. Es ist schon aufschlußreich, die Analogie in diesen beiden Verteidigungen festzuhalten.[95]

Kommen wir nun zu diesem Transport nach Linz, der gemäß den eigenen Angaben des Lagerarztes aus Geisteskranken bestand – seinen eigenen Kranken, an deren Person er trotz des grausamen Endes, das er für sie vorhersah, so wenig Interesse zeigte, daß er nicht wußte, ob es sich um 50 oder um 80 Frauen handelte. (In Wirklichkeit waren es 120.)

Vier »U« mit einem Kreuz dahinter

Die Informationen, die die Liste der »27.000er« liefert, sind oftmals unvollständig, bisweilen ungenau, aber keinesfalls aus der Luft gegriffen: ihnen liegt ein Anteil von Realität zugrunde, und sogar

---

95 Diese analogen Verteidigungsargumente sind heute besser zu erklären, wo wir wissen, daß die öffentliche Meinung in Deutschland (insbesondere im medizinischen Bereich) bereits vor der Kriegserklärung einer geschickten Propaganda zugunsten der Massentötung geisteskranker, körperbehinderter und alter Menschen ausgesetzt war. Siehe Anhang 2 der französischen Originalausgabe (sowie Eugen Kogon et al., 1987, S. 24 sq.).

ihre Irrtümer und Fehler können oftmals dazu dienen, diese Realität zu erkennen. Was bedeuten nun unter diesen Bedingungen diese vier Frauennamen, die außer mit einem »U« auch noch mit einem Kreuz versehen sind? Wozu diese Kreuze? Und vor allem: warum vier?

Bei den Kreuzen stehen folgende Datumsangaben: 18., 23., 25. und 26. Februar 1945. Es springt sofort ins Auge, daß sie zeitlich alle innerhalb einer Periode von acht Tagen in der zweiten Februarhälfte liegen.

Halten wir fest, daß das zeitmäßig letzte mit einem »U« und mit einem Kreuz gekennzeichnete Datum der 26. Februar ist. Nach Aussagen der Sekretärinnen sollen diese vom 1. März ab keine Meldungen zu Todesfällen in Uckermark mehr erhalten haben.

Eine schriftliche Übertragung der Kreuze soll jedoch nach dem 1. März in Kopien der Listen erfolgt sein, die das Politische Büro, das Arbeitsbüro und das Büro des Kommandanten führten. Wozu sollte denn sonst die tägliche Abordnung der österreichischen Schreiberinnen ins Lager Uckermark gut gewesen sein (wenn man einmal davon absieht, daß sie auch noch dazu diente, die Zahl der Augenzeugen zu erhöhen)?

Kurz gesagt: es ist möglich (wenn auch nicht sicher), daß sich die vier »U« mit einem Kreuz daneben auf vier Frauen aus der »27.000er«-Gruppe beziehen, die im angeblichen Revier des Lagers Uckermark innerhalb der kurzen Zeitspanne verstorben sind, in der sich dort echtes medizinisches Personal befand.

Hier enden die Informationen, die ich aus den neunundzwanzig aus dem Revier von Ravensbrück herkommenden Schreibmaschinenseiten zu extrahieren vermochte, aber ich habe sie auch noch den wenigen anderen Texten gegenübergestellt, die der Vernichtung entgangen sind, um herauszubekommen, in welchem Maße sich die Quellen bestätigen oder widersprechen.

Es hat sehr viele Augenzeugen gegeben: zuerst einmal die Sekretärinnen, die im Auftrag der SS alles aufzeichneten, dann die SS-Angehörigen selbst und schließlich auch einige Opfer, die überlebt haben...

Denn auch aus dem Lager Uckermark, diesem Vorzimmer des Todes, sind Frauen zurückgekehrt, und sogar im Revier des Jugendlagers gab es Überlebende, vor allem jene in Handarbeiten so geschickte Frau, die noch an irgendeiner Strickjacke oder einer Stickerei für die schreckliche Vera Salveguart saß.

Die geheime Liste für ein erfundenes Lager

Eine der »Mittwerda«-Listen wurde von einer Gefangenen beiseite gebracht, die das Lager verließ, und ich selbst habe diese Liste dem Gericht in Rastatt übergeben, das den Prozeß gegen Fritz Suhren, den ehemaligen Kommandanten von Ravensbrück, führte. Es gab noch weitere Listen für Mittwerda, die jedoch vernichtet worden sind, und auf der einen, die wir besitzen, habe ich neun Namen ausfindig machen können, die zu Französinnen aus der »27.000er«-Gruppe gehörten. Diese Namen stimmen auch mit denen überein, die mit dem Buchstaben »U« gekennzeichnet sind.

Die Namen in beiden Texten (der Original-Liste der »27.000er« und der Original-Liste »Mittwerda«) sind nach dem selben Verfahren geordnet, nämlich nicht in alphabetischer Reihenfolge, sondern nach Häftlingsnummern. Einzige Abweichung: die Liste »Mittwerda« trägt ein Datum, das des 6. April, wohingegen auf der »27.000er«-Liste auf den Buchstaben »U« noch eine gleiche handschriftliche Eintragung »U 4.4.45« folgt, was sicherlich zu bedeuten hat »Verlegung ins Lager Uckermark am 4. April 1945«. Die Daten stimmen bis auf etwa zwei Tage überein.

Andere Abweichungen lassen die Vermutung zu, daß die beiden Texte von zwei Dienststellen kommen, die so wenig miteinander zu schaffen hatten, daß sie nicht von der einen☐ für die andere kopiert wurden, sondern unterschiedliche Informationsquellen hatten, denn unter den neun Namen, die in beiden Dokumenten auftauchen, gibt es einen, der im ersten Text als »Berthe Boucher« geschrieben ist und im anderen als »Bertha Beudet«. Auch von den neun Häftlingsnummern ist eine, nämlich auf der Mittwerda-Liste, falsch: 27.806 anstatt 27.993. In beiden Fällen läßt sich nach den unter den Überlebenden durchgeführten Befragungen die Feststellung treffen, daß die im

Februar 1944 nicht unter Zeitdruck zusammengestellte »27.000er«-Liste exakter ist als die Liste »Mittwerda«.

Die neun französischen Frauen von der »27.000er«-Liste, die sich auch auf der »Mittwerda«-Aufstellung wiederfinden, können am 4. April 1945 weder nach Uckermark noch nach Mittwerda verbracht worden sein, denn alle Französinnen, die am 1. April in Uckermark noch am Leben waren, kehrten am 2.4. wieder ins Hauptlager zurück, und keine ist danach wieder dorthin gekommen. Sie sind aber mit Wahrscheinlichkeit auch nicht am 6. April vergast worden, wie es aufgrund der Liste »Mittwerda« vermutet werden könnte. Wir wissen jedoch (durch mehrere mündliche Zeugenaussagen), daß diese neun Frauen am 30. März 1945 (Karfreitag) unter den Augen ihrer Kameradinnen nach Uckermark abgeholt wurden und daß sie sich dagegen sträubten und um sich schlugen, da sie wußten, welches Schicksal ihnen bevorstand. Das ganze war eine grauenhafte Szene.

Durch die als Sekretärinnen tätigen Häftlinge ist bekannt, daß die Mittwerda-Listen aufgrund einer Anordnung des Kommandanten Suhren aufgestellt worden sind, und wir könnten uns die Frage stellen, was ihn wohl dazu getrieben haben mag, sich dieses frei erfundene Lager auszudenken – gesetzt den Fall, daß dies wirklich auf sein Konto geht. Den Angaben der Aufseherin Neudeck zufolge soll es vielmehr Schwarzhuber gewesen sein.

Zunächst einmal hat er ganz bestimmt nicht im Sinn gehabt, die Alliierten zu täuschen oder die Historiker irrezuführen, denn sowohl den einen wie den anderen fiel es nicht schwer, dieses plumpe Tarnmanöver zu entlarven. (Aber Suhren hatte auch seine Vorkehrungen getroffen, daß sie ihm nicht auf die Schliche kommen sollten, indem er persönlich darüber wachte, daß alle seine Archivunterlagen vernichtet wurden. Und wenn davon noch ein paar dürftige Reste übrig geblieben sind, dann geschah dies auf jeden Fall trotz seiner Bemühungen.) Es war auch nicht seine Absicht, die Behörden auszutricksen, denen er unterstand (also Himmler selbst), denn nach dem, was wir heute über die anderen Konzentrationslager im Westen wissen, läßt sich die Meinung ableiten, daß er gründlich und zuverlässig das tat, was man von ihm verlangte. Ob es vielleicht möglich ist, daß er versuchte, den Zeitpunkt hinauszuzögern, zu dem die Häftlinge erfuhren, wohin die »Transporte nach Mittwerda« wirklich gingen?

Wir müssen uns wirklich noch einmal vor Augen führen, daß in Uckermark wie auch im benachbarten großen Lager Ravensbrück bis zum letzten Tag unerbittlich am Ritus des täglichen Appells festgehalten wurde. Die praktische Durchführung dieses Appells, der immer unter der Leitung einer Aufseherin und von SS-Leuten stand, oblag stets den als Sekretärinnen tätigen Häftlingen, also Frauen, die in guter gesundheitlicher Verfassung waren und gute Deutschkenntnisse hatten.

Wir wissen, daß, seitdem alte oder kranke Frauen nach Uckermark verfrachtet wurden, die Sekretärinnen jeden Tag zwischen den beiden Lagern hin und her pendelten, um dort auf den Listen die Personalien der Lebenden und die der Toten zu überprüfen. Wir haben auch miterlebt, daß an diesem Brauch bis zum Ende festgehalten wurde und daß die Sekretärinnen, ebenfalls bis zum Schluß, zum Essen und Schlafen in ihren Block zurückkehrten (dieser Tatsache ist es zu danken, daß alle Häftlinge, die informiert sein wollten, auch die Möglichkeit dazu bekamen). Sie sahen – und sie erzählten davon –, daß die Häftlinge im Unterhemd den ganzen Tag über im Schnee stehen mußten; sie wußten von den durch die Salveguart und ihre beiden Helfershelfer durchgeführten Vergiftungen. Und als eines Abends die Lastwagen kamen, um neue Opfer zu holen, und die total entsetzten österreichischen Sekretärinnen erfuhren, daß sie »für die da« eine besondere Liste mit der Überschrift »Überführung nach Mittwerda« zu erstellen hatten, dann war das vom nächsten Tag ab auch in allen anderen Blocks bekannt...

An den darauffolgenden Abenden kamen um etwa die gleiche Uhrzeit die Lastwagen wieder angefahren, und die SS-Leute nahmen annähernd die gleiche Anzahl von Todeskandidatinnen mit, aber dies unter zunehmend mehr Gewaltanwendung, weil die Frauen nun zu entwischen versuchten. Bis zum letzten Abend markierten die Sekretärinnen auf ihren Listen die Häftlingsnummern und Namen der Abtransportierten und der Übriggebliebenen, und bis zum letzten Abend kehrten sie zum Essen und zum Schlafen in ihren gewohnten Block zurück. Übrigens hörten die SS-Leute sehr schnell damit auf, die Komödie der Verlegung in ein anderes Lager weiterzuspielen, und sie schlugen die Opfer, die die Aufseherin Neudeck bestimmt hatte, schlicht und einfach nieder oder tot, bevor sie sie in Haufen auf den Lkw warfen. Als sie dann etwas später auch im Hauptlager in Aktion traten, wußten demzufolge alle Häftlinge bereits Bescheid.

Auf alle Fälle hatte Suhren beschlossen, die Toten von der Gaskammer nicht in der allgemeinen Sterbeliste des Lagers auftauchen zu lassen. Im Revier wurden ihre Karteikarten aus der Hauptkartei herausgenommen und in einen von Dr. Treite mitgebrachten separaten Kasten einsortiert.

Was die von der Salveguart und ihren beiden Helfershelfern vergifteten oder totgeschlagenen Frauen anbelangt, genau wie auch diejenigen, die unbeweglich und halbnackt auf der Lagerstraße des kleinen Lagers Uckermark stehen mußten und im Schnee zu Tode kamen, so wurden sie weiterhin als eines »natürlichen« Todes Gestorbene abgerechnet (zumindestens auf den Listen des Arbeitsbüros und der Politischen Abteilung).

Und dieser Tatsache verdankten sie das Anrecht auf ein kleines Kreuz und eine Datumsangabe hinter ihrer Nummer und ihrem Namen.

Die Liste, die von den Sekretärinnen-Häftlingen heimlich im Revier von Ravensbrück geführt wurde

Außer der »27.000er«-Liste mit 959 Namen und der Liste »Mittwerda« besitzen wir noch eine Liste, die im Revier von Ravensbrück unter der Hand von als Krankenschwestern tätigen Häftlingen geführt wurde, die bei der Abholung der Opfer dabeiwaren.

Über eine dieser Abhol-Aktionen, die unter den Augen aller anwesenden Häftlinge stattfand, war in Kapitel 9 ausführlich die von Marie-Claude Vaillant-Couturier, einer damaligen Schreiberin im Revier, beim Nürnberger Prozeß gemachte Zeugenaussage zu lesen.

Die heimlich angelegte Liste enthält 95 Namen, von denen sich zwei in der amtlichen »27.000er«-Liste wiederfinden. Wenn wir uns diese offizielle Liste ansehen, stellen wir fest, daß hinter den betreffenden beiden Namen keinerlei Anmerkung steht, kein Buchstabe, kein Kreuz und kein Datum – und dennoch sind diese zwei »27.000er«-Häftlinge offensichtlich tot. Sie sind zusammen mit 94 weiteren Frauen ermordet worden, die am hellichten Tag aus dem Revier abgeholt wurden, was Dutzende Häftlinge – hauptsächlich Krankenschwestern vom Revier und Mitglieder der Malerkolonne – als Augen- und Ohrenzeugen miterlebt haben. Die Frauen wurden im Hemd von ihren Strohsäcken gerissen – im Revier von Ravensbrück und nicht in Uckermark –, und zwar ohne Umschweife und ohne den fingierten Umweg über einen Duschraum, und bis zu dem Zaun gebracht, wo Tag und Nacht die zwei Schornsteine der Verbrennungsöfen rauchten.

Treite hat uns in seiner Aussage mitgeteilt, daß Uckermark zu Anfang ein Lager der Vernichtung durch Hunger und Kälte war. Danach, als Hunger und Kälte die Menschen nicht schnell genug umbrachten, machte sich (so die Aussage von Schwarzhuber) eine aus neun Männern bestehende Truppe daran, jeden Abend eine bestimmte Anzahl von Opfern zu erschießen, und als diese Methode auch nicht schnell genug zum gewünschten Ergebnis zu führen schien, wurde dann fünf Meter von den zwei Krematoriumsöfen entfernt eine Gaskammer eingerichtet. Damit waren dann drei verschiedene Tötungsmöglichkeiten gegeben – durch Kälte und Hunger (beides ist praktisch nicht von natürlichen Todesfällen zu unterscheiden), durch Feuerwaffen und durch Gas.

Die Opfer wurden nach Gutdünken ausgewählt, danach, ob sie gut aussahen oder schlecht, aber ganz ohne den Anschein von Ordnungsmäßigkeit ging es nicht: ihre Namen sollten bis zum Schluß von Mithäftlingen erfaßt und von Hand aufgeschrieben und dann von wieder anderen Häftlingen mit der Maschine abgetippt werden...

ANHANG

Anhang 1

Die Massentötungen durch Gas in Ravensbrück

von Anise Postel-Vinay

Anise Girard, (heute Madame André Postel-Vinay) wurde als zwanzigjährige Studentin am 15. August 1942 in Paris zusammen mit der Widerstandsgruppe SMH Gloria verhaftet und später, am 31. Oktober 1943, als NN-Häftling nach Ravensbrück deportiert. Sie besaß bereits vor ihrer Verhaftung einen Universitätsabschluß in Deutsch und lernte in Ravensbrück ein wenig Polnisch und Russisch, was es ihr ermöglichte, mit einer großen Zahl politischer Gesinnungsgenossinnen in Kontakt zu kommen, die kein Französisch konnten. Seit mehreren Jahren hat sie nun aufgrund ihrer Reisen nach England, Österreich und Deutschland die Archivunterlagen von Gerichtsverfahren, die wenigen verstreuten Original-Dokumente und die Zeugenaussagen vor Ort eingesehen, welche von ehemaligen deutschen, polnischen und tschechischen Häftlingen systematisch zusammengetragen worden waren. Da Häftlinge dieser Nationalitäten schon zu viel früherer Zeit in Ravensbrück waren als die französischen Frauen, hatten viele von ihnen solche Posten inne, auf denen sie mit einem Maximum an Informationen in Berührung kamen. Auf diesem Wege konnte sie unsere bereits vorhandenen Kenntnisse über die Ermordungen durch Gas ergänzen und vervollständigen, die in Ravensbrück selbst stattfanden, sowie auch über die Tötungen durch Gas, deren Opfer Frauen waren, die in Ravensbrück »selektiert« und dann anderswo ermordet wurden.

*

Mehrere Tausend weiblicher und männlicher Ravensbrücker Häftlinge sind zwischen 1942 und 1945 »selektiert« worden, um durch

357

Gas getötet zu werden, und zwar entweder in den Gaskammern von »Euthanasie-Anstalten« oder aber in der 1945 in Ravensbrück selbst eingerichteten Gaskammer.

1. Die Tötungen in der Gaskammer der »Euthanasie-Anstalt« Bernburg

Was von den Häftlingen beobachtet wurde
Im Herbst 1941 erhalten die Blockältesten die Anordnung, je eine Liste »Geistesschwache«, »Körperbehinderte«, »Bettnässerinnen« und »Arbeitsunfähige« anzulegen. Im November erscheint dann eine medizinische Kommission, darunter ein unbekannter Psychiater, aus Berlin, um in den Duschräumen die Frauen zu untersuchen, die zuvor auf diesen Listen eingetragen worden waren. Merkwürdigerweise sind auf die Listen zusätzlich noch Tuberkulosekranke, Asthmatikerinnen, geschlechtskranke Asoziale und weitere Frauen mit weniger schweren Krankheiten gesetzt worden. Die Frauen defilieren nackt vor einem schweigenden Arzt vorbei, der in die auf dem Tisch aufgestapelt liegenden Akten ein kleines Zeichen einträgt. Die einzigen Fragen, die der Arzt in sarkastischem Ton stellt, beziehen sich auf die politische oder »rassische« Zugehörigkeit des Häftlings. Nach den Kranken marschieren – in allen Altersklassen und nicht krank – die Asozialen auf, die kriminellen Häftlinge und die Juden.

Die durch dieses Ereignis im Lager hervorgerufene Unruhe und Verwirrung legen sich nach und nach. Aber dann werden am 3. Februar 1942 ungefähr 150 dieser Frauen mitten in der Nacht aufgefordert, sich zu den Duschräumen zu begeben. Sie werden brutal auf mit Planen abgedeckte Lastwagen verfrachtet und fahren ab – so sagen die Aufseherinnen – zu einem weniger harten Lager. Von wenigen Ausnahmen abgesehen, glauben sowohl die Abfahrenden als auch die Zurückbleibenden wirklich, daß dies wohl ein guter Transport sei. Viele der Abfahrenden sind deutsche, österreichische und tschechische politische Häftlinge, bekannte Intellektuelle, alle seit langen Jahren eingesperrt. Aber zwei oder drei Tage danach kommen die Kleidungsstücke der Frauen zurück – mit ihrem roten oder schwarzen Winkel und ihrer Häftlingsnummer, desgleichen auch ihr Waschzeug, von einer Frau die Prothese und von einer anderen die Krücke. Ein Lastwagen kippt diese Gegenstände vor der Effektenkammer auf einem Haufen ab.

Eine Woche später geht ein zweiter, ebenfalls rund 150 Frauen umfassender Transport ab.

Eine bekannte, politisch aktiv tätige junge Frau, Olga Benario-Prestes, Blockälteste des Jüdinnenblocks, steht auch auf der Liste und wartet darauf, daß sie drankommt. Sie ist eine der wenigen Frauen, die davon überzeugt sind, daß es hier um eine Fahrt in den Tod geht. Einige Kameradinnen verabreden mit ihr, in den Duschräumen Papier und Bleistift, Nadel und Faden zu verstecken, damit sie unter den Häftlingswinkel auf ihrer gestreiften Jacke eine Mitteilung schieben kann, in der steht, wo sie gelandet ist. Trotz einiger durch hohen Schnee bedingter Verzögerungen geht der dritte Transport ab. Zwei Tage später bringt ein Lastwagen eine Ladung Kleidungsstücke zurück, und die Kameradinnen aus der Effektenkammer finden die Mitteilung »Die letzte Stadt ist Dessau. Wir sollen uns ausziehen. Mißhandelt worden sind wir nicht. Adieu.«

Der Name der angegebenen Stadt, nämlich Dessau, erbrachte keine Erklärung, aber es war quasi sicher, daß diese Frauen getötet worden waren... Sie sind vergast worden, dachten die deutschen »Politischen«, denen nicht unbekannt war, daß an geheim gehaltenen Orten bestimmte Patienten aus deutschen psychiatrischen Anstalten vergast wurden. Die Frauen von Ravensbrück wußten in diesem Winter 1942 noch nicht, daß man in Auschwitz gerade mit Vergasungen begonnen hatte.

Bis Mitte März gingen dann auf diese Weise etwa zehn Transporte ab, mit denen zum Schluß Asoziale, deutsche kriminelle Häftlinge und Jüdinnen weggebracht wurden – nach Einschätzung der Tschechinnen, von denen eine in der Effektenkammer arbeitete, insgesamt 1.600 Frauen.

Eine Sekretärin aus der Politischen Abteilung, Maria Adamska, hatte erfahren, daß die Männer ihrerseits gegen Mitte März die Abfahrt von einer oder zwei Gruppen von »Kranken«, von insgesamt 300 oder 400 männlichen Häftlingen, miterlebt hatten. Ein männlicher Häftling aus der Küche sah, wie ziemlich langezeit danach in einem Lastauto der Landesirrenanstalt Buch bei Berlin die Kleider zurückkamen. Die Juden, die bei diesen Transporten dabeiwaren, hatten zum Zahnarzt gehen müssen, der ihnen ihre Goldzähne zog. Es wurde erzählt, daß diese armen Geschöpfe als Versuchskaninchen herhalten mußten oder mit elektrischem Strom getötet wurden. Peter Dürnholz, ein ehemaliger Blockältester, berichtet, daß zu einem von ihm nicht näher bezeichneten Zeitpunkt vierzig neu eingekleidete Homosexuelle, denen man gesagt hatte, daß sie als Soldaten in die Armee kämen, das Lager verließen. Am selben Abend noch kamen ihre Kleider zurück. Es wurde im Lager erzählt, daß diese Männer zu Vergasungsversuchen in der Nähe von Berlin benutzt worden seien.

In der Politischen Abteilung des Frauenlagers wurden die Akten der Frauen, die auf den Listen standen, ab Ende Dezember 1941 aus den Regalen herausgenommen und in einen Panzerschrank eingeschlossen. Es waren zusätzliche SS-Leute angeheuert worden, die nachts an diesen Akten arbeiteten. Im Herbst standen die Akten wieder im Regal. Jede trug nun die Bemerkung »Überstellt N.L.«, wobei N.L. Neues Lager bedeuten konnte... Das war natürlich eine Tarnbezeichnung. Die Familien, die keine Briefe mehr von ihrem Häftling bekamen, begannen zu schreiben. Die Standesamtsstelle der Kommandantur machte sich daran, Sterbeurkunden auszufertigen, auf denen die angegebenen Todestage über die Monate zwischen Februar und Juli 1942 verteilt und jeweils unterschiedliche Todesursachen angegeben wurden.

Wie in allen anderen Lagern wurde auch in Ravensbrück in der Kommandantur ein zweites Standesamtsbüro der Gemeinde eingerichtet, das der Einfachheit halber Ravensbrück II hieß. Der ehemalige Häftling Gerber, der seinen Kameraden Hintermeier am 14. März 1942 in das psychiatrische Krankenhaus Buch bei Berlin abfahren sah (von diesem Zielort war jedenfalls im Lager die Rede), von wo er nie zurückkehrte, hat gleich nach der Befreiung beim Standesamt von dessen Heimatgemeinde Landshut Nachforschungen nach ihm angestellt. Es wurde ihm mitgeteilt, daß Hintermeier am

22. Mai 1942 in Ravensbrück bei Fürstenberg verstorben sei (Standesamt Ravensbrück II N 1328/42).

Beweisstücke

Zum Beweis dieser von den Häftlingen gemachten Beobachtungen stehen uns bis jetzt nur zwei Dokumente zur Verfügung, anhand derer die lange Vorbereitung für die Ermordung von Häftlingen in Ravensbrück vor Augen geführt werden kann und Rückschlüsse gezogen werden können auf den Ort, an dem sich das abspielte.

Das erste Beweisstück besteht aus einer Reihe von Briefen, die einer der Ärzte aus der im November 1941 im Lager Ravensbrück erschienenen Sonderkommission an seine Ehefrau schrieb. Mindestens vierzehn dieser Briefe, verfaßt zwischen dem 19. November 1941 und dem 13. Januar 1942, sind für uns von Interesse. Der Schreiber ist der Psychiater Dr. Fritz Mennecke, Leiter der psychiatrischen Anstalt Eichberg im Rheingau. In seiner Einrichtung hatte er gemäß der Führer-Direktive vom 1. September 1939 eine Selektion »unheilbar« Kranker vorgenommen, kranker Menschen also, denen von der Reichskanzlei bestimmte Ärzte »den Gnadentod gewährt hatten«... Nun hatte Dr. Mennecke den Auftrag erhalten, unter der obersten und sehr geheimem Federführung durch Professor Werner Heyde, Inhaber des Lehrstuhls für Neurologie und Psychiatrie an der Universität Würzburg, die »unheilbar Kranken« in den Konzentrationslagern auszusondern. Es steht fest, daß Dr. Mennecke sich in zunehmend aktiverem Maße an jener streng geheimen Aktion zur Tötung von Kranken beteiligte, die für zivile deutsche Geisteskranke unter der Bezeichnung »T.4« lief und in bezug auf die »Kranken« in den Konzentrationslagern »14 f 13« hieß.

Seine Briefe schreibt Dr. Mennecke entweder im Fürstenberger Hotel oder im Hotel von Neustrelitz, ein paar Kilometer von Ravensbrück entfernt.

Am Abend des 19. November 1941 kam er nach Ravensbrück, stellte sich bei Kommandant Kögel vor, und Kögels Adjutant teilte ihm mit, daß nur 259 Akten durchzusehen seien. Es sei demzufolge unnötig, daß seine Kollegen Müller und Schmalenbach aus Berlin kämen.

Am Abend des 20. November um 17.45 Uhr schreibt Dr. Mennecke, er habe seinem Chef, Professor Heyde, telefonisch mitgeteilt, daß er die Arbeit allein erledigen werde. Professor Heyde zeigte sich sehr liebenswürdig. Dr. Mennecke fährt fort: er hat es geschafft, im Laufe des Tages 95 Akten anzusehen; er rechnet damit, kommenden Montag fertig zu werden und werde sich im Anschluß gleich nach Buchenwald begeben. Er aß zu Mittag in der Kantine des Lagers Linsen mit Speck und einen Eierkuchen, machte die Bekanntschaft des Lagerarztes Dr. Sonntag und ging während der Mittagspause mit Kommandant Kögel spazieren, der ihm als Verdauungsspaziergang eine Besichtigung der Stallungen des Lagers empfahl.

Aber noch am selben Abend des 20. November 1941 greift er um 22.50 Uhr nochmals zur Feder: »(...) und nun das Schönste! Dr. Müller und Dr. Schmalenbach sind heute abend hier eingetroffen! Sie wußten nichts von Heyde und auch nichts von meinem Telefongespräch mit ihm heute morgen. Heyde war nicht da, als sie im Laufe des Tages nach Berlin kamen. Man sagte ihnen dort, sie sollten nach Ravensbrück fahren, und das, wo *ich* doch hier bin. Wir werden also morgen zu dritt an die Arbeit gehen und dabei zuerst einmal die schon vorbereiteten Fragebögen fertig machen. Und danach müssen wir noch weiter Akten bearbeiten, viel mehr, als vorgesehen waren, ungefähr 2.000, wie es scheint! Für die in Berlin (Jennerwein[96]) gibt es nichts Einfacheres, als 2.000 Akten anzusehen! Die kümmern sich gar nicht darum zu erfahren, wie viele (Häftlinge) den vorgegebenen Kriterien entsprechen! Wer hat in Berlin nun wirklich das Sagen? Keiner weiß es, weder Schmalenbach noch Müller.«

In diesem Brief zeigt sich Mennecke überrascht, daß man aus Berlin plötzlich 2.000 Akten haben will, während er in Ravensbrück doch nur 259 Fälle vorgefunden hat, die den Kriterien genügen, welche ihm für die »Euthanasie« vorgegeben worden sind. Aber die Überraschung hält nicht lange an, und in den folgenden Briefen zeigt er keinerlei Erstaunen, als die Listen der »unheilbar Kranken«

---

96 Jennerwein war der Deckname von Viktor Brack, dem Chef des Amtes II in der Kanzlei des Führers und Verantwortlichen für die gesamte Aktion »Euthanasie«, genannt Aktion T.4.

erweitert werden auf Prostituierte, Jüdinnen und kriminelle Häftlinge.

Dr. Mennecke schreibt, daß er in Dachau 2.000 Akten angesehen hat; in Ravensbrück mußte er 2.000 überprüfen, in Buchenwald sollten es auch 2.000 sein und nochmals 2.000 in Groß-Rosen. In Buchenwald wie in Ravensbrück wurde mit Juden »aufgefüllt«, um auf die vorgegebene Summe zu kommen. Auch in Gusen, einem großen Außenkommando von Mauthausen, mußten zur selben Zeit Listen mit 2.000 »Arbeitsunfähigen« angefertigt werden.

In dem Umfang, wie er die Fragebögen ausgefüllt und sich die entsprechenden Häftlinge hatte vorführen lassen, schickt Dr. Mennecke die Unterlagen nach Berlin. Es ist also wahrscheinlich, daß – wie beim Vorgang der Vergasung von Geisteskranken in zivilen Irrenhäusern auch – nun die Berliner »Oberexperten« die Unterlagen überprüfen, daß sie dabei vielleicht einigen das Leben schenken und daß die endgültigen Listen der Opfer anschließend zusammen mit dem definitiven Urteil an die Kommandanten der Lager zurückgeschickt werden. Diese leiten dann den Transport der »Kranken« zu den »Euthanasie«-Einrichtungen in die Wege.

Am 30. November ist Dr. Mennecke bereits in Buchenwald tätig. In seinem Brief vom selben Tage, geschrieben um 20.58 Uhr im Hotel Elephant in Weimar, stellt er die Jagderfolge eines jeden der drei Ärzte aus der Kommission dar. (In seinem Brief vom 28. November, 7.40 Uhr, hatte er geschrieben: »Auf, auf zum fröhlichen Jagen!«) 962 Akten haben sie schon durch, und 1.038 müssen noch bearbeitet werden! Am 5. Januar 1942 kehrt Dr. Mennecke nach Ravensbrück zurück.

In seinem Brief vom 12. Januar steht, daß er noch 334 Männer und 300 Frauen »als Sachverständiger begutachtet« hat und daß ihm für den nächsten Tag nur noch die Jüdinnen zur Bearbeitung übrig bleiben.

Die Aussagen der Häftlinge, die die Anzahl der Opfer der »Schwarzen Transporte« auf 1.600 Frauen und 400 oder 500 Männer geschätzt haben, kommen der Zahl von 2.000 sehr nahe, die Dr. Mennecke selbst zum Zeitpunkt der Verbrechens-Vorbereitung angab.

Der einzige Anhaltspunkt, den die Häftlinge von Ravensbrück 1942 in bezug darauf hatten, wo ihre unglücklichen Kameradinnen letztlich hingekommen waren, war Dessau.

Nach dem Krieg wurde bekannt, daß bei Dessau, in Bernburg an der Saale, das psychiatrische Krankenhaus mit einer Gaskammer ausgerüstet war, die insbesondere im März 1942 in vollen Touren mit Häftlingen beschickt wurde, die in Buchenwald und Groß-Rosen ausgesondert worden waren. Es wurde nämlich ein Schriftstück über die »Lieferung« von Häftlingen aus Buchenwald nach Bernburg wiederaufgefunden. Damit sind wir beim zweiten der Dokumente, von denen weiter vorn die Rede war. Ohne je einen endgültigen Beweis dafür zu haben, kann eingeschätzt werden, daß auch die 2.000 Opfer aus Ravensbrück in Bernburg getötet worden sind. Leiter des dortigen Krankenhauses war damals der junge Dr. Irmfried Eberl, der danach für einige Monate Kommandant des Vernichtungslagers Treblinka wurde.

2. Die Transporte nach Auschwitz und Lublin

Ende März 1942 verließ ein großer, 1.000 Frauen umfassender Transport Ravensbrück mit dem Zielort Auschwitz: es waren vor allen Dingen deutsche Frauen, Asoziale und Jüdinnen, unter Aufsicht deutscher »Politischer« und der Ravensbrücker Oberaufseherin persönlich. Dieser Transport landete komplett im Konzentrationslager Auschwitz und begründete mit den Häftlings-Nummern 1 bis 999 das Frauenlager Birkenau.

Im Verlaufe des Sommers folgten dann fünf oder sechs kleine Transporte von Jüdinnen nach Auschwitz, und Anfang Oktober ging ein großer Transport von 622 Frauen ab: 522 Jüdinnen, 90 Zeuginnen Jehovas und 10 andere Häftlinge.

Die Überführung jüdischer Häftlinge nach Auschwitz war also bereits seit sechs Monaten im Gange, als am 2. Oktober Himmlers Anweisung kam, Ravensbrück judenfrei zu machen... Aber nach dieser Anordnung vom 2. Oktober setzte sich die Abschiebung jüdischer Frauen nach Auschwitz paradoxerweise nicht fort. Es tauchten im

Gegenteil in Ravensbrück fortwährend neue Gruppen von Jüdinnen aus dem Ausland auf, oftmals zusammen mit ihren Kindern. Und später kamen sie sogar aus Auschwitz! Auch kleine Gruppen von Zigeunerinnen und »Politischen« kamen aus Auschwitz und danach große Transporte mit im Sterben liegenden ungarischen Jüdinnen! Diese Zuwanderung sollte sich bis zum Januar 1945 noch ausweiten, wo die überlebenden Frauen der schrecklichen Evakuierung von Auschwitz in Ravensbrück eintrafen.

Anfang 1944 führte eine schonungslos strenge Selektion zur Verschickung eines Transports von 800 Frauen aus Ravensbrück mit 30 Kindern nach Lublin. Es handelte sich um Frauen, die ein wenig älter oder krank waren. Wieder ein »Schwarzer Transport«.

Es steht jedoch fest, daß die Angehörigen dieses Transports sowie auch alle anderen zuvor nach Auschwitz Verbrachten nicht gleich nach ihrer Ankunft dort getötet wurden. Es starben 98 Prozent der Frauen: wenn sie mit ihrer Kraft am Ende waren, wurden sie nach und nach für die Gaskammern ausgesondert. Es war eine zeitlich versetzte, auf Raten durchgeführte Vernichtungsaktion.

3. Das Schicksal der »verrückt gewordenen« Häftlinge

In bezug auf dieses düstere Kapitel gibt es bis heute keinen Beleg, keine vergleichende Information, mittels derer es möglich wäre zu erfahren, wie die Frauen zu Tode gekommen sind, die vor unseren Augen brutal auf die Lastwagen geworfen wurden, halbnackt und ihre Häftlings-Nummer in violetter Farbe auf den Rücken gemalt. Zahlreiche Häftlinge haben das grauenvolle sogenannte »Idiotenstübchen« innerhalb des Blocks der Tuberkulosekranken beschrieben – einen Raum von drei mal drei Metern, in dem bis zu 50 oder sogar 70 Frauen zusammengepfercht waren.

Dieses »kleine Zimmer« wurde zwei- oder dreimal im Monat seiner armseligen Bewohnerschaft »entledigt«, und zwar im allgemeinen kurz vor dem Ertönen der Sirene zum Aufstehen, also in stockdunkler Nacht. Soweit uns bekannt ist, hat jedoch kein Häftling die genaue Anzahl dieser Abtransport-Aktionen festgehalten. Einzig

Germaine Tillion versuchte vor Ort, die als Krankenschwestern und Ärztinnen arbeitenden Mithäftlinge sowie die Gefangene drüber auszufragen, die der Lagerpolizei vorstand. Diese Häftlinge haben errechnet, daß es von Anfang 1943 bis November 1944 ungefähr 60 kleine Transporte mit je 50 bis 70 Frauen gewesen sein mögen. Mit dem letzten Transport im November 1944 verließen 120 kranke Frauen das Lager, nachdem sie zuvor durch einen aus Berlin gekommenen Arzt selektiert worden waren. Das einzige, was wir letztlich wußten, war, daß sie in Richtung Linz in Österreich gefahren waren, und wir nahmen an, daß sie in Mauthausen vergast werden würden. Bis zur Befreiung hatten wir nie ein Wort von Hartheim gehört, diesem Renaissance-Schloß bei Mauthausen, in dem bis Dezember 1944 fortgesetzt Geisteskranke aus ganz Deutschland und aus den Konzentrationslagern Dachau, Mauthausen und Gusen vergast wurden. Dort haben möglicherweise auch unsere Kameradinnen den Tod gefunden.

Dr. Treite, zu der betreffenden Zeit SS-Arzt im Konzentrationslager Ravensbrück, gestand bei seinem Prozeß lediglich diesen letzten, 120 Frauen umfassenden Transport ein, wobei er jedoch die Anzahl der Häftlinge geringer angab und zudem behauptete, daß ein Teil von ihnen in eine Nervenheilanstalt in Thüringen geschickt worden sei. In Thüringen, in Sonnenstein, gab es in der Tat eine psychiatrische Klinik, die mit einer Gaskammer ausgerüstet war. Treite behauptete, daß wohl ein Experte aus Berlin gekommen sei, um die Kranken zu selektieren, und daß ihr Zielort Linz in Österreich gewesen sei. Auf die Frage »Was wußten Sie damals darüber, wohin dieser Transport gehen und was mit ihm geschehen würde?« antwortete Treite: »Wir vermuteten, daß es sich um eine Überstellung in das psychiatrische Krankenhaus Linz handelte, aber danach sagte mir ein SS-Krankenpfleger, daß dies ein Transport in die Gaskammer war.«

4. Die Tötungen in der Gaskammer von Ravensbrück

Diese Tötungen fanden in der Zeit von Januar bis April 1945 statt und forderten 5.000 bis 6.000 Opfer, die aus den Reihen der kranken Frauen jedes Alters und der Frauen über vierzig Jahre im Lager selbst und in mehreren kleinen Außenlagern ausgesondert worden waren.

Im Januar 1945 trennte die SS aus Gründen, die wir anfangs nicht verstanden, die gesamte Zeile der großen Blocks 27 bis 32 im hinteren Teil des Lagers durch einen hohen Stacheldrahtzaun ab, in den zwei kleine Pforten eingelassen wurden. Ende Januar wurden alle Frauen, die mehrere Monate zuvor eine »rosa Karte« erhalten hatten, welche sie von schwerer Arbeit befreite, in langen Reihen zum Revier zitiert. Die urplötzlich mütterlich und fürsorglich gewordene Oberschwester ließ die Frauen an sich vorbeidefilieren und sagte zu ihnen, sie würden in ein weniger hartes Lager verlegt werden. Die Frauen wurden zunächst hinter dem neuen Stacheldrahtzaun abgestellt und dann noch am selben Abend in ein kleines Lager mit Namen »Uckermark« gebracht, das ungefähr einen Kilometer vom Lager einfernt auf einer mit Kiefern bestandenen Anhöhe lag. Am 9. Februar wurden dann noch 72 kranke junge Frauen aus dem Tuberkulose-Block in dieses kleine Lager Uckermark verfrachtet, das noch bis Anfang Januar von deutschen straffällig gewordenen jungen Mädchen belegt gewesen war (daher auch der andere Name »Jugendlager«). Aber es war kaum Zeit dazu, sich dieser Verbesserung zu erfreuen, als die als Ärztinnen und Krankenschwestern arbeitenden Kameradinnen, welche nach Uckermark geschickt worden waren, um dort eine Krankenstation aufzubauen, wieder ins große Lager zurückbeordert werden. Sie sind außer sich: im Jugendlager werden die Frauen noch schlimmer mißhandelt als im großen Lager. Man hat ihnen sogar ihren Mantel und ihre Strümpfe abgenommen. Sechs bis sieben Stunden am Tag stehen sie draußen Appell. Suppen- und Brotration sind auf die Hälfte reduziert. Nachts haben sie keine Decke zum Zudecken und dürfen nicht hinaus zu den Toiletten gehen (die aus einem ekligen Brett bestehen, das über einer

Grube liegt). Uckermark ist kein Erholungslager, sondern ein Vernichtungslager.

Noch weitere erschreckende Nachrichten dringen vom Jugendlager herüber (siehe Kapitel 1 und 8 dazu, wie Informationen von einem Lager ins andere gelangten). Einige kranke Frauen sind dort unter Gewaltanwendung durch zwei SS-Krankenpfleger und eine kreuzgefährliche Mitgefangene vergiftet worden. Andere werden durch Spritzen ermordet. Und dazu werden durch Ärzte aus dem großen Lager und den aus Auschwitz kommenden neuen Lagerleiter, SS-Hauptsturmführer Schwarzhuber, fast jeden Tag Selektionen abgehalten. Die dabei ausgesonderten Frauen werden in der ehemaligen Mädchen-Turnhalle eingesperrt. Ihre Häftlingsnummer wird ihnen mit violetter Farbe auf die linke Hand gemalt, und abends kommen Lastwagen, um sie abzuholen. Die SS-Krankenpfleger und die als Leiterin des Lagers Uckermark fungierende Aufseherin verfrachten die armen Opfer mit größtmöglicher Brutalität auf die Lastautos. Bestimmt wird man sie umbringen. Aber wo? Und wie? Keiner sieht diese Häftlinge je wieder.

Im großen Lager werden im Februar und März in mehreren Aktionen Frauen ausgesondert, die geschwollene Beine, Wunden oder Abszesse haben. Zuerst sperrt man sie hinter den Stacheldrahtzaun im hinteren Teil des Lagers, dann müssen auch sie zum Jugendlager hinaufsteigen. Die Selektierer durchkämmen auch die Krankenblocks. Einige Insassen davon werden ins Jugendlager gebracht, andere fahren gleich in Richtung Krematorium. Wir können die Route der unheilvollen Lastautos mit den Ohren nachverfolgen. Sie halten direkt an der anderen Seite der Mauer, wo die großen Schornsteine des Krematoriums rauchen. 1942, als die großen Hinrichtungsaktionen stattfanden, gingen die Frauen in kleinen Gruppen von sechs, zehn oder zwölf dorthin. Dann hörte man die Schüsse. Jetzt aber, in diesem kalten Frühling 1945, werden je 40 Kranke auf Lastautos herangefahren, und es ist kein Schuß zu vernehmen. Die SS muß beim Krematorium eine Gaskammer eingerichtet haben, geht uns durch den Kopf.

Auf diese Weise verschwanden auf Nimmerwiedersehen nach und nach bis Ende April 1945 in Gruppen zu 80 bis 150, oder sogar 180 die entkräftetsten, ausgelaugtesten und kränksten der Frauen. Und als man in kleinen Gruppen Frauen, die am Ende ihrer Kräfte waren, aus den außerhalb des Lagers liegenden Fabriken zurückholte oder aus einem anderen Vernichtungslager (Rechlin) brachte, fuhren die Lastwagen manchmal gar nicht mehr erst ins Lager hinein: sie transportierten ihr menschliches Frachtgut direkt bis zur Gaskammer.

Wie die Gaskammermorde verschleiert wurden
Kurze Zeit, nachdem 72 junge, tuberkulosekranke Frauen ins Jugendlager geschickt worden waren, erhielten die Sekretärinnen aus dem Arbeitsbüro, die die Verzeichnisse führten, auf welchen vermerkt wurde, welche Häftlinge in den verschiedenen Arbeitskommandos tätig waren, von der Kommandantur eine Liste von Frauen, die »in das Lager Mittwerda überstellt« worden sein sollten. Dies war absolut ungewöhnlich, denn generell war es Aufgabe des Arbeitsbüros selbst, solche Listen über abgehende Transporte zusammenzustellen. Das Lager Mittwerda galt als Erholungslager, und die Sekretärinnen wurden angewiesen, neben den Namen jeder nach Mittwerda gebrachten Frau die Bemerkung »Sana« zu schreiben. Rasch aber erkannten sie in der Liste der nach Mittwerda überstellten Häftlinge einige Namen der jungen tuberkulosekranken Frauen wieder, die in Wirklichkeit ins Jugendlager gebracht worden waren.

Listen mit der Überschrift »Nach Mittwerda überstellt« kamen in unregelmäßigen Abständen im Arbeitsbüro an und enthielten jedesmal zwischen 100 und 300 Namen. Die Sekretärinnen registrierten 4.000 bis 5.000 Namen und brachten es fertig, eine dieser Listen zu entwenden, nämlich die vom 6. April 1945, unterschrieben von Kommandant Suhren. Darin sind 496 Frauen mehrerer Nationalitäten aufgeführt: Polinnen, Russinnen, Ukrainerinnen, Jugoslawinnen, Deutsche, Holländerinnen, Belgierinnen und Französinnen. Einige Namen sind jüdischen Ursprungs.

In der Krankenstation, wo der Gesamtbestand der Häftlinge von Ravensbrück nicht in Verzeichnissen, sondern auf Karteikarten geführt wurde, verlangte der SS-Lagerarzt, Dr. Treite, daß die Karteikarten der »nach Mittwerda überführten« Frauen aus der Hauptkartei entfernt und in einen separaten Kasten getan wurden. In der letzten Aprilwoche wurde die gesamte Kartei des Reviers hinter dem Haus verbrannt, und die geheime Totenliste, die die Sekretärinnen so gut es eben ging führten, wurde durch Dr. Treite entdeckt und gleichfalls verbrannt.

Die territoriale Lage der Gaskammer
Keine der in den Ravensbrück-Prozessen angeklagten Personen hat die Existenz einer Gaskammer in Ravensbrück geleugnet. Sie sagten aus, die Gaskammer habe sich in einer ehemaligen Materialbaracke aus Holz in unmittelbarer Nähe des Krematoriums befunden. Das Krematorium, zu dem ein kleines, von zwei Höfen flankiertes Gebäude gehörte, das hinter einer hohen Mauer verborgen war, grenzte unmittelbar an den in südlicher Richtung zurückversetzten Teil der Westmauer des Lagers, ca. fünfzig Meter vom See entfernt.

Als die ein paar Meter vom Krematorium entfernt liegende Materialbaracke in eine Gaskammer umgebaut wurde, errichtete man einen Bretterzaun von ca. zwei Metern Höhe, um sie vor den Blicken der Häftlingskolonnen abzuschirmen, die die am Seeufer entlangführende Straße benutzten, und um auf diese Weise einen an die Mauer des Krematoriums angrenzenden Hofraum zu schaffen. Der der Lagermauer am nächsten liegende Teil der Palisade war aus Schilfrohr vom See gefertigt.

Der Ablauf der Vergasungsaktionen gemäß den Zeugenaussagen der SS-Leute
In ihrer Gefühlskälte vermittelt die Beschreibung von Ort und Ablauf einer Vergasung, wie sie der Schutzhaftlagerführer, SS-Hauptsturmführer Schwarzhuber, in seinen Aussagen vor Gericht vom 15. und 30. August 1946 abgegeben hat, eine genaue Vorstellung von der 1945 in Ravensbrück behelfsmäßig eingerichteten Gaskammer. Schwarzhuber war, aus Auschwitz kommend, via Dachau-Kaufering am 2. Januar 1945 in Ravensbrück angekommen; zum selben Zeitpunkt traf Unteroffizier Moll ein. Beide waren in Auschwitz die Vergasungs-Spezialisten gewesen.

Schwarzhuber erklärte am 15. August 1945:

370

(...) Ende Februar 1945 wurde ich zusammen mit Dr. Trommer zum Lagerkommandanten, Sturmbannführer Suhren, gerufen. Suhren setzte uns davon in Kenntnis, daß er von Reichsführer Himmler die Anordnung erhalten habe, alle Frauen zu liquidieren, die krank sind oder nicht laufen können. Bevor er uns diese Information mitteilte, hatte er uns gefragt, wie viele kranke Frauen es im Lager gäbe. Ich erklärte dem Kommandanten, daß ich zufrieden sei, Auschwitz hinter mir gelassen zu haben, und daß ich keine Lust hätte, so etwas ein zweites Mal zu machen. Daraufhin sagte er zu mir, Sturmbannführer Sauter, der stellvertretende Lagerkommandant, sei damit beauftragt worden, diese Anordnung auszuführen. In den darauffolgenden Tagen führte Dr. Trommer in den verschiedenen Blocks Selektionen durch, wobei 2.300 Frauen ausgesondert wurden. Zuerst wurde damit begonnen, diese Frauen zu erschießen. Dafür war Hauptscharführer Moll zuständig. Acht männliche Häftlinge gingen ihm dabei zur Hand. Diese Methode schien jedoch dem Lagerkommandanten zu langsam zu sein. Er erklärte in meiner Gegenwart, daß das nicht schnell genug ginge und man sich anderer Methoden bedienen müsse. Daraufhin ordnete Sturmbannführer Sauer die Einrichtung einer Gaskammer in einer nahe beim Krematorium gelegenen Baracke an. Bei einer Vergasung war ich anwesend. Es wurden jedesmal 150 Frauen in die Gaskammer getrieben. Hauptscharführer Moll befahl den Frauen, sich auszuziehen, und gab ihnen gegenüber an, daß eine Entlausungsaktion durchgeführt werden solle. Die Frauen wurden dann in den Raum gebracht, und die Tür wurde verriegelt. Ein männlicher Häftling, der eine Gasmaske trug, stieg auf das Dach hinauf und warf durch eine Öffnung, die er danach gleich wieder verschloß, eine »Büchse Gas« in den Raum. Ich hörte Stöhnen und Jammern. Nach zwei oder drei Minuten war nichts mehr zu vernehmen. Ich kann nicht sagen, ob die Frauen tot waren oder nur betäubt. Als die Gaskammer ausgeräumt wurde, war ich nicht dabei. Man hat mir erzählt (es war Moll, der mir das berichtete), daß die Leichen gleich darauf zum Krematorium gebracht wurden. Die gesamte Durchführung dieser Aktion war Angelegenheit von Sturmbannführer Sauer, von Dr. Trommer und von Hauptscharführer Moll, die bei allen Vergasungsvorgängen dabeiwaren. Die ganze Arbeit wurde von Häftlingen aus dem Männerlager erledigt, die den Befehl dazu erhalten hatten (...).

Am 30. August 1946 fügte Schwarzhuber noch folgende Details an:

Moll ließ zwischen 150 und 200 weibliche Häftlinge erschießen. Suhren sagte, daß dies zu langsam ginge und daß man nun die übrigen vergasen sollte. Dies wurde Sturmbannführer Sauer mitgeteilt, der es mir wiedererzählte.

Zwischen 2.300 und 2.400 Personen sind in Ravensbrück vergast worden. Die ungefähr 9 x 4,5 Meter große Gaskammer konnte rund 150 Personen aufnehmen. Sie befand sich schätzungsweise fünf Meter vom Krematorium entfernt. Die Häftlinge mußten sich in einem kleinen, drei Meter von der Gaskammer entfernten Schuppen auskleiden und wurden über einen kleinen angrenzenden Raum in die Gaskammer hineingebracht.

Zu Beginn seiner Aussage gibt Schwarzhuber an, daß die Frauen im Lager durch einen Arzt ausgesondert worden seien. Was er nicht sagt, ist, daß er diese Selektionen persönlich geleitet hat.

Die selektierten Frauen wurden zunächst von den anderen getrennt in Blocks im hintersten Teil des Lagers hinter einem Stacheldrahtzaun untergebracht und dann in das kleine Lager Uckermark überführt. Dort wurden die verschiedenen Tötungs-Methoden in die Wege geleitet, einschließlich der allerletzten, endgültigen Selektionen für die Gaskammer.

Über diese Untaten ist von zahlreichen Häftlingen und durch die Aufseherinnen des Jugendlagers ausführlich berichtet worden.

Noch bis unmittelbar bevor gegen Mitte April 1945 die 1.300 oder 1.500 Überlebenden des Jugendlagers wieder ins große Lager zurückgebracht wurden, gab es zwischen dem Jugendlager und dem Hauptlager ein stetes Kommen und Gehen von Häftlingen aus den Büros. Das, was sich im Jugendlager abspielte, war im großen Lager bekannt.

Die Lagerführerin des Jugendlagers, Ruth Closius-Neudeck, hat am 2. und am 8. Dezember 1947 zwei Aussagen gemacht, und sie trat am 21. Juni 1948 beim Prozeß gegen den Kommandoführer des Krematoriums als Zeugin auf. Ihre Funktionen im Jugendlager (bzw. Uckermark) übte sie zwischen Mitte Januar und Ende Februar 1945 aus.

Am 2. Dezember 1947 erklärte sie:

Als ich (Ende Januar 1945) das Lager Uckermark übernahm, befanden sich dort ungefähr 4.000 weibliche Häftlinge aller

Nationalitäten. Rund sechs Wochen später wurde ich von Uckermark versetzt. Zu diesem Zeitpunkt waren noch annähernd 1.000 Häftlinge übrig. Demzufolge sind während meiner Amtszeit 3.000 Frauen zur Vergasung ausgesondert worden.

Jeden Tag um 14 Uhr kam Schwarzhuber und sagte zu mir, ich solle einen Appell anberaumen. Dann erschienen Dr. Treite, Schwarzhuber und zwei Krankenpfleger. Einer davon hieß Rapp, und der andere, sein Freund, hatte einen ähnlich wie Franz lautenden Vornamen mit einer polnisch klingenden Endung.

Schwarzhuber bestimmte die Frauen, die Uckermark verlassen sollten. Ich und die beiden Krankenpfleger mußten die Frauen aus ihrer jeweiligen Reihe heraustreten lassen. Meine einzige Aufgabe bestand danach darin, ihre Namen und ihre Häftlingsnummern in einer Liste festzuhalten. Oftmals habe ich die Frauen mittels eines kleinen Stocks mit versilbertem Knauf aus ihren Reihen geholt, den mir Sturmbannführer Sauer, der ehemalige Kommandant des Ghettos Riga, zum Geschenk gemacht hatte.

Ich habe also jeden Tag eine 50 bis 60 Frauen umfassende Liste angefertigt. Wir sagten, diese Frauen würden in das Lager Mittwerda überstellt werden. Dieses Lager hat es nie gegeben, sondern es war eine Erfindung von Schwarzhuber, um den Häftlingen gegenüber zu verheimlichen, daß sie vergast werden würden. Die ausgesonderten Frauen wurden dann in eine leerstehende Baracke gebracht, die wir die Turnhalle nannten. Am selben Tag gegen 18 Uhr kam das Lastauto, das in zwei Fuhren die Häftlinge zur Gaskammer von Ravensbrück brachte. Verantwortlich für diese Transporte war Obersturmführer Bertel. Schwarzhuber hatte ihn angewiesen, immer einen Lastwagen bereit zu halten, um die Opfer aus der Gaskammer abzuholen, worüber ihn dann Schwarzhuber selbst informierte. Eines Nachmittags hörte ich, wie Schwarzhuber am Telefon zu Bertel sagte: »Bertel, du weißt, worum es geht. Heute abend wieder.«

Ich selbst, die Aufseherin Mohnicke, die beiden SS-Sanitäter sowie ab und an auch die Schulz, wir verfrachteten die Frauen auf den Lastwagen. Zu Anfang stand ich unten am Lkw, um die Häftlinge zu zählen, damit es weder zu viele noch zu wenige waren. Es kam nämlich vor, daß eine Tochter mit ihrer Mutter zusammen abfahren wollte und umgekehrt. Wenn alle Frauen auf dem Lastauto drauf waren, stiegen ich und einige Male auch Mohnicke und Schwarzhuber gleichfalls ein. Ich möchte hinzufügen, daß Rapp und sein Freund die Frauen oft mit der Hand geschlagen haben. Ich auch, ich schlug sie am Nachmittag bei der

Selektion und abends beim Aufladen auf den Lkw ab und an mit der Hand oder mit einem Stock. Rapp und sein Freund setzten sich oftmals mit hinten auf den Lkw, um die Häftlinge daran zu hindern, hinunterzuspringen. Ich war gerade drei oder vier Tage in Uckermark, als Rapp mir sagte, daß die selektierten Frauen im Krematorium von Ravensbrück vergast worden sind. Das Lastauto hielt immer ungefähr fünfzig Meter vom Krematorium entfernt an. Rapp und sein Freund ließen die Häftlinge immer paarweise heruntersteigen und sie nacheinander ins Krematorium hineingehen. Ich selbst und die anderen Aufseherinnen hörten die Schüsse. Aber insgesamt gesehen sind die meisten Häftlinge vergast worden.

Am 8. Dezember 1947 macht Ruth Closius-Neudeck eine zweite Aussage:

Bei Einbruch der Dunkelheit kamen Lastwagen die in der Turnhalle eingesperrten Frauen abholen.

(...) wenn eine von ihnen zu krank war, um auf den Lkw hinaufzusteigen, packten die SS-Leute sie an Händen und Füßen und warfen sie hinauf.

(...) Ich weiß, daß alle anderen Aufseherinnen genau wußten, wo diese Transporte hingingen. Wir haben auch untereinander darüber gesprochen.

Wenn die Lastautos voll beladen waren, fuhren die beiden SS-Leute und ich Richtung Krematorium. Dort angekommen, hatten wir die Häftlinge in einem Geräteschuppen abzuladen. In meiner Funktion als Oberaufseherin wies ich sie an, sich vollständig zu entkleiden. In dem Schuppen befanden sich noch weitere SS-Leute. Ich erinnere mich besonders an einen von ihnen, nämlich den Chef der Hundestaffel, Cott. Wenn alle Frauen ausgezogen waren, brachte irgendein im weißen Kittel als Arzt verkleideter SS-Mann die Frauen eine nach der anderen in einen anderen Geräteschuppen. War dieser Schuppen voll, wurde er zugesperrt. Nun erhielten zwei männliche Häftlinge die Anweisung, mittels einer Leiter aufs Dach zu klettern. Ich habe gesehen, wie sie dann dort irgend etwas abwarfen. Danach wurde noch die Öffnung auf dem Dach zugemacht. Sobald die beiden Häftlinge wieder heruntergestiegen waren, wurden die Motore der Lastwagen angelassen, damit man die Schreie nicht hören konnte. In diesem Moment bin ich jedesmal weggegangen.

Mir ist bekannt, daß zur selben Zeit mit den 60 Frauen, die ich von Uckermark herbrachte, auch eine ziemlich große Anzahl von männlichen, aus dem Männerlager kommenden Häftlingen vergast worden sind. Ich habe sie oftmals wartend dastehen sehen, wenn ich mit meinem Transport eintraf. Auf diese Weise wurde der Schuppen gefüllt, bevor die Vergasung vorgenommen wurde. Wenn, aus welchen Gründen auch immer, nicht genügend Männer da waren, um den Schuppen voll zu bekommen, wurden die Frauen, die ich mitgebracht hatte, einfach erschossen, denn in einem solchen Fall war es nicht rentabel, das Gas zum Einsatz zu bringen.

Ruth Closius-Neudeck wurde im April 1948 zum Tode verurteilt. Sie wurde am 21. Juni 1948 noch nach Hamburg als Zeugin zu dem Prozeß gegen den Kommandoführer des Krematoriums, SS-Unterscharführer Schenk, geladen (im selben Jahr sollte sie dann hingerichtet werden):

(...) Ich habe gesehen, wie die Häftlinge ausgeladen wurden und wie man sie in den ersten Raum brachte, wo sie sich entkleiden mußten. Dort war ein SS-Mann, der sich als Arzt ausgab. Der erste Raum befand sich in einer Scheune (Baracke). Aber ich habe gesagt, daß diese dreißig Meter vom Krematorium entfernt lag. Ich habe gesehen, daß die Frauen, nachdem sie sich entkleidet hatten, nackt und im Gänsemarsch in einen anderen Raum gebracht wurden. Ich habe dies durch eines der Fenster gesehen. Man ließ sie von rechts nach links eintreten. Dann kamen zwei Kapos – männliche Häftlinge – mit einer großen Büchse, die sie in dem Raum auskippten, in dem sich die weiblichen Häftlinge befanden. Sie taten dies durch ein Loch in der Zwischenwand. Dieses Loch in der Wand befand sich in 2,50 Meter Höhe. Sie hatten eine Leiter. Ich habe nicht gesehen, was drin war (in der Büchse), aber ich sah eine Staubwolke – wie bei Mehl. Die Büchse maß ungefähr 30 Zentimeter, und ich konnte sie zwischen meinen beiden Händen halten. Ich konnte nicht sehen, was sich im Rauminneren abspielte – es war dunkel. Vorher war das eine gewöhnliche Baracke gewesen, und demzufolge mußten da Fenster drin sein. Die das gemacht haben, waren zwei Kapos.

Diese Zeugenaussage von Ruth Neudeck weicht von ihren früher gemachten Aussagen in zwei Punkten ab:
1. Die Frauen entkleideten sich nicht mehr in dem kleinen Anbau, sondern in einem vorderen, in der Vergasungsbaracke selbst gelegenen Raum (Schwarzhuber hatte angegeben, die Frauen seien durch

einen kleinen Raum hindurchgegangen, bevor sie in die wirkliche Gaskammer getrieben worden seien).

2. Das Entleeren der Büchse mit dem Gas erfolgt nicht mehr über eine Dachluke, sondern durch ein oben angebrachtes Loch in der Zwischenwand, die den ersten, vorderen Raum von der Gaskammer trennt.

Es könnte angenommen werden, daß die SS infolge von uns nicht bekannten Schwierigkeiten ihre Verfahrensweise verändert hat. Ruth Neudeck sagt, sie habe in dem Moment, wo die Kapos den Inhalt der Büchse ausschütteten, so etwas wie eine Wolke aus Mehlstaub gesehen. Dieses weiße Pulver hat nichts mit dem zu tun, was wir über Zyklon B wissen, das kornförmig war. Möglicherweise handelt es sich um ein anderes Präparat, das Blausäure enthielt, ein Präparat in Pulver- oder in kristalliner Form, das zum Freisetzen des Gases Wasser benötigt. Wir werden im weiteren Verlauf dieser Arbeit noch andere Zeugenaussagen untersuchen, ausschnittsweise natürlich, aber aus der Gegenüberstellung dieser Darstellungen kommen, selbst wenn sie einander widersprechen, die Fakten zum Vorschein, die wir zu ermitteln suchen.

SS-Unterscharführer Walter Schenk, der Kommandoführer des Krematoriums, konnte weder das ignorieren, was sich da zehn Meter von seinem Krematorium entfernt abspielte, noch die Probleme nicht zur Kenntnis nehmen, vor die ihn das Mehraufkommen an zu verbrennenden Leichen stellte. Er erklärte im Juni 1949 bei seinem Prozeß in Hamburg:

> (...) Zum ersten Mal habe ich durch Schwarzhuber von der Gaskamer reden hören, das war im Februar 1945. Er sagte zu mir: »Wir können mit den Operationen anfangen.« Ich sagte: »Was für Operationen?« Er sagte zu mir: »Das wirst du schon noch mitbekommen, wenn wir mit den Vergasungen beginnen.« Er sagte zu mir, daß das nicht meine Angelegenheit wäre. Ich sagte, daß ich zuviel Arbeit habe und ob ich nicht abgelöst werden könnte. Er gab mir zur Antwort: »Fang nicht an, Dummheiten zu machen, indem du deinen Posten aufgibst – sonst könnte die SS-interne Polizei... Du wirst gar nichts zu tun haben mit dieser Arbeit. Es ist eine Truppe aus Auschwitz hier zum Vergasen und zum Verbrennen.« (...) Die Vergasungen fingen ungefähr mit dem Jahre 1945 an. Ich habe keine Ahnung, wie diese Vergasungen durch-

geführt worden sind. Ich war nicht dabei. Die Truppe aus Auschwitz bestand aus fünf Männern, fünf SS-Leuten.

Wenn die Hinrichtungen durch Erschießen erfolgten, wurde jeder Leichnam von Dr. Trommer oder Dr. Treite untersucht oder von dem, der gerade da war, um sich dessen zu versichern, daß er wirklich tot war. Es wurde eine Liste vorgelegt. Sie wurde unterzeichnet und im Krematorium aufbewahrt. Am folgenden Tag konnte ich sie im Standesamt an SS-Unterscharführer Sturm übergeben, der auch die Sterbeurkunden ausfertigte (...) Bis zum Schluß haben wir die Leichen von Deutschen nicht einzeln verbrannt.[97] Das war nicht mehr möglich. Im November oder Anfang Dezember 1944 haben wir damit aufgehört. Immer häufiger hatten wir hohe Temperaturen (in den Öfen) für die toten Frauen von Ravensbrück, und das ging leichter, wenn wir zwei oder drei Leichen pro Tag hatten, aber nicht, wenn es noch mehr wurden.

Die Truppe aus Auschwitz traf schon im Januar 1945 ein. Ich war nicht ihr unmittelbarer Chef. Sie hatten einen Mann dabei, der ihr Chef war: Moll, einen SS-Hauptscharführer. Zu diesem Zeitpunkt hatten sie noch nicht in meinem Krematorium gearbeitet. Sie wurden Schwarzhuber, einem SS-Hauptsturmführer (SS-Offizier im Hauptmannsrang) unterstellt, und ich war Unterscharführer (Unteroffizier). Sie waren SS-Leute. Schwarzhuber hatte mir gesagt, daß sie aus Auschwitz kämen, daß sie alles tun würden, was getan werden muß, und daß sie nur nachts arbeiten würden. Die Vergasungen und das Verbrennen der Leichen würden nachts erfolgen. Das sagte er zu mir, bevor wir mit den Vergasungen anfingen. Von seiner Truppe sind mir fünf zu Gesicht gekommen, als die in meinem Büro waren (...) Ich wußte, daß die Leute, die da des Nachts am Werke waren, die Leichen von Vergasten verbrannten und daß sie dabei halfen, die Leichen der Vergasten wegzuschaffen. Ich habe dafür den Koks angefordert.

Ich weiß so annähernd, wie viele Leichen meine Häftlinge pro Tag verbrannt haben, während die Vergasungen im Gange waren. Ich war nicht mehr in der Lage, die Anzahl der Leichen, die jeden Tag verbrannt wurden, zu überprüfen – nur die Leichen, die ich im Verlaufe des Tages verbrannt hatte, und das waren welche, die aus dem Lager kamen. Die Vergasungen sollten beginnen; ich wurde davon in Kenntnis gesetzt, weil ja

---

97 Bis Ende 1944 wurden die Leichen der deutschen Häftlinge gesondert verbrannt und ihre Asche in Urnen gefüllt, auf deren Aushändigung die Familien bestehen konnten.

nun viel mehr Leichen verbrannt werden mußten. Nachdem die Vergasungen angefangen hatten, konnte ich die Anzahl der Leichen überprüfen, die ich tagsüber verbrannt hatte. Ich kümmerte mich nur um die, die während des Tages gebracht wurden. Die Leichen, die nachts verbrannt wurden, waren die Leichen von Vergasten. Sie wurden von der Truppe aus Auschwitz verbrannt (...) Meine Aufgabe war es, den Koks für die Verbrennung zu requirieren. Ich habe den Koks für alle Verbrennungen requiriert – unter Einschaltung der Verwaltung.

Im Februar stieg der Bedarf an. Ich habe keine Vorwarnung hinsichtlich des steigenden Bedarfes erhalten.

Der Kommandoführer des Krematoriums hat also keine Angaben über den Ablauf der Vergasungen machen wollen, die er nichtsdestoweniger zwangsläufig gesehen haben muß, wenn nicht mehr. Er bestätigt aber, daß die Vergasungen vonstatten gingen, wenn es dunkel geworden war, und daß die Leichen nachts verbrannt wurden.

Aussagen von Häftlingen über das Gebäude
Kein Häftling ist unmittelbarer Zeuge einer Vergasung gewesen: die elf Männer vom Kommando des Krematoriums wurden am 25. April 1945 im Bunker (dem Zellenbau des Lagers) ermordet. Schwarzhuber und Neudeck gaben an, daß es Häftlinge gewesen seien, die die Büchsen mit dem Gas geworfen haben. Aber es waren mit größerer Wahrscheinlichkeit SS-Leute, Männer von Moll oder Moll selbst, wie in Auschwitz auch.

Mehrere Häftlinge haben jedoch die Baracke vor ihrer Umwandlung in eine Gaskammer gesehen: der tschechische Häftling Emmanuel Kolařik, der sie selbst in ihrem ursprünglichen Zustand aufgebaut hatte und der später dort Fässer mit Farbe für die Malerkolonne abholte; die tschechischen weiblichen Häftlinge aus der Effektenkammer, die dort Fässer mit Waschmittel holten; weibliche französische, deutsche und österreichische Häftlinge aus der Malerkolonne und aus der Tischlerei, die in der Baracke ihren Lagerraum für Fensterrahmen, Glaserkitt und Anstrichstoffe hatten.

Eine Französin erinnert sich an die ersten an dieser Baracke vorgenommenen Umbauarbeiten: Suzanne Hugounencq positioniert diese

Fakten zeitlich mit Winter 1944-1945, ohne jedoch genauere Zeitangaben machen zu können:

(...) Die Malerkolonne war aufgebrochen, um wieder zu ihrem Meister in die Werkstatt zu gehen, die seit kurzem nach außerhalb der ersten Umfassungsmauer des Lagers verlegt worden war. Ihre Mitglieder hatten, in Reihe angetreten und im Marschschritt laufend, die fensterlose Mauer des Bunkers hinter sich gelassen. Schweigend gingen sie an dem kleinen angrenzenden Gebäude vorüber, das von den beiden Schornsteinen der Verbrennungsöfen überragt wurde und in dessen Hof sich die einzuäschernden Leichen türmten. Direkt an dieses Gebäude angrenzend befand sich die Werkstatt. Dort erhielten sie ihre Anweisungen für die an diesem Tag zu erledigende Arbeit.

An diesem Morgen befand sich der Malermeister im Gespräch mit drei Männern, die mit lauter Stimme sprachen und von beträchtlichem Leibesumfang waren. Sie trugen SS-Uniform und damit jenes arrogante, anmaßende Verhalten zur Schau, das ihre Allmacht im Lager ihnen verlieh. Es mußte sich bei ihnen zweifellos um hochrangige Funktionäre handeln. Das Gespräch, das ich nicht verstehen konnte, drehte sich um Bauarbeiten, und der Malermeister nahm demütig, unterwürfig, aber, so hatte es den Anschein, auch mit Furcht, die Anweisungen seiner Vorgesetzten entgegen.

Die Arbeitsanweisungen wurden rasch weitergeleitet und drei Häftlinge dazu bestimmt, sie auszuführen. Das Los fiel auf zwei deutsche Frauen und mich.

Neben dem in Art eines Schuppens an die Mauer des Gebäudes mit den Verbrennungsöfen angebauten Raum stand eine Baracke, die als Lagerraum für Werkzeuge und Materialien diente, die für den inneren Betrieb des Lagers benötigt wurden. Die in dieser Baracke aufbewahrten Werkzeuge waren mit Sachverstand eingeräumt, aber dort standen auch große, sehr schwere Fässer, deren Inhalt chemische Produkte waren, die als Basis für die Herstellung von Farben und Lacken dienten.

Nachdem die SS-Leute gegangen waren, breitete sich betretenes Schweigen aus. Nun mußten wir an die Ausführung der Arbeitsanweisungen gehen.

Wir mußten alle in dem Lagerraum vorhandenen Materialien vollständig ausräumen. Das aus Brettern gebaute Gebäude mochte vier Meter lang und sechs Meter tief sein. Es wurde durch eine breite, zweiflügelige Tür verschlossen. Ein Fenster auf der linken Seite ließ Tageslicht herein. Dieses Fenster war außen mit zwei hölzernen Fensterläden versehen. Wenn am Eingang nicht zwei Stufen gewesen wären, so hätte die Baracke gut als Garage für ein Fahrzeug mittlerer Größe genutzt werden können.

Als wir am nächsten Tag wieder an die Arbeit gingen, stellten wir fest, daß die Tischler aus dem Lager schon fleißig am Werke gewesen waren. Die Arbeiten hatten in unserer Abwesenheit Fortschritte gemacht und sich ausgeweitet. Die Fensterläden waren mittels eines Brettes verbarrikadiert worden. Auf der Seite war unten an der linken Außenwand in der Nähe der Eingangstür ein 30 oder 40 Zentimeter großer quadratischer Kasten angebracht worden. Die SS-Leute, die wir am Tag davor gesehen hatten, waren zur Inspektion da, und einer von ihnen erklärte den beiden anderen die Anordnung des Kastens. Innen in den Kasten und in die mit der Baracke verbundene Seite waren zwei Löcher von ungefähr fünf Zentimeter Durchmesser gebohrt worden, die zwei gleich großen Bohrlöchern in der Mauer des Gebäudes entsprachen. Ein hermetisch schließender Deckel sicherte den Verschluß des Kastens.

Die uns als Anstreicherinnen zugeteilte Arbeit bestand darin, alle Ritzen und Spalten, die in der totalen Finsternis, in der wir arbeiten mußten, leicht auszumachen waren, mit Kitt abzudichten.

Die als Tischlerin eingesetzte Österreicherin Johanna Sturm schreibt in ihren Erinnerungen, daß sie die Beendigung der Arbeiten miterlebt hat, aber sie gibt dazu keinen konkreten Zeitpunkt an: es waren zwei Zwischenwände errichtet worden, der Boden mit Fliesen ausgelegt und in der Mitte mit einer durch eine Metallplatte verschlossene Öffnung versehen worden. Sie spricht auch davon, an der Decke befestigte Duschköpfe gesehen zu haben. Da sie seit Gründung des Lagers im Jahre 1939 in Ravensbrück interniert war, kannte sie das gesamte SS-Personal und kam überall herum, auch aus dem Lager heraus, wo sie in den Villen der SS-Leute und in außerhalb des Lagers befindlichen Dienststellen wie der Bauleitung kleine Reparaturen machte. Andere Häftlinge (darunter auch Marie-Claude Vaillant-Couturier, die nachfolgende Aussage am 28. Januar 1946 in Nürnberg machte) haben gesehen, daß die Baracke nach der Befreiung noch stand. In der Erinnerung der Tschechin Dr. Zdenka Nedvedova, der Französin Dr. Adelaïde Hautval und der Holländerin Aat Breur war die Baracke etwas aufgestockt und leer, »in der alles herausgerissen war« und man ein Loch im Dach sah. Im Boden befand sich eine breite Öffnung, in der das Wasser stand. Aat Breur erinnert sich an das Vorhandensein einer Zwischenwand und einer am Boden liegenden schweren, grau angestrichenen Tür mit einem Guckloch mit Klappe.

Es ist unmöglich, den technischen Ablauf einer Vergasung anhand so dürftiger Anhaltspunkte zu rekonstruieren: die zwei kleinen offenen Rohrenden, die Suzanne Hugounencq gesehen hat, könnten der Zuführung von Wasser zu Reinigungszwecken oder zur Ventilation gedient haben oder auch zur Einleitung von Kohlenmonoxid, wenn dieses Gas eingesetzt worden ist. Was das mit Wasser gefüllte Loch in der Mitte anbelangt, so könnte es dem Abfließen von Wischwasser oder von Exkrementen der Opfer gedient haben, aber auch als für die chemische Reaktion zum Freisetzen des tödlichen Gases notwendiger Wasserbehälter, wenn die Blausäure in Pulverform war und nicht an Kieselgur gebunden, wie es bei Zyklon B der Fall ist.

In bezug auf das zum Abdichten der Baracke verwendete Material spricht die Französin unter den Häftlingen von Kitt, die Österreicherin von Gummistreifen, andere von Sperrholz und Kolařik von Blech. Schwarzhuber wußte, wie die Opfer in den Gaskammern im Todeskampf um sich schlugen, und es ist darum gut denkbar, daß Wände und Türen nicht nur abgedichtet, sondern auch verstärkt worden sind.

Zu Beginn des Winters war aus der Kleiderkammer aus nicht erkennbaren Gründen eine Ladung von ungefähr fünfzig Decken ausgeliehen worden. Diese kamen Anfang April zurück und strömten einen süßlich-faden Geruch aus. Die Tschechinnen aus der Kleiderkammer dachten, daß diese Decken auch zum Abdichten verwendet worden sein könnten. Aber nachdem die Zeuginnen in Mauthausen mit angesehen hatten, wie dort Männer vom Revier aus in die Gaskammer gingen, nämlich nackt und in eine Decke gehüllt, glaubten sie, daß die Frauen auf dem kurzen Weg zwischen dem Schuppen, in dem sie sich ausgezogen hatten, und der Gaskammer sich möglicherweise eine Decke umgehängt hatten, als ob sie zur Dusche gingen.

In der Vergasungsbaracke war eine Zwischenwand eingezogen worden. Durch diese Zwischenwand entstand ein kleiner, vor der eigentlichen Gaskammer liegender Vorraum. Die Gaskammer könnte demzufolge eine Größe von ca. 6 mal 4 Meter gehabt haben und der kleine Vorraum von ungefähr 3 mal 4 Meter (Schwarzhuber spricht zwar von 9 Meter Länge, aber er macht keine genaueren Angaben dazu, ob sich dies auf die ganze Baracke oder auf die darin befindliche Gaskammer bezieht). Die Fläche der Gaskammer könnte also in der Größenordnung um die 20 Quadratmeter gelegen haben. Nach dem zu urteilen, was wir über die Größe der Gaskammern in den sogenannten »Euthanasie-Zentren« für Geisteskranke wissen oder über die Fläche auf den Vergasungs-Lkw, rechnete man mit ca. zehn Personen pro Quadratmeter. Die Gaskammer in Ravensbrück könnte demnach eine Aufnahmekapazität von etwa 180 bis 200 Personen gehabt haben. Schwarzhuber spricht von 150 Personen.

Während des Winters 1944-1945 baute Emmanuel Kolařik für den Kommandoführer des Krematoriums, Walter Schenk, der auch Leiter der Lager-Feuerwehr war, Regale in dem bereits mehrfach erwähnten Schuppen ein, der in die aus der Lagermauer und der Mauer des Krematoriums gebildete Ecke hineingebaut war. Von dort aus hat er durch den aus Schilf gefertigten Palisadenzaun hindurch und mit dem geheimen Einverständnis seines SS-Aufpassers, der Slowake war, mit angesehen, wie die männlichen Häftlinge – es waren Juden, behauptete er – des Krematoriums-Kommandos, bekleidet mit derben Schürzen aus Jutegewebe, die Körper der toten Frauen mit großen Haken hinter sich her zogen und wie Brennholz an der Mauer des Krematoriums aufstapelten. Die Leichen wurden, wie E. Kolařik hinzufügt, an der Seite durch eine breite, nach unten aufgehende Klapptür aus der Baracke herausgebracht.

Die Frage, wann die Vergasungen begannen und wann sie eingestellt wurden
Schwarzhuber benennt den Zeitpunkt, zu dem die Anordnung der Massentötungen erfolgt sei, mit Ende Februar 1945 und den der ersten Selektionen mit den ersten Tagen danach.

Ruth Neudeck hingegen gibt an, sie habe von Ende Januar ab die Frauen bis zur Gaskammer begleitet, und die ersten Selektionen hätten Mitte Januar stattgefunden. In der Chronologie des Frauenkonzentrationslagers Ravensbrück, die »dem am 1. April 1965 vorfind-lichen Stand der wissenschaftlichen Forschungsarbeiten entspre-chend« in Ostberlin erarbeitet wurde, ist zu lesen, daß der Abtrans-port der Frauen, die der ersten Selektion im Jugendlager zum Opfer fielen, am 28. Januar stattgefunden habe.

Auffälligerweise hat Ruth Neudeck nach ihrer Verurteilung in ihrer dritten Aussage behauptet, an den Vergasungen erst in der zweiten Februarhälfte beteiligt gewesen zu sein. Zweifelsohne ver-suchte sie im nachhinein, ihre Angaben an die von Lagerführer Schwarzhuber anzupassen, der den Zeitraum, während dessen die Vergasungen stattfanden, und die Anzahl der Opfer systematisch heruntergespielt hatte.

In den Notizen, die sie im Jugendlager festgehalten hatte, schreibt ein deutscher Häftling, Gisela Krüger, daß man am Abend des 8. Februar alle amputierten Frauen abgeholt habe, die am Morgen desselben Tages auf eine Liste gesetzt worden waren. Andererseits trafen, wie wir gesehen haben, die ersten Listen vergaster Frauen bereits Mitte Februar im Büro des Arbeitseinsatzes ein.

Als Zeitpunkt der Beendigung der Morde in der Gaskammer wird von zahlreichen Häftlingen und mehreren SS-Angehörigen Anfang April angegeben, nach den großen Vergasungsaktionen in der Kar-woche. »Die Gaskammer wurde in die Luft gesprengt«, so lauten mehrere Zeugenaussagen.

Wie aber kann eine einfache Baracke aus Holz in die Luft ge-sprengt worden sein, zumal sie doch von zahlreichen Häftlingen nach dem 1. Mai zwar verwüstet, aber immer noch stehend gesehen worden ist?

Außerdem besagen mehrere Zeugenaussagen, daß die Vergasun-gen noch mindestens bis zum 23. April fortgesetzt wurden.

Der SS-Arzt Dr. Winkelmann hat erklärt, er habe noch am 23. April eine Selektion durchgeführt.

Marie-Claude Vaillant-Couturier notierte in ihrem im Lager geführten Tagebuch: »22. April: Es werden Frauen für das schwedi-sche Rote Kreuz erfaßt und 16 Tuberkulosekranke aus Block 10 ins Gas geschickt.« Bis auf einen Tag genau und mit einer zahlenmäßi-gen Abweichung von zwei kranken Frauen kommt von der Blockältesten des Blocks 10 dieselbe Information: »Am Morgen des 23. April gehen 18 Kranke in die Gaskammer.«

Dr. Adelaïde Hautval notierte nach der Befreiung, im Juli 1945: »Selbst in dem Moment, als die Frauen nach Schweden abfuhren, wurden die Vergasungen im Lager fortgesetzt. Angesichts dessen wagten wir nicht mehr, Listen von Kranken für das schwedische Rote Kreuz aufzustellen, und zwar aus Angst, diese Listen würden nur für die Gaskammer verwendet werden.«

Wie nun weiter? Was für eine Gaskammer haben die SS-Leute da Anfang April in die Luft gejagt, und zwar zum selben Zeitpunkt, als sie die rund 110.000 Karteikarten der Häftlinge aus den Büros holten, um sie zu vernichten?

Den Schlüssel zur Aufklärung des Problems kann uns eine im Rahmen des Prozesses gegen den obersten Chef der Konzentrationslager, SS-Obergruppenführer Oswald Pohl, in Nürnberg gemachte Zeugenaussage liefern: Walter Jahn, ein deutscher politischer Häftling und Funktechniker von Beruf, der, wie der Tscheche Kolařik auch, von 1941 bis zum April 1945 im Männerkonzentrationslager Ravensbrück saß, hatte die Anweisung erhalten, die elektrische Anlage für eine hypermoderne Doppel-Gaskammer zu installieren, mit deren Bau im Oktober 1944 begonnen worden war. Sie wurde mit Mühe und Not Ende März 1945 fertiggestellt, zweimal durch Pohl, begleitet von Höß, dem ehemaligen Kommandanten von Auschwitz, inspiziert und Anfang April zerstört, ohne, wie es scheint, je benutzt worden zu sein. Ihr Tarnname war »die Neue Wäscherei«, und sie lag genau auf der anderen Seite der nördlichen Lagermauer, auf gleicher Höhe mit dem Revier und neben dem neuen Block für die Kleider-Desinfektion.

Eine Erklärung für dieses im Jahre 1944 begonnene Bauwerk liefert die Zeugenaussage von Gertrud Lichtenstein, einer Deutschen, die die Sekretärin von Unterscharführer Conrad, des SS-Verantwortlichen für Materialfragen, war. Sie sagte aus, daß Kommandant Suhren seit dem Herbst 1944 den Bau einer Gaskammer angeordnet habe. Eine Österreicherin, Anni Rudroff, Sekretärin des Schutzhaftlagerführers Bräuning, hatte im Oktober 1944 auf dem Schreibtisch ihres Chefs eine von Himmler unterzeichnete Weisung liegen sehen, in der angeordnet wurde, »2.000 Frauen pro Monat zu liquidieren, und zwar schon rückwirkend für sechs Monate zuvor«.

Der Häftling Kolařik aus dem Arbeitskommando für den Neubau von Blocks im Frauenlager wußte von der Existenz der »Neuen Wäscherei«. Sie war ein mit Kunststein verkleideter Ziegelbau und bot von außen her einen absolut harmlosen Anblick. Die Maurer aus dem Männerlager hatten den Bau hochgezogen. Es ist interessant festzuhalten, daß zu dem Zeitpunkt, da Himmler die Einstellung der Vergasungen in Auschwitz anordnen sollte, er rund achtzig Kilometer nördlich von Berlin im Lager Ravensbrück eine Doppel-Gaskammer mittlerer Kapazität bauen ließ (siehe dazu die Skizze im Anhang 3).

Die Betreiber der Gaskammer

Schwarzhuber hat in seiner Aussage Hauptsturmführer Moll als den für die Vergasungen Verantwortlichen bezeichnet, so wie er selbst es für die Hinrichtungen war. Walter Schenk, der Kommandoführer des Krematoriums, nennt gleichfalls diesen Namen als Leiter jenes fünf Männer umfassenden Kommandos, das aus Auschwitz gekommen war, um »die Arbeit zu erledigen« – das nächtliche Vergasen und Verbrennen der Leichen (vgl. dazu seine Aussage weiter vorn).

Schwarzhuber sprach nicht von Molls vier SS-Gehilfen. Er sagte, Moll sei von acht männlichen Häftlingen unterstützt worden, aber es spricht einiges dafür, daß nur SS-Fachkräfte und nicht Häftlinge es vermochten, die nackten Frauen in geschlossenem Gänsemarsch[98] von dem Schuppen, in dem sie sich entkleidet hatten, über die drei oder fünf Meter bis zu der Baracke, in der die Gaskammer war, zu treiben.

Die Häftlinge dürften eher dazu eingesetzt worden sein, die Leichen (die wild durcheinander lagen, was dann den Gebrauch von

---

98 »Im Gänsemarsch«, sagt Ruth Neudeck. »Eine ganz dicht hinter der anderen«, schrieb ein männlicher tschechischer Häftling aus dem Krematoriums-Kommando auf einem über die Mauer des Krematoriums geworfenen Zettel. Diese Technik wird auch von SS-Leuten beschrieben, die in Chelmno, Treblinka und Auschwitz Vergasungen vorgenommen haben, und man findet sie auch auf den wenigen von der SS aufgenommenen Fotos wieder.

Haken erforderlich machte, wie der Tscheche schrieb) aus der Gaskammer in den Kohlenhof des Krematoriums zu zerren und den Raum hinterher zu reinigen. Der Tscheche aus dem Krematoriumskommando, dessen Name nicht bekannt ist und der schrieb, daß er sich dessen bewußt war, er würde nicht davonkommen, hat auch vermerkt, daß die wenigen Frauen, die sich nach der Vergasung zwischen den Leichen noch bewegten, durch Schläge mit einer Schaufel vollends totgemacht wurden. Eine als Sekretärin im Revier tätige Österreicherin hat miterlebt, wie eines Morgens sichtlich durcheinander ein slowakischer SS-Mann erschien, der in ihrer Gegenwart zu Dr. Treite sagte: »Da sind welche, die bewegen sich noch.«

Im Gegensatz zu der Verfahrensweise bei den Hinrichtungen, bei denen Dr. Treite und der Zahnarzt Hellinger zugegen waren, scheint bei den Vergasungen kein Arzt anwesend gewesen zu sein, um den Tod der Verurteilten festzustellen. Bis heute sind uns keine genauen Anweisungen aus Berlin bezüglich der Durchführung einer Vergasung bekannt, wohingegen es sechs Seiten detaillierter, von Himmler am 6. Januar 1943 unterzeichneter Instruktionen zu den in den Konzentrationslagern durchgeführten Hinrichtungen gibt. Dort steht in bezug auf Hinrichtungen zu lesen (§ III A a), daß der Lagerarzt dabei zugegen zu sein hatte. Bei den in Auschwitz und Mauthausen vorgenommenen Vergasungen stand immer ein Arzt am Eingang zu den Gaskammern. Und der SS-Apotheker oder ein Arzt brachten ganz kurz vorher die Büchse bzw. die Büchsen mit dem Zyklon B. Was Ravensbrück anbelangt, so wissen wir nicht, wer die Giftbüchsen brachte und wo sie gelagert wurden – es sei denn, daß man ein anderes Gift als Zyklon B verwendete. Nur Ruth Neudeck hat zweimal hintereinander die Anmerkung gemacht, daß irgendein beliebiger, mit einem weißen Arztkittel bekleideter SS-Mann sich kurzzeitig bei den schon entkleideten Frauen aufhielt.

Wir konnten nicht abklären, ob der Zahnarzt Hellinger den vergasten Frauen die Goldzähne herauszog, wie er dies – so schrieb er selbst – bei den durch Genickschuß hingerichteten Häftlingen gleich am Hinrichtungsort tat. Es ist nicht ausgeschlossen, daß diese Arbeit von seinen »Helferinnen« erledigen ließ, beispielsweise durch die schurkische Gefangene Vera Salveguart, Leiterin des »Reviers« im

Jugendlager, die tagsüber Gift und Spritzen verabreichte und oftmals abends verschwand.

Darüber, daß es in Ravensbrück Zyklon B gegeben hat, besteht kein Zweifel: in den von Alfred Zaun, dem alten Buchhalter der Firma Tesch und Stabenow, ausgefertigten Belegen kann man nachlesen, daß er für das Jahr 1943 351,5 Kilogramm Zyklon B ins Konzentrationslager Ravensbrück geliefert hat (und 12.174,09 Kilogramm nach Auschwitz!). Das ist jedoch kein Beweis dafür, daß dieses tödliche Desinfektionsmittel in der Gaskammer eingesetzt wurde. 1943 war dieses Produkt möglicherweise für den Block bestimmt, in dem Kleidungsstücke desinfiziert wurden, vor allem SS-Uniformen, die in den Werkstätten des Lagers gereinigt und ausgebessert wurden. Den Angaben des deutschen Häftlings Gertrud Lichtenstein zufolge, die eine der Sekretärinnen des SS-Mannes Conrad, Leiter der Materialverwaltung, war, war es dieser SS-Mann, der das Zyklon B bestellte, so wie er auch Waschmittel, Farbe und andere Produkte orderte, ebenso wie er wegen der Instandhaltung der Verbrennungsöfen Beziehungen zu der Firma Kori in Berlin unterhielt. Bei seinem Prozeß erklärte Conrad, von Zyklon-B-Dosen nichts zu wissen. Er sagte, dies sei vielmehr Angelegenheit eines dem Chefarzt unterstehenden Krankenpflegers gewesen.

Wo überall holten die Zulieferfahrzeuge für die Gaskammer ihre Opfer ab?
a) Hauptsächlich im kleinen Vernichtungslager Uckermark
Wie Anni Hand, Sekretärin des Arbeitsbüros, aussagt, die die entsprechenden Listen in der Hand hatte, wurden zwischen Mitte Januar und Mitte April 1945 rund 6.000 Frauen aus dem großen Lager herausgeholt und nach Uckermark verbracht: es waren dies die Strickerinnen, die Inhaberinnen von »rosa Karten«[99], kranke und ältere

---

99 Ende 1943 gab die Lagerverwaltung an ältere Frauen, die in den Blocks blieben und damit beschäftigt wurden, Socken aus grauer Wolle zu stricken, rosa Karten aus, die, wie ihnen gesagt wurde, dazu gedacht waren, sie von schweren Arbeiten freizustellen. Tatsächlich stellten diese Karten eine Vor-Selektion dar. Auf den im Revier geführten Gesamtlisten der Häftlinge hatten die Inhaberinnen der rosa Karten neben ihren Namen die Anmerkung »RK« stehen. Es war demzufolge,

Frauen sowie 1.800 Polinnen, die älter als vierzig Jahre und gewöhnliche aus Warschau Evakuierte waren, und einige ungarische Jüdinnen. Von diesen 6.000 Frauen fanden sich 3.600 auf den Listen derer wieder, die vergast worden sind, wobei diese Listen als solche für die Abfahrt ins Sanatorium Mittwerda getarnt wurden. Und ungefähr 1.000 bis 1.500 Frauen sollten anderen im Jugendlager praktizierten Tötungsmethoden zum Opfer fallen. 1.000 bis 1.500 Überlebende kehrten gegen Mitte April in das große Lager zurück.

b) Direkt in den Krankenblocks

Ab Anfang Februar kam ein SS-Arzt, hauptsächlich Dr. Winkelmann (aber auch Dr. Trommer und Dr. Treite) zu Selektionszwecken in die Krankenblocks, ließ die Frauen vor sich aufmarschieren und machte an einige Namen ein Kreuz. Diese mit einem Kreuz versehenen Namen wurden zu einer Liste in zweifacher Ausfertigung zusammengefaßt. Einige Tage später, oft war es sonntags, tauchte bei Einbruch der Dunkelheit plötzlich ein Lkw vor den betreffenden Krankenblocks auf. Ein SS-Mann hatte die Liste in der Hand. Die Frauen wurden eine nach der anderen namentlich aufgerufen und unter einem Hagel von Gebrüll und Schlägen im Hemd auf den Lkw gestoßen. 40 Frauen pro Lastauto. Der Lkw erledigte zwei oder drei Touren. Manchmal hörten wir, wie er um die Küchengebäude herumfuhr und direkt auf der anderen Seite der westlichen Lagermauer in der Nähe des Krematoriums anhielt. Sieben oder acht Minuten danach kam er wieder. Mitunter verlor sich das Motorengeräusch. Später erfuhren wir durch eine irrtümlich dorthin gebrachte Krankenschwester, daß der Lkw die Kranken dann im Jugendlager ablud.

Zu Anfang dieses Jahres 1945, als das Lager stark überbelegt war, gab es zwei Krankenreviere und sieben Krankenblocks. Bei jeder Selektion wurden 80 bis 120 Frauen abgeholt, aber wie viele Selektionen haben zwischen dem 26. Januar und dem 23. April stattgefunden?

wenn die Zeit heran war, ein leichtes, eine Liste der Frauen zusammenzustellen, die in ein Vernichtungslager geschickt werden sollten.

c) Im Zelt

Ende August 1944 treffen Tausende polnischer Frauen, die gewöhnliche aus Warschau Evakuierte waren, und mehrere Hundert im Sterben liegender ungarischer Jüdinnen im Lager ein. In einer morastigen Senke, in der man keinen Block hatte errichten können, wird nun ein Zelt aufgebaut. Dort hinein pfercht man auf nacktem Sandboden diese Neuzugänge, dann Französinnen und später eine ganze Gruppe von Zigeunern, alten Leuten, Frauen und Kindern – ohne Wasser, ohne Licht; nur ein paar Abortanlagen werden draußen rings um das Zelt installiert. Aus diesen widerlichen Kloaken holt man jeden Morgen ein Dutzend toter Frauen heraus. Im Februar 1945 bezieht ein Kordon SS-Leute mit der Maschinenpistole in der Faust rund um das Zelt Stellung, Tag und Nacht und unter starker Scheinwerferbeleuchtung. Eine Französin berichtet, wie die SS-Leute in einer Februarnacht plötzlich in das Zelt eindrangen und die Zigeuner herausholten – zuerst die Kinder, die ihren schreienden Müttern entrissen wurden, dann die Erwachsenen. Wie viele es genau waren, ist nicht bekannt. Mindestens zwei weitere Gruppen ausgemergelter, entkräfteter Frauen sind tagsüber abtransportiert worden, wobei jede Gruppe aus ca. 60 Personen bestand.

Ende Februar oder Anfang März wird innerhalb von zwei Tagen das Zelt abgebaut und der angefallene Berg Unrat fortgeschafft. Der Platz sieht so sauber und ordentlich aus, als ob hier nie etwas gewesen wäre. Das von den Alliierten am 23. März 1945 aufgenommene Luftbild zeigt deutlich diesen leeren, unbebauten Raum zwischen den Blocks 24 und 26.

Keinerlei Spuren sind von dieser Untat zurückgeblieben, keine Liste, kein ausgeschriebener Befehl. Einzig Kommandant Suhren bekundete bei seinem Prozeß einen gewissen Stolz darauf, daß es ihm gelungen war, zu einer Zeit, wo es nirgendwo mehr irgend etwas gab, zwei Zelte aufgetrieben zu haben.

d) Im Außenkommando Rechlin-Retzow

Am 14. Februar 1945 wurden 2.000 Frauen, darunter zahlreiche Französinnen, in dieses kleine, in einem Luftwaffenstützpunkt befindliche und dreißig Kilometer nördlich von Ravensbrück gelegene

Lager geschickt. Die Behandlung dort war auf Massenvernichtung ausgerichtet, genauso wie in Uckermark: die halbe Ration an Essen wurde unter freiem Himmel ausgereicht, es gab keine Zudecke, zwölf von vierundzwanzig Stunden durfte man nicht zur Toilette gehen, die Appelle dauerten sechs bis acht Stunden pro Tag, und die Häftlinge waren in unbeschreiblicher räumlicher Enge in einem ehemaligen »Festsaal« eingepfercht. Die wenigen Arbeitskolonnen, dazu eingesetzt, Erdgräben für die Flugzeuge, die im übrigen bald darauf woanders hinverlegt wurden, zuerst auszuheben und dann wieder zuzuschütten, erhielten auch nur eine einzige Mahlzeit pro Tag. Gleiches traf auf die Kolonnen zu, die im Wald unnötige Transporte von Baumstämmen durchführten.

Von den insgesamt 2.000 Frauen starben, wie im Jugendlager auch, jeden Tag dreißig bis vierzig eines »natürlichen« Todes. Es wurde dort nicht mit Gift gemordet und auch nicht mit der Spritze, aber im März und April erschien zweimal hintereinander die Selektions-Mannschaft aus Ravensbrück und holte die Kranken aus dem Revier. Sie spulten ihr komplettes Szenario einer zweifachen Selektion ab, das genau dem glich, das auch in den Krankenblocks von Auschwitz vonstatten ging, so die Aussagen von Dr. Ilsa Freund, die von dort kam. Dr. Treite und der Leiter des Arbeitsbüros, Pflaum, waren da, zusammen mit weiteren SS-Leuten, deren Namen nicht bekannt geworden sind. Wenn der Tag zuende war, transportierten jedesmal zwei Lastwagen die Kranken ab. Diese kranken Frauen sind niemals im Lager Ravensbrück angekommen. Es wird vermutet, daß man sie auf direkten Wege in die Gaskammer gefahren hat.

Anfang März wurde ein Teil der französischen Frauen aus Rechlin nachts nach Ravensbrück zurückgebracht. Ein nach Nationalitätsgesichtspunkten zusammengestellter Transport – das hatte es noch nie gegeben: zweifelsfrei sollten die Unterhandlungen mit dem Roten Kreuz in Genf beginnen. Die zum Skelett abgemagerten Frauen, dunkelhäutig durch Sonneneinwirkung und Schmutz und blicklos, wurden zuerst im hinteren Teil des Lagers hinter Stacheldraht eingesperrt und dann am 15. März ins Jugendlager geschafft. Am 27. und am 30. März kommen wiederum Lastautos nach Rechlin, um die Häftlinge in ein »Erholungslager« zu transportieren. Die Frauen von diesen beiden Lastwagen sind nie wieder aufgetaucht. Am 15. April werden die restlichen Französinnen auf Lkws verladen und kommen wirklich in Ravensbrück an. Eine letzte Selektion findet vor den Duschräumen statt.

e) Bei der Ankunft der Züge
Die polnische Historikerin Wanda Kiedrzynska schätzt ein, daß mehrere aus den Außenkommandos kommende Gruppen von Frauen vergast worden sind, ohne in das Lager hineingekommen zu sein: es waren dies Frauen, die aus den Fabriken zurückgeschickt worden waren, Frauen, die bei Bombenangriffen Verletzungen davongetragen hatten, Opfer von Arbeitsunfällen oder Frauen, die durch die vor dem Vormarsch der Russen her erfolgenden Evakuierungsmärsche der Konzentrationslager ausgelaugt und am Ende ihrer Kräfte waren. Mehrere andere Häftlinge haben diese bejammernswerten Transporte hinter den Küchengebäuden außerhalb des Lagers stehen sehen. Am Morgen des 23. April, während die Kolonne französischer Häftlinge zur Abfahrt nach Schweden am Schlagbaum des Lagers bereit stand, sahen sie vom Bahnhof her kommend und, ohne das Lager zu betreten, in Richtung Krematorium gehend eine Kolonne deutscher asozialer Frauen im letzten Stadium von Entkräftung und Geistesverwirrung.

f) Im Männerlager
So wie es unter den Männern von Ravensbrück Opfer der Aktion 14 f 13 gegeben hat, waren die Männer auch von den 1945 stattfindenden Vergasungen betroffen. Die junge Gisela Krüger hat im Jugendlager eine Liste tuberkulosekranker Männer gesehen, die mit folgender Anmerkung versehen war: »Die Leitung des Lagers und der Chefarzt lehnen eine weitere Behandlung ab, da die Patienten unheilbar krank sind.« Diese tuberkulosekranken Männer belegten einen anderen Teil der unheimlichen »Turnhalle«, wo man die Frauen zur Abfahrt in die Gaskammer bereithielt. Eine Schilf-Palisade trennte das Jugendlager in zwei Hälften. Beim Bau dieser Palisade hatte der Tscheche Kolařík mitgearbeitet.

Ruth Neudeck, die Lagerleiterin des Jugendlagers gewesen ist, erklärte:

> Ich weiß, daß in dieser Baracke zusammen mit den 60 Frauen, die ich von Uckermark hergebracht hatte, gleichzeitig eine noch größere Anzahl (von Häftlingen) aus dem Männerlager vergast wurde; ich habe sie öfter warten sehen, wenn ich mit meinen Transporten ankam.

5. *Massentötung in mobilen Vergasungsanlagen*

Vom Jahre 1942 an existieren – zunächst in vereinzelter Zahl, am meisten jedoch zu den Vergasungen des Jahres 1945 – reichlich fünfzehn Zeugenaussagen, in denen Vergasungen geschildert werden, die in einem Lastwagen oder in einem an eine Grüne Minna erinnernden Autobus und in einem Eisenbahnwagen der holländischen Bahngesellschaft durchgeführt wurden, der auf einem Abstellgleis hinter den Siemens-Werkstätten in einem Kiefernwäldchen stand.

Wir berufen uns unter diesen Zeugenaussagen besonders auf die der Lagerführerin des Jugendlagers, Ruth Neudeck, auf die der Historikerin Wanda Kiedrzynska, auf die Aussage von Grete Buber-Neumann sowie auf die zweier Ärzte und ehemaliger Häftlinge, die den Waggon noch bei der Befreiung gesehen haben und die die sowjetischen Behörden auf ihn aufmerksam machten: es sind dies der Franzose Dr. H. Ximènes und die Tschechin Dr. Tauferova.

In die zu diesem Gegenstand vorhandenen sowjetischen und ostdeutschen Quellen konnte noch kein Einblick genommen werden. Diese Quellen dürften weitergehende Informationen erbringen, die bis dato fehlen.

Quellenangaben zu Anhang 1

ADIR Association Nationale des anciennes déportées et internées de la Résistance, Paris (Nationaler Verband ehemals deportierter und internierter weiblicher Résistance-Angehöriger, Paris)
CDJC Centre de documentation juive contemporaine, Paris (Jüdisches Dokumentationszentrum zur Neuesten Geschichte)
ZSL Zentralstelle der Landesjustizverwaltungen, Ludwigsburg

Die Original-Archivunterlagen der Gerichtsverfahren, die in der britischen Besatzungszone stattfanden, befinden sich im Public Record Office in London. Das Ludwigsburger Forschungszentrum zu Naziverbrechen besitzt Kopien der meisten Prozeß-Unterlagen.

1. Die Tötungen in der Gaskammer der »Euthanasie-Anstalt« Bernburg
Selektion (S. 357)
Buber-Neumann, Margarete: *Déportée à Ravensbrück (Prisonnière de Staline et Hitler)* (»Als Deportierte in Ravensbrück (Gefangene bei Stalin und Hitler)«), Paris, Ed. du Seuil, 1988.
Buchmann, Erika: *Die Frauen von Ravensbrück*, Berlin, Kongreß Verlag, 1959.
Fisher, Maria: Zeugenaussage, protokolliert durch die VVN (Vereinigung der Verfolgten des Naziregimes), 1946.

M. Adamska (S. 359):
Großer Hamburger Prozeß, 1946-1947, Verfahren 225.

Dürnholz, Gerber (S. 360):
Prozeß gegen den Lagerführer des Männerlagers, Rudolf Beer, 1964, 409 ARZ 115/64, ZSL Ludwigsburg.

Dr. Mennecke (S. 361):
Frankfurter Prozeß, 1967, JS 18/67 StA, ZSL Ludwigsburg.
Bernburg (S.591/309): Kogon, Eugen: L'Etat SS (Der SS-Staat), Ed. du Seuil, 1970.

Dr. Eberl (S.364):
Rückerl, Adalbert: *NS-Vernichtungslager*, Deutscher Taschenbuch Verlag, 1979.

2. Die Transporte nach Auschwitz und Lublin
Zahlenangaben (S. 364):
Arndt, Ino: *Das FKL Ravensbrück*, Vierteljahreshefte für Zeitgeschichte, Heft 21/1970.
Judenfrei (S. 364):
Weisung des RSHA, Dok. Nürnberg Nr. 2524, Kopie bei CDJC, CXXXIV-49.

Überlebende (von Auschwitz) (S. 365):
Le Tac, Yvonne: Zeugenaussage, protokolliert von Germaine Tillion.

3. Das Schicksal der »verrückt gewordenen« Häftlinge
Abtransport (S. 365):
Müller, Charlotte: *Die.Klempnerkolonne in Ravensbrück.*
Zeugenaussage von Madeleine Laurent, in: Renault, Maisie: *La Grande Misère* (»Das große Elend«), ADIR, 1946 und 1987.

Dr. Treite (S. 366):
Großer Hamburger Prozeß, op. cit.

4. Die Tötungen in der Gaskammer von Ravensbrück
Tuberkulosekranke Frauen (S. 367):
Buchmann, Erika, op. cit.

Uckermark (Jugendlager) (S. 367):
Buchmann, Erika, op. cit.
Amicale de Ravensbrück (Vereinigung ehemaliger Ravensbrück-Häftlinge) und ADIR: *Les Françaises à Ravensbrück* (»Französische Frauen in Ravensbrück«), Paris, Gallimard, 1965.
Weinzierl, Erika: Österreichische Frauen in nationalsozialistischen Konzentrationslagern, in: Dachauer Hefte, Heft 3/1987, Dachau.

Als Ärztin tätiger Häftling (S. 367):
Zeugenaussage von Dr. Dora Rivière, protokolliert von Geneviève de Gaulle-Anthonioz, ADIR, 1958.

Häftlings-Verzeichnisse (S. 369):
Zeugenaussage von Ilse Hunger, 1946 protokolliert durch die VVN; sowie den Sowjets übergebener Bericht von 1945.

Kommandant Suhren (S. 369):
Rastatter Prozeß, französische Zone, 1949.

Schwarzhuber (S. 371):
Großer Hamburger Prozeß, op. cit.

Neudeck (S. 372):
Hamburger Prozeß, 1948, Verfahren 326, WO 235/516 A, 516 B.

Schenk (S. 376):
Hamburger Prozeß, 1948, Verfahren 333, WO 235/526, 527.

E. Kolařik (S. 378):
Aussage unter Eid, 1945; sowie Bericht, Verband ehemaliger tschechischer Deportierter, Prag 1945.

Tschechische weibliche Häftlinge (S. 378):
Acht ehemalige weibliche Häftlinge: *Ravensbrück*, Nase vojsko, Prag 1961.

Hugounencq (S. 379):
Zeugenaussage, veröffentlicht in *Voix et Visages,* Heft 176, ADIR, 1981.

Sturm (S. 380):
Zeugenaussage, veröffentlicht in Sturm, Hanna: *Die Lebensgeschichte einer Arbeiterin vom Burgenland nach Ravensbrück*, Wien, Verlag für Gesellschaftskritik, 1982.

G. Krüger (S. 383):
Dem Amt zur Ermittlung von Kriegsverbrechen übergebene Zeugenaussage, 1946 (Herr de Menthon).

Winkelmann (S. 383):
Großer Hamburger Prozeß, op. cit.

Dr. Hautval (S. 384):
Zeugenaussage von Frau Dr. Hautval, ihr Tagebuch, 1946.

W. Jahn (S. 384):
Aussagen im Rahmen des Prozesses gegen Pohl in Nürnberg, Dok. NO 3109, NO 3110, NO 3111, als Mikrofilm vorhanden in den Washingtoner Archiven (über Kopien nichts bekannt).

»Neue Wäscherei« (S. 385):
Zeugenaussagen von W. Jahn, E. Kolařik, Dr. A. Hautval und Frau Koehler beim Prozeß gegen Suhren.

Lichtenstein (S. 387):
Prozeß gegen Conrad in Hamburg, Verfahren 333, 1948.

Österreicherin (Revier) (S. 386):
Interview mit Antonia Bruha, geführt von Anise Postel-Vinay in Wien, 1983.
Weinzierl, Erika, in: Dachauer Hefte, 1987, op. cit.

Tesch und Stabenow (S. 387):
Dok. Nürnberg, NI 11937; Kopie bei CDJC, Dok. II.

Conrad (S. 387):
Hamburger Prozeß, op. cit.

Anni Hand (S. 387):
Großer Hamburger Prozeß, op. cit.

Abtransport von Kranken (S. 388):
Zeugenaussage von Paulette Charpentier, bei ADIR, 1983.
Nikiforova, Dr. Antonina: *Nie mehr wieder*, Moskau 1957.

Rechlin (S. 389):
Zeugenaussage von Dr. Suzanne Mengin, Interview geführt von Anise Postel-Vinay, 1982.

Mobile Vergasungsanlagen (S. 392):
Zeugenaussage von Dr. Mlada Tauferova, übergeben an sowjetische Offiziere, 1945; Kopie bei ADIR.

Anhang 2

*Grundzüge einer Chronologie des Konzentrationslagers Ravensbrück
(von der Lagereröffnung am 18. Mai 1939 bis zur Befreiung
am 30. April 1945)*

Diese Chronologie entstand dadurch, daß Fakten, die sich die Häftlinge heimlich aufgeschrieben hatten, verglichen und abgestimmt wurden mit den wenigen, bruchstückhaften Originalunterlagen, die der Vernichtung der Archive entgangen waren; sie wurde ergänzt durch Teile der im Jahre 1965 von einer wissenschaftlichen Forschungseinrichtung in Ostdeutschland erarbeiteten Chronologie.

1939

18. Mai: Eröffnung des Lagers mit einem Bestand von 867 weiblichen Häftlingen (860 Deutsche und 7 Österreicherinnen); zahlreiche Bibelforscherinnen, die von der Festung Lichtenburg kommen und ihre alte Häftlingsnummer beibehalten. Die Vergabe von Häftlingsnummern in Ravensbrück selbst sollte mit der Nummer 1415 beginnen; Eintreffen von Bibelforscherinnen aus Moringen.
29. Juni: Es treffen 440 Zigeunerfrauen mit Kindern ein; keines dieser Kinder sollte überleben.
August: Die entflohene Zigeunerin Weiss wird wieder eingefangen; die SS-Leute liefern sie halbtot geschlagen den Häftlingen des Strafblocks aus, die sich die ganze Nacht über wegen ihrer Flucht künstlich aufgespielt hatten; sie töten die Frau vollends.
23. September: Ankunft der ersten Polinnen.
Ende Dezember: Die letzte in diesem Jahr vergebene Häftlingsnummer ist (den Angaben von Wanda Kiedrzynska zufolge) die Nummer 2583; es müßten demnach 1.168 Frauen ins Lager gekommen sein.

1940

Im April: Häftlingsnummer 3114 (Armando) vergeben.
6. April: Susi Benesh, eine Österreicherin, wird ermordet.
23. Juli: Eine Asoziale (»Schwarzer Winkel«) wirft sich in den elektrisch geladenen Zaun; ein Transport neueingetroffener Häftlinge muß an ihrem Leichnam vorbeimarschieren.
2. August: Vergabe der Häftlingsnummer 4203 (an Grete Buber-Neumann, eine deutsche Kommunistin, die von Stalin an Hitler ausgeliefert worden war). Die Zahl der Sterbefälle beläuft sich auf vier bis acht pro Monat.

23. August: Eintreffen eines aus Krakau (Polen) kommenden Transports, der die Häftlingsnummern 4308 bis 4433 erhält. Die Gesamtanzahl weiblicher Toter belief sich für das Jahr 1940 auf 84.

1 9 4 1

Zu Beginn des Jahres 1941 befinden sich 550 Zigeunerinnen im Lager.

1. Februar: Hinrichtung der Polin Macejewska.

5. April: Vergabe der Häftlingsnummer 5929 (es ist die der Österreicherin Hermina Salvini). Es müßten nun ca. 4.500 Frauen im Lager sein.

6. Juni: Ankunft von 300 männlichen Häftlingen aus Dachau; sie sollen den Industriehof errichten.

2. Juli: Der Kommandant des Lagers erhält die Weisung, weibliche Häftlinge in seinen Büros einzusetzen; er sieht sich infolgedessen gezwungen, deutschsprachige »Politische« zu beschäftigen.

Im August: Vergabe der Häftlingsnummer 6723 (Adamska). Aufgrund des Ausbruchs einer Kinderlähmungs-Epidemie verläßt die SS für drei Wochen das Lager und läßt die Häftlinge sich selbst verwalten (es könnte dieser Epidemie zuzuschreiben sein, daß die Praxis, neueintreffende Transporte unter Quarantäne zu stellen, wiederaufgenommen wird).

Im September: Häftlingsnummer 7722 vergeben (an Helena Dzydzicka, Polin); sie gehört zu einem Transport Politischer Häftlinge, der die Häftlingsnummern 7521 bis 7935 erhält.

Im Oktober: Eintreffen des ersten Transports mit jungen sowjetischen Frauen.

Im Dezember: 86 Bibelforscherinnen erhalten je 25 Stockschläge, weil sie es abgelehnt haben, Blutwurst zu essen. Fünf Polinnen werden nach Auschwitz geschickt, um hingerichtet zu werden. Eine dreiköpfige Ärztekommission erscheint zur Durchführung einer umfassenden Selektion unter älteren oder kranken Frauen; diese Frauen sollten dann später in kleinen Gruppen nach Buch oder Bernburg geschickt werden, um ermordet zu werden.

1 9 4 2

Während des ganzen Jahres sollten (in Gruppen zwischen zwei und zehn Häftlingen) Hinrichtungen weiblicher polnischer Politischer Häftlinge und weiblicher sowjetischer Kriegsgefangener stattfinden; die Todeskandidatinnen werden namentlich in den Blocks aufgerufen.

Im Januar: Häftlingsnummer 9543 vergeben (gehörte Hilda Synkova, einem tschechischen politischen Häftling).

Vom 3. Februar bis Ende März: Zehn kleine Transporte, sogenannte »Schwarze Transporte«, fahren ab nach Buch bei Berlin und nach Bernburg. Die Häftlinge, die nach Bernburg fahren, sollen vergast worden sein, die nach Buch bei Berlin Gefahrenen mit elektrischem Strom ermordet. (Wie konnten wir dies erfahren haben? Ich weiß es nicht, aber es ist nicht ausgeschlossen, daß dies über die SS-Leute selbst geschah, denn es arbeiteten bereits in zahlreichen Dienststellen des Lagers deutsche politische Häftlinge, die dabei tagtäglich mit einigen von ihnen zu tun hatten.)

(Siehe dazu auch in bezug auf Ravensbrück Kapitel 1 dieses Buches und die Untersuchungen von Anise Postel-Vinay über die Operation 14 f 13 im Anhang 1 sowie Pierre Serge Choumoffs Untersuchungen zu Mauthausen und Gusen im Anhang 2 der französischen Originalausgabe.)

23. bis 26. März: Ein Transport von 1.000 Frauen verläßt das Lager, um in Auschwitz ein »Frauenlager« zu begründen; dieser Tansport umfaßt hauptsächlich deutsche Jüdinnen und deutsche Zigeunerinnen.

Ende März: Ein vor allem aus jüdischen Häftlingen zusammengesetzter Transport fährt ab nach Maidanek (Lublin). Wir wußten, daß sie dort ermordet worden sind.

Im April: Häftlingsnummer 10.000. Es sind jetzt ca. 5.500 Frauen im Lager.

4. April: Das SS-Wirtschaftsverwaltungshauptamt (WVHA) erteilt dem Kommandanten folgende Anweisung: »Wenn eine Bestrafung mit dem Zusatz ›verschärft‹ versehen ist, so hat die Verabreichung der Schläge auf das entblößte Gesäß zu erfolgen, auch bei weiblichen Häftlingen.«

30. April: Rundschreiben des WVHA an die Lagerkommandanten: »Die Leitung der Konzentrationslager liegt in den Händen des (jeweiligen) Kommandanten; er ist verantwortlich für den wirtschaftlichen Erfolg der Werkstätten; der Arbeitszeit sind keine Grenzen gesetzt. Die Amtsgruppe D nimmt die Verteilung der Arbeit vor.«

Im August: Vergabe der Häftlingsnummer 13.055 (an Odette Zelbstein aus Saarbrücken); 200 Frauen aus dem Strafblock und 180 Häftlinge aus »rassischen« Gründen werden nach Auschwitz geschickt; 75 polnische Studentinnen und Oberschülerinnen werden zu den Vivisektions-Experimenten von Dr. Gebhardt benutzt.

14. August: Nina Iwanska wird operiert.

5. Oktober: 622 Frauen werden nach Auschwitz geschickt (522 davon sind Jüdinnen, 90 Bibelforscherinnen, von 10 ist nichts bekannt).

Im November: Vergabe der Häftlingsnummer 14.843 (an Claire Van den Boom, eine Belgierin).

5. Dezember: Vergabe der Häftlingsnummer 15.518. Die offizielle Zahl der Sterbefälle (Angaben wurden im Revier abgeschrieben) beläuft sich im Mai auf 26, im Juni auf 10, im Juli auf 19, im August auf 9, im September auf 19, im Oktober auf 19, im November auf 15 und im Dezember auf 28 (die »Schwarzen Transporte« nicht mitgerechnet).

1943

In den Jahren 1943 und 1944 zählen die Krankenschwestern des Reviers 60 kleine Transporte, die nach Linz zur Vergasung geschickt werden (das macht 30 Transporte im Jahr, also zwei oder drei pro Monat).

Die offizielle Zahl der Sterbefälle beträgt im Januar 10, im Februar 20, im März 30, im April 39, im Mai 30, im Juni 43, im Juli 32, im August 40, im September 35, im Oktober 47, im November 54 und im Dezember 80.

Im März: Abfahrt des ersten Arbeitstransports.

29. April: Die Häftlingsnummer 19.244 wird vergeben (Ankunft eines großen Transports französischer Frauen). Im Lager wird ein Krematorium mit zwei Verbrennungsöfen in Betrieb gestellt – bis dahin waren die Einäscherungen in Fürstenberg erfolgt. (Es sollte später noch ein zweites Krematorium geben, das im Herbst 1944 erbaut wurde.)

Juli: Die Häftlingsnummer 21.649 wird vergeben.

August: Vergabe der Häftlingsnummer 22.068 (an Dr. Zdenka Nedvedova).

September: Die Häftlingsnummer 22.476 wird vergeben. 150 Französinnen fahren ab nach Neubrandenburg.

31. Oktober: Die Häftlingsnummer 24.588 wird vergeben (es ist meine eigene).

1 9 4 4

Es ist mir gelungen, von Januar 1944 an Informationen zu jedem einzelnen Monat zusammenzutragen.

Da ist zuerst einmal die Häftlingsnummer, die an eine der Neueingelieferten des betreffenden Monats vergeben wurde, aber von einigen Fällen abgesehen konnte die jeweilige Frau nicht sagen, ob sie diese Nummer am Anfang, in der Mitte oder am Ende des Monats erhalten hatte.

Angaben über den tatsächlichen Gesamtbestand an Häftlingen im Lager an irgendeinem Tag jedes Monats – diese Zahlen wurden für die SS jeden Tag beim Appell aufgeschrieben – erhielt ich von den im Sekretariat eingesetzten Häftlingen, aber auch hier ohne ganz konkrete Daten.

Die Differenz zwischen einer der laufenden Häftlingsnummern und einer der beim Appell ermittelten Gesamtzahlen entspricht in etwa der Anzahl der Häftlinge, die das Lager Ravensbrück verlassen haben, also entweder freigelassen worden sind (es wurden in der Tat im Verlaufe des ersten Kriegsjahres, also 1939/1940, und während es letzten Kriegsmonats 1945 einige deutsche Häftlinge freigelassen), auf einen Arbeitstransport gingen oder gestorben sind.

Die Angaben über die Sterbezahlen sind hingegen keine In-etwa-Werte: beide Zahlen habe ich von den Sekretärinnen des Politischen Büros und des Reviers bekommen. Die Differenz zwischen den beiden Ziffern gibt die genaue Zahl der Hinrichtungen an.

Unter dem Wort »Hinrichtungen« ist natürlich nicht zu verstehen, daß es sich um die Vollstreckung von Todesurteilen gehandelt hätte, die von einem ordentlichen Gericht verhängt worden wären, aber mit einem gewissen Formalismus gingen diese Tötungen schon einher: am Morgen der Hinrichtung wurden die Opfer in ihren Blocks abgeholt und namentlich aufgerufen. Wir haben noch keine Möglichkeit gefunden, herauszubekommen, wer die Entscheidung gefällt hat, diesen oder jenen Häftling zu töten. Gab es hierfür schriftliche Anweisungen vom Büro Himmler? Oder war es das Politische Büro in Ravensbrück selbst, das sich bezüglich der infragekommenden Häftlings-Kategorien analog nach den in den Männer-Konzentrationslagern angeordneten Exekutionen richtete? (Es war bekannt, daß die sowjetischen Politkommissare sowie auch die polnischen Intellektuellen systematisch abgeschlachtet wurden. Und gerade in Ravensbrück rekrutierte sich anfangs die Mehrzahl der hingerichteten Häftlinge aus polnischen Studentinnen und später aus weiblichen Angehörigen der sowjetischen Armee.)

Januar: Bei einem Appell sind 17.300 Frauen im Lager anwesend. Die offiziellen, im Revier ermittelten Sterbezahlen belaufen sich auf 116 Frauen; die im Politischen Büro vorgenommene Zählung beträgt 120. Es haben vier Hinrichtungen stattgefunden.

In der letzten Januarwoche findet im ganzen Lager eine regelrechte Jagd statt, um alte oder kranke Frauen ausfindig zu machen (es steht schon im voraus fest, daß 900 davon gefunden werden müssen und daß sie auf einen »Schwarzen Transport« gehen sollen – siehe auch die entsprechende Passage in Kapitel 8). Die Frauen werden nach Maidanek (Lublin) geschickt.

Februar: Eine Frau erhält die Häftlingsnummer 27.887; an einem Appell nehmen 18.362 Frauen teil. Nach den Listen im Revier gab es 57 Sterbefälle, nach den Unterlagen im Politischen Büro waren es 68; 11 Hinrichtungen. (Vgl. auch Kapitel 12.)

März: In diesem Monat bekommt eine Frau die Häftlingsnummer 30.806; bei einem Appell sind 20.460 Frauen zugegen. 57 Tote nach den Listen im Revier, nach den im Politischen Büro 59. Zwei Hinrichtungen.

April: eine laufende Häftlingsnummer lautet 38.818; an einem der Appelle dieses Monats nehmen 24.720 Frauen teil. 90 Tote gemäß den Angaben aus dem Revier, 91 nach denen aus dem Politischen Büro; eine Hinrichtung.

An einem Tag im Mai: Es sind 28.078 Frauen im Lager. Sterbezahlen aus dem Revier: 151, Sterbezahlen aus dem Politischen Büro: 192; 41 Hinrichtungen.

An einem Tag im Juni: Eine Frau erhält bei ihrer Einlieferung die Häftlingnummer 42.158; Teilnehmerzahl bei einem Appell: 30.849 Häftlinge. Die im Revier ermittelten Sterbezahlen belaufen sich auf 80 für diesen Monat; die entsprechende Berechnung im Politischen Büro besagt 153; 73 Hinrichtungen.

Arbeitskräfte-Konvois fahren ab nach Neubrandenburg, Hannover-Limmer und Bartensleben.

Juli: Bei einem der Appelle sind 34.041 Frauen anwesend. 85 Tote wurden im Revier gezählt, im Politischen Büro 89.

26. Juli: Der französische Transport trifft ein, der der »46.000er« heißen sollte, denn seine Mitglieder erhalten die Häftlingsnummern 46.824 bis 46.930. Der Transport ist am 14. Juli aus Romainville nach Neubrem abgefahren; am 22. Juli fährt er weiter nach Ravensbrück. In Neubrem können die Frauen durch einen Drahtzaun hindurch sehen, wie Männer gezwungen werden, um ein Wasserbekken herumzurennen; wer nicht augenblicklich dem Befehl gehorcht, hinüberzuspringen oder in die Hocke zu gehen, wird totgeschlagen.[100]

August: eine Häftlingsnummer in diesem Monat war 57.455; zu einem Appell sind 39.258 Häftlinge anwesend. 94 Tote gemäß den Listen aus dem Revier; 106 nach denen vom Politischen Büro.

2. bis 30. August: Mehrere Tausend Häftlinge aus Auschwitz treffen ein.

September: Eine in diesem Monat angekommene Frau erhält die Häftlingsnummer 69.222; an einem Appell desselben Monats nehmen 41.802 Frauen teil. Die im Revier ermittelten Sterbezahlen lauten auf 111; die Berechnungen im Politischen Büro besagen 116.

2. September: Ein Transport mit Arbeitskräften fährt ab nach Leipzig.

Im Laufe des Monats werden mehrere Tausend Frauen (genannt »die aus Warschau Evakuierten«) ins Lager gebracht – es mögen 14.000 sein. Unter ihnen befinden sich katholische Ordensschwestern aus einem polnischen Franziskanerinnen-Kloster; sie werden in ein Zelt gesteckt und sollten fast alle sterben.

Oktober: Häftlingsnummer 78.230; bei einem Appell: 35.260 Frauen. Sterbezahlen von Revier: 185; vom Politischen Büro: 192.

2. Oktober: Abfahrt eines Arbeitstransports nach Zwodau.

3. Oktober: Geneviève de Gaulle wird allein und namentlich in ihrem Block aufgerufen; es steht zu befürchten, daß sie hingerichtet werden soll. Tatsächlich aber wird sie nur in Block 2 verlegt (die da oben – möglicherweise bei Himmler selbst – denken wohl daran, sich ein paar »wertvolle« Geiseln zu sichern; aus diesem Grunde ist das Datum dieser Verlegung wichtig). Am 27. Oktober spätabends wird Geneviève de Gaulle in den Bunker verlegt.

November: Eine Häftlingsnummer lautet 82.299; an einem Appelltag: 34.608 Frauen anwesend. Sterbezahlen im Revier: 272; im Politischen Büro: 289.

Der letzte »Schwarze Transport« verläßt Ravensbrück; er umfaßt genau 120 Opfer, die später in der Gaskammer des in der Nähe von Linz gelegenen Schlosses Hartheim getötet werden sollten (siehe auch Anhang 2 der französischen Originalausgabe).

Dezember: Eine Häftlingsnummer lautet 91.748; bei einem Appell anwesend: 43.733. Sterbezahlen: 727 und 811.

Zwischen dem 5. und 10. Dezember: Die aus Auschwitz evakuierten Frauen werden ins Jugendlager geschickt, das fortan als Entlastungsstelle und Zwischenlager für die Massentötung in Ravensbrück dienen sollte.

31. Dezember: Ein an diesem Tag neueingelieferter weiblicher Häftling erhält die Häftlingsnummer 96.472.

---

100 Diese völlig sinnlosen Grausamkeiten scheinen bis zur »Nacht der langen Messer« in allen von der SA geführten Lagern üblich gewesen zu sein. In Neubrem wurden sie, ohne daß sich nach der Übernahme durch die SS etwas geändert hatte, bis zur Befreiung fortgesetzt. Warum? Möglicherweise deshalb, weil Neubrem ein Durchgangslager war, in dem solche Schikanen an der Tagesordnung waren, um die Häftlinge kleinzukriegen?

1945

Januar: An einem Tag dieses Monats befinden sich 45.753 Frauen im Lager. Sterbezahlen gemäß den Listen aus dem Revier: 1.221 (die auf den Listen des Politischen Büros verzeichneten Sterbezahlen werden diesen Monat geheim gehalten, denn sie sind sehr hoch).

Anfang Januar: Die Frauen, die eine »rosa Karte« erhalten haben (mit der »rosa Karte« kann man eine sitzende Beschäftigung ausüben und Näharbeiten verrichten), werden in das kleine Lager Uckermark, das sogenannte Jugendlager, geschickt.

10. Januar: Abreise des SS-Arztes Lukas (den im Revier arbeitenden Häftlingen war bekannt, daß er sich geweigert hatte, sich an Massentötungen zu beteiligen, und diese Massentötungen sind in der Tat bereits organisiert und in Durchführung begriffen).

12. Januar: Eintreffen eines Schutzhaftlagerführers mit Namen Schwarzhuber aus Auschwitz.

15. Januar: In Block 10 (dem Revier) wird 18 Frauen Gift eingegeben; 12 davon sterben, 6 überleben.

18. Januar: Unsere »Fallschirmspringer«-Mithäftlinge (3 Engländerinnen und 4 Französinnen) sowie mehrere der Roten Armee angehörende Russinnen werden hingerichtet. Am selben Tag findet nachmittags zur Arbeitszeit ein Zählappell statt.

28. Januar: 1.800 Polinnen werden ins Jugendlager geschickt.

Den ganzen Monat über finden zahlreiche Hinrichtungen statt, besonders unter den Russinnen.

Ende Januar: Eintreffen von Dr. Winkelmann.

Februar: An einem Appell nehmen 46.473 Frauen teil. Sterbezahlen im Revier: 1.514; die im Politischen Büro festgehaltenen Sterbezahlen bekamen die Sekretärinnen nicht zu sehen (es sei noch einmal festgehalten, daß in diesen Zahlen auch die Anzahl der Hinrichtungen enthalten ist).

Anfang Februar: Dr. Winkelmann führt in den Blocks Selektionen durch. Den Aussagen der SS-Leute des Lagers zufolge werden die von Dr. Winkelmann ausgesonderten Frauen durch ein neunköpfiges Hinrichtungskommando, bestehend aus acht männlichen kriminellen Häftlingen und dem SS-Mann Otto Moll, mit dem Revolver erschossen (zu diesen Toten kommen dann noch die hinzu, die jeden Tag von der Salveguart vergiftet werden, und die, die in Uckermark Hungers sterben), aber (so die Aussage von Schwarzhuber) Suhren findet, dies gehe immer noch zu langsam...

März: 37.699 Frauen bei einem Appell. Offizielle Sterbezahlen: 1.123.

2. März: Ein 2.000 Frauen umfassender »Schwarzer Transport« fährt nach Mauthausen ab und kommt dort am 7. März an. In dem Transport befinden sich mehrheitlich NN-Häftlinge, französische Häftlinge aus Block 15 und Zigeunerfrauen mit Kindern. (Den Frauen sollten 102 Häftlingsnummern zugeteilt werden, aber zusammen mit den Kindern waren es 277.) Ein Teil ist möglicherweise nach Bergen-Belsen überführt worden. Eine von den Zigeunerinnen (Marion Rostas, geboren am 10. Januar 1908) erhielt die Häftlingsnummer 122 – für sich und ihre sechs Kinder.

Eine Häftlingsverlegung von solcher Größenordnung zu diesem Zeitpunkt kann nur so erklärt werden, daß sie Bestandteil eines vorrangig durchzuführenden Massenvernichtungsplanes war, denn im März 1945 werden in Ravensbrück sowohl die Gaskammer als auch die beiden Verbrennungsöfen bis an die Grenze ihrer Kapazität ausgelastet, wobei (so jedenfalls die Aussage von Schwarzhuber) die Gaskammer dieses Lagers zwar für 150 Opfer vorgesehen war, die Frauen aber in Gruppen von 170, 172, ja sogar bis zu 180 Personen dort hineingingen.

Am 30. März, dem Karfreitag, muß es noch zwei Vergasungsaktionen gegeben haben, denn es werden zur üblichen Uhrzeit 350 Opfer abgeholt. Die Lastwagen des internationalen Roten Kreuzes stehen an diesem Tag bereits am Lagertor.

Ende März stehen 3660 Namen auf den Listen mit der Überschrift »Überstellt nach Mittwerda«. Eine dieser Listen sollte von einem weiblichen Häftling beiseite gebracht werden können.

Anfang April: Eine Frau erhält die Häftlingsnummer 108.400. Nirgendwo wird mehr Buch über die Anzahl der Sterbefälle geführt.

1. und 2. April: Es müssen pro Tag mindestens zwei Vergasungsaktionen stattgefunden haben (nach meinen am selben Tag gemachten Notizen wurden 500 Frauen ermordet).

3. April: Das schweizerische Rote Kreuz ersucht um die Herausgabe von 300 französischen Frauen und erreicht die Auslieferung von 299. Es sind nicht alle NN-Häftlinge mit dem Tansport nach Mauthausen gefahren, und die SS-Leute achten darauf, daß keiner dieser Häftlinge mit freigelassen wird.

Mitte April: Es kommen Frauen aus dem kleinen Lager Uckermark zurück; an einem Appell in Ravensbrück nehmen 11.000 Frauen teil.

23. April: Nach einer Verhandlung zwischen Himmler und Graf Bernadotte werden die noch verbliebenen Französinnen durch das schwedische Rote Kreuz befreit.

30. April: Die Rote Armee marschiert im Lager Ravensbrück ein.

Anhang 3

SS-Dienstgrade und rangentsprechende militärische Dienstgrade

Reichsführer SS	Marschall
SS-Oberstgruppenführer	General
SS-Obergruppenführer	Generalleutnant
SS-Gruppenführer	Generalmajor
SS-Brigadeführer	Brigadegeneral
SS-Oberführer	kein gleichrang. mil. Grad
SS-Standartenführer	Oberst
SS-Obersturmbannführer	Oberstleutnant
SS-Sturmbannführer	Major
SS-Hauptsturmführer	Hauptmann
SS-Obersturmführer	Oberleutnant
SS-Untersturmführer	Unterleutnant
SS-Sturmscharführer	Ober-, Stabsfeldwebel
SS-Hauptscharführer	Haupt-, Stabsfeldwebel
SS-Oberscharführer	Ober-, Hauptfeldwebel
SS-Scharführer	Feldwebel
SS-Unterscharführer	(Stabs-)Unteroffizier
SS-Rottenführer	Ober-, Hauptgefreiter
SS-Sturmmann	Gefreiter
SS-Mann	einfacher Soldat

Diese Strecken legten die am 8., 11. und 15. August 1944 deportierten Frauen quer durch Deutschland und die besetzten Länder Europas zurück.

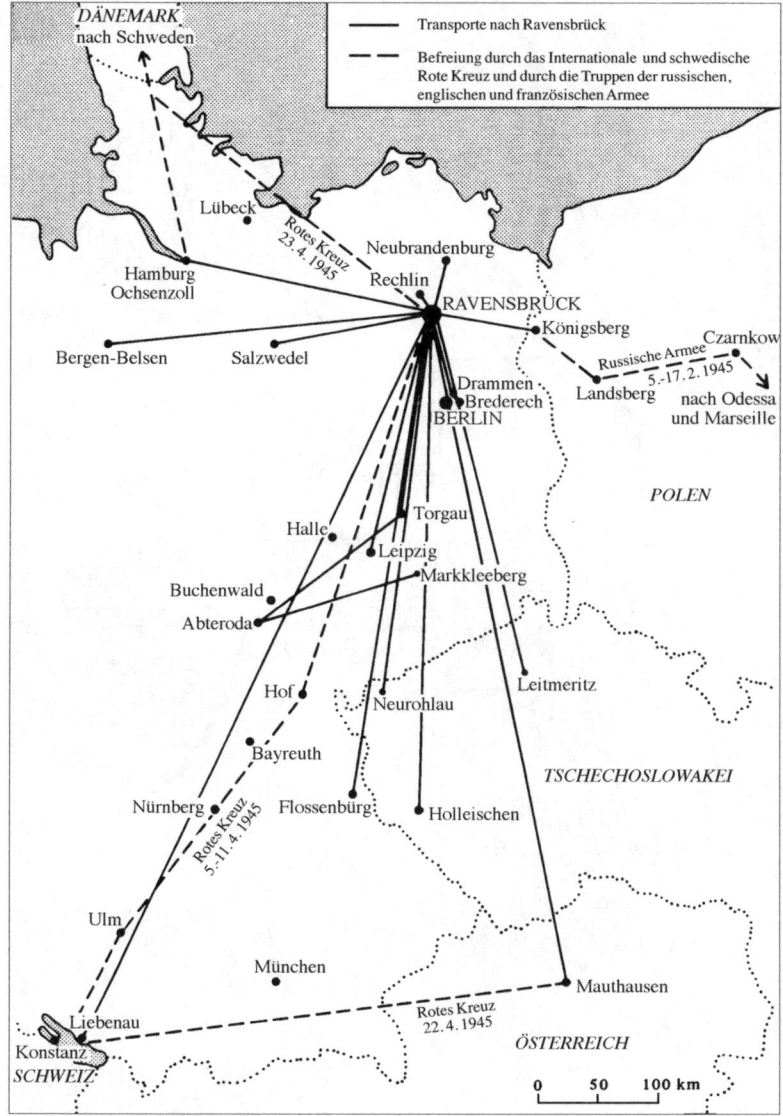

Grundriß des Lagers »Ravensbrück«

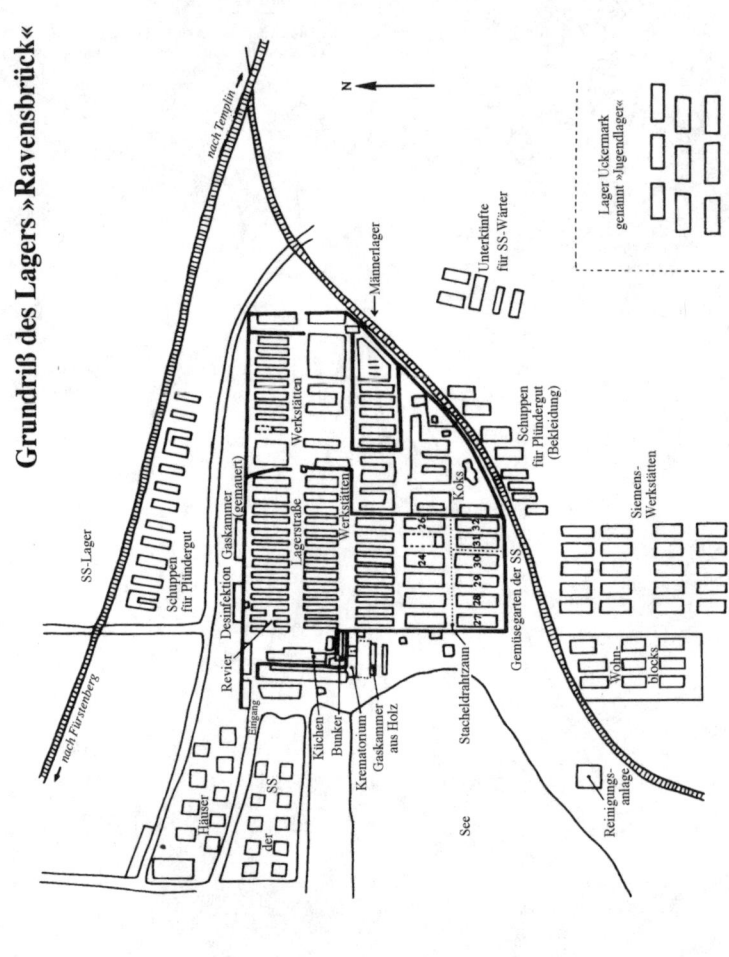

Skizze nach einem von tschechischen Häftlingen entwendeten Gebäudeplan und Luftaufnahmen der Alliierten vom 23. März 1945

Gaskammern in Ravensbrück

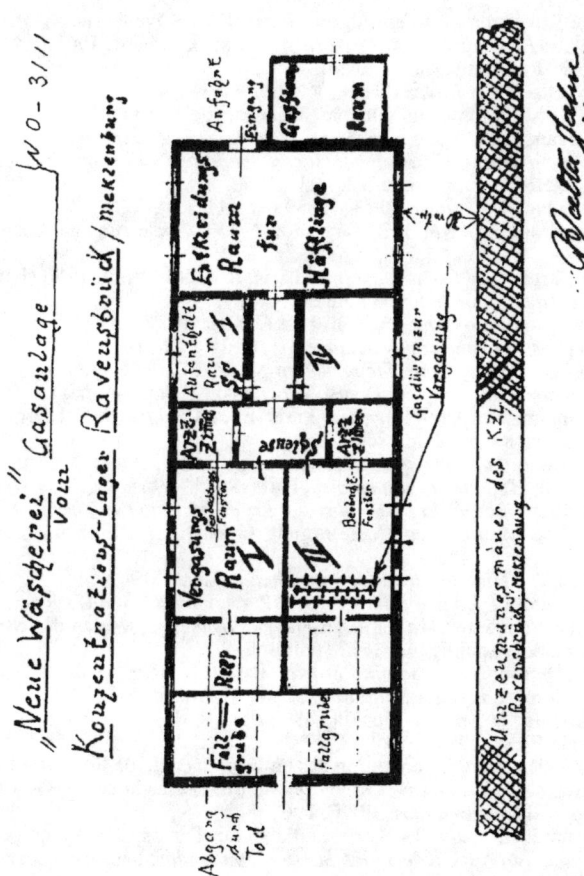

Grundriß erstellt von Walter Jahn während seiner Zeugenaussage vom 24. April 1947 und in den Washingtoner Archiven hinterlegt (NO 3111-Prozess Pohl).

Bibliografische Übersicht

Protokolle des Kolloquiums *L'Allemagne nazie et le Génocide juif* der Hochschule für Sozial- und Gesellschaftswissenschaften (Juli 1982), Paris, Gallimard/Ed. du Seuil, coll. »Hautes Etudes« (Hochschulreihe), 1985.

Améry, Odette, Martin-Champier, Georges: *Nuit et Brouillard*, Paris, Berger-Levrault, 1945.

Amicale de Ravensbrück (Vereinigung ehemaliger Ravensbrück-Häftlinge) und ADIR: *Les Françaises à Ravensbrück*, Paris, Gallimard, 1965 (unter Leitung von Marie-Jo Chombart de Lauwe).

Arndt, Ino: *Das FKL Ravensbrück, Vierteljahreshefte für Zeitgeschichte*, Heft 21/1970 (Institut für Zeitgeschichte, München, geleitet von Martin Broszat).

Bayle, Dr. François: *Croix gammée contre caducée.. Les expériences humaines en Allemagne pendant la Deuxième Guerre mondiale*, Copyright François Bayle, Neustadt (BRD), Imprimerie nationale, 1950.

Berdych, Vaclav: *Mauthausen*, Prag, 1959 (tschechisch).

Bernadotte, Graf F.: *La Fin*, Ed. Marguerat, 1945 (Übersetzung aus dem Schwedischen).

Bettelheim, Bruno: *Le Coeur concient*, Paris, Robert Laffont, 1960 (Übersetzung aus dem Amerikanischen von Laure Casseau).

Bettelheim, Bruno: *Survivre*, Paris, Robert Laffont, 1979.

Billig, Joseph: *Les Camps de concentration*, Paris, PUF, 1973.

Buber-Neumann, Margarete: *Déportée en Sibérie*, Paris, Ed. du Seuil, 1949 und 1986 (Übersetzung aus dem Deutschen von Anise-Postel-Vinay).

Buber-Neumann, Margarete: *Milena*, Paris, Ed. du Seuil, 1986 (Übersetzung aus dem Deutschen von Alain Brossat).

Buchmann, Erika: *Die Frauen von Ravensbrück*, Berlin, Kongreß Verlag, 1961.

Calic, Edouard: *Himmler et son empire*, Paris, Stock, 1965.

Choumoff, Pierre Serge: *Les Chambres à gaz de Mauthausen*, Paris, Amicale des déportés de Mauthausen (Vereinigung ehemaliger Mauthausen-Häftlinge), 1972.

Delarue, Jacques: *Histoire de la Gestapo*, Paris, Fayard, 1962.

Delbo, Charlotte: *Le Convoi du 24 janvier*, Paris, Ed. de Minuit, 1965.

Dobosiewicz, Stanislaw: *Mauthausen-Gusen*, Warschau, Verlag des Minsteriums für Nationale Verteidigung, 1977 (polnisch).

Dufournier, Denise: *La Maison des Mortes*, Paris, Hachette, 1945.

Faye, Jean-Pierre: *Langages totalitaires*, Paris, Hermann, 1972-1973.

Fleming, Gerald: *Hitler and the Final Solution*, Berkeley-London, University of California Press, 1984.

Gaulle, Geneviève de: «La condition des enfants du camp de Ravensbrück», *Revue d'histoire de la Deuxième Guerre mondiale* (Zeitschrift zur Geschichte des zweiten Weltkrieges), Paris, PUF, 1962.

Guerber, André: *Himmler et ses crimes*, Paris, Les Documents nuit et jour, 1945.

Handschriften von Mitgliedern des Sonderkommandos, herausgegeben vom Museum Auschwitz, 1972.

Haulot, Arthur: *Mauthausen-Dachau*, Brüssel, Le Cri/Vander, 1985.

Höss, Rudolf: *Kommandant in Auschwitz*, Hg. M. Brozart, München 1963.

Kessel, Joseph: *Les Mains du miracle*, Paris, Gallimard, 1960 (mit einem Vorwort von H.R. Trevor-Roper).

Kiedrzynska, Wanda: *Ravensbrück*, Warschau, Institut für Geschichte der polnischen Akademie der Wissenschaften, 1961 und 1965 (polnisch).

Kiedrzynska, Wanda: *Au-delà de l'endurance humaine. Souvenirs des victimes de Ravensbrück*, Warschau, Interpress, 1970 (französisch).

Klarsfeld, Beate und Serge: *Le Mémorial de la déportation des juifs de France*, Paris, Ed. Klarsfeld, 1978, (Postfach 137-16, Paris Cedex 16).

Klee, Ernst: *Euthanasie im NS-Staat*, Frankfurt, S. Fischer, 1983..

Kogon, Eugen: *L'Etat SS*, Paris, Editions de la Jeune Parque, 1947; Neuauflage Paris, Ed. du Seuil, coll.»Points Politique«, Bd. 34, 1970.

Kogon, Eugen, Langbein, Hermann, Rückerl, Adalbert et al.: *Les Chambres à gaz, secret d'Etat*, Ed. de Minuit, 1984; Neuauflage Paris, Ed. du Seuil, coll.»Points Histoire«, 1987.

La Martinière, abbé Joseph de: *Nuit et Brouillard à Hinzert*, Tours, François-Rabelais-Universität, 1957.

La Martinière, abbé Joseph de: *Le Décret et la Procédure Nacht und Nebel*, Selbstverlag, 1981.

Langbein, Hermann *Hommes et Femmes à Auschwitz*, Paris, Fayard, 1975 (Übersetzung aus dem Deutschen von Denise Meunier).

Langbein, Hermann: *La Résistance dans les camps de concentration nationauxsocialistes 1938-1945*, Paris, Fayard, 1981.

Lemière, Dr. Maurice: *Retour de Buchenwald*, Condé-sur-Noireau, Ed. Ch. Corlet, 1980.

Le Monde juif (revue), Paris, herausgegeben vom Jüdischen Dokumentationszentrum zur Neuesten Geschichte.

Lesèvre, Lise: *Face à Barbie. Souvenirs-cauchemars de Montluc à Ravensbrück*, Paris, Nouvelles Editions du Pavillon, 1987.

Limagne, Pierre: *Ephémérides de quatre années tragiques, 1940-1945*, La Villedieu (Ardèche), Ed. de Candide, 1987, 3 Bände.

Marsalek, Hans: *Die Geschichte des Konzentrationslagers Mauthausen*, Wien, Österreichische Lagergemeinschaft Mauthausen, 1980, 2. Auflage.

Maurel, Micheline: *Un camp très ordinaire*, Paris, Ed. de Minuit, 1957; Neuauflage 1987.

Michelet, Edmond: *Rue de la Liberté*, Paris, Ed. du seuil, 1955.

Nyiszli, Dr. Miklos: *Médecin à Auschwitz. Souvenirs d'un médecin déporté*, Paris, Julliard, 1961 (aus dem Ungarischen übersetzt und bearbeitet von Tibère Kremer).

Pagniez, Yvonne: *Evasion 44*, Paris, Flammarion, 1949.

Poltawska, Wanda: *And I Am Afraid of My Dreams*, London, Hodder & Stoughton, 1987 (ins Englische übertragen und mit einer Einführung versehen von Mary Craig).

Renault, Maisie: *La Grande Misère*, Vannes, Selbstverlag, 1949; Neuauflage 1987.

Richet, Charles, Jacqueline und Olivier: *Trois Bagnes*, Ed. J. Ferenczi et fils, Paris, 1945.

Rousset, David: *L'Univers concentrationnaire*, Paris, Ed. du Pavois, 1946.

Roux, Catherine: *Triangle rouge*, Paris, Selbstverlag, 1986 (mit Illustrationen von Jeannette L'Herminier).

Saint-Clair, Simone: *Ravensbrück, l'enfer des femmes*, Paris, Tallandier, 1945.

Shirer, William: *Le Troisième Reich, des origines à la chute*, Paris, Stock, 1979; Neuauflage Paris, Club des amis du livre, 1983 (2 Bände).

Ternon, Dr. Yves, Helman, Dr. Socrate: *Le Massacre des aliénés. Des théoriciens nazis aux practiciens*, Paris, Casterman, 1971.

Tillion, Germaine: «Réflexions sur l'étude de la déportation«, *Revue d'histoire de la Deuxième Guerre Mondiale* , Heft 15-16, Paris, PUF, Juli-September 1954.

Tillion, Germaine: »Première résistance en zone occupée. Du côté du réseau du musée de l'Homme«, *Revue d'histoire de la Deuxième Guerre Mondiale*, Heft 30, Paris PUF, April 1958, S. 6-22.

Toland, John: *Hitler 1889-1945*, Paris, Robert Laffont, 1983.
Toulouse-Lautrec, Béatrix de: *La Victoire en pleurant,* Paris, Ed. France-Empire, 1981.
Trevor-Roper, Hugh Redwald: *Les Derniers Jours de Hitler*, Paris, Calmann-Lévy, 1964.
Wellers, Georges: *De Drancy à Auschwitz*, Paris, herausgegeben vom Jüdischen Dokumentationszentrum zur Neuesten Geschichte, 1946.
Wellers, Georges: *L'Etoile jaune à l'heure de Vichy*, Paris, Fayard, 1946 und 1973.
Zimmermann, Erich, Jacobsen, Hans-Adolf: *La Résistance allemande contre Hitler, 20 juillet 1944*, Presse- und Informationsdienst der Bundesregierung, Bonn, Berto Verlag, 1960.